Scenario

Jochen Brunow (Hrsg.)

Film- und Drehbuch-Almanach

BERTZ+FISCHER

Bibliografische Information der Deutschen Nationalbibliothek
Die Deutsche Nationalbibliothek verzeichnet diese Publikation in der
Deutschen Nationalbibliografie; detaillierte bibliografische Daten sind
im Internet über http://dnb.d-nb.de abrufbar.

Eine Publikation der Carl-Mayer-Gesellschaft

Gefördert durch den Beauftragten der Bundesregierung für Kultur und Medien

Umschlaggestaltung, Layout, Grafiken und Drehbuchillustrationen: Hauke Sturm

Redaktioneller Beirat: Alfred Holighaus, Detlef Michel, Ruth Toma, Michael Töteberg, Joachim von Vietinghoff

Die Carl-Mayer-Gesellschaft und der Herausgeber betonen, dass sie den Inhalt dieses Almanachs allein verantworten und *Scenario* nicht in Verbindung steht mit anderen Institutionen, die den Begriff »Scenario« ebenfalls im Namen führen.

Alle Rechte vorbehalten
© 2012 by Bertz + Fischer GbR, Berlin
Wrangelstr. 67, 10997 Berlin
Druck und Bindung: druckhaus köthen, Köthen
Printed in Germany
ISBN 978-3-86505-216-2

Inhalt

Vorwort des Herausgebers   8

Werkstattgespräch   12

Unterwegs zu einer Geschichte   14
Ein Werkstattgespräch mit Bernd Lange
Von Jochen Brunow

Essays   46

»Erlaube mal, Onkel Julius, ich kann schreiben!«   48
Wie ich Drehbuchautorin wurde – wie viele Frauen vor mir
Von Anna Maria Praßler

Cézannes Baum   78
Wo sind die großen Geschichten?
Von Keith Cunningham

Grundzüge einer relationalen Dramaturgie   103
Plädoyer für eine Dramaturgie der Figurenkonstellation
Von André Georgi

Die Nächte der Kanzlerin   131
Eine Filmerzählung
Von Thomas Knauf

Journal   162

Ein filmgeschichtlicher Härtefall   164
Auszüge aus einem Journal von Monika Bauert
mit Anmerkungen von Michael Töteberg

Backstory.
Splitter einer Geschichte des Drehbuchs 196

Die Verbindlichkeit des Wortes 198
Anmerkungen zu Richard Brooks;
Romancier, Drehbuchautor, Regisseur

The Producer, Kapitel 15 201
Von Richard Brooks

Horizontale mit Fallhöhe 216
Über das vielstimmige Erzählen im
italienischen Nachkriegskino
Von Gerhard Midding

Lesezeichen 228

Seifenblasen. Kurt Tucholsky und das Kino 230
Kurt Tucholsky: *Seifenblasen. Ein Spiel*
Von Michael Töteberg

Wie Literatur wirkt 234
James Wood: *Die Kunst des Erzählens*
Von Manuela Reichart

Ausflüge ins Labyrinth des Erzählens 236
Michaela Krützen: *Dramaturgien des Films.*
Das etwas andere Hollywood
Von Roman Mauer

Ein exquisiter Cocktail 240
Sam Wasson: *Verlieben Sie sich nie in ein wildes Geschöpf.*
Audrey Hepburn und FRÜHSTÜCK BEI TIFFANY
Von Manuela Reichart

Drehbuch des Jahres 244

Bisherige Preisträger 246
Kurze Geschichte des Preises 248

Es war einmal   250
Drehbuch
Von Stefan Kolditz

Der Preisträger
Bio-Filmografie Stefan Kolditz   336
Laudatio der Jury   337

Die Nominierten
Heike Libnow   339
Heide Schwochow   341

Über die Autorinnen und Autoren   344

Danksagung   348

Fotonachweis   349

Vorwort des Herausgebers

Manchmal überrascht es mich selbst: Das halbe Dutzend ist voll! *Scenario* geht mit leicht überarbeitetem Coverdesign bereits in das sechste Jahr seines Bestehens. Man sollte denken, es kehrt Routine ein. Aber der Prozess, ein Jahrbuch zu gestalten, ist immer wieder von Unwägbarkeiten begleitet. Beiträger sagen ab, oder man hört gar nicht wieder von ihnen, andere machen unvorhersehbar schöne Vorschläge, fest eingeplante Texte dagegen enttäuschen, sodass man als Herausgeber auf ihre Veröffentlichung lieber verzichten möchte. Zur Kontinuität und zu einer gelungenen Mischung gehört immer auch eine Portion Glück. Und im Nachhinein überzeugend erscheinende inhaltliche Zusammenhänge entstehen auch schon mal aus purem Zufall. Ebenso wie eine Unausgewogenheit manchmal zu spät auffällt: So machte mich eine Kollegin bei der Premierenfeier von *Scenario 5* nach nur einem kurzen Blick in das Inhaltsverzeichnis des Buches vorwurfsvoll mahnend darauf aufmerksam, dass in diesem Jahr keine einzige Autorin unter den Beiträgern sei.

Als ich nun bei der Planung der aktuellen Ausgabe Christoph Fromm anrief, um ihn zu fragen, ob er einen seiner Absolventen aus der Drehbuchklasse der Filmakademie Ludwigsburg für den Text des Jungautoren vorschlagen möchte, da nannte er mir Anna Praßler. Worauf ich mit dem geschilderten Erlebnis im Gedächtnis natürlich sofort einging und mich mit ihr traf. Wir stellten fest, wir kennen uns aus der Aufnahmeprüfung für die Drehbuchakademie der dffb. Sie war mir schon damals positiv aufgefallen, und wir wollten sie durchaus aufnehmen, aber sie zog damals Ludwigsburg als Ausbildungsort vor. Anna hatte die Idee, die Schilderung ihres Weges als Autorin zu verknüpfen mit dem bedeutender Frauen, die zu allen Zeiten der Filmgeschichte auch Drehbücher geschrieben haben. Ich konnte ihr mit einigen historischen Hinweisen helfen, und so ist ein spannender Essay entstanden, der vielleicht als kleine Wiedergutmachung der Männerlastigkeit der vorherigen Ausgabe erscheinen mag.

Monika Bauert ist Filmarchitektin und Mitglied im Vorstand der Deutschen Filmakademie. Im Zuge der Zusammenarbeit zwischen *Scenario* und der Akademie ergab es sich, dass ich von der Existenz ihres Journals zum historischen Großprojekt DAS BOOT erfuhr. Monika Bauert hatte bei diesem Film als Kostümbildnerin mitgearbeitet und über ein Jahr lang ein umfangreiches Tagebuch geführt. Daraus entstand die Idee, in dieser Ausgabe von *Scenario* die Rubrik *Journal* nicht aktuell zu bespielen, sondern mit diesem historischen Dokument zu arbeiten, also

Auszüge eines bereits existierenden Journals zu benutzen, die zugleich ein Beitrag zur Rubrik *Backstory* sein könnten. Zusammen mit Michael Tötebergs film- und produktionstechnischen Kommentaren gewähren sie Einblick in einen filmgeschichtlichen Härtefall, der einen Wendepunkt in der Herstellungsweise deutscher Filme markierte.

Was unsere Gegenwart betrifft, so schien im vergangenen Jahr die Politik die Bilder und Geschichten der Filme zu überlagern. Wo sind die unvergesslichen Kinobilder des zurückliegenden Jahres? Sie werden überschrieben von den Fernsehbildern demonstrierender wagemutiger Massen in Nordafrika, in den Ländern der südlichen Mittelmeeranrainerstaaten. Vielleicht auch von den im Vergleich deutlich zaghafteren Demonstrationen der *Occupy*-Bewegung im Westen. Es sind am Ende die Bilder eines aus dem Lande geschmuggelten Films, der in seinem Titel behauptet, gar kein Film zu sein, die überdauern: IN FILM NIST / THIS IS NOT A FILM. Ein Regisseur liest in seiner Wohnung in Teheran ein Drehbuch vor. Der bekannteste Filmemacher seines Landes imaginiert und arrangiert in seinem Wohnzimmer die Szenen eines Films, den ihn das Regime, das ihn politisch verfolgt, nicht machen lässt. Jafar Panahi drehte diese Bilder unter Hausarrest, mit einer sechsjährigen Haftstrafe und Berufsverbot bedroht, im Iran.

Keith Cunningham hat in *Scenario 5* schon darauf hingewiesen: Das Drama existiert heute wie schon in griechischer Zeit, um immer wieder neue Antworten zu finden auf die eine Frage: Wie sollen wir leben? Aristoteles als der Urvater der Dramaturgie wirft bereits in der *Poetik* die Frage auf, wie das Drama auf den Menschen wirkt, und viele seiner Antworten haben auch heute noch Bestand. Autoren wussten das zu allen Zeiten der Filmgeschichte, da musste Ari Hiltunen nicht erst »Aristoteles in Hollywood« aufspüren. Dieser hatte auch zu seiner Zeit bereits eine Antwort auf die Frage: Was sind Schulden, und wem nützen sie? In seinen Anmerkungen zur Ökonomie trennte er scharf zwischen dem Haushalt des Bürgers und dem des Staates. Im fünften Buch seiner *Politik* beschreibt Aristoteles genau den von der Bewertung von Schulden angetriebenen ewigen Wechsel zwischen Demokratie und Adelsherrschaft oder Tyrannei. Und David Graeber hat davon ausgehend in seinem Buch *Dept: The First 5000 Years* gezeigt, wie die unterschiedliche Bewertung und Behandlung von vermeintlichen Geldschöpfern und Geldnutzern durch die gesamte Geschichte hindurch immer wieder zu sozialen Umstürzen geführt hat.

Wäre die Situation bei der Degeto heute eine andere, hätte Hans-Wolfgang Jurgan Aristoteles gekannt? Die Frage bezieht sich sowohl auf die Ästhetik der von der Degeto beauftragten Fernsehstücke als auch auf die finanzielle Lage der Firma. Es ist ein Trauerspiel von ungeheurem dramatischem Potenzial, das sich beim größten Fernsehauftraggeber

Deutschlands momentan abspielt. Das Ausmaß der ästhetischen Verdummung, gegen das über Jahre hinweg auch keine öffentlichen Proteste halfen, wird nun noch übertroffen von der offenbar werdenden finanziellen Misswirtschaft. Die ARD betont, es sei ihr kein finanzieller Schaden entstanden, um im nächsten Moment gezwungen zu sein, der Firma 24 Millionen Euro zu leihen, damit aktuelle Verbindlichkeiten bedient werden können, um angelaufene Produktionen vor dem Aus zu retten. Kreative in allen Bereichen der Branche werden darunter zu leiden haben, dass auf absehbare Zeit kaum neue Aufträge vergeben werden können, einige Produktionsfirmen werden diesen Stopp nicht überleben. Und es bedarf nicht der Imagination eines besonders fantasiebegabten Autors, um zu prophezeien, dass auch in diesem Fall nach der fristlosen Kündigung Jurgans die Staatsanwaltschaft noch Arbeit bekommen wird.

Wie der deutsche Film sinnvoll gefördert werden soll, steht im Moment wieder in der Diskussion. Auf einer Berliner Diskussionsrunde unter dem Titel *Quo vadis deutscher Film?* wurde er allerdings bereits für tot erklärt. Der erfolgreiche Produzent Martin Hagemann – Mitglied in verschiedenen Fördergremien und im Vorstand der beiden großen Produzentenverbände – meinte damit, der Begriff »Film« funktioniere zwar als eine wirtschaftliche Definition, künstlerisch wie fördertechnisch verkaufe er aber Fernsehen als Kino. Die in der Diskussionsrunde vorgestellten Thesen zur Rettung des deutschen Kinos liefen auf eine Abschaffung der Filmförderung, wie sie momentan funktioniert, hinaus und würden zu einer klaren Trennung von Kino und Fernsehen führen. 80 Millionen werden gegenwärtig von den Sendern national und länderweit in die Förderungstöpfe eingezahlt. Aber 50 Millionen werden davon dann wieder für eigene Programme ausgegeben, davon 30 Millionen direkt an Töchter der Sendeanstalten. Diese Finanzierung sollte auf den verfassungsrechtlichen Prüfstand gestellt werden. Die Filmförderung sollte Hagemanns Vorstellungen zufolge unabhängig von Jurys und Gremien vergeben werden, nach einem Modell, das sich am deutschen Filmfonds orientiert. Es sieht ganz so aus, als sei in vielen gesellschaftlichen Bereichen der Moment erreicht, an dem grundlegende Neuordnungen nicht mehr zu umgehen sind.

Eine besondere Neuorientierung unterstellt Thomas Knauf der deutschen Regierungschefin in seiner Filmerzählung *Die Nächte der Kanzlerin*. In seiner spannungsreich drängenden Prosa beschreibt er so amüsant wie zugleich lehrreich, wie die Kanzlerin dem Sog der großen Filme verfällt und sich nächtens durch die gesamte Filmgeschichte bewegt.

»Zukunft braucht Herkunft«, dieser Satz des Philosophen Odo Marquard kann als Motto für die Rubrik *Backstory* dienen. Dort kann man beim Lesen dann auch Suso Cecchi d'Amico aus Anna Praßlers Text wiedertreffen, wenn man verfolgt, wie Gerd Midding die kollektive Arbeitsweise der italienischen Drehbuchautoren analysiert. Nicht nur für weibliche Helden gilt die neue relationale Dramaturgie, die André Georgi aus dem systemischen Denken heraus entwickelt und in *Scenario* vorstellt.

Unter den drei Nominierten für den Preis für das beste unverfilmte Drehbuch des Jahres sind zwei Frauen, und auch wenn sie in der Endausscheidung um die »Goldene Lola« Stefan Kolditz unterlagen, haben wir auch ihre Projekte in *Scenario* mit ihren Lebensläufen und den Synopsen ihrer Bücher dokumentiert. Es herrscht immer noch nicht ganz Geschlechterparität bei den Autorinnen und Autoren in dieser Ausgabe, aber ich hoffe, wir sind auf dem richtigen Weg, und der BKM muss nicht wie die Bundesregierung für die Besetzung von Vorstandsetagen eine Quotenregelung für *Scenario* ins Auge fassen. Den Mitarbeiterinnen im dortigen Filmreferat sowie allen Beiträgerinnen, Freundinnen und Kolleginnen sei herzlich für ihre Kooperation gedankt. Auch dem Verlegerduo Katrin Fischer und Dieter Bertz und den Mitarbeitern und Mitarbeiterinnen ihres Hauses gilt mein Dank für ihren Einsatz, ebenso wie dem Grafiker Hauke Sturm. Ohne diese breite Basis an Unterstützung könnte *Scenario 6* nicht wieder ein so vielgestaltiges Forum abgeben für die Diskussion um die aktuellen Formen filmischen Erzählens.

Scenario

stattgespräch

Unterwegs zu einer Geschichte
Ein Werkstattgespräch mit Bernd Lange

Von Jochen Brunow

RABENBRÜDER (2006; D: Matthias Pacht; R: Bernd Lange)

Sandra Hüller in REQUIEM

Schaut man in deine Biografie und in die Credits von RABENBRÜDER, dann fällt auf, der Film spielt in Herrenberg, dem Ort, in dem du geboren bist. Da ich ihn nicht kannte, habe ich auf Google Maps nachgeschaut, das ist eine Kleinstadt zwischen Schwarzwald und Schwäbischer Alb.

Ich bin dort zur Schule gegangen. Aufgewachsen bin ich in einem noch kleineren Dorf. Nebringen, würde mich wundern, wenn das jemand kennt.

Aber das bedeutet natürlich etwas, in so einem kleinen Ort groß zu werden, inmitten einer grandiosen Naturlandschaft. Es gibt dort viel Wald und ein großes Naturschutzgebiet, wie ich gesehen habe. Was hat es für dich bedeutet, dort aufzuwachsen?

Ich bin in einer Reihenhaussiedlung groß geworden. Allein durch die Form, wie diese Häuser angeordnet sind, ergibt sich eine Perspektive auf das Geschehen drum herum. Man sitzt am Fenster, schaut auf die nächste Reihe, und dort spielen sich Dramen ab, oder auch Fortsetzungsgeschichten, weil man zum Beispiel vom Alkoholismus eines Nachbarn weiß. Schon als Kind oder Jugendlicher erspürt man bestimmte Dinge, weil man jemanden über eine gewisse Zeit hinweg wahrnimmt. Der Mikrokosmos, der einen beim Aufwachsen im Dorf umgibt, beeinflusst sicher die Wahrnehmung anders als zum Beispiel Berlin, wo heute meine Kinder eben auch sehr anonym in der Hauptstadt eines Landes leben.

Bernd Lange

Man ist auf dem Dorf viel weniger den Medien ausgesetzt, oder doch auf eine vollkommen andere Weise.

Bei mir hatte der Medienkonsum vor allem Fluchtcharakter. Ich bin 1974 geboren, und weite Strecken meiner Kindheit und Jugend wurden von einem Fernsehprogramm bestimmt, das aus drei Kanälen bestand. Wenn ich mich jetzt daran erinnere, scheint mir, dass es viel mehr Spielfilme im Fernsehen gab, dass die Filme auch viel mehr über die Jahrzehnte gestreut waren, das heißt, man konnte Filme aus den 1930er, 40er und 50er Jahren sehen. Das Fernsehen hatte immer etwas von einem Blick in eine andere Welt.

Wie wurde in der Familie mit dem Fernsehkonsum umgegangen? Gab es strenge Regeln?

Meine Eltern waren damals viel nachsichtiger als ich bei meinen Kindern heute. Das Programm war ja auch naiver, obwohl: Ich kann mich gut erinnern, dass ich mit sechs oder sieben an einem Samstagabend bis 21 Uhr aufbleiben durfte, und meine Eltern haben TANZ DER VAMPIRE geguckt. Wie der Vampir ins Badezimmer zu Sharon Tate in die Wanne steigt und Roman Polanski am Schlüsselloch hängt, das sind Bilder, die haben sich wie auf einer Festplatte in meinen Kopf eingebrannt. Ich war überfordert und fasziniert. Würde man einen Analytiker dazu befragen, würde er wohl auf die Perspektive des Blicks durch das Schlüsselloch hinweisen, die man in der Szene als Zuschauer einnimmt. So ein Bild bleibt hängen, weil man etwas Verbotenes, Tabuisiertes sieht.

THE FEARLESS VAMPIRE KILLERS (Tanz der Vampire; 1967; D: Gérard Brach, Roman Polanski; R: Roman Polanski)

Wurden in der Familie viele Geschichten erzählt? Gerade in diesen ländlichen Regionen gibt es doch oft Legenden, Märchen und Mythen, die sich aus der Landschaft und dem Ort speisen?

Werkstattgespräch

RABENBRÜDER

Michael Gutmann (*1956 in Frankfurt am Main) hat als Drehbuchautor bisher viermal mit dem Regisseur Hans-Christian Schmid zusammengearbeitet: NACH FÜNF IM URWALD (1995), 23 – NICHTS IST SO WIE ES SCHEINT (1998), CRAZY (1999) und LICHTER (2003). Zahlreiche seiner Bücher inszenierte er selbst, daneben Regie u.a. bei den *Tatorten* DAS NAMENLOSE MÄDCHEN (2006) und DER OIDE DEPP (2008). Als Autor und Regisseur vielfach ausgezeichnet. Seit 2005 erster Lehrstuhlinhaber für Drehbuch an der HFF München. Mehr von ihm und über ihn im Werkstattgespräch in *Scenario 4*.

Chris Kraus (*1963 in Göttingen), Drehbuchautor und Regisseur. Seit 1994 dramaturgischer Berater und Autor für Volker Schlöndorff, Rosa von Praunheim und Detlev Buck. Sein Regiedebüt SCHERBENTANZ (2002) nach seinem gleichnamigen Roman und sein zweiter Kinofilm VIER MINUTEN (2006) wurden vielfach

Nur ein Teil meiner Familie kommt aus der Ecke. Die Familie meiner Mutter kommt aus Stuttgart, die meines Vaters aus Königsberg, dem heutigen Kaliningrad. Daher bin ich nicht so sehr mit den lokalen Geschichten aufgewachsen, wie zum Beispiel den Märchen von Wilhelm Hauff. Die Faszination für Geschichten entstand durch Comics. Das waren natürlich Storys, die mit dem ländlichen Umfeld nicht viel zu tun hatten. Und daher gab es einerseits das eigentliche Leben, das man als Kind in einem 2.000-Seelen-Dorf führt, dann die Bildwelten aus den Comics von Hergé oder DC und Marvel. Die Art und Weise, wie dort erzählt wurde, hat für mich als Kind oder Jugendlicher eine große Rolle gespielt.

Es ist erstaunlich – bei fast allen Autoren, mit denen ich bisher für Scenario *Werkstattgespräche geführt habe, spielen Comics für ihre Entwicklung zum Drehbuchautor eine große Rolle, Michael Gutmann und Chris Kraus, auch einige der Jungautoren wie Maximilian Vogel haben sogar selbst Comics oder Zeichentrickgeschichten gezeichnet.*

Ich kann überhaupt nicht zeichnen. Ich glaube, darum sitze ich heute hier. Könnte ich es, hätte ich wahrscheinlich etwas in dieser Richtung gemacht.

Gab es außer den Eltern Figuren im Umfeld, die erzählt haben? Ich hatte eine Großtante, die hat immer die Geschichten erzählt. Obwohl es nur zwei oder drei wichtige Erlebnisse in ihrem Leben waren, die sie immer wieder und wieder zum Besten gegeben hat, war es für mich als Kind jedes Mal aufs Neue spannend, denn sie hat sie immer wieder ganz anders erzählt.

Ich bin hauptsächlich bei meiner Großmutter aufgewachsen, meine Eltern sind arbeiten gegangen. Und meine Großmutter kam aus einer großbürgerlichen Familie, sie hat so etwas wie eine Erzähltradition gepflegt. Aber da wurde nicht erzählt, sondern vorgelesen! Und auch nicht unbedingt immer altersgerecht. Ich erinnere mich an *Die Schatzinsel* von Stevenson, da kann ich noch nicht mal in der Schule gewesen sein. Ich habe damals gemerkt, Literatur spielt bei ihr eine ganz große Rolle. Meinen Eltern waren Literatur und Erzählungen nicht wichtig. Ich glaube, für meine Großmutter dagegen war es selbstverständlich, dass in einer Erzählung auch eine andere Wahrheit zu finden ist. Sie war ein Mensch, den ich in der Erinnerung lesend vor mir sehe. Sie hatte weniger Interesse am Tagesgeschehen, sondern interessierte sich für grundlegende Fragen.

Wie hast du das damals empfunden?

Total merkwürdig. Wenn man in einem kleinen schwäbischen Dorf aufwächst und jemand offensichtlich so wenig da hingehört wie meine Großmutter – es war für mich als Kind deutlich spürbar, dass sie mit dem Landleben nicht viel anfangen konnte –, dann erscheint einem das extrem fremd und weckt die große Neugier, was ist mit der Frau eigentlich los? Warum sitzt die da und sagt, man soll jetzt still sein, weil sie lesen möchte. Später hatte ich ein viel prägenderes Erlebnis mit Literatur. In der 8. Klasse, zu Beginn des Schuljahres, verteilte die Lehrerin eine Liste mit großen deutschen Romanen, und jeder Schüler musste sich bereiterklären, einen davon zu lesen und darüber ein Referat zu halten. Ich bin in die Bibliothek gegangen und habe geguckt, welcher ist der kürzeste, weil ich überhaupt kein Interesse hatte, mich durch 500 Seiten Thomas Mann zu kämpfen. Bei K stieß ich auf Franz Kafka und *Die Verwandlung*. Da dachte ich, 80 Seiten, genau mein Fall. Die Lektüre hat mich total überfahren. Ich war ja völlig dummdreist in meiner Herangehensweise, und dann beschreibt jemand mit schlichten, einfachen Worten etwas Unglaubliches und trifft auch noch ein Lebensgefühl, das ich bis heute noch teile, dieses Sich-fremd-Fühlen. Es war auch dramaturgisch ein Schlüsselerlebnis, jenseits der Comics zu erfahren, wie verdichtet man erzählen kann.

ausgezeichnet. Zuletzt war das Erster-Weltkriegs-Drama POLL (2011) im Kino zu sehen. Mehr von ihm und über ihn im Werkstattgespräch in *Scenario 3*.

Robert Louis Stevenson: *Die Schatzinsel* (Anaconda 2011)

Franz Kafka: *Die Verwandlung* (Reclam 1995)

Das sind plötzliche, unscheinbare Weggabelungen in einem Lebenslauf, an denen man in einer Verzweigung zufällig einen Weg nimmt, der dann zu ganz bestimmten anderen Dingen führt und sehr weitreichende Konsequenzen haben kann.

Das war tatsächlich eine Spur, der ich gefolgt bin. Ab dem Moment habe ich alles gelesen. Von da an war es mir egal, ob ein Buch 500 oder 1.000 Seiten hatte. Wenn ich das Gefühl hatte, das könnte interessant sein, habe ich es gelesen. So zieht sich das bis heute durch. Ich bin froh, dass es damals nicht noch ein kürzeres Buch gab, das vielleicht ganz andere Auswirkungen gehabt hätte.

Du hast dann zuerst in der ländlichen Umgebung die mittlere Reife gemacht. Wie ging es danach weiter?

Ich hatte Vorstellungsgespräche für eine Ausbildung als Speditionskaufmann, als Industriekaufmann, als Bankkaufmann und kam mir jedes Mal vor wie in einem Traum. Es hat gedauert, bis ich begriffen habe, ich will gar nicht dieses Leben führen, einen Beruf lernen, in einer Firma aufsteigen, schnell ein Haus bauen, wahrscheinlich mit 30 das zweite oder dritte Kind haben und im Verein und im engen Freundeskreis ein überschaubares Leben führen. Meine Eltern waren

RABENBRÜDER

verzweifelt, aber sie haben nichts gesagt. Ich habe einen Weg gesucht, um da rauszukommen, und bin dann aufs Wirtschaftsgymnasium nach Tübingen gegangen. Da kam es zu einer Berührung mit einer anderen Welt, ich lernte, dass es Menschen gibt, die empirische Kulturwissenschaften studieren und sehr glücklich sind, Menschen, die sich für ganz andere Bereiche interessieren, als ich mir das bisher vorstellen konnte. Und das weckte bei mir auch zum ersten Mal einen gewissen Ehrgeiz, da wollte ich gut sein, ich wollte ein gutes Abitur machen, um Möglichkeiten zu haben. Vorher war mir alles total wurscht.

Das Kino der Jugendzeit

In Tübingen gab es doch auch eine lebendige studentische Kinokultur, bist du mit der als Oberschüler schon in Kontakt gekommen?

Zu dem Zeitpunkt war ich gerade alt genug, um ins Jugendhaus in Herrenberg zu gehen. Dort merkte ich, es gibt auch ein ganz anderes Kino, Filme wie METROPOLIS, DER DRITTE MANN wurden dort gezeigt, und natürlich viel Monty Python. Diese Schiene hat sich dann später in Tübingen mit dem Filmprogramm der Kinos *Arsenal* und *Atelier* von Stefan Paul fortgesetzt. Das war zur Hochzeit des amerikanischen Independentfilms in den 1980ern. Jim-Jarmusch-Filme waren für mich wahnsinnig wichtig. STRANGER THAN PARADISE habe ich dreimal hintereinander gesehen, weil ich einfach perplex war über die Art von Menschen, die da auftauchen, über die Dinge, die sie verhandeln, wie Musik und Bilder zusammen funktionieren. Ähnlich war es mit SHE'S GOTTA HAVE IT von Spike Lee. Ich bin im Grunde blind in diese Filme hineingegangen, und damals wurde definiert, was ich bis heute als einen guten Film empfinde. Das waren Filme, die eine andere Ebene bedient haben als das, was ich mir im Kleinstadtkino angeguckt habe, um den Sonntagnachmittag rumzukriegen. Das Kino in Herrenberg hat damals mit achtwöchiger Verspätung nur Hollywood-Blockbuster gespielt. Es gab dort kein europäisches Kino, ausschließlich amerikanische Filme: ROBOCOP war der letzte Film, der dort gespielt wurde, dann hat man das Kino abgerissen und ein Mehrfamilienhaus dort hingestellt. Auch ein Statement.

Aber du hast noch bei deinen Eltern gewohnt, warst »Fahrschüler«, wie das bei uns damals hieß, oder?

Ich hatte keinen Führerschein. Das machte es wahnsinnig kompliziert, weil man von einem Bus abhängig war, der abends nicht mehr fuhr.

METROPOLIS (1927; D: Thea von Harbou; R: Fritz Lang)

THE THIRD MAN (Der dritte Mann; 1949; D: Graham Greene; R: Carol Reed)

STRANGER THAN PARADISE (1984; D+R: Jim Jarmusch)

SHE'S GOTTA HAVE IT (Nola Darling; 1986; D+R: Spike Lee)

ROBOCOP (1987; D: Michael Miner, Edward Neumeier; R: Paul Verhoeven)

Man musste die Filme entweder nachmittags sehen oder nach der Abendvorstellung 20 Kilometer trampen. Daher bin ich oft am Sonntagmittag mit dem Bus nach Tübingen gefahren und habe zweieinhalb Filme geguckt. Beim letzten hat es immer nur für die Hälfte gereicht. Es gibt bis heute eine ganze Reihe von Filmen, die kenne ich nur bis zur Hälfte, danach musste ich zum Bus.

STRANGER THAN PARADISE

Gab es damals bereits eine Auseinandersetzung mit den Filmen? Wuchs aus dem Gefühl, in dem Film etwas zu sehen, was man vorher nicht kannte, auch der Wunsch, daraus mehr zu machen, darüber mit Leuten zu reden, vielleicht auch etwas darüber zu schreiben?

Es gab zunächst mal ein Bewusstsein von einer gewissen Subkultur, in der überhaupt eine andere Auseinandersetzung stattfindet. Auf dem Wirtschaftsgymnasium waren nur Leute, die es nicht auf ein normales Gymnasium geschafft hatten. Das war eine ganz schöne Rummeltruppe, viele waren zum x-ten Mal aus anderen Schulen rausgeflogen. Das hat sich in den Persönlichkeiten der Leute natürlich niedergeschlagen, die haben »andere« Musik gehört, sind nicht dem Mainstream gefolgt. Aber das hat nicht bedeutet, dass man plötzlich eine Nouvelle-Vague-artige Diskussionskultur hatte. Es waren einfach Filme um uns herum, die mehr mit dem eigenen Lebensgefühl zu tun hatten und weniger ein offensichtliches Produkt einer Industrie waren. Damals habe ich auch plötzlich meine Großmutter besser verstanden, mir dämmerte, dass es tatsächlich Dinge oder Gefühle gibt, die man mit einer Erzählung besser in Worte fassen kann als mit einem Sachbuch oder mit einer nüchternen Erörterung. Ich begegnete zum ersten Mal Geschichten, in denen ich mich verstanden gefühlt habe.

SHE'S GOTTA HAVE IT

Dann gab es eine längere Phase zwischen dem Wirtschaftsabitur und der Filmhochschule.

Das war eine schwierige Zeit. Unmittelbar nach meinem Abitur ist meine Mutter gestorben. Und ich wusste vorher schon nicht, was ich nach dem Schulabschluss mit mir anfangen sollte. Ich war froh, Zivildienst machen zu können, und dachte, die Zeit wird schon Antworten geben. Die Zeit gibt natürlich keine Antworten. Ich habe angefangen, ohne Ausbildung in einem Industrieunternehmen zu arbeiten. Für mich war klar, dass ein akademisches Studium überhaupt nicht in Frage kam. Für das Abitur hatte ich in der Uni-Bibliothek in Tübingen gelernt, und was ich da sah, hat mich entsetzt. Mir bricht heute noch kalter Schweiß aus, wenn ich Menschen in Sandalen in einer Bibliothek sitzen und Tee trinken sehe.

Werkstattgespräch

Die Filmakademie

Als ich mit Mitte zwanzig immer noch nicht wusste, was ich mit mir anfangen sollte, sagte ein Schulfreund von mir, der auf der Filmhochschule war: »Schreib doch Drehbücher. Du kannst doch schreiben. Drehbuchautoren sucht man immer.« Und ich habe mir gedacht, Filmhochschule hört sich gut an und weitaus weniger akademisch als alles, was man vielleicht noch so machen könnte in dem Alter.

Bloß nicht akademisch, das war ein Auswahlkriterium für dich?

Auf jeden Fall, nur hatte ich keine Ahnung, was ich da für eine Büchse der Pandora aufmachte. Ich hatte keine Vorstellung davon, was ein Drehbuch ist, und habe mich total naiv mit dem, was ich für eine gute Geschichte gehalten habe, an mehreren Filmhochschulen beworben, zuerst an der HFF in Potsdam. Es kam ein graubrauner Umschlag zurück, mit Maschine beschrieben, da stand nur drin: »Mangels künstlerischer Eignung sind Sie nicht für den Studiengang Dramaturgie zugelassen. Mit freundlichen Grüßen.« Komischerweise hat mich das gar nicht gewundert. Ich dachte, logisch, was denkst du dir denn, du bewirbst dich da für irgendwas, wovon du überhaupt keine Ahnung hast. Aber gleichzeitig klappte die Bewerbung in Ludwigsburg.

Mit derselben Geschichte?

Mit derselben Geschichte. Und ich war plötzlich an der Filmhochschule.

Schreiberfahrung hattest du zu dem Zeitpunkt noch nicht, außer der Geschichte, die für die Prüfung geschrieben werden musste?

Nein, überhaupt nicht. Ich konnte vielleicht gut mit Worten umgehen, ich hatte – faul, wie ich war – am Wirtschaftsgymnasium Deutsch als Leistungskurs genommen, nur weil ich dachte, dafür müsste ich nicht viel lernen, sondern quatsche einfach ein bisschen über *Faust*.

Filmerfahrung gab es auch keine?

Ich habe ein Praktikum an einem Set gemacht. Danach hätte ich Film eigentlich komplett abbrechen müssen, weil ich überhaupt nicht verstand, was das sollte. Ich hatte das Drehbuch gelesen. Die Geschichte war schlecht, auch nach heutigen Maßstäben. Das ganze Vorhaben war einfach irrsinnig blöd. Ich musste aber mit ansehen, welch ein Riesenaufwand betrieben wurde, um diesen Nonsens herzustellen. Zudem habe ich das ganze hierarchische System zutiefst verabscheut.

Klingt, als wäre das eine Filmhochschulproduktion gewesen?

Genau. Das notwendige Praktikum für die Filmhochschule habe ich dann bei einer Postproduktionsfirma gemacht, denn der Eindruck dieser Dreharbeiten war unerträglich. Mir war ja klar, dass ein Drehbuchautor damit nicht unbedingt zu tun hat, wollte mir das also nicht noch einmal aufbürden und habe in der Postproduktion gearbeitet. Dort habe ich relativ autodidaktisch erste Dinge über Dramaturgie gelernt. Postproduktion heißt in Baden-Württemberg hauptsächlich Industriefilm, Mercedes und die damit verbundenen Zulieferunternehmen sind die größten Auftraggeber. Das habe ich zwei Jahre lang gemacht, länger als nötig, weil ich es eigentlich interessant fand. Mit der Zeit empfand ich diese Art der Filmherstellung dann aber irrsinnig schnelllebig. Ich hatte das Gefühl, es ist dabei keine tiefere Auseinandersetzung möglich. Das war mir aber ein Bedürfnis.

Der räumliche Sprung nach Ludwigsburg war nicht sehr groß. Hast du auf dem Campus gewohnt?

Ich habe zu Beginn in Stuttgart gewohnt. Den Campus empfand ich als kafkaesk. Ich trat mit dem Gefühl an, ich weiß gar nichts und will was lernen. Stattdessen begegnete ich vielen Film-Machos, die so taten, als ob sie schon alles wussten, die tatsächlich zum Teil schon ihren ersten langen Spielfilm vor der Filmhochschule gedreht hatten und das Studium jetzt nur noch mal so eben mitnehmen wollten, um Kontakte zur Branche zu knüpfen. Mich hat das eher befremdet. Ich habe daher nur wenige Freundschaften geschlossen. Es gab in meinem Jahrgang durchaus Seilschaften, also Alex Buresch, Matthias Pacht und Alain Gsponer, die sich dort gefunden haben und bis heute zusammenarbeiten. Ich hätte auch gern so eine Verbindung gehabt und habe probiert, mit Leuten zusammen zu schreiben, aber daraus ist nie eine bleibende Arbeitsbeziehung entstanden. Das hat mich ein bisschen zur Verzweiflung getrieben. Deshalb bin ich dann auch mal für ein halbes Jahr nach Ludwigsburg gezogen in der Hoffnung, dass ich da eine stärkere Anbindung an die Schule finde. Doch es hat sich nichts geändert. Zum damaligen Zeitpunkt – das ist gerade mal zehn Jahre her – war die Ausbildung lange nicht auf dem Niveau, auf dem man heute in München, Berlin oder eben Ludwigsburg Drehbuch unterrichtet. Nach zwei Jahren war ich enttäuscht und frustriert. Ich hatte das Gefühl, ich schöpfe nur aus mir selbst; es gibt keinen Leuchtturm, auf den ich zusteuere, ich schippere mal in diese Richtung, mal in jene. Ich hatte das Bedürfnis, Geschichten zu erzählen, aber wenn man eine Sprache nicht beherrscht, wird man auch nicht richtig verstanden. Und dann bin ich einfach mitten im Studium nach Berlin gezogen. Ich hatte einfach die Schnauze voll.

Aber du hast weitergemacht und bist nicht vollkommen aus dem Studium ausgestiegen, oder?

Ich habe dann Michael Gutmann kennengelernt, und plötzlich ergab das Studium einen Sinn. Mit meinem Kommilitonen Philipp Stennert habe ich einen Kurzfilm geschrieben, SHADOWMAN, und Michael hat uns betreut. Wir hatten bei ihm auch theoretischen Unterricht, bei dem es aber hauptsächlich darum ging, über Stoffe zu reden. Und da hatte ich zum ersten Mal das Gefühl, jemanden zu treffen, dem ich die Fragen stellen kann, die mir am Herzen liegen, und der mich und meine Arbeit ernst nimmt. Alles, was ich heute über das Drehbuchschreiben weiß, habe ich mir entweder autodidaktisch erarbeitet oder von Michael gelernt. Das war eine Tür, die aufging, und da kam Licht raus, dann ging die Tür nach seinem Unterricht wieder zu, und ich dachte, so kann es gehen.

SHADOWMAN (2001; D: Bernd Lange, Philipp Stennert; R: Philipp Stennert)

Das Dozentendasein

Inzwischen bist du selbst Dozent in Ludwigsburg. Wie ist der Unterricht im Vergleich zu damals?

Dramaturgie ist ja eine alte Wissenschaft, und daher kann man auf vieles zurückgreifen, worüber man reden kann: über Katharsis im Kino der Gegenwart, über Empathie und Mimesis und warum man als Zuschauer bei einer Szene emotional involviert ist, bei einer geringfügig veränderten jedoch nicht. Diese etwas tiefere Auseinandersetzung mit Dramaturgie jenseits von Syd Field war damals überhaupt nicht vorhanden. Als Franziska Buch und Christoph Fromm später die Drehbuchprofessuren übernahmen, hat sich das grundsätzlich geändert. Ich versuche mit den Studenten den Erfahrungsschatz zu teilen, den ich aus der eigenen Arbeit gewonnen habe. Ich merke, zwei Monate dort zu unterrichten laugt mich vollkommen aus, weil ich versuche, wie ein Fußballtrainer von der Seitenlinie auf die Mannschaft einzuwirken.

Christoph Fromm (*1958 in Bad Cannstatt), ist seit 1983 hauptberuflich Drehbuchautor, unter anderem für die Regisseure Dominik Graf, Friedemann Fromm und Torsten C. Fischer. Daneben schreibt er Kurzgeschichten und Romane. Seit 2002 Leitung der Drehbuchabteilung der Filmakademie Baden-Württemberg, 2006 Mitbegründer des Primero Verlags. Seine Arbeit *Sierra* erhielt 2007 die »Goldene Lola« für das beste unverfilmte Drehbuch des Jahres und ist in *Scenario 2* abgedruckt, zu dem Christoph Fromm auch das Journal beisteuerte.

Der Prozess ist aufreibend. Man kann die Drehbücher nicht selber schreiben, man kann nur das Potenzial der Stoffe vermitteln, und das ist manchmal

Kerry Fox in STURM

viel anstrengender. Manchmal empfinde ich es auch als schmerzhaft, weil jemand einen Stoff hat, dessen Potenzial wunderbar und groß ist, und dann beim Schreiben weit hinter den Möglichkeiten des Stoffes zurückbleibt. Auch in einer fortlaufenden Mentorenschaft kommt man nicht immer bis zu dem Punkt, der nötig wäre.

Zeit spielt dabei eine große Rolle. Drehbuchschreiben erfordert davon leider viel. Ich war immer neidisch auf schnelle Autoren wie Ingmar Bergman, der 30 Tage gebraucht hat, und dann wurde gedreht. In REQUIEM und STURM sind jeweils drei Jahre Arbeit geflossen, weil es mehrere Fassungen gab. Die ersten Entwürfe waren viel oberflächlicher. Wenn ich eine erste Fassung schreibe, gibt die ziemlich genau meinen Wissensstand wieder, ich kratze an der Oberfläche und suche noch. Bei der zweiten, dritten, vierten Fassung versucht man natürlich, in die Tiefe zu dringen, wird Ballast los, schnell sind ein paar Jahre ins Land gezogen. Auf der anderen Seite werden die meisten Geschichten dann doch leider zu schnell geschrieben und gedreht. Ein Romanautor braucht mehrere Jahre für einen Roman, darüber wundert sich niemand. Wenn ein Drehbuchautor sagt, ich habe zwei Jahre für ein Drehbuch gebraucht, wird schon komisch geguckt.

REQUIEM (2006; D: Bernd Lange; R: Hans-Christian Schmid)

STURM (2009; D: Hans-Christian Schmid, Bernd Lange; R: Hans-Christian Schmid)

Auch wenn du im Studium nicht viel davon gelernt hast, wirst du inzwischen doch die eine oder andere Dramaturgie wahrgenommen haben. Gibt es da für dich Favoriten, Schwerpunkte, eine Schule oder Person, die dich nachhaltig beeinflusst hat?

Als es darum ging, ein erstes abendfüllendes Drehbuch zu schreiben, habe ich gemerkt, dass ich nicht in der Lage bin, 120 Seiten gedanklich zu kontrollieren, und dass ich für mich ein System brauche, mit dem ich die Geschichte in handhabbare Portionen einteilen kann. Ich arbeite mit einer persönlich angepassten Form des Acht-Sequenz-Systems. Wenn man mir das heute wegnähme, wäre ich verzweifelt, weil ich dann die Übersicht und die Ordnung verlieren würde. Auch wenn ich große, grundsätzliche Änderungen an einer Geschichte vornehme, kann ich dadurch immer schnell eine andere Struktur aufbauen. Aber wenn ich bei der Geschichte diese acht Teile nicht finde, wenn ich das Material nicht zuordnen kann, habe ich ein grundsätzliches Verständnisproblem mit dem Projekt, an dem ich arbeite. Das hört sich möglicherweise äußerlich an, es hat aber damit zu tun, dass ich mich immer frage, was ist der zentrale Konflikt, welche zwei Menschen haben in diesem Film ein Problem, und an welcher Stelle in den jeweiligen Abschnitten wird dieser Konflikt thematisiert oder am Ende eben auch gelöst.

Imogen Kogge, Sandra Hüller und Burghart Klaußner in REQUIEM

Ich habe in einem Bericht über deinen Unterricht gelesen, du gehst nach einer Matrix vor – wobei ich nicht weiß, ob das ein Begriff ist, den du selbst verwendest. Diese Matrix besteht aus vier Aspekten einer Geschichte, aus Protagonist – Antagonist und aus Milieu – Thema, man muss nur einen Teil der Matrix verändern, um zu einer völlig neuen Geschichte zu kommen.

Wenn es darum geht, dramatisches Potenzial in einer Geschichte auszuloten, sind diese vier Aspekte für mich einfach die wichtigsten Stellschrauben. Wenn ich das Verhältnis zwischen Protagonist und

Antagonist in der Geschichte definieren kann, dann ist das für mich als Autor eine große Erkenntnis. Wenn man zum Beispiel eine Mutter und ihre Tochter nimmt, wie in REQUIEM, dann haben diese beiden die wichtigsten Szenen miteinander, und der grundsätzliche Antagonismus zwischen ihnen muss zum Tragen kommen. Hierin liegt auch Hoffnung und Furcht des Zuschauers. Alle Schlüsselmomente laufen zwischen Mutter und Tochter, es sind die wichtigen Entscheidungen im Lauf der Geschichte. Von »Michaela geht von zu Hause weg« bis zu »Michaelas Mutter fällt die Entscheidung, dass ihr Kind jetzt zu Hause bleibt«. Zwischen den beiden Punkten bewegt sich der ganze zweite Akt von REQUIEM.

Das Milieu halte ich vielleicht sogar für den wichtigsten Punkt bei der Stoffwahl. Man muss sich fragen, worüber will ich eigentlich einen Film machen. Ich begreife Milieu nicht nur als Ort- und Zeitbestimmung, sondern auch als psychologische Dimension eines Ortes und einer Zeit. Was bedeutet es für die junge Frau in REQUIEM, nach Tübingen zu gehen, wenn sie vom Land kommt? Ich verschaffe mir über das Milieu auch einen Zugang zur Psychologie und Gefühlswelt der Figur. Entweder ich kenne dieses Milieu wie bei REQUIEM selbst, oder ich fange an zu recherchieren, wie bei STURM, wo es um das gesamte Milieu des internationalen Strafrechts geht, nicht nur um den Ort Den Haag oder den Gerichtssaal. Es galt für Hans-Christian Schmid, mit dem ich das Buch geschrieben habe, und mich wirklich zu verstehen, was es für die vielen Beschäftigten, die dort ihr Glück suchen, bedeutet, für die UN zu arbeiten. Wenn man dieses Milieu durchdringt und begreift, wie diese Menschen ticken, ist das ein ewiger Quell für Ideen.

Das Thema kommt – zumindest wenn ich schreibe – erst sehr viel später in die Geschichte, wahrscheinlich erst nach der ersten Drehbuchfassung. Dann trete ich zurück und begreife langsam, worum es überhaupt geht. Es ist für mich schwierig herauszufinden, wovon die Geschichte handelt, was für ein grundsätzlicher Wertekonflikt hinter der Handlung steckt. Dazu muss ich eine Geschichte erst einmal aufschreiben, erst im Spiegel der eigenen Arbeit wird mir dieser Teil richtig klar. Wenn ich es einmal eingekreist habe, kann ich es anwenden wie ein Werkzeug. Bei STURM ist das Thema eindeutig die Frage, ist man integer gegenüber einem Menschen oder gegenüber dem System, für das man arbeitet. Diese Frage zieht sich letztlich durch den gesamten Film, bis in die Nebenfiguren hinein.

Auch wenn der Begriff »Matrix« in diesem Zusammenhang nicht von dir stammt, kannst du zwischen den vier Begriffen Beziehungen, Abhängigkeiten benennen? Kannst du sagen, wie diese vier verschiedenen Kategorien für dich aufeinander einwirken?

Hans-Christian Schmid (*1965 in Altötting), Filmregisseur, -produzent und Drehbuchautor, gehört seit dem Coming-of-Age-Film NACH FÜNF IM URWALD (1995) zu den erfolgreichsten und vielseitigsten deutschen Filmemachern: CRAZY (2000), LICHTER (2003), DIE WUNDERSAME WELT DER WASCHKRAFT (2009). Neben zahlreichen weiteren Auszeichnungen erhielt er für drei Filme den Deutschen Filmpreis in Silber bzw. die »Silberne Lola«: 23 – NICHTS IST SO WIE ES SCHEINT (1998), REQUIEM (2006), STURM (2009).

Ich glaube, man muss wahrscheinlich wie in der Physik schauen, ob zwischen den Begriffen Energie zum Fließen kommt, sprich Konflikt stattfindet. Wenn das Verhältnis zwischen Protagonisten und Antagonisten annähernd konfliktfrei ist, dann kann offensichtlich auch keine Auseinandersetzung stattfinden, weil niemand um etwas ringt. Aber genauso ist es mit der Figur in ihrem Umfeld. Das Potenzial, das im Verhältnis zwischen einem Menschen und seinem Milieu steckt, wird oft nicht richtig wahrgenommen und in seiner Wirkung auf die Geschichte unterschätzt. Ich finde oft den Zugang über Konfliktfelder, die entstehen, wenn Milieus aufeinanderprallen: studentisches Leben und Kleinbürgerlichkeit in REQUIEM oder die Welt der Zeugin und die der Anklägerin in STURM. Manchmal sind es auch nur Nuancen, vielleicht die Unterschiedlichkeit zweier Brüder und ihrer Lebenswege, obwohl sie beide aus demselben Nest stammen.

Es kommen permanent neue Manuals, neue Versionen und Fassungen von Dramaturgien auf den Markt, verfolgst du das?

Wahrscheinlich zu nachlässig. Mir hilft es sehr viel mehr, einen Film, den ich gut finde, zu analysieren. Am besten habe ich ihn auf DVD und kann ihn noch einmal abschreiben und dabei versuchen zu verstehen, warum der Film unterhaltsam ist, also kein Moment entsteht, bei dem ich als Zuschauer nicht involviert bin. Das ist für mich die aufschlussreichste Filmschule, aus den Filmen zu lernen, die mich nachhaltig beschäftigen. Vor allem natürlich, wenn jemand Neuland betritt, L'AVVENTURA ist da eine echte Erfahrung gewesen. Ich tue mich ein bisschen schwer, je allgemeiner Gesetze formuliert sind. Am Ende lande ich wieder bei Aristoteles und merke, dass Autoren der Gegenwart oft nur Sachen aufgreifen und umformulieren und dadurch verdeutlichen.

L'AVVENTURA (Die mit der Liebe spielen; 1960; D: Michelangelo Antonioni, Elio Bartolini, Tonino Guerra; R: Michelangelo Antonioni)

Beratungen

Neben dem Unterrichten machst du auch sehr viele Beratungen. Da ist die Situation schon ein bisschen anders, als wenn es nur um die eigene Produktion geht.

Ich empfinde mich immer noch viel zu jung, um zu unterrichten, und habe mich zu Beginn dieser Tätigkeit natürlich gefragt, ob ich mir jetzt all diese Bücher besorgen und auswendig lernen muss, um sie dann wiedergeben zu können. Ich war tatsächlich versucht so vorzugehen, bis ich das Gefühl hatte, dann kann ich sie auch einfach verteilen, dann brauchen die Studenten mich gar nicht. Ich bin dazu übergegangen, einfach zu vermitteln, wie ich Drehbücher schreibe, und den Leuten

Unterwegs zu einer Geschichte

Alexander Fehling und Ryszard Ronczewski in AM ENDE KOMMEN TOURISTEN

einen Werkzeugkoffer an die Hand zu geben, mit den dramaturgischen Prinzipien, die mir selbst helfen. Ich rede mit den Studenten in der ersten Woche nur über Menschen, über Lebensabschnitte, über Fragen, die Menschen in bestimmten Lebensabschnitten beschäftigen. Mein Ziel ist, den Studenten einen analytischen Blick für ihre Umgebung und Menschen zu vermitteln. Wir suchen gemeinsam nach inneren Widersprüchen und Konflikten, um zu begreifen, was will jemand, was wünscht er sich, und was wäre eigentlich richtig und gut für ihn. Dann reden wir lange über Konflikte. Ich empfinde das Leben selbst ja als extrem konfliktreich, diese Idee des Konflikts durchzieht dann den ganzen Unterricht, die bildet das Fundament.

Die vielen Filme, bei denen du Beratung gemacht hast, haben sehr unterschiedliche Geschichten, gehören zu sehr unterschiedlichen Genres. AM ENDE KOMMEN TOURISTEN, PALERMO SHOOTING, SHAHADA, WER WENN NICHT WIR, *das sind alles Werke auch sehr unterschiedlicher Regiepersönlichkeiten.*

Ich finde diese Arbeit reizvoll. Die Beratungen haben an der Filmhochschule angefangen. Mit der Regisseurin Friederike Jehn wollte ich gerne zusammenarbeiten, aber es hat sich einfach nicht ergeben. Da haben wir uns zu Gesprächen getroffen, und ich habe gemerkt, mir liegt es, in diesem Dialog Menschen bei ihren Drehbüchern weiterzuhelfen. Nach der Filmhochschule sagte Friederike zu mir, wir können das doch weitermachen. Das war mein erster Job als Dramaturg. Wir haben dann auf die Art und Weise zusammen ihr Debüt WEITERTANZEN auch ein Stück weit entwickelt.

Bei WER WENN NICHT WIR hatte ich zu dem vielen recherchierten Material, das Andres Veiel angeordnet hat, durchaus eine dramaturgi-

AM ENDE KOMMEN TOURISTEN (2007; D+R: Robert Thalheim)

PALERMO SHOOTING (2008; D: Wim Wenders, Norman Ohler; R: Wim Wenders)

SHAHADA (2010; D: Burhan Qurbani, Ole Giec; R: Burhan Qurbani)

WER WENN NICHT WIR (2011; D: Andres Veiel, nach einer Geschichte von Gerd Koenen; R: Andres Veiel)

WEITERTANZEN (2008; D+R: Friederike Jehn)

Werkstattgespräch

Andres Veiel (*1959 in Stuttgart), Regisseur und Autor, gehört seit dem RAF-Dokumentarfilm BLACK BOX BRD (2001) zu den profiliertesten Vertretern eines politisch engagierten Kinos. 2005 realisierte er gemeinsam mit Gesine Schmidt das dokumentarische Theaterstück DER KICK. Zuletzt im Kino: Der Spielfilm WER WENN NICHT WIR (2011).

WER WENN NICHT WIR

DER STAND DER DINGE (1982; D: Robert Kramer, Wim Wenders; R: Wim Wenders)

PARIS, TEXAS (1984; D: L.M. Kit Carson, nach einer Vorlage von Sam Shepard; R: Wim Wenders)

ALICE IN DEN STÄDTEN (1974; D: Wim Wenders, Veith von Fürstenberg; R: Wim Wenders)

sche Meinung. Das erste Drehbuch war sehr, sehr lang. Es war in seinen Grundzügen eher ein epischer Film. Andres und ich haben dann gemeinsam versucht, dramatische Elemente in diesem Text stärker herauszuarbeiten und Spannung unterzubringen.

Bei AM ENDE KOMMEN TOURISTEN haben Hans-Christian Schmid und ich als Dramaturgen angefangen und sind dann irgendwann mal Co-Autoren geworden. Das ist auch ein möglicher Weg. Bei SHAHADA hat Burhan Qurbani einen Co-Autor gesucht. Er war damals noch Student an der Filmhochschule, und ich habe dort unterrichtet, deshalb habe ich ihm gesagt, dass das leider nicht geht. Er stand zwei Monate vor Drehbeginn, und sein Buch war einfach zu lang. Er hätte das Buch nicht drehen können, wenn er bestimmte Dinge nicht losgeworden wäre. Deshalb habe ich mich dann einfach verpflichtet gefühlt, ihm beiseitezustehen.

Wie war es bei Wim Wenders?

Wir haben gemeinsame Bekannte, und es gab den großen Wunsch von Peter Schwarzkopf, dass Wim und ich uns kennenlernen und zusammenarbeiten. Das ist so großartig gescheitert, wie etwas nur scheitern kann, weil wir einfach zu unterschiedlich sind. Er kommt aus einer anderen Generation. Am Ende war das eine schnelle und sehr klare Trennung. Wim hat den Film dann selbst geschrieben und gedreht.

Er ist in meinen Augen als Regisseur auch eher ein Maler als ein Dramatiker. Seine Filme sind alle sehr episch und dem Bilderzählen verhaftet, weil er eben aus den Bildern Dinge generieren will und nicht unbedingt aus der Dramatik. In seinem Film DER STAND DER DINGE hat sich das auch unmittelbar thematisiert.

Ich habe mich an die drei Filme von ihm gehalten, die er mit Sam Shepard geschrieben hat. Unbescheiden, wie ich bin, glaubte ich, was mit Shepard geht, könnte vielleicht auch mit mir gehen. Diese Reduktion auf: ein Mann und ein Konflikt. Aber die Geschichte von PARIS, TEXAS zum Beispiel hat natürlich ein großes dramatisches Potenzial, und Wim hat an bestimmten Punkten eher dagegen gearbeitet. Auch in ALICE IN DEN STÄDTEN gibt es die einfache Konstellation: ein Mann und den Konflikt durch das Auftauchen des Kindes. Das Erlebnis mit Wim hat mich darin bestätigt, dass man das Zusammenarbeiten nicht forcieren kann ...

Kannst du benennen, was es braucht, damit eine solche Kooperation fruchtbar werden kann und funktioniert?

Das hört sich banal an, aber man braucht dieselbe Vorstellung, was für ein Film entstehen soll. Ob das dann auch wirklich so war und ob man die eigene Arbeit noch wiederfindet, zeigt sich manchmal erst, wenn der Film gedreht wurde. Bei REQUIEM war es ein großes Geschenk für mich, dass er genauso geworden ist, wie ich ihn mir vorgestellt hatte, und in vielen Aspekten sogar noch viel besser als das Drehbuch.

PALERMO SHOOTING

Es gab auch Filme, die nach einem Buch von mir gedreht worden sind, da wurde mir in der Vorführung heiß und kalt, und ich habe die Welt nicht mehr verstanden. Dann habe ich noch einmal nachgelesen und gemerkt, es ist alles so wie auf dem Papier, aber trotzdem komplett anders. Das hat mich entsetzt. Das ist kein Vorwurf an die Regisseure, aber zwischen dem Papier und dem gedrehten Material kann es ein großes Missverständnis geben. Eine Kleinigkeit – vielleicht der Szenenbildner mit der Idee, dass die Hauptfigur Anthroposophin sein könnte – hat plötzlich eine katastrophale Auswirkung für mich als Autor, der die ganze Einrichtung der Wohnung nicht versteht und seine eigene Figur nicht mehr wiedererkennt. Ich würde daher nie ein Projekt anfangen, ohne zu wissen, wer der Regisseur ist. Wenn man mit dem nicht dieselbe Idee teilt, begibt man sich auf sehr dünnes Eis.

Regie

Eine Möglichkeit, dieses Missverständnis zwischen Papier und Film auszuschließen, ist natürlich, die Regie selbst zu übernehmen. Du hast ja auch ziemlich früh in der Filmhochschule bei WEICHEI und dann bei RABENBRÜDER selbst Regie geführt.

WEICHEI (2002; D+R: Bernd Lange)

Im dritten Jahr an der Filmhochschule – ich war wie alle anderen auch total pleite – sah ich eines Tages im Flur der Drehbuchabteilung einen Zettel hängen. Kurzfilmbuchwettbewerb: 25.000 Mark. Ich habe einfach alle Zettel abgehängt, mit nach Hause genommen und gedacht, so minimiere ich die Chance, dass noch andere daran teilnehmen. Den Preis habe ich dann tatsächlich gewonnen. Aber weil der Assistent der Drehbuchabteilung in seiner Faulheit nur die erste Seite und nicht die Rückseite des Anschreibens fotokopiert hatte, wurde mir erst, als ich den Preis gewonnen hatte, klar, dass die 25.000 Mark zweckgebunden waren an die Herstellung des Films. So wurde ich völlig unvorbereitet vor die Frage gestellt, ob ich den Film drehen will oder nicht. Also hab ich's gemacht. Bei einem Festival hat mich dann Jörg Schneider vom *Kleinen Fernsehspiel* gefragt, was ich als Nächstes plane. Ich habe geantwortet: »Nichts, ich bin Drehbuchautor, ich habe Regie nur aus Spaß gemacht und habe kein Interesse, das weiter zu verfolgen.« Als ich die Geschichte Christian Hünemörder erzählte, der Produzent bei Gam-

Werkstattgespräch

Bernd Lange und Anna
Brüggemann am Set von
WEICHEI

bit Film war und ein Freund von mir, hat er mich für verrückt erklärt, wie ich einfach so einem Redakteur einen Korb geben könne, und mir sofort ein Treatment von Matthias Pacht gegeben. Das war RABENBRÜDER, eine Geschichte, die in einer Kleinstadt spielt, von drei Freunden erzählt und um die Frage kreist: hierbleiben oder weggehen? Da konnte ich mir vorstellen, Regie zu führen, da ich die Problematik nur zu gut kannte. Die Finanzierung lief erstaunlich unproblematisch, der Film wurde dann gedreht. Rückblickend würde ich sagen, diese Erfahrung war eine große Hilfe für das Drehbuchschreiben, ein wichtiger Teil meiner Ausbildung. Ich hatte einen Text, der nicht von mir selbst war und mir die Freiheit gab, mal einen Dialog zu verändern oder Szenen einzukürzen. Ich konnte mich mit dem Prozess auseinandersetzen, wie Papier abbildbar gemacht wird, um das Material danach im Schneideraum – in Anlehnung an das, was da mal auf dem Papier stand – wieder zusammenzusetzen. Nach dieser Erfahrung habe ich Drehbücher anders geschrieben.

Was hat die Geschichte mit Herrenberg zu tun, um einfach noch mal auf den Einfluss von Landschaft, Ort, Verortung, Verwurzelung zurückzukommen?

Viele Leute haben sich auf der Filmhochschule den Arm abgerissen, um einen langen Spielfilm zu drehen, mir fiel das in den Schoß. Ich habe mir trotzdem viele Gedanken gemacht, ob ich diesen Schritt überhaupt gehen will. Die Vorstellung, den Film in Herrenberg zu drehen, hat mir bei der Entscheidung geholfen. Wenn ich mir die ganzen praktischen Fragen stellte, wo eine Szene spielen sollte, hatte ich immer ein Bild vor Augen. Wenn man zum ersten Mal irgendwo eine Kamera aufstellt, dann will man von etwas erzählen, was man glaubt gut zu kennen. Und am besten kennt man wahrscheinlich die Gegend, in der man aufgewachsen ist. Ich bin sicher nicht der Erste, der diesen Weg gegangen ist.

Wie ist das für dich im Moment? Ist Regie noch eine Option, oder hat sich das durch die Inszenierungserlebnisse erledigt?

Ich wollte immer Drehbücher schreiben. Ich bin gern allein und arbeite gern allein. Mir fällt es schwer, mich jeden Tag mit 30, 40 Menschen und ihren Bedürfnissen auseinanderzusetzen, das erschöpft mich. Und wenn ich mir anschaue, wozu ich in der Lage bin als Regisseur, habe ich das Gefühl, andere können das besser. Und ich weiß nicht, warum ich das weiter forcieren sollte. Vor allem hat mich bei Dreharbeiten immer angestrengt, dass ich oft abends nach dem Ende des Tages eine gute Idee hatte, aber dann war die Situation vorbei. Als Autor habe ich die Zeit, eine Szene, die ich gestern geschrieben habe und heute mit anderen Augen lese, noch mal zu ändern.

Wie siehst du das generelle Verhältnis zwischen den beiden Gewerken? In Scenario 5 *wird diese Beziehung unter anderem mit den Liebeserklärungen von Dominik Graf thematisiert, die er an seine Autoren geschrieben hat. Und gerade hat* Scenario *mit der Filmakademie in München eine Podiumsdiskussion zum Thema* Buch & Regie – Eine Hassliebe in Deutschland *gemacht. Beschreibt der Titel das Verhältnis zwischen Regisseuren und Drehbuchautoren richtig?*

Ich brauche Auseinandersetzung beim Film, ob das gleich Hass sein muss, weiß ich nicht. Ich brauche jemanden, der mir beim Schreiben Fragen stellt, der unbequem ist. Daher ist für mich ein Regisseur in der Stoffentwicklung wichtig, weil er mich auf meine Nachlässigkeiten aufmerksam macht. Später empfinde ich die Aufgaben von Regisseur und Autor als klar geteilt. Ich verstehe mich als jemand, der eine Vorlage für einen Film liefert, nicht nur für einen Regisseur, sondern auch für einen Kameramann, für einen Schauspieler, für alle Beteiligten. Ich sehe mich natürlich als Urheber, aber ich überlasse diesen Menschen meine Vorlage, um einen Film herzustellen. Das ist nicht so viel anders als ein Architekt, der sagt: »Das ist mein Plan, so könnten wir das bauen«, und der sich dann später ein fertiges Gebäude anschaut und sagt: »Ja, habt ihr gut gemacht, ich finde wieder, was ich auf dem Papier wollte.«

RABENBRÜDER

Werkstattgespräch

Wenn man in der Metapher bleibt, kommt es durchaus vor, dass Architekten gegen den Bauherrn klagen, wie zum Beispiel sehr prominent bei dem neuen Hauptbahnhof hier in Berlin, dessen Glasüberdachung um ein Drittel gekürzt ist, dessen Untergeschoss eine andere Decke bekommen hat, als Gerkan es geplant hatte.

Meinhard von Gerkan (*1935 in Riga, Lettland), Architekt. Gründete 1965 gemeinsam mit Volkwin Marg das Architekturbüro *gmp*. Für die realisierten Entwürfe, u.a. den Flughafen Berlin Tegel und den Umbau des Berliner Olympiastadions, erhielt *gmp* zahlreiche Auszeichnungen. Der Neubau des Berliner Hauptbahnhofs führte zum Rechtsstreit, da die Bahn anstelle einer Gewölbedecke ohne Rücksprache eine Flachdecke eingebaut hatte.

Wenn schon in der Entstehungsphase Missverständnisse auftauchen, erlaube ich mir in meiner Naivität, die Arbeit aufzukündigen. Wenn ich mich als Autor nicht stark genug involviert fühle, ergibt nichts anderes Sinn. Bemerke ich bereits im Gespräch zwischen Produzent, Redakteur, Regisseur und mir, dass alle in unterschiedliche Richtungen ziehen und ich als Autor drei oder vier unterschiedliche Befindlichkeiten zu befriedigen habe, ohne dass meine Meinung gehört oder respektiert wird, kann ich nur verlieren. Für die anderen ist der Schock dann interessanterweise immer groß, wenn der Autor sich verabschiedet. Die sagen: »Kann der sich das denn leisten?« Ich glaube, es ist viel schwieriger, sich erst in vier oder fünf Drehbuchfassungen zu verausgaben und zu einem für alle unbefriedigenden Ergebnis zu kommen. Was Gerkan beim Berliner Hauptbahnhof erlebt hat, möchte ich nicht erleben. Jetzt laufen die Leute dort herum und sagen: »Sieht merkwürdig aus.« So wäre es dann auch beim Film, der bleibt ja auch auf eine andere Art und Weise bestehen.

Du bist oft beim Musterschauen und bei der Rohschnittabnahme dabei. Ist deine Anwesenheit im Laufe der Realisierung sowohl am Set als auch im Schneideraum eine rein persönliche Übereinkunft zwischen dem Regisseur und dir, oder ist das etwas, was du auch vertraglich festschreibst?

Hansjörg Weißbrich (*1967 in Siegen) zeichnet als Cutter u.a. für alle Filme von Hans-Christian Schmid verantwortlich. Weitere Filme u.a.: FRAUEN LÜGEN BESSER (2000), WAS TUN, WENN'S BRENNT? (2001), NVA (2005), KRABAT (2008), WER WENN NICHT WIR (2011). Er wurde für seine Arbeiten vielfach ausgezeichnet.

Wenn ich mit jemandem arbeite und nur auf Verträge vertraue, stimmt meiner Ansicht nach schon die Chemie nicht. Zwischen Hans-Christian Schmid und mir – das bezieht auch die Produzentin Britta Knoller mit ein – ist es eine Selbstverständlichkeit, wenn der Cutter Hansjörg Weißbrich und Hans-Christian zwei, drei Wochen gearbeitet haben, die Tür aufzumachen und zu viert über den Film drüberzugucken. Als Autor ist man da natürlich wieder als Dramaturg gefragt. Jemand wie Matti Geschonneck sieht das Drehbuch durch und sagt: »Ich mach' das genauso.« Da gibt es Veränderungen nur nach vorheriger Absprache. Dann muss ich noch nicht einmal in den Schneideraum gehen, sondern weiß, was es für Veränderungen gibt. Zu Dreharbeiten gehe ich nur an drehfreien Tagen, wenn man mit Schauspielern noch mal über bestimmte Szenen reden kann oder sich Veränderungen ergeben haben und man deswegen vielleicht eine Szene leicht umschreiben muss.

Unterwegs zu einer Geschichte

Auftragsarbeiten

Wie ist dein Verhältnis zu deiner Agentin?

Ich mag meine Agentin sehr, sie ist ein toller Mensch. Sie kennt mich fast so gut wie meine Frau – wer weiß denn schon, wie viel Geld jemand auf dem Konto hat, oder eben nicht hat. Wir führen Gespräche darüber, wie ein einzelnes Projekt gerade steht, aber keine inhaltlichen Debatten. Und wir waren Gott sei Dank noch nie in einer Situation, wo ich gesagt habe: »Katrin, bitte, sprich mit den Leuten, die Verhältnisse sind so zerrüttet, dass ich mit niemandem mehr reden kann.«

Katrin Näher ist seit 2002 als Agentin für Drehbuchautoren und Regisseure in Berlin tätig, seit 2009 bei der Agentur *Above the Line*. Darüber hinaus vertritt sie die Filmrechte der Literaturagentur Petra Eggers.

Betreibt sie Akquise für dich, trägt sie Projekte oder Personen an dich heran?

Katrin ist sehr rege auf Festivals und auf Veranstaltungen unterwegs, Dinge, die mir überhaupt nicht liegen. Ich gehe nicht gern zu Filmveranstaltungen. Die Filme, die ich bisher gemacht habe, sind immer aus dem persönlichen Kontakt zwischen dem Regisseur und mir zustande gekommen. Es gab aber auch Arbeiten als Ghostwriter, wo ich etwas geschrieben oder ein Format ausprobiert habe unter einem Pseudonym, weil ich nicht richtig dahinterstehen konnte.

Was für eine Art von Projekten war das?

Serien, Eventprogramme, Projekte, die eher ein Produkt sind und weniger etwas mit mir direkt zu tun haben. Das war nach der Phase von REQUIEM. Ich war glücklich, einen persönlichen Film als erste lange Arbeit zu haben. Aber ich war auch skeptisch und habe mich gefragt, ist das eine tragfähige Drehbuchwirklichkeit in Deutschland? Diese Projekte haben mich damals finanziell über Wasser gehalten. Plötzlich wusste ich sehr genau, warum ich das Kino oder eigene Arbeiten fürs Fernsehen so sehr schätze, und fühlte mich bestärkt, diesen Weg, den ich mit REQUIEM eingeschlagen hatte, weiterzugehen und nicht andere Dinge zu machen. Aber diese Durchgangsphase war wichtig.

Du hast auch unter deinem eigenen Autorennamen einen Tatort *geschrieben. Wie bist du da mit bestimmten vorbestehenden Strukturen umgegangen, wie hast du dich dabei gefühlt?*

Sehr gut. Der Regisseur Manuel Flurin Hendry und ich waren damals Wohnungsnachbarn. Manuel wollte unbedingt einen *Tatort* für den Hessischen Rundfunk machen, und er sagte: »Schreib das doch.« Und ich sagte: »Ja, warum nicht.« Den Redakteur Jörg Himstedt kannte

Tatort: NEULAND (2009; D: Bernd Lange; R: Manuel Flurin Hendry)

ich schon aus meiner Zeit an der Filmhochschule und wusste, es geht Jörg nicht darum, einen standardisierten Krimi zu machen, er will ein eigenständiges, persönliches Werk haben. Wir konnten den Film nur mit Jörg Schüttauf, ohne seine Partnerin, in der Hauptrolle machen, und ich meinte, dann lass uns doch auch gleich Frankfurt wegnehmen, dann sind gar nicht mehr so viele Vorgaben übrig. Manuel und ich haben uns gemeinsam gefragt, was für eine Art Film uns mit Schüttauf in der Hauptrolle interessieren würde, und kamen auf einen Western. Wir beschlossen, irgendwo in eine grüne Ecke von Frankfurt zu gehen und so gut, wie es in der Gegenwart eben geht, einen Western zu erzählen. Alles, was in dem Film Western war, hat uns mehr interessiert als der Kriminalfilm. Das geht nur mit der Risikobereitschaft eines Redakteurs wie Jörg, der uns immer den Rücken gestärkt hat.

Wie siehst du generell das Verhältnis zwischen Fernsehen und Kino?

DER VERDACHT (2011; D: Bernd Lange, R: Matti Geschonnek)

Ich mache da in meiner Arbeitsweise keinen Unterschied. Bei einem Film wie DER VERDACHT, den ich mit Matti gemacht habe, dachte ich manchmal, in Frankreich gibt es, anders als bei uns, eine Kinotradition, die diese Art Thriller im Kino möglich machen würde. Momentan arbeiten Matti und ich wieder an einem Film. Der ist von der Grundanlage her auch ein möglicher Kinofilm, aber wir schließen in Deutschland von vornherein aus, dass er im Kino ausgewertet wird. Der einzige Unterschied rührt daher, dass dies genremäßige Kriminalgeschichten oder Thriller sind, bei denen die Wichtigkeit, spannend zu erzählen, viel größer ist als der Anteil an Recherche. Recherche ist in diesen Fernsehfilmen unwichtig, weil man die Spannung so hochzieht, dass man ohnehin keinen Naturalismus rein bekommt. Hans-Christian und ich arbeiten eher andersrum, wir versuchen, den Naturalismus zu schützen. In dem Moment, in dem man sich ernsthaft vornimmt, ein Genre zu erfüllen, fällt der Naturalismus meistens unter den Tisch. Im Zentrum steht dann nicht unbedingt die Abbildung der Wirklichkeit, sondern eher die Abbildung von Gefühlen.

Es gibt kaum oder gar keine Kinofilme, die ohne die Beteiligung der Sender stattfinden. Bist du bei deinen Kinoprojekten Auseinandersetzungen mit Redakteuren ausgesetzt gewesen? Fernseh-Co-Produzenten, die sagen, wir müssen das in der Primetime senden, und da kann man bestimmte Sachen nicht zeigen?

Bei den Kino-Co-Produktionen habe ich die Redakteure immer als gute Ratgeber erlebt. Da kann ich über niemanden Schlechtes sagen. Es wurde meist im Sinne der Geschichte argumentiert. Wenn konkrete Vorschläge gemacht wurden, habe ich mich ihnen gegenüber nicht verpflichtet gefühlt, Dinge wortwörtlich zu erfüllen. Wenn man eine Auftragsarbeit fürs Fernsehen macht und man kennt den Sendeplatz, kennt man auch die Vorgabe dafür. Natürlich erwartet die Redaktion von mir für einen Krimi-Sendeplatz einen spannenden Film. Wenn ich kein spannendes Drehbuch liefere, wird es wahrscheinlich eine Auseinandersetzung geben. Wenn man versucht, mit derselben persönlichen Haltung, mit der man für das Kino mit dem Sender Co-Produktionen entwickelt, eine Auftragsproduktion fürs Fernsehen zu schreiben, bei der das Fernsehen der alleinige Auftraggeber ist, sind Konflikte vorprogrammiert. Ich empfinde es als ein großes Geschenk, mich im Fernsehen in Genres ausprobieren zu können, ich konnte zum Beispiel in DER VERDACHT mit verschobenen Zeitstrukturen experimentieren. Bei der Arbeit für das Kino fühle ich mich dem Naturalismus und viel stärker einer Art Wahrheitssuche verpflichtet.

Visuelles Erzählen

Mir ist bei deinen Fernsehprojekten aufgefallen, dass sie meist anders fotografiert sind als normale Fernsehfilme. Woher rührt das? Wie schreibst du Szenenanweisungen, Abläufe oder Kameraanweisungen in deinen Büchern? Hast du da eine spezielle Vorgehensweise?

Ich weiß nicht, ob das viel mit dem Buch zu tun hat, weil ich keine visuellen Erzählangaben mache, wo die Kamera steht oder was sie machen

Jörg Schüttauf in NEULAND

soll. Zuerst geht das Kompliment daher wohl an die Kameramänner. Ich versuche, das Fernsehen eher als Spielwiese, als eine Experimentierfläche zu sehen. DER VERDACHT oder auch der *Tatort* NEULAND sind beides sehr künstliche Filme, die sich an einem Genre orientieren. Ich schreibe auch keine Landschaftsbeschreibungen in die Drehbücher, aber ich versuche natürlich, Orte – also die Wetterau in der Nähe von Frankfurt oder die Wüste in Namibia – ins Spiel zu bringen und Szenen zu vermeiden, die im Zimmer stattfinden.

In beiden Filmen wird wahnsinnig viel Auto gefahren, und es kommen lange Fahrten durch Landschaften vor, meistens mit musikalischer Untermalung. Ist das im Buch bereits festgelegt?

Bei Namibia bot sich das an. Als Matti und ich gemeinsam dort waren, war uns schnell klar, wir lassen das zum Teil im Meer spielen, zum Teil in der Wüste, zum Teil in der Stadt. Und dadurch ergeben sich auch Fahrten. Man versucht, die Figur in Bewegung zu zeigen und das Land tatsächlich einzubinden, so gut es in einem Genrefilm geht.

Ich habe mich allerdings gefragt, warum spielt das Stück – wie so viele andere und schlechtere – überhaupt in Afrika? Außer diesen Landschaftstotalen, außer einem gewissen Gefühl von Wüste gibt es kaum eine örtliche Verankerung. Weder wirklich topografisch noch, vor allem, sozial. Die Ferienanlage könnte überall stehen.

Man hätte den Film auch im europäischen Ausland drehen können. Aber wir haben uns die Frage gestellt, wo geht man hin, wenn man seinen

Christiane Paul und Hans-Jochen Wagner in DER VERDACHT

Partner loswerden will? Von wo kann man ohne den Partner zurückkommen, und niemand stellt Fragen? Da kamen wir natürlich auf Südamerika, wussten aber von vornherein, das wird zu teuer. Auch Nordafrika ist aus finanziellen Gründen ausgeschieden, und so pendelte das zwischen Südafrika und Namibia. Mir war wichtig, einen Teil der Geschichte im Ausland spielen zu lassen, weil dieses Gefühl von jemandem, der seine Sinne verliert, dieses »Nichtbeisichsein«, dadurch unterstützt wird.

Ich denke nicht, dass DER VERDACHT *ein Film über eine Frau ist, die ihren Verstand verliert. Im ersten Moment hat man als Zuschauer möglicherweise das Gefühl, das sei so, bis man am Schluss realisieren muss, man ist einem unzuverlässigen Erzähler aufgesessen. Was man als Zuschauer für Rückblenden gehalten hat, waren gar keine Rückblenden, sondern eine Erzählung, in der hemmungslos gelogen wurde.*

Das mochte ich gerade, das war die Ausgangsidee. Ursprünglich wollten wir die Geschichte chronologisch erzählen. Als wir uns dann in Namibia die Orte angeguckt haben, stellten wir fest, was für ein merkwürdiges Land das ist. Wir selbst kamen in einen merkwürdigen Zustand, alles kam uns unwirklich vor, im Hotel hinter Mauern zu leben, sich nur mit einem geschlossenen Fahrzeug zu bewegen, nur in Begleitung von Führern irgendwo auszusteigen. In diesem Zustand habe ich während einer Pause Matti gefragt: »Was hältst du davon, wenn wir die Geschichte total zerstückeln? Die Hauptfigur hat jemand, den sie aktiv anlügt, und dadurch schaffen wir uns die Möglichkeit, das Ganze in Portionen zu erzählen?« Matti guckte mich an, überlegte zehn Sekunden und sagte: »Ja, find' ich gut.« Im nächsten Moment dachte ich, was hast du jetzt für ein Ei gelegt, hättest du lieber mal eine Nacht drüber geschlafen, denn nun wurde das Schreiben natürlich viel komplizierter. Ich wusste, dass ich mich auf dünnes Eis begebe: Wird man dem Film folgen können, wird man das, was gezeigt wird, als die Interpretation einer Figur verstehen? Meine erste Vermutung war auch, dass uns der Redakteur den Kopf abreißt. Er war zuerst skeptisch, hat mich aber eine Drehbuchfassung schreiben lassen, und letztlich hat dann niemand mehr die Struktur des Films infrage gestellt.

Ich habe mich als Zuschauer an der Nase herumgeführt gefühlt. Ich realisiere natürlich an einem bestimmten Punkt, einem nicht vertrauenswürdigen Erzähler aufgesessen zu sein. Aber während des Films hatte ich nicht die geringste Veranlassung, was ich sehe, nicht als normale Rückblende zu verstehen, sondern als Erzählung. Ich habe mich hinterher gefragt, woher meine Frustration rührt. Am Anfang werden die »Rückblenden« eindeutig durch die Erzählsituation eingeleitet. Das war später nicht immer der Fall.

THE USUAL SUSPECTS (Die üblichen Verdächtigen; 1995; D: Christopher McQuarrie; R: Bryan Singer)

Es ist ein An-der-Nase-Herumführen. Beim Schreiben habe ich es genossen, ein Genrestück ohne größere soziale Relevanz, sondern nur zur Unterhaltung von Menschen zu entwerfen. Ohne VERDACHT direkt damit vergleichen zu wollen, DIE ÜBLICHEN VERDÄCHTIGEN ist ein Film mit einer ähnlichen Struktur.

Ich denke, da gibt es einen Unterschied, weil ich in diesem Film nach dem Moment der Enthüllung auch die Möglichkeiten der Rückverfolgung habe. Bei VERDACHT habe ich bei meinem einmaligen Sehen keine rückverfolgbaren Knotenpunkte, an denen ich weiß, wo sich die Handlung und die Darstellung auseinanderentwickelt haben. Am Schluss ist klar, die Ehefrau hat von Anfang an von der Beziehung zur Geliebten gewusst. Rückschauend erinnere ich mich dann natürlich an die Szene ihrer ersten Begegnung mit der Geliebten des Ehemanns und wie sie da reagiert. Aber es ist eben nicht ihre tatsächliche Reaktion, sondern ihre erzählte Lüge über diese Begegnung. Nun muss ich also noch mal zurückschalten, weil ich denke, so hat sie es dargestellt. Ich habe es nicht wahrnehmen können. Ich habe keinen unmittelbaren Vergleich.

Wir wollten vermeiden, nach der Enthüllung die Dinge noch mal erzählerisch total eindeutig zu machen. Also eine Auflösung zu präsentieren und noch mal mit Ausschnitten aus dem eigenen Film zu bebildern.

Das wäre sicher furchtbar geworden. Es gibt auch Szenen, in denen das Misstrauen des Zuschauers einhaken könnte. Wenn die Ehefrau alle Pillen vor der Geliebten ausschüttet und die Schachtel ist voll, da könnte man sich sagen, sie hat nicht nur dieses Mal, sondern auch vorher die Tabletten nicht geschluckt, sonst wäre die Packung leer. Die Lust, die du beim Schreiben gehabt hast, kann sich auch übertragen auf den Zuschauer, er kann durchaus ein Vergnügen daran empfinden, an der Nase herumgeführt worden zu sein, wenn er hinterher sozusagen die Möglichkeit des Rückwärtsdenkens hat.
    Mich hat erstaunt, dass ein derartiges Experiment überhaupt im Fernsehen stattfinden kann. Und ich habe mich gewundert, dass die Resonanz bei der Ausstrahlung nicht größer gewesen ist und ich dadurch den Film völlig verpasst hatte. Fernsehen besteht im Grunde genommen darin: Man dreht den Wasserhahn auf, und es fließt etwas. Wenn das Wasser plötzlich nicht mehr farblos ist, sondern eine Farbe hat, ein spezifisches Produkt ist, fällt es aus diesem unaufhaltsamen Strom, den das Fernsehen sonst vermittelt, heraus. Es widersetzt sich der genormten Form von Realitätswiedergabe, die sich in fast allen fiktiven Programmen durchgesetzt hat, dieser Simplifizierung der Welt.

NEULAND

Im Zuge der Herstellung des Drehbuchs war es nur einmal kurz Diskussionspunkt, dass man mit dem Stoff eine vertraute Struktur verlässt. Aber für wen ist eine vertraute Struktur eigentlich wichtig? Man begibt sich doch zurück in die 1950er Jahre, wenn man behauptet, Kino und Fernsehen sollen nur ein Wohlfühlort sein. Heute springt bereits jeder zweite Kriminalroman in den Ebenen und benutzt das, um Spannung zu erzeugen. ZDF-Zuschauer sind doch auch Krimileser, denen ist so eine Struktur eigentlich vertraut. Die Idee, den vermeintlichen Realitätsverlust der Hauptfigur durch diese gesplitterte Erzählweise zu unterstützen, fanden Matti und ich reizvoll und sind einfach stur geblieben.

DER VERDACHT

Wie war die Publikumsreaktion auf diese Erzählweise?

Ich bin bei diesem Projekt zum ersten Mal so richtig mit den Quoten konfrontiert worden. Beim *Tatort* bewegt sich ein Film ja automatisch im hohen Millionenbereich. Bei VERDACHT war der nächste Morgen aufregend, weil parallel *Dschungelcamp* lief, was niemand auf der Rechnung hatte, als der Film programmiert wurde. Unsere Quote war daher deutlich schlechter als sonst an einem Montagabend. Ich hatte Angst, man würde dies auch unserer Erzählform ankreiden. Interessanterweise gibt es eine minutengenaue Auswertung, einen genauen Verlauf, und der besagte, die Menschen, die eingeschaltet hatten, blieben auch dabei.

Musik

Die langen Autofahrten, von denen wir sowohl in NEULAND als auch in VERDACHT gesprochen haben, sind immer mit Musik unterlegt.

Die Musik bei dem *Tatort* kommt aus der Figur Dellwo heraus. Irgendwann hat jemand erfunden oder festgelegt, dass Dellwo Musik aus den 1970er Jahren hört. Ich habe mich da natürlich drauf gestürzt. Ich fand das reizvoll.

Bedeutet das, du hast diese Musikanweisungen bereits ins Buch geschrieben und einzelne Songs festgelegt?

Wenn ich das Gefühl habe, man kann sich das leisten und es ist dramaturgisch sinnvoll, schreibe ich Musik ins Drehbuch. Man sollte so etwas natürlich mit der Regie absprechen und auch mit der Produktion. Man kann nicht einfach sagen, hier spielen wir *Sympathy for the Devil* von den Stones. Das kostet dann so viel wie das Budget für den ganzen Film.

The Rolling Stones: *Sympathy for the Devil* (1968)

Wenn man für das Fernsehen schreibt, spielt der Preis keine so große Rolle, die Rundfunkanstalten zahlen die GEMA-Gebühren, und damit hat es sich.

Aber Musikstücke standen auch schon bei REQUIEM im Drehbuch.

Ich finde es heikel, im Drehbuch bereits mit der Musik zu operieren, obwohl ich manche Szenen durchaus mit einer bestimmten Musik in Verbindung bringe oder diese Musik beim Schreiben der Szene höre. In den Drehbüchern von Studenten finde ich oft jede Menge Musikanweisungen bis hin zu Textzeilen, und oft dienen die nur dazu, vor der dramatischen Gestaltung der Szene auszuweichen.

Deep Purple: *The Anthem* (1968)

Habe ich eine Szene vor Augen, dann habe ich eigentlich auch einen Ton im Ohr. Es gibt für manche Dinge auch so etwas wie Notenschlüssel im eigentlichen Sinn des Wortes. Die Vorstellung von einem Musikstück kann einem eine Tonalität des Films nahebringen. Bei REQUIEM ist das für mich am offensichtlichsten. Es gibt dort ein sehr ungewöhnliches Stück von Deep Purple, *The Anthem*, das einerseits etwas sehr Pathetisches hat und andererseits durch den Einsatz der Kirchenorgel mit religiösen Motiven zu tun hat. Dieses Musikstück war schon in der ersten Drehbuchfassung von REQUIEM und gibt einen bestimmten Ton vor, der sich vielleicht auf den Rhythmus einer Szene oder sogar einer Sequenz auswirkt. Das Stück könnte so eine Form von Veräußerlichung bewirken, die man mit Dialog oder mit Handlung gar nicht erreichen kann.

In dem Fall transportiert auch bereits der Filmtitel REQUIEM natürlich nicht nur Kirchliches, sondern auch Musikalisches und stimmt den Zuschauer auf einen langsamen, bedächtigen Rhythmus ein.
Nach dem Erfolg von REQUIEM war STURM für Hans-Christian Schmid und dich eine zweischneidige Erfahrung. Auf der Ebene von Preisen und Kritik und Festivalteilnahmen ein großer Erfolg, auch sicherlich in der glücklichen Bewältigung eines so groß dimensionierten Projektes, auf der anderen Seite im Kino und an der Kasse und im Verhältnis zu den Zuschauern nicht wirklich erfolgreich.

REQUIEM

Extrem unerfolgreich. Ein Freund von mir, er ist Fernsehjournalist, sagt immer: »Willst du, dass die Leute abschalten, dann brauchst du eins von zwei Themen, das eine ist Israel und Palästina, das andere ist Ex-Jugoslawien.« Er behauptet, diese Konflikte sind so kompliziert, dass auch politisch interessierte Menschen sich gefühlsmäßig distanzieren und nichts damit zu tun haben wollen. Als ich Studenten

Hans-Christian Schmid im Gespräch mit den Schauspielern von REQUIEM

von mir gefragt habe, was die Hauptstadt von Bosnien-Herzegowina ist, habe ich 20 Antworten bekommen, aber nicht eine richtige. Die Distanz, die zu diesem Konflikt eingenommen wird, ist wahnsinnig groß.

Ich bin nicht sicher, ob diese These richtig ist. Es gibt sehr viele erfolgreiche Filme, die sich mit dem israelisch-palästinensischen Konflikt befassen und die im Arthouse-Bereich sehr gute Zahlen gemacht haben.

Welcher denn? Selbst wenn man WALTZ WITH BASHIR als Beispiel nimmt, sind seine Zahlen in Deutschland im internationalen Vergleich ein Ausreißer nach unten. In Frankreich hatte STURM mehr Zuschauer als in Deutschland. Ein Film über ein Tribunal, das über Kriegsverbrechen in Jugoslawien verhandelt, hat hierzulande anscheinend viele abgeschreckt. Wenn die Leute einmal im Kino waren, hatten sie im seltensten Fall damit Schwierigkeiten, diese komplizierten Konflikte in Jugoslawien zu verstehen. Wir haben uns große Mühe gegeben, dass man den Film ohne Vorwissen sehen kann. Für mich stand das Politische aber komischerweise bei der Stoffentwicklung nie im Vordergrund, ich hatte immer das Gefühl, STURM ist eine Geschichte über zwei Frauen. Das hätte man vielleicht in der Auswertung stärker kommunizieren müssen. Der Verleih und auch wir selbst haben das nicht ausreichend thematisiert. Wir standen dann plötzlich in der politischen Ecke. Insgesamt tut das weh, man will ja mit seinem Film Menschen erreichen und nicht Preise gewinnen.

VALS IM BASHIR (Waltz with Bashir; 2008; D+R: Ari Folman)

Ziehst du daraus in irgendeiner Weise Konsequenzen für dein Kinoengagement?

Ich kann nur so weitermachen wie bisher. Natürlich muss man mit diesen Momenten der Frustration leben, natürlich fragt man sich in einem schwachen Moment, warum macht man sich die ganze Arbeit? Aber gleichzeitig ist Erfolg im Sinne von Zuschauerwahrnehmung unkontrollierbar und unvorhersehbar. Ich kann mich an einen Dozenten an der Filmhochschule erinnern, dem ich das Exposé zu REQUIEM gezeigt habe, und der sagte: »Wenn du dich unglücklich machen willst, dann schreibst du das.« Hätte ich auf den gehört, hätte ich den Stoff nie weiterverfolgt. Wenn ich anfange, etwas zu schreiben, fällt es mir ungeheuer schwer vorauszusagen, ob das jetzt erfolgreich wird oder nicht. Ich kann nicht mehr tun, als mich als Autor zu positionieren und entweder zu sagen, ich habe hier ein großes Spektakel vor und versuche dafür die entsprechenden Partner zu finden, oder ich konzentriere mich auf Inhalte, das ist preisgünstiger herzustellen, aber unter Umständen natürlich für einen großen Teil des Kinopublikums uninteressant, weil es weniger offensichtliche Schauwerte gibt. Diese Hinwendung zum Spektakel haben wir eine Zeitlang in ein, zwei Drehbuchfassungen bei STURM sogar verfolgt, mit der Idee, das Ganze – auch wenn sich das absurd anhört – actionlastiger zu erzählen. Aber wir haben dann gemerkt, dass wir uns damit selbst im Weg stehen, dass das den Film nur teurer macht, aber inhaltlich nicht besser.

Wenn im Keller dieser Klinik mit großem technischem Aufwand die Spuren sichtbar gemacht werden, die Beweise für die Folter entdeckt werden, dann kann das unmittelbare actiongeladene Teilnehmen an den dort begangenen

STURM

Verbrechen kaum emotionaler sein als diese Enthüllung in der indirekten Erzählweise.

Ich achte natürlich auf versteckte Kosten. Motive, in denen eine Unzahl von Komparsen vorhanden sein müssen, Flughäfen, Bahnhöfe, versuche ich zu meiden. Auch als Autor habe ich nichts davon, wenn diese Szene später tatsächlich im Film ist, aber etwas anderes, was mir viel wichtiger war, dafür aus Kostengründen herausfallen musste. In Kosten verursachenden Dingen nicht ganz unbedarft zu sein, das ist vielleicht eine Folge der eigenen Regieerfahrungen.

Das Digitale

Erwägst du, wenn du in Gedanken bereits so klar auf der Produktionsebene bist, auch digitale Möglichkeiten der Realisierung?

Schon, aber ich bin kein Freund davon. Vor allem nicht, wenn sich die Dinge vermengen. Selbst bei teuren amerikanischen Filmen, die ganz naturalistisch anfangen und dann plötzlich eine digitale Einstellung haben, holt mich das aus einer Geschichte raus. 72 STUNDEN von Paul Haggis fängt naturalistisch an und lebt von seinem Realismus. Es geht darum, wie ein Lehrer seine Frau aus dem Gefängnis befreien kann. Als er das geschafft hat, gibt es eine Einstellung, in der seine Frau den Wahnsinn ihres Mannes begreift und aus dem fahrenden Auto aussteigen will. Weil das naturalistisch in einer bestimmten Einstellung nicht abbildbar ist, wurde diese komplett digital bearbeitet. Als Zuschauer ist es mir danach praktisch unmöglich, noch befreit weiterzugucken, weil mir eine Illusion genommen wurde. Mir wird plötzlich eine vollkommen andere Bildwelt erzählt.

THE NEXT THREE DAYS (72 Stunden; 2010; D: Paul Haggis, Fred Cavayé; R: Paul Haggis)

Inzwischen sind fast alle Filme bearbeitet, schon bei REQUIEM konnten bestimmte Örtlichkeiten überhaupt nicht mehr gefunden werden. Damit man eine Totale als Dorf der 1970er Jahre wahrnehmen kann, musste sie bearbeitet werden, sonst hätte man das nicht drehen können. Bei STURM gab es weniger Bearbeitungen.

Mir wurde dieser Bruch in THE TREE OF LIFE von Terrence Malick mal wieder schmerzhaft bewusst, wenn plötzlich die Dinosaurier auftauchen. Alle anderen, auch sehr artifiziellen Bilder hatten immer noch eine analoge Anmutung. Aber in dem Moment, wo er diese Saurier durchs Bild tapern lässt, beginnt einfach etwas vollkommen anderes.

THE TREE OF LIFE (2011; D+R: Terrence Malick)

In dem Moment bricht er eine Verabredung mit dem Zuschauer. Wenn ich in den ersten fünf bis zehn Minuten etwas anderes erzählt bekomme, als was danach folgt, bin ich irritiert. Das gilt nicht nur für analog oder digital, für die Erzählperspektive oder das Genre, sondern das gilt natürlich auch für die Ästhetik. So etwas macht man entweder wissentlich, dann ist alles in Ordnung, oder man hat nicht auf dem Schirm, was man gerade tut, und geht dadurch unmerklich auf Distanz zum Zuschauer.

Sowohl das Raumgefühl als auch die Art, sich durch die Zeit zu bewegen, entwickelt der Film in seinem ersten Drittel, und wenn sich das danach abrupt ändert, fliegt man als Zuschauer aus der Kurve.

Was ja auch mal legitim sein kann, aber grundsätzlich ist das schon mit Vorsicht zu genießen. Man versucht, ein Drehbuch doch immer so gut zu schreiben, dass eigentlich nichts schief gehen kann. Zu digitalen Effekten habe ich eine Berührungsangst, weil ich das immer noch als Achillesferse in einer Geschichte begreife.

Hat das mit der Möglichkeit zu scheitern zu tun, oder auch damit, worüber man eigentlich erzählen will?

Wenn ich die Dinge so abbilden möchte, wie sie sich möglicherweise ereignet haben könnten, dann versuche ich nicht, in Spezialeffekten zu denken. Das gilt auch für Genrefilme, wenn ich innerhalb des Genres naturalistisch erzählen möchte. Merke ich, dass man trotzdem in die Trickkiste greifen muss, dann bin ich als Erzähler verunsichert. Worüber erzähle ich eigentlich? Es ist etwas anderes, heute einen Film wie REQUIEM zu drehen, der in den 1970er Jahren spielt; dann ist man damit beschäftigt, Fernsehantennen aus einem Dorf wegzuretuschieren, das ist unvermeidlich. Aber jeder Bruch in der Ästhetik ist so etwas wie eine Bombe, die irgendwo im Film schlummert.

Du hast ein neues Kinoprojekt für Hans-Christian Schmid geschrieben.

Wir wollten nach STURM wieder etwas zusammen machen, aber es fiel uns schwer, einen Stoff zu finden. Es sollte ein Gegenentwurf sein. Statt eines weiteren großen, teuren, in vielen Ländern spielenden Films sollte es ein kleines Werk werden, das man schnell drehen kann, mit einer begrenzten Anzahl von Darstellern und wenig Handlungsorten. Aber wir hatten keine Idee. Ich habe assoziativ angefangen zu schreiben und kam dabei auf Familienstrukturen, auf Familiengeheimnisse. Wir haben versucht, ausnahmsweise ein Skript schnell zu entwickeln, ohne große Recherche, ohne komplizierte Vorarbeiten. Innerhalb von einem Jahr entstand dann das Drehbuch. Die Handlung spielt an einem Wochenende und konzentriert sich auf eine Familie, die in Westdeutschland lebt. Der älteste Sohn kommt nach Hause und hat seinen eigenen Sohn dabei. An diesem Wochenende stellt sich heraus, dass der Vater sein Unternehmen verkauft hat und deswegen die Kinder eingeladen hat. Gleichzeitig offenbart die Mutter der Familie, dass sie ihre Tabletten, die sie seit 30 Jahren gegen ihr manisch-depressives Verhalten nimmt, abgesetzt hat. Nach diesem Wochenende ist die Familie nicht mehr dieselbe. Zum Teil sind Personen tot, zum Teil sind Ehen getrennt, und andere Paare haben sich gefunden.

Ein wenig klingt das nach FESTEN und Dogma. Gelten für die Dreharbeiten die gleichen Beschränkungen wie für die Arbeit am Buch?

FESTEN (Das Fest; 1998; D: Thomas Vinterberg, Mogens Rukov; R: Thomas Vinterberg)

Es ist eben keine Reiseproduktion, sondern erzählt an einem Ort in einer kurzen Zeitspanne. Und die Beschränkungen habe ich mir ja nur auferlegt, um zu sehen, was passiert, wenn ich meine Herangehensweise an einen Stoff ändere, mal versuche, schneller und unmittelbarer zu arbeiten. Dem Zuschauer ist das ja am Ende egal. Hauptsache, es war ein interessanter Abend. Es wird sehr aufschlussreich sein, welche Möglichkeiten das Digitale heute bietet. Der Film spielt in zwei Jahreszeiten, einmal im Sommer, einmal im Winter, und alles, was im Winter spielt, hat man jetzt gleich mitgedreht. Ich bin sehr neugierig auf den Film.

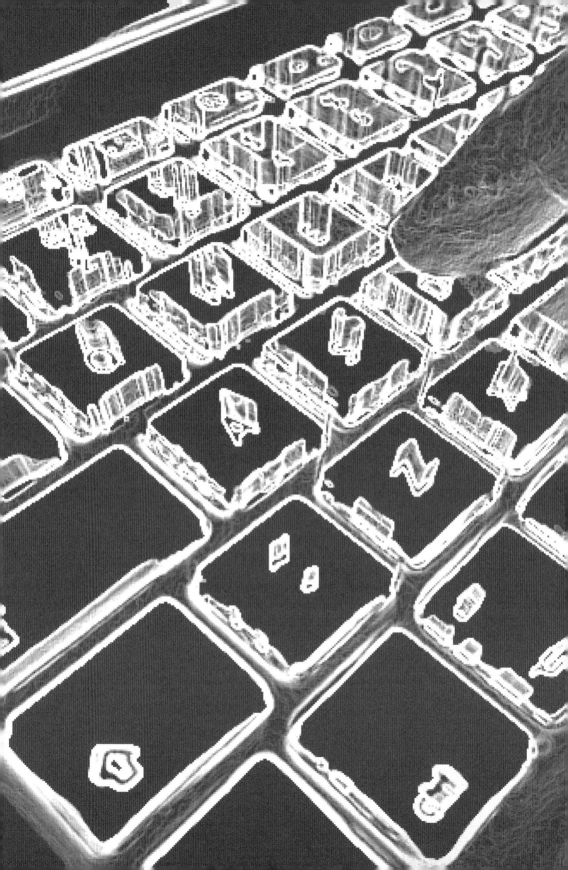

Scenario

Essays

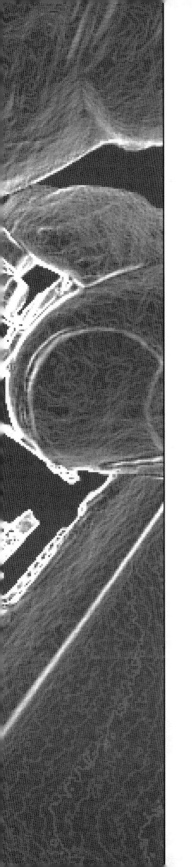

»Erlaube mal, Onkel Julius, ich kann schreiben!«
Wie ich Drehbuchautorin wurde – wie viele Frauen vor mir

Von Anna Maria Praßler

Durch das Haus, in dem ich aufgewachsen bin, führt eine Treppe, die sich in einer leichten Biegung von der Diele bis unters Dach zieht und nach sieben Stufen in ein Zwischengeschoss abzweigt. Dort hielt ich mich als Kind gerne auf: Das kurze ebene Stück füllte ich auf dem Rücken liegend fast ganz aus, nur meine Füße baumelten noch über den Stufen, der Teppichboden kratzte, und ich blickte nach oben, an die hohe Decke. Diese war alles andere als ungewöhnlich, ein langgezogenes Rechteck, von dem das Mauerwerk eines Dachzimmers ein quadratisches Stück ausschnitt; die helle Holzvertäfelung stammte aus der Zeit, als die Vorbesitzer das Haus gebaut hatten, und mittendrin leuchtete eine kleine, knopfartige Deckenlampe mit gläsernen Reliefmustern. Ich blickte nach oben, und was ich sah, war nicht die 60er-Jahre-Leuchte, sondern eine andere Welt: In meinen Augen wurde die Lampe mitsamt der sie umgebenden Deckenfläche wahlweise zu einer Insel im tiefen, von den Wellen der Holztafeln durchzogenen Meer oder zu einem magischen Medaillon, das an einen Schuh geknotet war, so meine zweite Assoziation angesichts der Form des Deckenzuschnitts. Aus diesen Tagträumen entstanden Geschichten. Unwillkürlich tauchten aus meinem kindlichen Inneren Figuren auf, kleine Szenen, Gedanken und Ideen, die mich nicht mehr losließen und mir ein großes Glück bedeuteten.

Im Rückblick ist es leicht, Kausalitäten zu sehen und Linien zu ziehen. Ich weiß nicht, ob die Wurzel meiner Autorschaft in diesen wachträumerisch verbrachten Stunden liegt, im Blick nach oben und in den variierenden Fantasien rund um Zauberamulette und einsame Inseln. Aber es kann sein, dass die holzvertäfelte Decke meines Elternhauses wirklich ein Ausgangspunkt war.

Über das Werden

Im Juli 2002 saß ich in einem Flugzeug nach Los Angeles und las Syd Field. Ich gebe es zu, ich saß wirklich in einem Flugzeug nach Hollywood und las Syd Field. Seit einem Monat hatte ich das Abi in der Tasche, der Notenschnitt würde es mir erlauben, in Berlin Filmwissenschaft zu studieren, so viel war bereits klar, alles schien möglich, alles zum Greifen nah, Berlin und die große weite Welt und Amerika. Mit meiner aufrichtigen Liebe zu Hollywood war es mir sehr ernst, keine Vermessenheit steckte darin – nun gut, *groß* sollte es schon sein. In den Wochen nach dem Abitur war die Freiheit rauschhaft und die Zukunft ein schillerndes Versprechen, alles war wie ein Aufbäumen gegen das, was irgendwann später kommen würde. Los Angeles war *groß*. Natürlich. Ein paar Jahre zuvor hatte ich Tarantino entdeckt, und seine Filme waren anders als alles, was ich bisher gesehen hatte, aufregender, kühner, *größer*. Ich fühlte mich wie elektrisiert, als ich PULP FICTION zum ersten Mal sah. Und nun war ich also da, in L.A. Die ersten Tage wohnte ich bei einer Frau, die aus meinem Heimatort stammte, einer Kleinstadt im bayrischen Schwaben, 6.000 Einwohner, an der Donau gelegen, wir gingen in den Hollywood Hills spazieren, sie erzählte von ihrem Sohn, der Gitarrist bei Tito & Tarantula war, der Band aus FROM DUSK TILL DAWN, und ich fand alles sehr, sehr *groß*.

PULP FICTION (1994; D+R: Quentin Tarantino)

FROM DUSK TILL DAWN (1996; D: Quentin Tarantino; R: Robert Rodriguez)

Die Monate zwischen Abitur und Studium sind eine besondere Zeit, weil das Alte vorbei ist und das Neue noch nicht begonnen hat, man steht auf einer Schwelle und sieht den Dingen beim Werden zu. Alles scheint möglich. Alles ist offen und frei. Es braucht die schöne Naivität der Jugend dafür und wahrscheinlich auch die Sicherheit eines liebenden Elternhauses, beides hatte ich. Die Freiheit, die ich damals spürte, ähnelt der Freiheit, wenn ich heute vor einer leeren weißen Seite sitze: Ich meine die Freiheit zu werden. Eine Geschichte entsteht. Figuren tauchen auf. Etwas wird. Eine Geschichte wird, eine Idee wird, eine Figur wird. Nichts ist schon definiert, nichts abgeschlossen, keine Figur bereits starr konturiert. Alle Geschichten sind möglich, und mein Ich kann zu einem anderen Ich werden. Ich bin frei, jeder und jede zu werden und die Grenzen zu sprengen, die mir meine Erfahrungen, meine Biografie, mein Körper, mein Alter sowie meine Lebenseinstellungen vorgeben. Ich bin frei, in eine andere Haut zu schlüpfen und mir die fremden Innenwelten mit dem, was ich selbst in mir trage, zu erschließen. Dieser Prozess des Werdens gehört zu den vielen Dingen, die ich an meinem Beruf so sehr liebe.

In Los Angeles war ich noch weit davon entfernt, mich Autorin zu nennen oder auch nur nennen zu wollen. Obwohl für mich früh feststand, dass ich schreiben würde – gepaart mit meiner Leidenschaft für Filme lag Drehbuch damit eigentlich auf der Hand –, konnte ich mir mehrere Richtungen vorstellen, die journalistische zum Beispiel, und auch die Wissenschaft hatte ihren Reiz. Ich tauchte gerne tief in Themen ein und hatte erkannt, dass die Kinematografie, die ich bis dato kannte, nur die Spitze eines Eisbergs war, der noch viel Spannendes verbarg. Ich wollte mehr über Filme wissen und mehr Filme sehen, sie wirklich *sehen*, damit ich begriff, weshalb sie etwas in mir auslösten. Mit dem einzigen Ziel, das Kino zu verstehen, machte ich mich auf den Weg und kam etliche lehrreiche Jahre später beim Drehbuch an. Als ich im Sommer 2002 mit Syd Field im Handgepäck nach Kalifornien reiste und an der UCLA den achtwöchigen Kurs »Screenwriting Fundamentals« besuchte, war das nur ein Versuch. Eine Erkundung, neugieriges, lustvolles Herantasten. Und ich hatte Spaß daran! Mein kleines Exposé, ein kreuzbrav nach Syd Fields Plotpoints strukturiertes Roadmovie, kam beim Dozenten gut an, einem amüsanten Herrn mit dem Namen Dee Caruso. Auf eines meiner Paper, eine Folge ausgearbeiteter Szenen, schrieb er: »Genuine characters, natural dialogues, you really have a style of your own!« ... Wirklich? Carusos Komplimente waren mir nicht ganz geheuer. Natürlich freuten sie mich, aber eben nicht so richtig. Sonderbar, das Schreiben der Szenen hatte mir gefallen, wieso hatte ich jetzt das Gefühl, das Lob an die Autorin beträfe eigentlich gar nicht mich?

Die Antwort ist einfach: Weil ich nicht wusste, was ich mit dieser Geschichte wirklich erzählen wollte. Obwohl ich sie mir ausgedacht und sie zu Papier gebracht hatte, war sie mir fremd geblieben, mein Herz steckte nicht darin, stattdessen das eine oder andere Versatzstück aus einem Drehbuchratgeber, diese hübsche kleine Idee, jenes Figurendetail, das ich mir aus der Wirklichkeit abgeschaut hatte, diese gute Dialogzeile, jene überraschende Wendung. Elemente, die auf den ersten Blick eine charmante Geschichte ergaben. Doch ein echtes Anliegen fehlte, ein tieferliegender Drang, diese und nur diese und keine andere Geschichte zu erzählen. In meinem Leben war gerade alles *groß*, sogar *great*, da gab es nichts, was unbedingt hinaus musste, nichts, was mich im tiefsten Innern so profund berührt hätte, dass es mich nicht mehr losließ. Und so hatte die Geschichte etwas Beliebiges. Noch hatte ich nicht viel zu erzählen. Dass ich Gefallen daran gefunden hatte, mich in Figuren hineinzuversetzen, daraus eine Geschichte zu spinnen und Bilder dafür zu finden, vergaß ich nicht, doch erst mal gab es für mich andere Dinge:

Ich zog nach Berlin, lebte zum ersten Mal allein in einer Wohnung und bastelte mir meinen Stundenplan, montags begann meine Woche nun um 10 Uhr c.t. mit Marc Siegels Seminar *Exotica – Maria Montez und Carmen Miranda*, einer abgefahrenen Mischung aus *camp theory*, *queer readings* von Hollywoodfilmen aus den 1940ern und 50ern und

»Erlaube mal, Onkel Julius ...«

Frances Marion mit Mary Pickford

Performancekunst, die mich in völlig neue, durch und durch exotische Welten katapultierte. Kurz vor meinem Abi war *Berlin, Berlin* angelaufen, und ein bisschen fühlte ich mich wie Lolle: Alles war aufregend und neu, Berlin ein großes Abenteuer, ich einen Tick zu naiv, aber voller Elan, mein Leben in die Hand zu nehmen. Im Hauptfach studierte ich Filmwissenschaft, im ersten Nebenfach Theaterwissenschaft, für die Wahl des zweiten hatte ich ein Jahr Zeit. Ich schloss neue Freundschaften, entdeckte die Theater der Stadt, die Berlinale, unweit meiner Wohnung das Grab von Marlene Dietrich, und eine griechische Kommilitonin nahm mich mit an die TU, ich lernte meinen Freund kennen, und die Griechin, die Pläne gesponnen hatte, uns wie Asta Nielsen zu schminken und einen Stummfilm zu drehen, kehrte nach Athen zurück. Im *Arsenal* sah ich jede Menge Filme, von deren Existenz ich nichts geahnt hatte, ich nahm viele Dinge in mir auf und ließ mich vom analytischen Denken nicht daran hindern, emotional auf Filme zu reagieren. Ab und zu kam mir der Gedanke, selbst eine Geschichte für die Leinwand zu schreiben, die die Menschen berührt, so wie mich etwa TAXI DRIVER berührte, Travis Bickle, der aus Selbsthass die Liebe der anderen ablehnt, voller Sehnsucht nach Erlösung und doch verloren.

In *How To Write and Sell Film Stories* sieht Frances Marion die wichtigste Aufgabe des Drehbuchautors darin, dem Publikum eine emotionale Erfahrung zu ermöglichen. Und zwar indem die Geschichte auf der Leinwand aufrichtig von den Menschen erzählt, von Gefühlen und Konflikten, in denen sich der Zuschauer mit seinen eigenen Gefühlen und Konflikten wiederfinden kann. Genau! Ein guter Autor müsse, so Marion, zuerst einmal das Leben verstehen – oder, wie ich einschränken

Berlin, Berlin (Deutschland 2002–2005)

TAXI DRIVER (1976; D: Paul Schrader; R: Martin Scorsese)

Frances Marion: *How To Write and Sell Film Stories* (Covici-Friede 1937)

Essays

würde, es *versuchen*, denn dass dies je einem Menschen gelingen wird, bezweifle ich. Nur, wer ist Frances Marion? Ihr Dramaturgieratgeber erschien lange vor Syd Field: 1937, zu einer Zeit, als Ben Hecht Marion gerade die Spitzenposition als höchstbezahlter Autor Hollywoods streitig gemacht hatte – seit 1916 hatte auch kein männlicher Drehbuchautor mehr als sie verdient!

Als ich letztes Jahr, kurz nach meinem Abschluss an der Ludwigsburger Filmakademie, zufällig über ihren Namen stolperte und daraufhin weiterrecherchierte, war meine Überraschung groß: Zwischen 1911 und 1925 schrieben Frauen die Hälfte aller Hollywood-Filme. Erstaunlich. Noch erstaunlicher, dass mir das in zweieinhalb Jahren Drehbuchstudium und fünf Jahren Filmwissenschaft völlig entgangen war.

Auch in Deutschland prägten Autorinnen den Stumm- und frühen Tonfilm, Rosa Porten etwa, Hennys ältere Schwester. Wenn auch in deutlich geringerem Maße: 1926 stammten zwölf der insgesamt 110 verfilmten deutschen Drehbücher aus der Feder von Frauen, im Jahr darauf betrug ihr Anteil 12,5 Prozent. Nach und nach entdeckte ich Frauen wie Ruth Goetz, die für monumentale Mehrteiler zuständig war, bevor sie sich dem realistischeren »Straßenfilm« zuwandte und für Asta Nielsen die DIRNENTRAGÖDIE entwickelte, Frauen wie Fern Andra, die Amerikanerin, die vom Zirkus kam und sich viele ihrer Rollen selbst auf den Leib schrieb, Luise Heilborn-Körbitz, unter deren 46 Drehbüchern sich die erste BUDDENBROOKS-Adaption findet, oder die Schauspielerin Else Bassermann, die aus dem Schatten ihres berühmten Mannes trat, indem sie unter dem Pseudonym Hans Henning Drehbücher verfasste. Ich entdeckte eine bunte, grelle Zeit voller Möglichkeiten und Experimente, die 1933 jäh endete. Für die Frauen wie für die Männer. Von Fanny Carlsen, deren erste Drehbücher 1918 verfilmt wurden, findet sich wie von vielen anderen ihrer Kolleginnen und Kollegen im Bundesarchiv nur noch eine Karteikarte der Reichsfilmkammer: »Notiz: Volljüdin, ausgebürgert: neg.«

Da war mal was. Das finde ich wichtig. Kein Autor schreibt im luftleeren Raum. Verortungen sind nötig, Auseinandersetzungen mit dem, was war. Wer sich heute über Frauen in der Filmbranche Gedanken macht, über die zahlreichen wundervollen Autorinnen wie Ruth Toma oder Laila Stieler, über Regisseurinnen (und Autorinnen) wie Vivian Naefe oder Caroline Link, landet sehr schnell in den 1960er, 70er Jahren: Zur Zeit des Neuen Deutschen Films, heißt es dann, tauchten die ersten weiblichen Stimmen auf. Tatsache ist, dass in der BRD der 1970er zum ersten Mal *feministische* Filme gedreht wurden. Filme *von Frauen* gab es allerdings schon viel, viel früher! Und diese Frauen haben Geschichten für alle erzählt, Geschichten, an die Frauen *und* Männer anknüpfen konnten, die von den Kategorien »männlicher Blick« / »weiblicher Blick« losgelöst

Cari Beauchamp: *Without Lying Down. Frances Marion and the Powerful Women of Early Hollywood* (University of California Press 1998)

Jürgen Kasten: *Populäre Wunschträume und spannende Abenteuer. Das erfolgreiche trivialdramatische Erzählkonzept der Jane Bess und anderer Drehbuchautorinnen des deutschen Stummfilms.* In: Alexander Schwarz (Hg.) *Das Drehbuch. Geschichte, Theorie, Praxis* (diskurs film 1992)

DIRNENTRAGÖDIE (1927; D: Ruth Goetz, Leo Heller, nach dem Bühnenstück von Wilhelm Braun; R: Bruno Rahn)

DIE BUDDENBROOKS (1923; D: Alfred Fekete, Luise Heilborn-Körbitz, Gerhard Lamprecht, nach dem Roman von Thomas Mann; R: Gerhard Lamprecht)

Gabriele Hansch / Gerlinde Waz: *Filmpionierinnen in Deutschland. Ein Beitrag zur Filmgeschichtsschreibung.* Berlin 1998 (unveröffentlicht)

sind und aufrichtig, authentisch und menschlich allen Figuren nahekommen. Genau das wünsche ich mir. Es geht mir nicht um Ideologie. Die Geschichte zählt, und nicht das Geschlecht.

Im Herbst 2005 hatte ich das Glück, für zwei Semester in Bologna zu studieren. Ich genoss die kreative Atmosphäre der Stadt und verbesserte mein Italienisch täglich im Kino, an der Uni und in der WG, die ich mit einem albanischen Pärchen, beide Kunststudenten, und mit einem sardischen Kellner teilte. Einmal im Monat kam mein Freund Samstag früh mit dem Nachtzug an, und an den übrigen Wochenenden reiste ich allein durch die Emilia-Romagna und besuchte jedes archäologische Museum von Piacenza bis Rimini. Nachdem ich jahrelang kaum etwas anderes als wissenschaftliche Arbeiten geschrieben hatte, brachte ich nun die ersten Entwürfe der Geschichten aufs Blatt, mit denen ich mich später in Ludwigsburg und an der dffb bewerben würde. Syd Field verstaubte in Berlin im Regal. Linda Seger auch. Et al. Nicht dass ich die Dreiaktstruktur für überflüssig gehalten hätte! Mittlerweile hatte ich sie mir auf eine Weise angeeignet, die mich in ihr einen vertrauten Anker sehen ließ, einen Anker mit einem langen und biegsamen Tau, das es mir erlaubte, zuallererst meiner Intuition zu folgen, auch mal abschüssige Pfade zu betreten und dramaturgische Freiräume aufzuspüren. Ein Jahr vor Bologna hatte mich ein Praktikum bei Script House das gelehrt.

Jane Bess

Zwei Monate lang war ich in meinen Semesterferien täglich ins Büro zum Hackeschen Markt gefahren und hatte alle Drehbücher verschlungen, die ich in die Finger bekam. Ich stürzte mich in die Arbeit, die Analysen, brannte dafür, schrieb Lektorate, protokollierte Drehbuchbesprechungen und hatte gleich in der ersten Woche *das* Aha-Erlebnis, als Franz Rodenkirchen vom *emotionalen Thema* eines Drehbuchs sprach und so all den Begrifflichkeiten, die ich mir angelesen hatte, plötzlich einen tiefen inneren Zusammenhang gab. Der Drang des Autors, diese und keine andere Geschichte zu erzählen, wurzelt, bewusst oder unbewusst, im universellen *Theme*, durch das der Film mit dem Zuschauer in Beziehung tritt. Es offenbart die Haltung des Drehbuchautors, seine Ethik, und wird im *Need* des Protagonisten spezifischer verhandelt; doch auch allen anderen Figuren liegt es zugrunde. Denn das *emotionale Thema* ist wie der starke Magnet, der unter einen Tisch voll kreuz und quer verstreuter Metallstückchen gehalten wird – und plötzlich bewegen die sich auf ein unsichtbares Zentrum zu. Wie der Magnet unter der Tischplatte bleibt das *emotionale Thema* unsichtbar, erklärte mir Franz, aber es bündelt und ordnet die einzelnen Teile des Buchs. Das leuchtete mir sofort ein!

Fern Andra

Peter Paul: *Das Filmbuch. Wie schreibe ich einen Film und wie mache ich ihn zu Geld? Mit 7 Musterfilms und einem Kino-Adreßbuch* (1914)

1914 erschien mit Peter Pauls *Filmbuch* der erste deutschsprachige Drehbuchratgeber, dem eine Flut weiterer Publikationen folgten, 1924 etwa die *Anleitung für jedermann, Filme fachgemäß zu schreiben, aufzubau-*

Essays

Arnold Koller: *Der Film aus dem Volk: Anleitung für jedermann, Filme fachgemäß zu schreiben, aufzubauen und zu verwerten nebst Schlüssel zum Film-Szenen-Schema »Solum«* (1924)

Jürgen Kasten: *Film schreiben. Eine Geschichte des Drehbuches* (Hora 1990)

Louella Parsons: *How to Write for the Movies* (1915)

GENTLEMEN PREFER BLONDES (Blondinen bevorzugt; 1953; D: Charles Lederer, nach dem Musical von Joseph Fields und Anita Loos; R: Howard Hawks)

Uta van Steen: *Anita Loos. Die triviale Philosophin.* In: Paul Werner / Uta van Steen: *Rebellin in Hollywood. 13 Porträts des Eigensinns* (Zweitausendeins 1988)

DAS LIEBESGLÜCK DER BLINDEN (1911; D: Rosa Porten; R: Heinrich Bolten-Baeckers, Curt A. Stark)

Helga Belach: *Henny Porten. Der erste deutsche Filmstar 1890–1960* (Haude + Spenersche 2002)

en und zu verwerten. In den USA war Louella Parsons' *How to Write for the Movies* ein Hit. Ob die Kunststudentin und Jungjournalistin Marion Benson Owens darin geblättert hat, bevor sie sich im Wunsch, als Autorin für den Film zu arbeiten, an die Regisseurin Lois Weber wandte, weiß ich nicht. Weber gab ihr einen Vertrag als Schauspielerin – und einen neuen Namen noch dazu: »Frances Marion, Actress, Refined type, age 19.« In Wirklichkeit war sie fünf Jahre älter und wollte schreiben. Jetzt war sie erst mal Aktrice für die Bosworth-Studios und im Grunde Mädchen für alles. Anita Loos, wie Marion Jahrgang 1888, gelangte zum Drehbuch, indem sie ihre Manuskripte unbekümmert an David W. Griffith schickte, der prompt Gefallen an ihnen fand und die Jungautorin nach Los Angeles einlud. Dort hätte Griffith die hübsche 17-Jährige am liebsten *vor* der Kamera gesehen, was ihre Mutter so schockierte, dass sie ihrem Kind jeden weiteren Kontakt zu Hollywood verbot. Erst eine überstürzte Heirat befreite Anita Loos, die spätere Autorin der Roman- und Musicalvorlagen von BLONDINEN BEVORZUGT, aus der mütterlichen Kontrolle, und nur ein halbes Jahr später machte sie sich auch von ihrem Ehemann frei, ging nach L.A. und arbeitete für Griffith. Als Drehbuchautorin und nichts anderes, fest angestellt für 75 Dollar die Woche.

Für Frances Marion war die Schauspielerei nie mehr als das notwendige Übel, um einen Fuß in die Tür zu bekommen, für Rosa Porten dagegen, die seit 1906 mit Henny vor der Kamera stand, entwickelte sich das eine wie organisch aus dem anderen, und die eigene Autorschaft diente zunächst vor allem dazu, den Porten-Schwestern bessere Rollen zu verschaffen: In der Tat machte DAS LIEBESGLÜCK DER BLINDEN, der erste Film nach Rosas Drehbuch, die kleine Schwester zum Star, und von 1916 bis 1918 war Rosa Porten Autorin *und* Hauptdarstellerin ihrer eigenen Filmserie.

In Bologna verbrachte ich ungezählte Stunden in der Bibliothek der Cineteca, einer weiten, hohen Halle, die einst ein Schlachthaus war, und schrieb Geschichten. Zumindest die Anfänge, Skizzen. Der hohe Raum gefiel mir, und ich musste an das Haus meiner Kindheit denken, wo zwischen der hohen Decke des Treppenhauses und mir immer so viel los gewesen war. Seitdem sind viele Jahre vergangen, und ich wurde bis heute von den unterschiedlichsten Dingen, Begebenheiten und Beobachtungen – nur nicht mehr von einer Deckenleuchte – zu schreiben angestoßen, doch eins hat sich nicht geändert: Ich genieße es, Raum zu haben. Über meinem Kopf und für meinen Kopf. So wie in der Kinemathek von Bologna, so wie heute, wenn ich in meiner Altbauwohnung am Schreibtisch sitze. Ich glaube, Berlin ist mir auch deshalb die liebste Stadt, weil man hier Platz hat, weil es eine Weite gibt, leere Flächen und Raum. Ein weiter Raum ist wie ein Versprechen, denn er darf gefüllt werden.

Ein Haus, eine Couch und der Nutzen der Psychologie

Wo immer ich bin, ich beobachte und sammle. Menschen vor allem. Was ich finde, nehme ich mit nach Hause an meinen Schreibtisch und mit hinein in meine inneren Räume, in meine Gedankenwelt, meine Imagination und Fantasie. Hier beginnt ein Prozess, der wesenhaft eine Suche ist, etwas Unwägbares: Eine, *meine* Figur kennenzulernen bedeutet für mich, dass ich mich auf sie einlasse, mich intuitiv in sie einfühle, sie mag und verstehe, verstehen will – selbst wenn sie nicht sympathisch, ja selbst wenn ihre Kraft eine antagonistische ist. Nicht selten bedeutet die Annäherung an meine Figur, mich beim Durchwandern ihrer ureigenen Innenräume von ihr überraschen zu lassen. Ich öffne Türen, von denen ich nicht weiß, wohin sie führen. Ich entdecke kleine angestaubte Kammern, in denen die Figur ihre Sehnsüchte verwahrt, und suche nach den dunkleren Zimmern, die ihre Traumata und Ängste bergen. Es kommt vor, dass ich mich verirre und zu zweifeln beginne, aber plötzlich tut sich ein Verbindungsgang auf. Eine Tür führt mich in einen Raum, in dem ich schon einmal war, ich erkenne meine eigenen Fußspuren wieder und begreife Muster, Motive und Zusammenhänge.

Meine Aufgabe als Autorin ist es, den vielen disparaten Räumen meiner Figur eine Architektur zu geben. Schreibend baue ich ein Haus. Vieles fehlt noch, diese Treppe, jener Wanddurchbruch. Manche Räume muss ich überhaupt erst begehbar machen, andere errichte ich von Grund auf. Recherche kann mir dabei helfen. Und die psychologische Aufschlüsselung. Dass ich acht Semester Psychologie studiert habe, wenn auch nur im Nebenfach, kommt mir als Drehbuchautorin zugute. Ich möchte zu dem vordringen, was in meinen Figuren verborgen liegt. Die Türen meines Hauses stehen zumeist nicht sperrangelweit offen, verschlossen aber sind sie nie, und wer durchs Fenster einsteigen möchte, der soll das tun.

Natürlich ist es mit der Psychologie wie mit Syd Field: Eins-zu-eins-Übertragungen sind todlangweilig und bringen nichts, weder einen Erkenntnis- noch, was ungleich schwerer wiegt, einen emotionalen Gewinn. Menschen sind genauso wie die Geschichten über sie komplexer und komplizierter, facettenreicher, lebendiger und widersprüchlicher als sämtliche Lehrbuch-Schemata. Es ist gut, ein Rüstzeug zu haben, mag dieses nun aus Plotpoints und *Want/Need*-Spannungen oder aus entwicklungspsychologischen Stadien bestehen, doch seine vortrefflichste Wirkung entfaltet all dies erst im Hintergrund, unbewusst.

Mein intensivstes Seminar an der Filmakademie unterrichtete Christoph Fromm. Im Laufe eines Semesters sollten wir vom kurzen Pitch bis zum Bildertreatment für einen 90-Minüter kommen, und

Frances Marion

Laurie Hutzler: *Emotional Toolbox* (www.etbscreenwriting.com/; Besprechung in *Scenario 2*)

Fritz Riemann: *Grundformen der Angst* (Reinhardt 2006). Riemann unterscheidet die vier Persönlichkeitstypen schizoid, depressiv, zwanghaft und hysterisch, denen jeweils eine spezifische Angst zuzuordnen ist: Die Angst des Schizoiden vor der Selbsthingabe, die Angst des Depressiven vor der Selbstwerdung, die Angst des Zwanghaften vor der Wandlung sowie die Angst des Hysterischen vor der Notwendigkeit. Vgl. dazu Richard Reitingers Essay *Charaktere auf der Couch* in *Scenario 1*.

es war in einer der ersten Unterrichtsstunden, als wir über die Angst unserer Hauptfigur sprachen. Wahrscheinlich gibt es nichts auf der Welt, vor dem nicht irgendwer Angst hat, aber viele Ängste sind allgemeiner, beinahe allgemeingültig, sie werden von vielen Menschen geteilt. Christoph verband Laurie Hutzlers *Emotional Toolbox* mit Fritz Riemanns psychoanalytischem Modell der vier *Grundformen der Angst*. Jeder Mensch vereint unterschiedliche Anteile dieser vier Charakterstrukturen in sich, wobei sich der Schwerpunkt durch bestimmte Ereignisse und Lebenserfahrungen ebenso wie durch das Alter verschieben kann. Um es mit den aktuellen psychologischen Theorien zu sagen: Identität ist etwas Offenes, Fluides, ein abgeschlossenes, kohärentes und einheitliches Selbst gibt es nicht, Subjektivität ist ein dynamischer Prozess des ständigen Werdens. Wahrscheinlich schreiben wir ja deshalb Geschichten: um den Menschen beim Werden zuzusehen.

Als Studentin im Lehrgebiet Klinische und Gesundheitspsychologie hatte ich diese vier Persönlichkeitstypen und ihre Auswüchse als Persönlichkeitsstörungen und Neurosen schon einmal näher betrachtet. Ich hatte zum Beispiel gelernt, dass der zwanghafte Charakter, der so häufig mit der Tücke des Objekts kämpft und sich daher perfekt für die Komödie eignet, in einer rigiden familiären Atmosphäre reift, in der das kleinste Fehlverhalten durch massive, mitunter sadistische Strafen sanktioniert wird. Im Wunsch, vermeintliche Fehler zu vermeiden, neigt das Kind zu Überangepasstheit und entwickelt sich zu einem Erwachsenen, der sich selbst übertrieben strenge Normen setzt, starr an Regeln festhält, Perfektion und Ordnung anstrebt und affektives Verhalten ablehnt. Mein Diplomdrehbuch war keine Komödie, gleichwohl hatte die Hauptfigur viele zwanghafte Persönlichkeitsanteile. Natürlich habe ich mir nun nicht das Lehrbuch der Klinischen Psychologie zur Hand genommen, die passende Persönlichkeitsstörung ausgewählt und mir daraus meine Figur nach dem Baukastenprinzip gebastelt!

Die Entwicklung meiner Figur fand intuitiv in mir statt, ohne dass ich an irgendwelche Theorien gedacht hätte. Zuerst tauchte die Figur in mir auf, ich sah Bilder, es gab Dinge, die sie mir von sich offenbarte, einen Satz, eine Eigenschaft, ihre Haltung zur Welt. Eine Skizze entstand, eine Idee nahm Gestalt an. Vor mir lag die unermessliche Freiheit einer leeren weißen Seite. Ich fühlte mich in Linda ein und lernte sie kennen. Meinen Instinkten folgend und vertrauend. Meiner Imagination und Fantasie. Linda wurde. Die Psychologie ist für mich erst dann nützlich und hilfreich, wenn ich die Innenräume meiner Figur bereits erschlossen habe, wenn es die Figur bereits gibt. Als es Linda gab, wusste ich nämlich noch lange nicht alles von ihr.

Der aus der Emilia stammende Fotograf Enrico Pasquali, dessen Dokumente des ländlichen Lebens seiner Heimat, des Alltags der Ta-

Rosa Porten

gelöhner und Kleinbauern zu Recht dem Neorealismus zugeordnet werden, versetzte mich in die Zeit um Lindas Geburt hinein – sie war Jahrgang 1940, Norditalienerin, Kind einer Landarbeiterfamilie. Eine unschätzbare Bereicherung waren meine Gespräche mit drei älteren italienischen Damen im Großraum Stuttgart, die Lindas Erfahrung der Emigration teilten. Ich lernte die volkstümlichen Lieder der *Mondine* kennen. Doch worin ich den Schlüssel entdeckte, um Lindas Verhaltensweisen – ihre Rigidität, den stillen Fleiß und ihren Ordnungssinn, so seltsam unterschiedslos als Dienst- und Kindermädchen in einem

Stuttgarter Haushalt wie später im kriminellen Milieu – bis ins Letzte begreifen zu können, das war die Psychologie. Linda musste »auf die Couch«! Was steckte hinter ihrem ständigen Schuften, dem Versagen des Vergnügens? Was lag tiefer?

Ich blätterte in meinen Notizen aus Christophs Seminar und erkannte in Linda viele Persönlichkeitsanteile des zwanghaften Charakters. Ich sah, dass sie auch schizoide Züge hatte: ihr Misstrauen, ihre Selbstkontrolle, die geheimen Sehnsüchte und Fantasien aus den Groschenromanen, die Negierung ihrer Sexualität, die sie dem kleinen Michael gegenüber, dem Sohn der Stuttgarter Familie, übergriffig werden lässt. Stärker als bisher nahm ich Muster wahr und verstand die Kausalitäten noch besser. Lindas Angst wurde klarer. Kleine Charaktereigenschaften und Details gesellten sich zu den bereits vorhandenen und erschufen ein noch stimmigeres, noch organischeres Ganzes. Was ich bei Christoph sowie einige Jahre zuvor in meinen Psychologie-Vorlesungen gehört hatte, ließ mich aufs Neue intensiv über Lindas Kindheit nachdenken. Wie alt war sie genau, als ihr Vater aus dem Krieg zurückkehrte? Welche Lebenseinstellung hatte ihre Mutter? Es folgten ausführliche und konstruktive Diskussionen mit meiner Diplombetreuerin Franziska Buch. Besonders meine Mutterfigur wurde immer klarer, authentischer und plausibler. Dass sie Linda ledig bekommen hatte, war ein Detail von vielen.

Als Katharina Ley, eine Berner Psychoanalytikerin, die eine Dissertation über italienische Migrantinnen in der Schweiz sowie ein Buch über Geschwisterbeziehungen veröffentlicht hat, mir nach der Lektüre meiner Treatmentfassung »viel psychologisches und schwesterliches Gespür« bescheinigte, war das wie ein Ritterschlag. Dass Lindas Geschichte bis heute nur im Regal steht, liegt nicht an den Figuren. Das Drehbuch hat ein anderes Problem, auf das ich später noch zu sprechen komme.

Drehbuch und Psychoanalyse verschränken sich auch im aktuellen Trend der Drehbuchaufstellungen, die mir allerdings nicht ganz geheuer sind. Einmal wurde an der Filmakademie ein Buch von mir aufgestellt, und die Ergebnisse waren verblüffend. Sie waren verblüffend *echt* und bescherten mir so manche Erkenntnis. Natürlich war ich dafür dankbar, doch gerade dass Drehbuchaufstellungen tatsächlich zu funktionieren scheinen, nährt meine Skepsis: Für die Gefühle meiner Figuren bin letztlich ich, die Autorin, verantwortlich, und ich bin auch für mich selbst verantwortlich, wenn ich das Innere meiner Figuren erschließe und ihre Gefühle nachempfinde – wer aber trägt die Verantwortung für die authentischen Empfindungen, die die Aufstellung in den Stellvertretern auslöst? Für ihre Tränen und ihre Beklemmung, für die Ängste und das Unwohlsein? Kann ich wissen, wo die Grenze ist, die ich nicht überschreiten darf? Es ist wundervoll, durch ein fiktionales Geschehen echte Gefühle in den Menschen auszulösen, aber es ist eine Macht und als solche zweischneidig.

Vom Suchen und Finden eines Regisseurs

Im Oktober 2007 begann mein Studium an der Filmakademie Baden-Württemberg. Zugegeben, Ludwigsburg ist nicht Berlin. Ludwigsburg ist klein. Ich komme aus einer noch viel kleineren Stadt. Das hat Vorteile. In einer Kleinstadt ist man näher an den Menschen dran. Der Freundes- und Bekanntenkreis besteht unweigerlich nicht nur aus Akademikern und Kreativen, sondern ist weiter, offener und heterogener. Die Milieus sind durchlässiger und zugänglicher. Auch in Ludwigsburg. Was einem als Filmstudent lange Zeit kaum auffällt, weil man eigentlich nicht in Ludwigsburg, sondern in einer Kleinstadt in der Kleinstadt lebt, der »Aka«. Selten einmal wagt man den Schritt nach draußen, der für mich nach gut einem Jahr jedoch überfällig war: Ich schrieb mich für einen Kurs an der Volkshochschule ein – und war auf einmal von Menschen mit so ungewöhnlichen Berufen wie Lehrer, Angestellte oder Hausfrau umgeben! Als Schreibende schöpfen wir aus dem Leben, und ich finde es wichtig und notwendig, das nicht zu vergessen.

Meinem Ziel, das Kino zu verstehen, war ich in den zehn Semestern, die hinter mir lagen, ein gutes Stück nähergekommen, von filmischer Ästhetik verstand ich mittlerweile einiges, und auf keinen Fall wollte ich meine Ausbildung um ganze vier Jahre verlängern, sodass für mich nur ein Aufbaustudiengang infrage kam. Die Drehbuch-Ausbildung der dffb war zu der Zeit noch zweijährig, und in Ludwigsburg gab es, da ich einen Magisterabschluss vorweisen konnte, die Möglichkeit, direkt ins Projektstudium einzusteigen und das »Grundstudium generale« zu überspringen, was mir sehr entgegenkam: Ich wollte Drehbücher schreiben, Punkt. Die praktischen Aspekte von Kamera, Regie und Montage dagegen reizten mich nicht; als Filmwissenschaftlerin hatte ich all deren Gestaltungsmöglichkeiten theoretisch untersucht, das reichte mir. Bald hieß es: Berlin oder Schwaben. Denn tatsächlich hatte ich die Wahl, offenbar hatte es mich weder disqualifiziert, dass ich Hartmut Bitomskys Bitte, einen Witz zu erzählen, kurzerhand abgeschlagen, noch dass ich auf Franziska Buchs Frage, über welche historische Frau ich gerne ein Biopic schriebe, spontan mit »die heilige Maria« geantwortet hatte.

Eine richtige Entscheidung schien es ebenso wenig zu geben wie eine falsche. Die Aufnahmegespräche waren an beiden Hochschulen angenehm und sympathisch verlaufen, sowohl bei Franziska und Christoph als auch bei Jochen Brunow und Hartmut Bitomsky – Helene Schwarz war ebenfalls zugegen, was mich sehr ehrfürchtig werden

Helene Schwarz (*1927) ist das Herz der Deutschen Film- und Fernsehakademie Berlin – und das seit 45 Jahren. Als Mitarbeiterin der Studienleitung kümmert sie sich nicht nur um die Belange der Studenten, sondern hält auch intensive Kontakte zu den Absolventen. Ihr Netzwerk ist eng geknüpft. 2004 drehte Rosa von Praunheim über sie den abendfüllenden Dokumentarfilm WER IST HELENE SCHWARZ? Sein Porträt ist eine Liebeserklärung.

ließ – hatte ich das gute Gefühl, dass sich diese Menschen ehrlich für mich und das, was ich schreibe und zu sagen habe, interessierten. Ich glaube, so war es auch. Keine Prüfungssituation, sondern ein respektvoller, offener Austausch, der Lust aufs Studium machte.

Die Vorbereitungen, die für die Bewerbung an der dffb erforderlich waren, hatten mir gefallen: Ich durfte zwei der Drehbuchautoren porträtieren, die ich am meisten verehre, Cesare Zavattini und Paul Schrader – müsste ich nur eine Handvoll Filme nennen, die ich für wahre Meisterwerke halte, FAHRRADDIEBE und TAXI DRIVER wären darunter –, zwecks Milieustudie fuhr ich nach Ostfriesland, unterhielt mich mit zwei jungen Fischern auf einem Kutter, besuchte eine Werft und entdeckte meine Lust an der Recherche. Auch das Ludwigsburger Auswahlverfahren hielt eine Entdeckung für mich bereit: Übers Wochenende sollten wir zum vorgegebenen Thema der »existenziellen Verlusterfahrung« ein Exposé samt Dialogszene schreiben – und ich hatte nicht geahnt, dass ich in der Lage bin, selbst in einer extremen Drucksituation kreativ zu sein, sogar einen Nutzen daraus zu schlagen und zu einer Art des fiebrigen Arbeitens zu gelangen, die mit einem intensiven Flow-Erlebnis einhergeht! Es mag sein, dass diese Erkenntnis einer unbekannten Seite meiner selbst mit den Ausschlag für Ludwigsburg gegeben hat, vor allem war es Intuition. *Ein* rationales, doch zugegebenermaßen nicht sehr stichhaltiges Argument konnte ich für meine Entscheidung dann auch noch vorweisen: Ich wollte unbedingt mit Kommilitonen aus der Regieklasse zusammenarbeiten, und die Regisseure der »Berliner Schule« sind ja allesamt Autorenfilmer.

Was diese Zusammenarbeit tatsächlich bedeutet, davon hatte ich nur sehr schwammige Vorstellungen, als ich in meiner ersten Woche in Ludwigsburg ins kalte Wasser einer interdisziplinären Veranstaltung namens *Blind Date* geworfen wurde: Ziel war die Vernetzung der Drehbuch-, Szenische-Regie- und Produktionsstudenten, damit diese sich im Idealfall für den Drittjahresfilm als Team zusammenfanden. Das klang großartig. Und war es auch. Wie die anderen drei Drehbuch-Quereinsteigerinnen war ich ein Dampfkessel kurz vor dem Explodieren, ich brannte fürs Geschichtenerzählen, wollte *schreiben*, Figuren zum Leben erwecken, Gefühle auf die Leinwand bringen, etwas erschaffen! Meine Mitstreiter, wo waren sie? Ich wollte Leute finden, die zu mir passten, hatte Lust auf den Austausch, die kreativen Energien mussten zirkulieren, meine Leidenschaft sollte andere anstecken! Kurz gesagt, ich war hochmotiviert. Und gespannt und neugierig, als die Regiestudenten ihre Kurzfilme aus dem letzten Semester zeigten. Manches berührte mich, manches ärgerte mich. An die Sichtungen schlossen sich Diskussionen an, alle Professoren waren da. Gestandene Autoren, Regisseure und Produzenten, die die Probleme eines Films präzise

LADRI DI BICICLETTE (Fahrraddiebe; 1948; D: Cesare Zavattini, Suso Cecchi d'Amico, Vittorio De Sica, Oreste Biancoli, Adolfo Franci, Gerardo Guerrieri, nach dem Roman von Luigi Bartolini; R: Vittorio De Sica)

benannten, ohne ihr eigenes emotionales Filmerleben außen vor zu lassen, und die auch mal Widersprüche bestehen lassen konnten. So hatte ich mir das Filmstudium vorgestellt: konstruktive Gespräche und ehrliche Auseinandersetzungen, Dozenten, die selbst in der berechtigten Schärfe ihrer Kritik niemals verletzend wurden.

All das machte mir Mut, denn am nächsten Tag stand etwas auf dem Programm, was ich erst googeln musste: Die Drehbuchstudenten sollten, nein *konnten* – Zwang gab es keinen in Ludwigsburg, obwohl vielen Studierenden ein gewisser akademischer Druck und ein bisschen mehr Verbindlichkeit gut getan hätten –, *durften* »pitchen«. In der Woche vor dem *Blind Date* hatte ich zwei kleine Synopsen zu Papier gebracht, Ideen, die mir für einen 30-Minüter angemessen und spannend erschienen und die ich nun vortrug. Ich erzählte die Geschichte der Mathelehrerin Karen, der eine junge Rollerfahrerin die Vorfahrt nimmt – das Mädchen stirbt. Karen trifft keine Schuld, doch sie ist verstört, umso mehr, als sie erfährt, dass es sich bei dem Unfallopfer um die Schwester ihres Schülers Lukas handelt. Je beharrlicher ihre gesamte Umgebung sie entlastet, desto mehr Schuld empfindet sie selbst: Der Unfall ist für sie eine Gleichung, die nicht aufgeht. Um etwas wiedergutzumachen, gibt sie Lukas Nachhilfeunterricht in Mathe. Doch der junge Mann fordert in seinem Schmerz wesentlich mehr, und Karen lässt sich, getrieben von dem Wunsch nach Abbitte, auf eine selbstzerstörerische Beziehung mit ihm ein. Sie wehrt sich nicht, als Lukas sich ihr handgreiflich nähert, denn in ihrer Einsamkeit und Trauer glaubt sie sich allein von ihm verstanden. Und am Ende macht die schmerzhafte Verbundenheit der beiden noch etwas ganz anderes möglich.

Ein bisschen viel für 30 Minuten, dafür fehlte mir das Gespür. Genauso schwer fiel es mir einzuschätzen, wie meine Geschichte in der Runde ankäme, und so war ich von der wohlwollenden Bestätigung ehrlich überwältigt. Natürlich hatte ich mir eine positive Reaktion erhofft, aber dass ich noch am gleichen Tag einen, *den* Regisseur für meinen Stoff finden würde, damit hätte ich nicht gerechnet! Beim Mittagessen im *Engel* erzählte ich meinem Regie-Kommilitonen Lars-Gunnar Lotz, dass das rein subjektive Schuldgefühl meiner Protagonistin auf dem Erleben meiner Mutter nach einem ähnlichen Autounfall beruht – auch sie ist Lehrerin –, doch alles andere, besonders Karens Weg der Abbitte, entsprang meiner Imagination. Lars und ich sprachen über den Film 21 GRAMM, den wir beide bewundern, über unsere Liebe zu emotional intensiven Geschichten, die zu den Abgründen der Menschen vordringen, und stießen auf unser gemeinsames Interesse an spirituellen Fragestellungen und religiösen Themen. Schuld und Vergebung zum Beispiel. Es war klar: Wir mussten zusammenarbeiten! Ob ich von meinen »Ahninnen« ein paar Tipps dafür bekommen konnte?

21 GRAMS (21 Gramm; 2003; D: Guillermo Arriaga; R: Alejandro González Iñárritu)

»Ich liebe das Handwerk« – Zum Tod der italienischen Drehbuchautorin Suso Cecchi D'Amico, *epd Film* 9/2010

BELLISSIMA (1951; D: Suso Cecchi d'Amico, Francesco Rosi, Luchino Visconti, nach der Geschichte von Cesare Zavattini; R: Luchino Visconti)

LA SIGNORA SENZA CAMELIE (Die Dame ohne Kamelien; 1953; D: Michelangelo Antonioni, Suso Cecchi d'Amico, Francesco Maselli, Pier Maria Pasinetti; R: Michelangelo Antonioni)

ROCCO E I SUOI FRATELLI (Rocco und seine Brüder; 1960; D: Suso Cecchi d'Amico, Pasquale Festa Campanile, Massimo Franciosa, Enrico Medioli, Luchino Visconti, Giovanni Testori; R: Luchino Visconti)

IL MIO VIAGGIO IN ITALIA (Meine italienische Reise; 1999; D: Suso Cecchi d'Amico, Raffaele Donato, Kent Jones, Martin Scorsese; R: Martin Scorsese)

»[Manche Autoren halten sich für] Künstler, Poeten ... was Sie wollen! Ich bin nicht einmal überzeugt davon, dass der Film Kunst ist«, so äußerte sich die große Suso Cecchi d'Amico, (Co-)Autorin beinahe aller wichtigen italienischen Filme der Nachkriegszeit, so wundervoller Werke wie FAHRRADDIEBE, BELLISSIMA, DIE DAME OHNE KAMELIEN, ROCCO UND SEINE BRÜDER und, viel später, Martin Scorseses MEINE ITALIENISCHE REISE. So austauschbar, zufällig oder improvisiert die Momentaufnahmen in FAHRRADDIEBE auch scheinen, jede Szene erzeugt ihre eigene Spannung und führt geradewegs auf den Augenblick zu, in dem der Arbeiter, nachdem ihn morgens das gestohlene Fahrrad ins tiefste Elend gestürzt hat, abends selbst zum Fahrraddieb wird – diese tragische Wendung in der Schlussszene, die dem Sohn des Arbeiters eine so entsetzliche Scham ins Gesicht treibt, stammt nachweislich von Cecchi d'Amico. Erst der Blick des Kindes macht die Tragödie perfekt, erst der Schock in seinen Augen offenbart uns wahrhaft die menschliche und ethische Dimension der ökonomischen Not im Italien der Nachkriegszeit. Kaum zu glauben, aber zeit ihres Lebens sah sich Suso Cecchi d'Amico als eine Handwerkerin, die sich den Wünschen des Regisseurs anzupassen und unterzuordnen hat. Der Autor als Handwerker, der Regisseur als Künstler? Das konnte doch nicht ihr Ernst sein! War das nun Koketterie, falsche Bescheidenheit oder bittere Erfahrung?

Das Drehbuchschreiben hat durchaus ein »Geschmäckle« des Dienenden. Natürlich ist ein Drehbuch ein Gebrauchstext. Ein Werk im Werden. Seine Sprache ist funktional. Sie *dient* dem Regisseur, Szenen zu sehen, Emotionen zu erspüren und die Schauspieler zu führen. Sie *dient* dem Schauspieler, seine Figur zu finden. Sie *dient* dem Szenenbildner, Räume zu erschaffen. Sie *dient* der Erschaffung einer Welt, einer Atmosphäre, einer Figur. Mein Drehbuch *dient* dem Film. Ebenso wie die Regie ihm *dient*! Und das Schauspiel. Das Szenenbild, die Bildgestaltung, die Montage. Erst das gelungene Zusammenspiel vieler Elemente erschafft ein Kunstwerk, dessen Urheberschaft keiner allein beanspruchen kann. Diese Tatsache ändert nichts daran, dass im Allgemeinen Drehbuch eher für eine Dienstleistung und Regie eher für das wahre Kreative gehalten wird.

Vielleicht gibt es deshalb seit jeher so erstaunlich viele Frauen, die Drehbücher schreiben: weil das vermeintlich »Dienende« daran genau der Rolle entspricht, in die uns die patriarchale Gesellschaft gedrängt hat. Niemand hat uns daran gehindert, Drehbücher zu schreiben, sprich zu *dienen*, uns dem Regisseur und seiner Vision, dem Produzenten und seinem Geld *unterzuordnen*. Dienen und Unterordnen, diese jahrhundertealten Selbstverständlichkeiten im Bild des Weiblichen – passt doch perfekt!

Die amerikanische Historikerin Cari Beauchamp glaubt, dass den Frauen im Hollywood der 1910er und 20er Jahre nur deshalb so viele Türen offen standen, weil sich das Filmemachen noch nicht als ein ernstzunehmendes Geschäft etabliert hatte. Für das Filmbusiness der Weimarer Republik lässt sich diese These aber nicht bestätigen. Jürgen Kasten belegt in seiner *Geschichte des Drehbuches*, wie enorm attraktiv eine freiberufliche Tätigkeit als Drehbuchautor zu dieser Zeit war. Während des Ersten Weltkriegs, als ausländische Filme vom deutschen Markt verbannt wurden, erleichterte der heimische Produktionsdruck allen Schreibenden, Autoren *und* Autorinnen, den Zugang zur Industrie, wobei die filmferne Öffentlichkeit deren Honorare absurd hoch einschätzte. Die Realität sah zur Inflationszeit Anfang der 1920er Jahre so aus: 500.000 Mark für die Starschauspielerin (Henny Porten), 60.000 für den Produzenten und 20.000 für den Autor – vom Kaliber eines Carl Mayer.

Suso Cecchi d'Amico

Thea von Harbous Gage dürfte sich Mayers gleichwohl angenähert haben. In ihr, so erklärte Fritz Lang 1928, »[habe ich] einen unschätzbaren Mitarbeiter und Kameraden gefunden, der mit tiefem Verständnis für mein Wollen mir die Manuskripte schafft, die die Grundlage meiner Arbeit bilden.« Sie fügte knapp hinzu: »Ich bin die Frau von Fritz Lang, mehr brauche ich Ihnen hoffentlich nicht zu sagen.« Ihre Ehe lag zu der Zeit bereits in Trümmern.

Dass die Autorin von Klassikern wie DER MÜDE TOD und DR. MABUSE DER SPIELER mehr gewesen sein könnte als eine Dienstleisterin für ihren Mann und ihre Kunst es verdient hat, eigenständig zu ihrem Recht zu kommen, habe ich begriffen, als ich 2010 die METROPOLIS-Ausstellung im Filmmuseum Berlin besuchte, wo in Teilen auch ihr Original-Drehbuch ausgestellt war: Ihr Schreiben hat eine außergewöhnliche Präzision, aller filmischen Mittel ist sie sich voll und ganz bewusst, und ihre Worte implizieren geradezu diese und keine andere Kamerabewegung, diese und keine andere Einstellungsgröße! Über Thea von Harbous Rollenverständnis Lang gegenüber wissen wir wenig; in ihren Büchern beschwört sie gern weibliche Selbstopfer und die Hingabe an den Mann. Es scheint gesichert, dass Lang in die Stoffentwicklung miteinbezogen war, von Harbou in Dreh und Schnitt.

Zum Vorbild für heutige Drehbuchautorinnen taugt Thea von Harbou aber nicht nur deshalb nicht, weil sie ihre Arbeit wohl vorwiegend als Dienen und Unterordnung begriff. 1933, im Jahr der Emigration Fritz Langs, sowie 1934 führte seine Ex-Frau bei zwei Filmen selbst Regie und diente sich, wohl aus Überzeugung, dem NS-Regime an. Mit Drehbüchern für Propagandafilme wie DER ALTE UND DER JUNGE KÖNIG oder DER HERRSCHER, die ganz im Dienst der Nazi-Ideologie standen und unverhohlen den »Führer« feierten, wurde sie zur produktivsten

DER MÜDE TOD (1921; D: Thea von Harbou, Fritz Lang; R: Fritz Lang)

DR. MABUSE DER SPIELER (1922; D: Thea von Harbou, Fritz Lang, nach dem Roman von Norbert Jacques; R: Fritz Lang)

METROPOLIS (1927; D: Thea von Harbou, Fritz Lang; R: Fritz Lang)

DER ALTE UND DER JUNGE KÖNIG – FRIEDRICHS DES GROSSEN JUGEND (1935; D: Rolf Lauckner, Thea von Harbou; R: Hans Steinhoff)

DER HERRSCHER (1937; D: Curt J. Braun, Thea von Harbou, nach Motiven von Gerhart Hauptmanns Drama *Vor Sonnenuntergang*)

DAS LEBEN GEHT WEITER (1945; D: Gerhard Menzel, Thea von Harbou, Wolfgang Liebeneiner; R: Wolfgang Liebeneiner)

Drehbuchautorin des »Dritten Reichs«. Noch 1945 schrieb sie an dem Propagandafilm UND DAS LEBEN GEHT WEITER mit, dessen Exposé von Goebbels persönlich stammte.

Rosa Porten schrieb zur Zeit des Nationalsozialismus nichts mehr. In den Tagen des Stummfilms hatte sie sich unter dem Pseudonym Dr. R. Portegg an der Regie versucht. Suso Cecchi d'Amico dagegen sagte: »Ich selbst wollte nie Regisseurin werden, aus Prinzip. Ich glaube, ich habe dazu nicht den richtigen Charakter. Ich habe keine Autorität im Befehlen.« Das alte Schema, leider Gottes aus dem Mund dieser klugen Frau! Der Regisseur dominant, die Autorin dienend. Oder die Signora kokettiert doch? Als Suso Cecchi d'Amico einmal mit ihrer früheren Aussage konfrontiert wurde, am Anfang ihrer Zusammenarbeit mit Luchino Visconti habe sie sich gefühlt, als müsste sie aufs Neue die Schulbank drücken, präzisierte sie: »Ja, aber mit Visconti als Banknachbar!« Es gab für sie also doch eine Alternative zur Anpassung und Unterordnung: Man lernt miteinander und voneinander.

Tatsächlich war es bei Lars und mir so. Sein Enthusiasmus für meinen Stoff, unser tastendes Gespräch im *Engel* und die schöne Fügung unseres Zusammenfindens beflügelten mich, und innerhalb kurzer Zeit hatte ich ein erstes Bildertreatment geschrieben. Dass Lars erst einige Wochen später wieder nach Ludwigsburg zurückkehren sollte, weil er als Stipendiat eines Austauschprogramms gerade einen Kurzfilmdreh in Paris vorbereitete, gab mir freie Bahn, meinen eigenen Arbeitsrhythmus zu entdecken. Meine Bilder, Szenen und Figuren aus meinem Inneren zu holen und ihnen die Zeit zu geben, die sie brauchten, um den Weg aufs Papier zu finden – ohne Stress, ohne Stimmen von außen. Lars war präsent, per Mail und Skype, natürlich. Aber eben genau im richtigen Maß.

Das schnelle Pingpong zwischen Autor und Regisseur, von dem so viele Kollegen erzählen, ist mir fremd. Um eine Figur kennenzulernen und aus ihren Konflikten einen Plot zu entwickeln, um die Lösung für ein dramatisches Problem zu finden und mich daran zu erinnern, was ich wirklich erzählen möchte, muss ich in mich »hineinhören«. Die Stimme des Regisseurs ist wichtig, nötig und hilfreich, keine Frage. Ebenso die Stimme der Redakteure und der Produzenten. Aber keine dieser Stimmen darf so laut dröhnen, dass ich meine eigene innere Stimme überhöre. Mit Lars hat alles intuitiv geklappt. Nicht weil mir erst seine Abwesenheit in der Anfangsphase Autonomie und Stärke verliehen hätte, sondern weil wir von Beginn an neugierig aufeinander waren und eine Haltung zum Geschichtenerzählen teilten.

Ich weiß, dass eine solch positive erste Erfahrung in der Zusammenarbeit mit einem Regisseur gerade an Filmhochschulen keine Selbstverständlichkeit ist. Im Produktionsprozess dieses Films, der später den

Titel FÜR MIRIAM bekam, fragten mich Lars und die zwei Produzenten immer wieder nach meiner Meinung. Ich war Teil eines Teams, wurde gehört und miteinbezogen. Als im Februar 2009 eine breite Leinwand des *Cinemaxx* am Potsdamer Platz Bilder offenbar machte, von denen ich einige schon bei meinem ersten Pitch genau vor Augen gehabt hatte und die nun von großartigen Schauspielern, einer behutsamen Inszenierung, der intensiven Handkamera und vielem mehr bereichert wurden, war das unbeschreiblich. Mir war bewusst, dass ich Glück gehabt hatte: Glück, einen Regisseur gefunden zu haben, der zu mir passte, mich schätzte und keine Dienstleisterin in mir sah. Glück, an einer Hochschule zu studieren, die einen derart aufwändigen Drittjahresfilm unterstützte. Und Glück, meine Geschichte nun mit so vielen Menschen teilen zu dürfen, ohne mein Ureigenes, das darin steckt, aufgegeben zu haben. Manch einer der Berlinale-Zuschauer ärgerte sich über unseren Film, manch einer ließ sich von ihm berühren. Es war nach der dritten Vorführung, als eine Frau ans Mikrofon trat und unter Tränen sprach.

FÜR MIRIAM (2009; D: Anna Praßler; R: Lars-Gunnar Lotz)

André Bazin schrieb über Vittorio De Sicas Filme, »dass das Kino uns selten zuvor so klar vor Augen geführt hat, was es bedeutet, ein Mensch zu sein. (Übrigens auch, was es heißt, ein Hund zu sein).« Letzteres spielt auf das Meisterwerk UMBERTO D. an, als dessen Drehbuchautor, ungewöhnlich für den italienischen Neorealismus, einzig und allein Cesare Zavattini firmiert. Aber welcher andere Autor hätte schon die Tragödie eines verarmten Rentners auch als die Tragödie seines Beagle-Terriers erzählen können? Wer hätte in die morgendlichen Handgriffe eines Dienstmädchens, wenn es durch den Flur geht, Ameisen von der Wand wäscht, Kaffee mahlt, die Tür mit der Fußspitze schließt und schließlich auf seinen schwangeren Bauch blickt, mehr Subtilität, Wärme und Menschlichkeit legen können als Zavattini? Das Kino zu verstehen heißt Gefühle zu haben. So einfach ist das. Dass mich ein Film berühren und etwas in mir auslösen kann, wusste ich seit vielen Jahren, aber erst als ich nun die Tränen *meiner* Zuschauerin sah und später mit ihr ins Gespräch kam, begriff ich wirklich, was ich hier eigentlich tat. Und warum.

André Bazin: *Vittorio De Sica. Regisseur.* In: A.B.: *Was ist Film?* (Alexander 2002)

UMBERTO D. (1952; D: Cesare Zavattini; R: Vittorio De Sica)

Ludwigsburger Lehrjahre

Lässt es sich lernen, ein Mensch zu sein und auch mal ein Hund? Ich bin davon überzeugt, dass man gewisse Dinge einfach mitbringen muss, wenn man Geschichten erzählen möchte. Schreiben ist kein Handwerk. Schreiben heißt schöpfen und hervorbringen, zur Welt und zu den Menschen in eine Beziehung treten, eine Haltung haben, empfinden, suchen und werden und, nicht zuletzt, die Menschen bewegen (wollen). Mit bloßem Handwerk gelingt dies niemandem –

ohne aber genauso wenig. Bevor man ein Werkzeug weglegt, muss man es einmal in der Hand gehabt haben, und vielleicht entdeckt man dann, dass es dort eigentlich ganz gut liegt. Oder es kommt eben in den Werkzeugkoffer. Im Widerspruch zu allen, die dem Neorealismus seines authentischen, quasi-dokumentarischen Charakters wegen gerne mal den Verzicht aufs Drehbuch unterstellen, leitet Bazin seine Analyse von FAHRRADDIEBE mit folgendem Satz ein: »Zunächst einmal ist da das ungeheuer geschickt konstruierte Drehbuch.« Wie man eine Geschichte so »ungeheuer geschickt« konstruiert, wollte ich in Ludwigsburg lernen!

An der FU war ich die meiste Zeit eine Nummer gewesen, an der »Aka« war ich Teil eines großen Ganzen. Man kennt sich und achtet sich. Nach fünf rein theoretischen Jahren kam ich mir wie im Schlaraffenland vor und fühlte mich einfach nur rundum verwöhnt: Es war Geld da, um Filme zu drehen, selbst eine Unterwasserszene wie in FÜR MIRIAM, großartige Dozenten wurden extra für uns eingeflogen, das Equipment war da, die Studios, der Kontakt zum SWR und zu vielen anderen Sendern und, am wichtigsten, ein großes Wohlwollen der Studienleitung und Professoren uns Studenten gegenüber, diese fortwährende Unterstützung und Ermutigung.

Studieren hieß in Ludwigsburg, alles gleich zu probieren. *Learning by doing*. Drei meiner Drehbücher wurden verfilmt, FÜR MIRIAM, DER STREIT DER WAISENMÄDCHEN VON SANKT JOSEPH ÜBER EIN WUNDER IN IHRER MITTE – die thematische Vorgabe lautete »schwanger« – sowie der Serienpilot KARLA LUCA. Dass ich die Möglichkeit hatte, mein Schreiben sowohl im seriellen Format als auch in Kurzfilmen unterschiedlicher Länge zu erkunden und zu entwickeln, war eine großartige Sache. Ich lernte zum Beispiel, dass es durchaus seine Richtigkeit hat, wenn uns beigebracht wird, die Kurzfilmdramaturgie folge der des Langfilms, aber dass eine Form von neun Minuten doch eine ganz andere Zuspitzung, Verdichtung und Einfachheit verlangt, den *einen* starken Konflikt, *eine* Situation, *eine* Pointe. Dass trotz der aristotelischen Einheit von Zeit, Raum und Handlung gewisse Probleme auftreten können, wenn ein solch kurzer Film von einem Ensemble aus sechs fast gleichaltrigen Figuren bestritten wird, die als die Waisenmädchen von Sankt Joseph auch noch nahezu identisch gekleidet sind, lernte ich später auch noch. Von Brigitte Dithard, die die WAISENMÄDCHEN, FÜR MIRIAM sowie meinen ersten 90-Minüter redaktionell betreute, lernte ich, dass »die Überraschung der Feind der Spannung ist.« Spannung involviert den Zuschauer – Überraschung nicht, sie überrumpelt nur. Dramaturgische Spielereien mag ich nicht, mir geht es um den Zuschauer und die gute Geschichte. Um das *Was*, dann um das *Wie*. Wie erzähle ich meine Geschichte so, dass das Publikum emotional daran

DER STREIT DER WAISENMÄDCHEN VON SANKT JOSEPH ÜBER EIN WUNDER IN IHRER MITTE (2008; D: Anna Praßler; R: Sven Fox)

KARLA LUCA (2009; D. Anna Praßler; R: Oliver Timm)

Anita Loos

Anita Loos (rechts) mit Jean Harlow

anknüpfen kann? Wo genügt eine Andeutung, um den Zuschauer zur eigenen Imagination anzuregen und ihn aktiv in die Welt meiner Geschichte mit hineinzunehmen?

Ein vierter Kurzfilm, den ich in Ludwigsburg anpackte, scheiterte an Differenzen zwischen mir und der Regisseurin. Es gab Phasen der Desillusionierung. Schreiben ist kein Spaziergang, sondern kann sehr anstrengend sein. Ich wünschte, ich könnte Anita Loos Recht geben, die einmal in ihrer gewohnt locker-flockigen Art sagte: »Writing came so easily [...], I did it with my left hand while I was doing something else with my right.« Wer an einer filmwissenschaftlichen Arbeit Kritik übt, bleibt meistens sachlich, Kritik an einem Drehbuch gerät, zumindest in der subjektiven Auffassung des Kritisierten, allzu leicht persönlich. Weil der Gegenstand der Kritik persönlich ist, weil ich in jeder Figur und jeder Geschichte, so wenig autobiografisch sie auch ist, etwas von mir »gebe«. Der Flow des Schreibens ist wundervoll, aber Überarbeitungen, dieses A und O des Drehbuchschreibens, sind oft harte Arbeit. Menschliche Enttäuschungen kommen vor.

Marsha McCreadie: *The Women Who Write the Movies. From Frances Marion to Nora Ephron* (Birch Lane 1994)

Dann aber steht plötzlich Keith Cunningham im Seminarraum, definiert Drama so einfach wie schön als »growth through crisis«, erklärt uns Autoren zum Subjekt unserer eigenen Heldenreisen und schafft es, mich mit seiner Energie anzustecken, auf dass ich nicht länger in meiner »Night of the Soul« verharre! Auf zum »Magic Flight«, ich will mein magisches Medaillon und meinen »creative breakthrough«!

Keith war im Herbst 2007 der erste Lehrer, der mir dramaturgische Werkzeuge in die Hand drückte: Bei Syd Field hatte ich von *Want* und *Need* gelesen, Keith sprach auf einmal von *Mode* und *Need* – dasselbe in grün? Weit gefehlt! Das *Want* entsteht erst aus dem *Survival Mode* des Helden, der Art und Weise, wie er sich im Leben eingerichtet hat, um mit möglichst wenigen Blessuren durchzukommen. Ich erinnerte mich an Wilhelm Reichs Begriff des »Charakterpanzers«, der Schutzmechanismus des Ichs, um vergangene Traumata und Konflikte zu verdrängen und Triebe abzuwehren – Franziska Buch sprach von der »Rüstung« des Helden. Um sein emotionales Bedürfnis zu erfüllen, muss er sein verhärtetes *Mode* durchbrechen und kommt auf dieser Reise ins tiefe Unbewusste an den Punkt, an dem er erkennt, wer er wirklich ist – und »die Wahrheit tut meistens weh«, sagte Franziska, »aber sie ist immer sexy«. Wenn der Panzer aufbricht und der Held erkennt, wer er in Wirklichkeit ist, hat das oft sehr viel mit den Werten zu tun, die einer Geschichte zugrunde liegen und deren Bedeutung Franziska stets betonte. Sobald Menschen moralische Entscheidungen treffen müssen, geht es um Werte. Dass der Autor eine Haltung zu diesen Entscheidungen, zu seinem Stoff und seinen Figuren haben muss, sprach mir aus der Seele; dass ich diese Haltung nutzen kann, um mir über die Werte meiner Figuren noch klarer zu werden und zu einer schlüssigeren Konstellation von Protagonist, Antagonist und Guide zu gelangen, lernte ich von Franziska.

Wann immer mir vorgehalten wurde, meine Hauptfiguren seien zu unsympathisch, bestärkte mich Christoph Fromm in meinem Wunsch nach Wahrhaftigkeit. Es ist egal, ob eine Figur im landläufigen Sinn als sympathisch oder unsympathisch gilt, Hauptsache, sie ist interessant. Komplex. Seitdem heißt es für mich: Empathie statt Sympathie. Als ein Redakteur mich mit Änderungswünschen überrumpelte, die konträr zu meiner Auffassung der Figuren standen, oder ein Regisseur sich für die neue Fassung eine fast ganz neue Geschichte – um »das einfach mal auszuprobieren« – erbat, ermutigte Christoph mich, für meine Vision zu kämpfen, mich nicht als bloße Dienstleisterin zu sehen und mir treu zu bleiben. In seinem Seminar habe ich, selbstverständlich, von der Heldenreise gehört und von den acht Sequenzen, um ein Drehbuch zu strukturieren, von Charaktersätzen, Subtext und Spannungsbogen, von Standardszenen und Montagesequenzen, vor allem aber habe ich gelernt, dass man den Mut haben darf (und soll), auch mal etwas anders zu machen. Die Analyse von Filmen wie CASINO, DIE LETZTE VORSTELLUNG und DER EISSTURM ließ uns sehr bald an die Grenzen der Heldenreise als dramaturgisches Konzept stoßen; es gibt Figuren, die sich nicht entwickeln, die nichts lernen – oder zumindest nichts Positives – und eben nicht »geläutert« werden. Es ist

---

CASINO (1995; D: Nicholas Pileggi, Martin Scorsese, nach dem Buch von N.P.; R: Martin Scorsese)

THE LAST PICTURE SHOW (Die letzte Vorstellung; 1971; D: Larry McMurtry, Peter Bogdanovich, nach dem Roman von L.M.; R: Peter Bogdanovich)

THE ICE STORM (Der Eissturm; 1997; D: James Schamus, nach dem Roman von Rick Mooby; R: Ang Lee)

gut, einen reichlich gefüllten Werkzeugkoffer zu haben, aber manchmal soll und muss er geschlossen bleiben. Zumal in der ersten Arbeitsphase, wie ich finde.

Das Semester endete mit einem zehntägigen Intensivseminar auf der Schwäbischen Alb. Die Idee, Ludwigsburg den Rücken zu kehren und in der ländlichen Abgeschiedenheit eine neue Konzentration und Klarheit fürs Schreiben zu finden, ist prinzipiell nicht schlecht. Nur bin ich einfach nicht der Typ dafür. Ich schätze es, mit Kollegen über Stoffe und Drehbücher zu sprechen, zu diskutieren und zu analysieren, ich liebe es, dramaturgisch zu arbeiten, Fragen zu stellen und Neues vorzuschlagen, all das bekomme ich auch gern zurück, aber eins ist bei all dem essenziell für mich: die Rückzugsmöglichkeit. Das zurückgezogene Schreiben, Stunden nur für mich. In Ruhe. Die fand ich in Erpfingen nicht. Dafür allerlei interessante Beobachtungen zur Dynamik von Gruppen und die Idee für einen neuen Stoff, der in einer pietistischen Gemeinschaft auf der Alb spielen soll.

Im April 2009 hatte ich mein Curriculum beendet. In Ludwigsburg gibt es viele hübsche Cafés, auf dem Hof der »Aka« das Kino *Caligari*, und das Leben dreht sich um Filme und ums Schreiben. Aber ich bin eine bayrische Schwäbin, und die Ludwigsburger sind württemberger Schwaben. Die Fernbeziehung zwischen Ludwigsburg und Braunschweig entpuppte sich, verglichen mit der zwischen Italien und Deutschland, als schwierig. Schließlich war ich froh, mit dem zu schreibenden Diplombuch im Gepäck Ludwigsburg hinter mir zu lassen und nach sechs Jahren zum ersten Mal mit meinem Freund eine Wohnung zu teilen. Und zwar in Berlin!

Nur Opferrollen für die Frauen? Fragen an das Melodram

»Durch die schonungslose Nähe zu den Figuren [...] fühlt auch der Zuschauer, wie entstehen kann, was nicht entstehen darf. Ein lupenreines Melodram.« Mit diesen Worten wurde FÜR MIRIAM als bester Kurzfilm der Filmschau Baden-Württemberg ausgezeichnet. Ein eigentümlich zwiespältiges Kompliment, hört man in der Regel doch nicht viel Gutes über das melodramatische Genre. Es gilt im Allgemeinen als billig sentimental, pathetisch und manipulativ, verkitscht und trivial, im Besonderen als kleinbürgerlich und frauenverachtend. Berüchtigt ist Rainer Werner Fassbinders Ausspruch von 1974: »Die meisten Männer können nur nicht so perfekt unterdrücken, wie die Frauen es gerne hätten«, sagte er anlässlich seines Films MARTHA – und FÜR MIRIAM enthielte gewiss keine Hommage an dieses sehr spezielle Fassbinder-Werk, wenn ich der bequemen Genre-Klassifikation als frauenfeindlich folgen würde.

MARTHA (1974; D: Rainer Werner Fassbinder, nach der Geschichte von Cornell Woolrich; R: Rainer Werner Fassbinder)

Karen Mertens, meine Hauptfigur aus FÜR MIRIAM, lehnt sich gegen den selbstgewählten Weg der Abbitte nicht auf, sie wehrt sich nicht, als Lukas zuschlägt, sondern gibt sich mit ihrer üblichen Rigidität in die physischen Begegnungen, selbst als diese, von Lukas forciert, zu sexuellen werden. Das typische melodramatische Opfer? Nein. Karen ist niemals passiv, in keiner Szene, sondern sie ist es, die den Weg bestimmt. Es läge in ihrer Macht, Lukas augenblicklich vor den Kopf zu stoßen, wenn sie denn wollte. Diese Macht *könnte* sie ausspielen, niemals wird sie zur schwachen, gebrochenen Frau, nie zur Unterlegenen, die sich wie in der konventionellen Drama-Narration kathartisch »freiboxen« müsste. Oder gar zu Märtyrerin! Karen hat aktiv eine Entscheidung getroffen, stark und eigenwillig, ihre vermeintliche Passivität ist eine vollkommen aktive. Selbst im Kontrollverlust behält Karen die Kontrolle. Sie hat alles in der Hand. In die Abhängigkeit rutscht der Junge, nicht sie. Und weil Karen niemals zum leidenden Opfer wird, ist schließlich zwischen ihr und Lukas noch etwas anderes möglich, eine ungeahnte Zärtlichkeit und Nähe. Ich glaube, es lohnt sich bei vielen Melodramen, genauer hinzuschauen.

Frieda Grafe: *Das Allerunwahrscheinlichste. Douglas Sirk zum achtzigsten Geburtstag.* In: *In Großaufnahme. Autorenpolitik und jenseits. Band 7. SZ-Filmseiten 1972–1987* (Brinkmann u. Bose 2005)

»Entweder man heult oder man kotzt«, sagte Frieda Grafe über das Melodram. In meinen Augen ist dieses Genre so nah wie kein anderes an den Menschen dran: In guten Melodramen wurzeln die Gefühle der Zuschauer in den Figuren; es kommt nicht, wie häufig behauptet, »alles von außen«, sondern das Meiste von innen. Aus Figuren, die uns existenziell nahe sind, da geht es um die Sehnsucht des Einzelnen innerhalb der Gefüge von Familie und Gesellschaft, um emotionale Beziehungen zu anderen, die Figuren sind innerlich zerrissen und haben ihr Scheitern vor Augen, es gibt Kräfte, die stärker sind als sie selbst, und Konflikte, die sich nicht lösen lassen, und da ist dieser starke Willen, für sein Glück zu kämpfen und gegen das Unglück zu protestieren – was könnte die *conditio humana* besser auf den Punkt bringen?

Hermann Kappelhoff: *Matrix der Gefühle. Das Kino, das Melodrama und das Theater der Empfindsamkeit* (Vorwerk 8 2004)

MAGNOLIA (1999; D+R: Paul Thomas Anderson)

SOLARIS (2002; D: Steven Soderbergh, nach dem Roman von Stanislaw Lem; R: Steven Soderbergh)

Erzählerisch ist vieles am Melodram reizvoll, zumal für jemanden wie mich, die auf starke Wendepunkte Wert legt und die vielbeschworene Wucht des Genres zu schätzen weiß. Früher war die Rede von dessen »Exzessen«, ich spreche lieber von »Subjektivierungsstrategien« – beides verweist auf ein Jenseits der klassischen Erzählweise und der konventionellen Dreiakt-Struktur. Ich hatte das Glück, an der FU bei Hermann Kappelhoff lernen zu dürfen, der den Eigenwert des »sentimentalen Genießens« wissenschaftlich erschlossen hat und meine Magisterarbeit mit unschätzbarer theoretischer Komplexität und spannenden Diskussionen begleitet hat. Thema war die Narration im neueren Hollywoodfilm – anhand dreier Filme, die Anklänge ans Melodram aufweisen: MAGNOLIA, 21 GRAMM und SOLARIS. Meine Analyse beschäftigte sich damit, wie in diesen Filmen mit *Körpern*, die sich durch *Räume* bewegen, in der *Zeit* erzählt wird. Alle drei Filme haben sich von der Illusion realistischer Raum-Zeit-Koordinaten gelöst, was an den melodramtypischen, subjektiven »Raum der Empfindung« erinnert, diesen aber gleichzeitig übersteigt – es entsteht eine lyrische Bildlichkeit, die sich erst in der ästhetischen Erfahrung des Zuschauers gänzlich entfaltet. Der Modus des Melodrams ist *eine* Grundlage dieser Filme und ermöglicht einem Autor wie Guillermo Arriaga narrative Freiräume, zum Beispiel hinsichtlich subjektivierter Zeitlichkeiten; denn Zeit ist im Melodram niemals die von Isaac Newton definierte »absolute, wahre und mathematische Zeit, [... die] an sich und vermöge ihrer Natur gleichförmig [verfließt], und ohne Beziehung auf irgend einen äußern Gegenstand.«

Das Melodram ist ein offenes und freies Genre, das viel möglich macht, worüber man an einer Filmhochschule leider wenig erfährt. Spezifische Genreseminare wurden für uns Aufbaustudentinnen insgesamt nur zwei angeboten, und gerade weil Stefan Dähnerts Komödienseminar so grandios war, vermisste man eine solche Grundlagenvermittlung umso mehr für andere Genres wie Thriller oder eben Melodram. In der Filmwissenschaft ist das Genre seit der Wiederentdeckung Douglas Sirks in den 1970er Jahren rehabilitiert, in der Filmpraxis hat es, obwohl die wenigsten Filme ohne melodramatische Elemente auskommen, nach wie vor eine gewisse pejorative Konnotation.

»Vielleicht bin ich altmodisch, aber Melodrama klingt für mich irgendwie nach Fälschung, nach etwas Reißerischem«, sagt zum Beispiel die dänische Autorin und Regisseurin Susanne Bier, die 2011 für IN EINER BESSEREN WELT den Oscar bekommen hat, »ich halte meine Filme natürlich für authentisch und ehrlich.« Was ihrer kraftvollen melodramatischen Erzählweise doch auch gar nicht widerspricht, im Gegenteil! Wer würde bestreiten, dass GEGEN DIE WAND authentisch und ehrlich ist? Oder BROKEBACK MOUNTAIN, dieses bodenständige Melodram der kleinen Gesten, das seine Spannung allein aus den Emotionen bezieht, die unterschwellig, verborgen von alltäglichen Handlungen und authentischen Sprachfetzen, als dramatische Aktion spürbar werden und desto stärker in den Figuren brodeln, je weniger sie dialogisch ausgedrückt werden (können)? Ang Lee bestreitet nicht, dass er Melodramen inszeniert, ebenso wenig wie Pedro Almodóvar, François Ozon oder Alejandro González Iñárritu dies bestreiten, und tatsächlich erlebt man die reflexhafte Abwehr der Melodram-Kategorie fast nur bei Filmemacherinnen. Das liegt, glaube ich, an der Angst, unweigerlich in eine Schublade gesteckt zu werden, die von so vielen Negativ-Abziehbildern des Weiblichen, den alten Vorurteilen weiblicher Trivialität, Hysterie und Rührseligkeit besetzt ist – eigentlich kein Wunder, dass eine Frau, die nach Erfolg auf dem »Schlachtfeld« des

Anna Praßler: *Narration im neueren Hollywoodfilm. Die Entwürfe des Körperlichen, Räumlichen und Zeitlichen in* MAGNOLIA, 21 GRAMS *und* SOLARIS (Ibidem 2008)

Isaac Newton: *Mathematische Prinzipien der Naturlehre* (Wissenschaftliche Buchgesellschaft 1963)

HÆVNEN (In einer besseren Welt; 2010; D: Anders Thomas Jensen; R: Susanne Bier)

GEGEN DIE WAND (2004; D+R: Fatih Akin)

BROKEBACK MOUNTAIN (2004; D: Larry McMurtry, Diana Ossana, nach der Kurzgeschichte von Annie Proulx; R: Ang Lee)

Vicki Baum

TWO LOVERS (1928;
D: Alice D.G. Miller;
R: Fred Niblo)

Filmemachens strebt, den größtmöglichen Abstand zu einem solchen Verdacht des »Weibischen« hält ...!

Schreiben Frauen die besseren Melodramen? Nein. Schreiben sie häufiger Melodramen als Männer? Ich glaube nicht. Die Zahlen werden wohl von Epoche zu Epoche variieren. Zu den Hochzeiten des amerikanischen Melodrams in den 1940er Jahren gab es selbstverständlich Autorinnen, die fast ausschließlich dieses Genre bedienten, Lenore J. Coffee zum Beispiel, die so den *Woman's Film* prägte, während ihre Vorreiterinnen aus den 1910er und 20er Jahren vielfältigere Wege beschritten hatten: »Young woman, do you realize you are the first American writer ever to make fun of sex?«, diese Frage hörte Anita Loos 1926. Zwei Jahre später schrieb Alice D.G. Miller, die wie Loos über Griffith einen Fuß in die Branche bekommen hatte, mit TWO LOVERS die erste große Action-Hauptrolle für eine Frau! Weibliches Schreiben ist und war immer schon vielfältig. Actionfilme finden sich darunter ebenso wie Komödien, schlechte Melodramen genauso oft wie gute.

Ich schreibe Dramen, im weitesten Sinne. Einmal habe ich versucht, ein Suso-Cecchi-d'Amico-Melodram für (einen Regisseur wie) Luchino Visconti zu schreiben, und damit deutet sich schon ein Problem an: Mein Diplombuch, die Geschichte der Gastarbeiterin Linda, sollte eine Hommage an ROCCO UND SEINE BRÜDER werden, um dessentwillen ich meine Figuren in Situationen gedrängt habe, die eigentlich nicht aus ihrem Inneren kamen. Das funktioniert nicht. Irgendwann möchte ich Lindas Geschichte noch einmal auf eine andere, behutsamere Art erzählen, aber vor lauter Liebe zu einem Film meinen Figuren gegenüber blind und taub zu werden, das passiert mir nicht wieder.

Etwas ist geworden

Frauen und Film erinnert mich an den Geruch kleiner Fachbereichsbibliotheken, an Druckerschwärze auf den Fingerkuppen und das Klappern der Münzen im summenden Kopierer. *Frauen und Film*, seit 1974 die deutschsprachige Fachzeitschrift für feministische Filmtheorie, klingt nach harter wissenschaftlicher Arbeit (und ist es auch). *Women and Hollywood*, Melissa Silversteins Blog, beansprucht gleichfalls die feministische Perspektive für sich – allerdings ohne die wissenschaftliche Tiefe einer Gertrud Koch, ohne den 1970er-Jahre-Diskurs. Dafür mit jeder Menge interessanter Statistiken, mit wöchentlichen Auflistungen aller aktuell gespielten Filme von Regisseurinnen und Autorinnen, mit Interviews, Filmkritiken und einfach vielen spannenden Gedanken. Anfang 2009 stieß ich dort auf *The Fempire* – so nennt sich augenzwinkernd ein Netzwerk, das von vier amerikanischen Drehbuchautorinnen »ausgerufen« wurde, der Oscar-Preisträgerin Diablo Cody

http://blogs.indiewire.com/womenandhollywood

JUNO (2007; D: Diablo Cody; R: Jason Reitman)

(JUNO), Liz Meriwether (FREUNDSCHAFT PLUS), Lorene Scafaria (NICK UND NORAH – SOUNDTRACK EINER NACHT) und Dana Fox (LOVE VEGAS). Vier Frauen Anfang bis Mitte 30, Freundinnen und Kolleginnen, die wie ihre »Ahninnen« ein knappes Jahrhundert vor ihnen unterhaltsame, aber nicht unintelligente Hollywoodfilme schreiben wollen, was ihnen manchmal glückt und manchmal nicht. Sie sind ein eigener kleiner *writers' room*, jede mit eigenen Projekten, aber konstant im Austausch mit den anderen, um gegenseitige Unterstützung soll es gehen, um den Spaß dabei und gewiss auch darum, gemeinsam ein Zeichen zu setzen und als schreibende Frauen sichtbar zu sein.

Den Erfolg der Drehbuchautorinnen der 1910er und 20er Jahre begründet die amerikanische Filmkritikerin und -wissenschaftlerin Marsha McCreadie unter anderem mit dem starken Netzwerk, das sich diese Frauen aufgebaut hatten – begünstigt von der relativ freien und offenen Atmosphäre der noch jungen Industrie in der Kleinstadt Hollywood. Die Frauen schlossen rasch Freundschaften, wie Frances Marion und Anita Loos, tauschten Informationen über Jobs aus, stellten Kolleginnen ein und griffen Neulingen unter die Arme – und nicht nur diesen: 1927 verschaffte Frances Marion der einst berühmten Komödiantin Marie Dressler, die als Gewerkschaftsführerin während eines Streiks auf eine Schwarze Liste gesetzt worden war, ein großes Comeback. Viele weibliche Arbeitspartnerschaften hielten jahrzehntelang, so die zwischen Marion und Mary Pickford oder Loos und Lillian Gish. Letztere plante 1920 übrigens ein »all-woman picture« unter ihrer Regie, das Drehbuch zu REMODELING HER HUSBAND schrieb sie selbst, und um die Zwischentitel kümmerte sich Dorothy Parker, die zu der Zeit noch als bissige New Yorker Theaterkritikerin gefürchtet war und erst in den 1930er Jahren so richtig mit dem Drehbuchschreiben anfing – bis sie in der McCarthy-Ära auf der Schwarzen Liste endete. Ein bitteres Schicksal, das sie leider mit vielen ihrer Kolleginnen und Kollegen teilte. Etwa mit ihrem Co-Autor und zweimaligen Ehemann Alan Campbell und ihrer besten Freundin Lillian Hellman, die 1937 wie Parker selbst, damals gerade Oscar-nominiert für A STAR IS BORN, Korrespondentin im Spanischen Bürgerkrieg war; Hellmans Broadwaydrama DIE KLEINEN FÜCHSE über eine dysfunktionale Fabrikantenfamilie aus den Südstaaten adaptierten die beiden Frauen 1941 gemeinsam für die Leinwand. REMODELING HER HUSBAND von Lillian Gish gilt heute als verschollen. Ein »all-woman picture« war letztlich zu viel gewollt, denn nach einer Kamera*frau* suchte die Gish vergeblich – doch der Versuch zählt! »I hope my story shows one thing«, sagte Frances Marion gegen Ende ihres Lebens, »how many women gave me real aid when I stood at the crossroads.«

NO STRINGS ATTACHED (Freundschaft Plus; 2011; D: Elizabeth Meriwether, nach der Geschichte von Michael Samonek und E.M.; R: Ivan Reitman)

NICK AND NORAH'S INFINITE PLAYLIST (Nick und Norah – Soundtrack einer Nacht; 2008; D: Lorene Scafaria, nach dem Roman von Rachel Cohn und David Levithan; R: Peter Sollett)

WHAT HAPPENS IN VEGAS (Love Vegas; 2008; D: Dana Fox; R: Tom Vaughan)

REMODELING HER HUSBAND (1920; D: Harry Carr, Lilian Gish; R: Lilian Gish)

A STAR IS BORN (Ein Stern geht auf; 1937; D: Dorothy Parker u.a., nach der Geschichte von William A. Wellman und Robert Carson; R: William A. Wellman)

THE LITTLE FOXES (Die kleinen Füchse; 1941; D: Dorothy Parker, Lilian Hellman u.a., nach ihrem Theaterstück; R: William Wyler)

Dorothy Parker

Lenore J. Coffee

GRAND HOTEL (Menschen im Hotel; 1932; D: William A. Drake, nach dem Roman und Stück von Vicki Baum; R: Edmund Goulding)

ANNA CHRISTIE (1931; D: Frances Marion, nach dem Stück von Eugene O'Neill; R: Jacques Feyder)

QUEEN CHRISTINA (Königin Christine; 1933; D: H.M. Harwood, Salka Viertel, S.N. Behrman, nach einer Erzählung von Salka Viertel und Margaret P. Levino; R: Rouben Mamoulian)

Dass ich im sechsten *Scenario*-Band die zweite Autor*in* bin, die an dieser Stelle über ihre Erfahrungen schreibt, ist unterschiedlichen Zufällen geschuldet, entspricht aber tatsächlich in etwa der Branchenrealität. Zwar wurden 2010 in den USA nur zehn Prozent der 250 erfolgreichsten Filme von Frauen geschrieben, doch in Deutschland liegt ihr Anteil, gerade im Fernsehfilmbereich, deutlich höher: Ungefähr ein Drittel aller deutschen Filme werden von Frauen geschrieben. Die letzte Epoche mit einem ähnlich hohen Frauenanteil im Drehbuchfach war die Zeit des Zweiten Weltkriegs – nicht in Deutschland, wo sogar Marie Luise Droop, ein NSDAP-Mitglied, über Benachteiligung klagte. Sondern in Hollywood, das in den Kriegsjahren an die weibliche Produktivität zwischen 1911 und 1925 anknüpfte und zum Ziel der Emigration einer Handvoll deutscher Drehbuchautorinnen wurde, die als Jüdinnen dem Naziterror ausgesetzt waren. Dass eine Autorin ihre Karriere so lückenlos wie Vicki Baum (MENSCHEN IM HOTEL) fortsetzen konnte, war aber eine Ausnahme. Bei vielen anderen verlieren sich die Spuren, Lebenswege brechen ab, wie die Filmwissenschaftlerinnen Gabriele Hansch und Gerlinde Waz in ihrem unveröffentlichten Buch *Filmpionierinnen in Deutschland* feststellen müssen. Selbst die erfolgreiche Emigration konnte einen Einschnitt markieren, so bei Charlotte Hagenbruch, die, nachdem sie mit ihrem Mann William Dieterle in die USA ausgewandert war, gar nichts mehr schrieb. Die Laufbahn der Österreicherin Salka Viertel dagegen nahm erst in Amerika Fahrt auf: Als Schauspielerin war sie in Hollywood zu Beginn erfolglos, bis ihre Freundin Greta Garbo sie für die deutsche Version von ANNA CHRISTIE engagierte – in der Rolle, die in der parallel gedrehten englischen Fassung Marie Dressler spielte, übrigens auf Wunsch der Drehbuchautorin Frances Marion. In der Folgezeit arbeitete Viertel als Drehbuchautorin vieler Garbo-Filme, etwa KÖNIGIN CHRISTINE, bis sie in den 1950er Jahren unter Kommunismus-Verdacht geriet und fortan nicht mehr verpflichtet wurde.

Womöglich waren die Hetzjagden der frühen 1950er Jahre mit ein Grund für den Einbruch weiblicher Autorschaft. In dem neuen repressiven Klima verbanden sich die seit den 1930ern ab und an geäußerten Beschwerden, in Hollywood und besonders bei MGM herrsche eine »tyranny of the woman writer«, mit dem allgemeinen Wunsch, nach dem Krieg die Rollen wieder klarer zu verteilen – die Frauen wurden aus ihren Berufen gedrängt. Gleich welcher Beruf, das »neue« Frauenbild sah die Erwerbstätigkeit nicht vor. Die starken Frauenrollen mit eisernem Willen und hohem Selbstwert, wie Lenore J. Coffee und Catherine Turney sie in den 1940er Jahren Bette Davis und Joan Crawford auf den Leib geschrieben hatten, gehörten der Vergangenheit an.

Auch in Deutschland war das Frauenbild der 1950er Jahre ein restriktives und knüpfte damit auch an das im »Dritten Reich« an. Drehbuchautorinnen finden sich in den 1950er Jahren nur vereinzelt, Ilse Lotz-Dupont etwa, die vor ihrem Drehbuchdebüt MOSELFAHRT AUS LIEBESKUMMER zuletzt 1933 in Erscheinung getreten war, bei ihrem letzten Schauspielengagement im Theater am Schiffbauerdamm – wie die jüdischstämmige Frau die Nazizeit überlebt hat, ist unbekannt. Weitere Autorinnen in der Epoche der deutschen Operetten-, Heimat- und Schlagerfilme kenne ich nicht, wohl aber Lotz-Duponts fiktive »Schwester« Juliane Thomas, die Hauptfigur aus DIE ZÜRCHER VERLOBUNG von Helmut Käutner, nach dem Roman von Barbara Noack. Dass ausgerechnet zu einer Zeit, als kaum noch Frauen hinter der Kamera arbeiteten, die erste und meines Wissens nach bis heute einzige Drehbuchautorin als Figur im Zentrum eines selbstreflexiven Films steht, ist bemerkenswert. Liselotte Pulver spielt die unabhängige Juliane, die in einer Hamburger Neubauwohnung lebt, sich gerade von ihrem weitaus älteren Freund getrennt hat und mit dem Drehbuchschreiben und gelegentlichen journalistischen Arbeiten ihren Lebensunterhalt verdient – das heißt, so gut es eben geht. »Die 200 Mark vom Saarbrückener Sender?«, fragt sie gespannt lächelnd, als der Postbote klingelt, der verneinen muss: »Nee, die 7 Mark 50 vom Husumer Anzeiger!« Natürlich ist das Geld knapp, aber Jule ist keine, die, nur um sich versorgt zu wissen, heiraten würde, wie ihr Onkel das gerne hätte. Nein, sie hat ihren eigenen Kopf, trifft ihre eigenen Entscheidungen und weiß, was sie will. Den üblen Vorwurf »Du bist nichts, hast nichts, kannst nichts« kontert sie selbstbewusst: »Erlaube mal, Onkel Julius, ich kann schreiben!« Ich liebe diese Szene.

Mit 15 las ich *Crazy*, und mir gingen die Augen auf: Alltägliche Momente, »normale« Beobachtungen und Gedanken, die einem so durch den Kopf gehen, mal hierhin schwirren und mal dorthin, konnten *Literatur* sein! All das war interessant und berührend. Das ganz gewöhnliche Leben. Ganz gewöhnlich beobachtet, beschrieben und empfunden! Ich war aufgeregt, im schönsten Sinne aufgelöst, wie elektrisiert: Es muss nicht die große Geschichte sein, über »das Kleine« lohnt es sich ebenfalls zu schreiben – oder vielleicht lohnt es sich viel mehr. *Crazy* war wirklich ein »Startschuss«, weil der Roman mich ermutigt hat, darauf zu vertrauen, dass auch ich etwas zu erzählen habe.

Geschichten hatte ich mir immer schon ausgedacht, wie viele Kinder. Man unterschätze nicht den kreativen Wert der Barbie-Puppen! Kleine Stücke fürs Kasperletheater entstanden, für unsere Käpt'n-Blaubär-Fingerpuppen, mit meinem jüngeren Bruder studierte ich Sketche und Zirkusnummern ein und malte Plakate, um Mama und Papa einzuladen, wir verkleideten uns, bastelten Requisiten und spielten Szenen

MOSELFAHRT AUS LIEBESKUMMER (1953; D: Ilse Lotz-Dupont, nach der Novelle von Rudolf G. Binding; R: Kurt Hoffmann)

DIE ZÜRCHER VERLOBUNG (1957; D: Heinz Pauck, Helmut Käutner, nach dem Roman von Barbara Noack; R: Helmut Käutner)

Benjamin Lebert: *Crazy* (Goldmann 2001)

Catherine Turney

Wolfgang Lukschy, Liselotte Pulver und Bernhard Wicki in
DIE ZÜRCHER VERLOBUNG

nach, die wir gesehen hatten oder uns ausdachten, wir machten aus dem Zimmer meines Bruders eine Geisterbahn, und in unserem Garten stand ein alter Wohnwagen, in dessen Schatten ein »Wald« lag, wo wir »Hexensuppe« kochten und unsere *Waldzeitung* schrieben. Wir wurden viel ermutigt. Unsere Eltern machten Ausflüge mit uns, waren nie von unseren Fragen genervt und gingen mit uns in Ausstellungen, in prähistorische Höhlen und ins Kindertheater. Auf dem Bauernhof meines Opas und Onkels fand ich die Motive meiner ersten Fotoleidenschaft, und für meine »Vernissage« schrieb ich im Begleittext zu jedem Bild eine kleine Geschichte. Ich liebte es (und liebe es bis heute), den Geschichten zuzuhören, die meine Mutter erzählt, Geschichten, die älter sind als sie selbst. Und früh kamen eben meine eigenen Geschichten dazu. Doch wirklich zu schreiben begann ich erst, nachdem ich *Crazy* verschlungen hatte. Kurz darauf stieß ich in *jetzt*, dem Jugendmagazin der Süddeutschen Zeitung, auf einen Wettbewerb: »Schüler erzählen von ihrem Leben nach dem Stundenplan«. Ich setzte mich hin, dachte nach, worüber ich schreiben kann und mag, und schrieb. Es war wunderbar und machte Spaß. Die Kurzgeschichte wurde wenig später in einer Anthologie veröffentlicht, und ich verdiente zum ersten Mal etwas. Mit dem Schreiben!

Gesagt habe ich niemandem etwas davon, nur meine Familie war »eingeweiht«. Eigentlich weiß ich nicht genau, warum. Bei Anita Loos habe ich nun kürzlich folgendes »Bekenntnis« gelesen: »Mein Freund wollte einfach nicht glauben, dass ich eine Autorin war; es verwandelte mich in seinen Augen in eine Art Monster: Ich war für ihn kein Mädchen mehr. So entschloss ich mich, mein literarisches Leben in einer Geheimwelt zu führen, wo ich allein mit meinen Geschichten und den Briefen eines mir damals noch unbekannten Mannes namens Griffith sein konnte.«

Heute schreibe ich meine Geschichten nicht mehr, um mit ihnen allein zu sein. Im Gegenteil, schreibend will ich zur Welt und zu den Menschen in Beziehung treten. Zu meinen Zuschauern. Und Lesern. Dass ich zur Prosa zurückgefunden habe, verdanke ich Christoph Fromm, der im Primero-Verlag regelmäßig Kurzgeschichtenbände mit Texten von Filmstudenten herausgibt. Vergangenen November erschien die vierte Sammlung und darin mein Text *Das Andere*, den ich im Juli 2011 beim Ingeborg-Bachmann-Wettbewerb in Klagenfurt gelesen habe. Live-Übertragungen bei 3sat, eine gestrenge Jurydiskussion im Anschluss an die öffentliche Lesung, das Wetter nicht minder hitzig als die Gespräche, ein großes rituelles Fest, das Auf und Ab aus Erschöpfung und Leichtigkeit, aus Zweifeln und Bestätigung, die vielstimmige Lust an der Literatur, eine spannende und ganz eigene Arena der Leidenschaften, das ist Klagenfurt. Und es ist auch eine große Übung in Demut, wie der Juryvorsitzende Burkhard Spinnen, auf dessen Einladung ich las, in seiner Abschlussrede sagte: »Wenn ich vom Demutsort Klagenfurt nach Hause fahre, habe ich oft das Gefühl, ich fange wieder von vorne an mit dem Lesen, Verstehen, mit dem Schreiben. Im innersten Kern ist die Literatur kein Fachgebiet, wo man sich auskennen kann, sondern ein Abenteuer, in das man sich immer wieder kopfüber stürzt, ohne zu wissen, wie es ausgeht.« Ich finde, das Gleiche gilt für den Film: Jedes Drehbuch ist für mich ein neues Abenteuer, in das ich mich kopfüber stürze.

Christoph Fromm (Hg.):
Anderwelt – alles was bleibt
(Primero 2011)

Anna Maria Praßler in Klagenfurt

Essays

Cézannes Baum
Wo sind die großen Geschichten?

Von Keith Cunningham

SHAKESPEARE IN LOVE
(1998; D: Marc Norman,
Tom Stoppard; R: John
Madden)

Freunde von mir, beide Psychiater, sahen sich mit ihrer Enkelin SHAKESPEARE IN LOVE an, als der Film gerade ins Kino gekommen war. Der Ehemann hatte kurz davor ein Buch über die Midlife-Crisis geschrieben, die Neuorganisation der Psyche in der Mitte des Lebens. Er ist selbst mittleren Alters und war sehr gerührt vom Gefühl des Verlustes am Ende des Films, wenn Viola gezwungen ist, Shakespeare zu verlassen und als Wessex' Frau in die amerikanischen Kolonien zu gehen. Auf dem Weg aus dem Kino hatte mein Freund tatsächlich Tränen in den Augen. Er rief, wie furchtbar traurig es sei, dass Shakespeare für immer die Frau verliert, die er so sehr liebt. Darauf antwortete seine Teenager-Enkelin erstaunlich altklug und unsentimental: »Ach, er hat sie doch gar nicht wirklich geliebt, für ihn war sie nur eine ›Anima‹!« (Der Begriff »Anima« steht für die unbewusste »feminine Seite« eines Mannes, die durch Erfahrungen mit Frauen angeregt wird, angefangen mit der Mutter.)

Vielleicht hatte dieser Teenager ja eine tiefere Einsicht. Wir wissen, dass sich Shakespeare zu Beginn des Films reihenweise in Affären stürzt, um »Inspiration« zu finden. Wir wissen auch, dass er seinem Herzen folgte und Frau und Kinder in Stratford-upon-Avon verließ,

nachdem er Anne möglicherweise wegen ihres Besitzes geheiratet hatte. Shakespeare ist von der Vorstellung getrieben, dass er für sein künstlerisches Schaffen Inspiration braucht: eine »Muse«. Seine Muse muss eine wahrhaftige Frau sein, die er verführen und sexuell besitzen muss. Sobald die Spannung der Jagd nachlässt, ist es kein Wunder, dass die Frau ihren »Glanz« verliert und für Shakespeare nicht länger die Muse verkörpert. Schon bald projiziert er dann seine Vorstellung auf eine neue. All das erfahren wir bei Shakespeares Therapiesitzung mit »Professor Moth«.

Damit sehen wir im ersten Akt des Films, dass sich Shakespeare noch nicht gefunden hat, sondern eher ein »opportunistischer Möchtegern« ist. Er zeigt weder Integrität noch Reife und ist ganz sicher noch nicht der Autor, der »die Wahrheit über das Wesen der Liebe sagen kann«. Dramatisch gesehen lautet die Frage: Was hat Shakespeare am Ende des Films über die Liebe gelernt? Sieht er Viola als *sie selbst*, oder sieht er sie vor allem narzisstisch als das, was sie für ihn bedeutet? Der Film SHAKESPEARE IN LOVE zeigt beide Möglichkeiten nicht als Gegensatz, sondern lädt eher das Publikum dazu ein, sie implizit zu vereinen. Wir sehen, wie eine weitere Verliebtheitsphase in einer Beziehung voller Inbrunst anfängt. Diesmal findet allerdings eine erzwungene Trennung statt, bevor es zur Ernüchterung kommen kann. »Viola« wird für Shakespeare niemals altern und niemals sterben – obwohl das der wirklichen Viola natürlich widerfahren wird. Vielleicht wird sie an Fieber sterben, vielleicht an der Ruhr oder verhungern, wie es den Siedlern der ersten Kolonie in Virginia erging. Vielleicht wird sie auch bei der Geburt von Wessex' zehntem Kind sterben. Was auch immer geschehen wird, Shakespeare wird nichts davon erfahren und sich mit seinem projizierten Ideal begnügen: der Viola seiner Fantasie.

Gibt es da Liebe?

Ist SHAKESPEARE IN LOVE eine große Liebesgeschichte oder eine ausgelassene, postmoderne Tour de Force, die sich beim Publikum damit einschmeichelt, dass sie den Funken des großen Theatergenies als eine Freud'sche Farce entlarvt? Wir werden dazu eingeladen, die einfache Parallele zwischen Shakespeares sexuellem Eifer und seinem schöpferischen Genie als eine Art »Tatsache« anzusehen. Aber liebt Shakespeare Viola wirklich? In ihrer Schlussszene scheint er die paradoxe Komplexität des Liebens und Verlierens nicht in der gleichen Weise erfassen zu können wie Viola. Sie muss den grandios melancholischen Shakespeare förmlich mit Ideen für sein nächstes Stück »füttern« wie eine Mutter ihr Kind.

Und kümmert es das Publikum, kümmert es *uns*, ob Shakespeare schließlich zu lieben lernt?

Eine junge Autorin kam zu mir, um ihr Drehbuch mit mir zu besprechen. Ihr Drehbuch enthielt Sex, Verliebtheit, Untreue, Trennung, noch mehr Sex und ein sehr offenes, unentschiedenes Ende. Eine Liebesgeschichte hätte ich es allerdings nicht genannt. Ich fragte mich, wo die *Liebe* geblieben war. Beim Lesen des Drehbuchs dachte ich immer wieder an den geschliffenen Dialog zwischen Ingrid Bergman und Cary Grant in Hitchcocks BERÜCHTIGT:

NOTORIOUS (Berüchtigt; 1946; D: Ben Hecht; R: Alfred Hitchcock)

»Das ist eine sehr komische Liebesgeschichte ...«
»Ach ja, wieso?«
»Vielleicht, weil du mich nicht liebst.«

Als ich die Autorin fragte, ob sie ihr Drehbuch selbst als Liebesgeschichte ansah, schwankte sie: ja und nein, mit vielem Aber. Nach einigem Hin und Her gab sie zu, dass sie wollte, dass es eine Liebesgeschichte ist, was bedeutete, dass sie es in diesem Genre ansiedeln wollte. Aber das verriet uns nicht, wo die Liebe war. Wenn es eine Liebesgeschichte sein sollte, was wollte die Autorin dann über die Liebe sagen?

Diese junge Autorin bereitete sich selbst konzeptionelle Probleme, was sehr häufig in der ersten Besprechung zutage tritt. Tatsächlich glaube ich, dass es einen zentralen Punkt gibt, den man klären muss, bevor man an den Figuren oder an der Handlung arbeitet: Sie hatte nicht unterschieden, *worüber sie reden wollte* und *was sie sagen wollte*.

Worüber ich reden will, umreißt das Gebiet des Gegenstands. Dies wird automatisch am Anfang eines Projekts oder eines Stücks festgestellt. *Was ich sagen will*, ist das Destillat, das das Publikum am Ende mit nach Hause nimmt: das Thema. Es mag einfach sein, über Liebe, über Geschichten oder über die Gesellschaft zu reden, aber es ist schwierig, etwas zu *sagen*. Das bedeutet nicht nur, Informationen zu haben und zu verarbeiten, die zu Szenenteilen, Szenen und Handlungssträngen werden, sondern Stellung zu beziehen, zu entscheiden, wo man steht und welche Werte man vertritt. Im Fall der Liebe und dieser Autorin war es eine Frage des Stellungbeziehens, ob »Liebe« eine wahrhaftige Erfahrung oder eine modische Fiktion ist.

Also mussten wir nach dieser Drehbuchfassung die Diagnose stellen: Was sind die hervorstechenden Unterschiede zwischen zwei Menschen, die einander *benutzen*, und zwei Menschen, die einander *lieben*? Ich musste die Autorin direkt fragen, ob sie selbst glaubte, dass Liebe möglich ist, oder ob »miteinander auskommen« und »aneinander gewöhnen« das Höchste ist, was Menschen vom Leben erwarten können. Nach einigem Nachdenken meinte sie, sie glaube, dass Beziehungen immer schmutzig seien, aber das im Lauf der Zeit Liebe »vorkommen« könne, wenn beide Partner wirklich vollkommen ehrlich seien. Das führte in eine logische Sackgasse, denn Ehrlichkeit allein ist nicht genug, um Liebe von gegenseitiger Abhängigkeit oder Manipulation zu unterscheiden. Ehrlichkeit kann auch grausam sein, egoistisch und so weiter. Die Frage nach Liebe ins Feld der Ehrlichkeit zu verschieben, bedeutet letztlich, ihr auszuweichen. Dies verwechselt die *Handlung* mit dem *Motiv*. Liebe bedeutet auch, das Wohlergehen der anderen Person spontan und absichtlich über unser eigenes zu stellen.

Wollte die Autorin ihre Figuren so weit bringen? Glaubte sie, sie könne so viel Veränderung in der Beziehung aufzeichnen, von Verliebtheit über Täuschung hin zu Liebe? Würde sie selbst daran glauben?

Was als nächstes geschah, berührte mich durch die Offenherzigkeit. Sie gab zu, dass sie selbst niemals Liebe in der Art erfahren hatte, die wir diskutiert hatten, also das Interesse eines anderen über das eigene Interesse zu stellen ... aber sie wollte glauben, dass dies passieren *könnte*. Jetzt wollte sie das Drehbuch wirklich darauf aufbauen. Diese Entscheidung ging nunmehr über Genre- und Marktüberlegungen hinaus: Sie kam aus ihr selbst.

Diese Entscheidung wurde eine Hypothese, die die Entwicklung der Geschichte von diesem Punkt an leitete, und das Drehbuch wurde ein ständig aktualisierter Test dieser Hypothese: Dass ihre einander abgeneigten Figuren am Ende lernen konnten zu lieben und die Liebe erfahren konnten, sofern sie bestimmte Prüfungen zusammen durchlaufen und gewisse Einsichten aus diesen Erfahrungen gewinnen würden. Und nun wollte die Autorin die Antwort wirklich für sich selbst herausfinden.

Dieser Fall vermittelt den Unterschied zwischen dem, worüber man reden will, und dem, was man sagen will.

Es ist zwar nicht wissenschaftlich bewiesen oder auf statistische »Gültigkeit« überprüft, aber mir ist aufgefallen, dass Autoren ihre Geschichten aus sich selbst heraus projizieren. So formuliert, klingt das fast banal. Wir sagen: »Natürlich!« Doch ob wir wollen oder nicht, wir projizieren unsere Fantasien, Befürchtungen, neurotischen Komplexe, kulturellen Vorurteile und blinden Flecken in die Geschichte. Das bereitet uns als Autoren dann Schwierigkeiten, denn es führt zu den berühmten Problemen im zweiten Akt. Und daher ist die »Reise des Autors« oder seine Selbstfindung ein maßgeblicher Teil des kreativen Prozesses, der nicht vermieden werden kann.

Der junge William Shakespeare und diese junge Autorin standen demselben grundlegenden Problem gegenüber: Sie wollten beide Liebesgeschichten schreiben, doch es mangelte ihnen an wirklichen Erfahrungen mit der Liebe und vielleicht auch an dem Glauben daran. Beide entschieden von Anfang an, dass sie es »*vortäuschen*« könnten. Kann aber ein Mensch, der nie die Liebe erfahren hat, eine große, überzeugende Liebesgeschichte schreiben? Kann es ihm nur durch die *Technik* gelingen? Es gibt viele Menschen, die andere nur mithilfe von Technik zu verführen versuchen, und manchmal gelingt ihnen das auch! Es ist klar, dass dies mehrere Schichten von Lügen erfordert: Lügen gegenüber dem anderen und Lügen, die wir uns selbst erzählen. Eine Schicht der Lügen umfasst die Unterordnungen unter die Vernunft, die wir benutzen, um die anderen Lügen für uns und den anderen annehmbar zu machen. Irgendwie erinnert mich das an die Art, wie McDonalds Hamburger herstellt: An welchem Punkt ist das »Fleisch« so sehr mit Chemikalien und anderen versteckten Zusätzen vollgepumpt, dass man es nicht länger als wirkliches Fleisch bezeichnen kann?

Es gibt viele mögliche Antworten auf diese Frage. Die PR-Abteilung der Firma hat bestimmt eine schnelle Antwort für uns. Aber was das Drehbuchschreiben und auch die Lebensmittelherstellung anbetrifft (denn wir hoffen ja, dass Geschichten Nahrung für Geist und Seele sind), gibt es zwei Arten von Antworten, die ich unterscheiden möchte. Die *industrielle* Antwort lautet generisch, wenn das Fleisch den Kriterien entspricht, die wir für uns selbst aufgestellt haben, wenn wir es als »Fleisch« verkaufen können und keiner beweisen kann, dass es keines ist – dann ist es Fleisch! Fall erledigt. Und die *handwerkliche* Antwort lautet, dass es die individuelle Beteiligung und Hingabe ist, die einzigartige *Geste* eines individuellen Bewusstseins und Willens, die einem Produkt Authentizität und Integrität verleiht.

Als Autoren beschäftigen wir uns ständig mit der Spannung zwischen diesen beiden gegensätzlichen Einstellungen gegenüber unserer kreativen Arbeit und unserem hergestellten Produkt. Und wie bei der Qualität unserer Lebensmittel wirft dies Fragen auf, die uns ganz persönlich betreffen und schließlich in den Bereich der Ethik fallen.

Das Drama und die Leidenschaft für die Wirklichkeit

Erfolgreiche Film- und Fernsehdramen tragen eine Art Leidenschaft in sich; Leidenschaft ist auch an ihrem Entstehen beteiligt. Da ist etwas, was über das reine Können, die Techniken und die geschäftstüchtige marktwirtschaftliche Kalkulation hinausgeht. Auch Geschichten, die kein Erfolg werden, werden von Leidenschaft angetrieben. Leidenschaft zeigt sich in vielen Qualitätsstufen und mit vielen Vektoren.

Leidenschaften können nicht einfach auf eine Achse reduziert werden, so wie geistig gegen fleischlich, konventionell gegen regelwidrig oder egoistisch gegen altruistisch. Etwas, was wir immer über Leidenschaften gewusst haben, ist, dass sie das Rationale und seine Zweckmäßigkeit übersteigen. Leidenschaft kann das Rationale mit Vitalität durchdringen, so wie in der »Leidenschaft für die Form« im Theater und in der bildenden Kunst. Leidenschaft kann auch der Vernunft ausweichen oder ihr vollkommen den Rücken zudrehen. Und noch etwas, was wir in jüngster Vergangenheit über Leidenschaft gelernt haben: Leidenschaft, oder die Leidenschaften scheinen mit selbstverstärkenden Feedback-Schleifen im Nervensystem verbunden zu sein. Das bedeutet, die Leidenschaften können in einer Weise außer Kontrolle geraten, die mit dem Wort *Abhängigkeit* definiert wird. Eifersucht, Neid und Wut werden von einem inneren Mangel an Grenzen charakterisiert. Leidenschaft mag der Kreativität förderlich sein, aber wenn die Leidenschaften außer Kontrolle geraten, werden sie unvermeidlich zerstörerisch.

Die Bezeichnung »Leidenschaft für die Realität« stammt von der Psychologin Jean Houston, mit der ich einige Zeit lang intensiv zusammengearbeitet habe. Ich habe einige von Jeans Ergebnissen in meine eigene Arbeit zur Kreativität und in meine Seminare übertragen. Jean hat diese Bezeichnung eingeführt, um den »vollkommen lebendigen« Menschen zu beschreiben. Wenn der Begriff »Leidenschaft für die Realität« paradox oder sogar als Widerspruch in sich erscheint, dann ist das beabsichtigt. Man stelle sich einen olympischen Turmspringer oder Sprinter vor dem Wettkampf vor; einen Physiker, der eine Theorie mit Daten überprüft; einen Schauspieler, der eine anspruchsvolle Szene spielt. Bei eingehender Überlegung ist das Phänomen der Leidenschaft für die Wirklichkeit natürlich und leicht zu verstehen.

Dennoch erscheint es immer normaler für diese unsere Leidenschaft für die Wirklichkeit, von der unmittelbaren, un-vermittelten, direkten Erfahrung abgekoppelt und stattdessen mit vorgefertigten vermittelten »Wirklichkeiten« verbunden zu werden, die ein vollständiges Programm von Annehmlichkeiten und Belohnungen anbieten: das Fernsehen, Internet, Musik, Filme und zahllose andere Quellen von Botschaften. Viele von uns sprechen inzwischen in Anführungszeichen von der »Wirklichkeit«, um zu beschreiben, was an unserer Erfahrung restriktiv und banal ist. »Die Wirklichkeit« arbeitet gegen uns. Sie befriedigt unsere narzisstischen Erwartungen nicht. »Wirklichkeit« ist dort, wo wir zur Arbeit gehen und unsere Rechnungen bezahlen müssen. In der restlichen Zeit versuchen wir unser Bestes, woanders zu leben, in der einen oder anderen Ersatzzone der Erfahrung, die die Verbraucherkultur für uns bereitgestellt hat. Wir bekommen Tausende Gelegenheiten, »vorzutäuschen«. Uns wird die ständig gegenwärtige Versuchung geboten, ein Luftschloss zu bauen, unser ganz persönliches Disneyland. In der Tat nehmen wir inzwischen an, dass dies unser gutes Recht ist.

Indem sie also auf dem Begriff »Leidenschaft für die Wirklichkeit« besteht, unterstellt Jean Houston, dass es einen Weg geben könnte, uns von der großen Brust dieser Fantasiemaschine zu entwöhnen. Es wäre vielleicht sogar eine noch intensivere Leidenschaft in unserer Beschäftigung mit der Wirklichkeit zu finden, eine Wirklichkeit, wie wir sie vorfinden und wie sie uns konfrontiert. Der Mythologe Joseph Campbell, der Urheber des Paradigmas der Heldenreise, bestand immer darauf, dass die Funktion von Mythen darin besteht, uns mit der Wirklichkeit zu verbinden, und dass uns die Weisheit der Mythen dabei helfen sollte, die Wirklichkeit und das Leben in seiner ganzen Fülle anzunehmen, anstatt davor zu fliehen.

Für welche Wirklichkeit sollen wir Leidenschaft empfinden?

Junge Filmemacher in Europa versuchen selbstverständlich, ihre Möglichkeiten zu erweitern. Die jeweiligen einheimischen Filmmärkte sind nicht groß, und die einheimischen Förderquellen können nur eine begrenzte Zahl von Filmen pro Jahr unterstützen. Im *Writers for Europe*-Programm haben wir versucht, uns auf die Qualitäten zu konzentrieren, von denen wir als Profis glauben, dass sie die Geschichten interessant genug zur Überwindung nationaler und sprachlicher Grenzen machen können. Wir wollen junge Filmemacher ermutigen, ihre eigene Erfahrung, ihre Wurzeln, ihren Hintergrund authentisch zu verarbeiten. Dahinter steht das unterschwellige Verständnis, die europäische Bevölkerung, und besonders die junge, sei vor allem städtisch geprägt. Dazu werden die Menschen immer mehr entwurzelt. Genauer gesagt, gibt es eine steigende Tendenz, dass Menschen sich von den Wurzeln ihrer existenziellen Wirklichkeit entfernen und neu vor dem Smartphone, dem iPod und dem Computerbildschirm angesiedelt werden.

Um dieser Tendenz entgegenzuwirken, drängen wir die Filmstudenten des Programms, ihre Wurzeln, ihre Umgebung und ihre Heimat zu beachten. Was auch immer dieser Begriff für eine immer mobilere und multikulturellere Generation bedeuten mag – die Aufforderung, ihre Geschichten mit dem Konzept von Heimat zu verknüpfen, könnte sie zu größerer Beachtung der wirklichen Welt um sie herum bringen. Es könnte der Tendenz entgegenwirken, vor den eigenen Wurzeln zu fliehen. In der Tat gibt es da ein kleines, aber wachsendes Untergenre des Melodramas, in dem junge Figuren um die 30 in ihre Heimat zurückkehren, wo sie noch »offene Rechnungen« haben. Viele davon sind Abschlussfilme von Filmstudenten. Dies ist insoweit eine positive Entwicklung, als dass diese Filme junger Filmemacher neues Licht auf Familiendynamik, Versöhnungsprozesse und die Herausforderungen an die jüngere wie auch die ältere Generation werfen. Doch die Frage, wie Geschichten lernen, sich fortzubewegen, eröffnet auch breitere Perspektiven.

Wenn wir auf einer bestimmten Relevanz von Geschichten bestehen, indem wir sie mit den eigenen Wurzeln verbinden, sollten wir das auch auf einer kollektiven Ebene tun. Wo kommt Europa her, und wo scheint Europa hinzusteuern – und wie beeinflusst das unsere Geschichten, sich fortzubewegen? Während ich das schreibe, stehen mehrere Viertel von London in Flammen, und in manchen von ihnen, etwa Peckham und Camberwell, habe ich schon gewohnt oder habe sie besucht. Für viele, viele junge Leute in England wird *Heimat* als ein Zustand verschlossener Türen, fehlender Jobs, mangelnder Möglichkeiten, fehlendem Respekt und mangelnder Integration in die Gesellschaft empfunden.

In Europa hat sich wie anderswo eine Kluft im sozialen Gefüge zwischen den reichen Eliten und der übergroßen Bevölkerungsmehrheit aufgetan – ganz zu schweigen von den immer verzweifelteren Flüchtlingen und Wirtschaftsmigranten, die sich an den Grenzen des Kontinents drängen. Bei all seinen vielen Segnungen und reichen Traditionen ist Europa ein Ort, an dem die aufklärerischen Werte der Offenheit und der »Liberté, Egalité, Fraternité« immer mehr mit den angstgesteuerten Kräften aneinandergeraten, die lieber den Kopf in den Sand stecken, die Grenzen dichtmachen und »die Anderen« unter uns ins Visier nehmen. Wenn Geschichten lernen sollen, sich im heutigen Europa fortzubewegen, müssen sie sich den wirklich vorherrschenden Bedingungen stellen.

Ich glaube, das heutige Geschichtenerzählen ist von einem Paradoxon betroffen, das die breite Medienlandschaft erfasst hat: Je lauter wir auf unsere Aufrichtigkeit pochen, desto unglaubwürdiger werden wir. Jean Renoir pflegte zu sagen, dass die Uraufführung eines seiner Filme für ihn wie das Einladen seiner Freunde in ein Bistro sei, um eine Erfahrung zu teilen. Die filmische Rhetorik mit hyperrealen Verführerinnen und digitalen Schockeffekten aufzumotzen verbessert nicht automatisch das Drama – solange wir nicht annehmen, es sei unsere Aufgabe, das Publikum als Ware zu behandeln, dessen Aufmerksamkeit wir als ein Mittel zur Erhöhung unseres eigenen Marktwerts als Drehbuchautoren oder Regisseure »kaufen«. Der Markt erzeugt eine kreisförmige Logik, nach der gesteigerter Kartenverkauf sowohl zum Maß als auch zum Beweis von Qualität wird, auch wenn wir ganz genau wissen, dass das Ausmaß der großen Filme mit ihrer Marketingmaschinerie die kleinen Filme einfach in den Schatten stellt. In diesem Kontext wird unsere Aufrichtigkeit, unsere »Leidenschaft«, schlicht ein weiteres Element unserer Rhetorik, oder vielleicht ein weiteres Marketingwerkzeug.

Und doch wetteifern wir alle um Aufmerksamkeit: die Aufmerksamkeit von Filmfonds, von Filmfestivals und von Fernsehanstalten. Das sind einfach die Grundbedingungen unserer Arbeit. Dies ist die Landschaft, in der unsere Geschichten lernen müssen, sich fortzubewegen.

Kann es zu viel Drama geben?

Zu den alten Fabeln, an die sich manche noch erinnern werden, gehört die Geschichte vom Jungen, der »Wolf!« schrie. Der erste Punkt, der sich aus dieser Fabel für Menschen von heute ergibt, ist, dass der Junge seine Glaubwürdigkeit verspielte. Man nahm ihn nicht länger ernst, und er könnte sogar sozial isoliert worden sein, wenn die Gemeinschaft in ihm einen Lügner und Träumer sah. Dies störte mit einiger Sicherheit seine Familiendynamik und beschädigte sein Selbstwertgefühl. Für die ursprünglichen Zuhörer der Fabel war allerdings ein anderer Punkt wichtig: Da die Gemeinschaft dem Jungen nicht länger glaubte, reagierten die Menschen nicht, als wirklich ein Wolf kam und die Schafe auffraß. Der Schaden für die Beziehungsintegrität der Gemeinschaft, der durch Geschichten vermittelt wird, führte zu wirklichem materiellem Schaden für sie. In einem mageren Jahr konnte der Verlust dieser Schafe bedeuten, dass die Menschen hungern mussten.

Das Drama war ursprünglich als heilige Handlung angelegt, die den Ausdruck der menschlichen Beziehung zu »allem, was ist« in eine grundlegende Form brachte, mit einem Kosmos, der von den Göttern als ein durchdringendes und endgültiges Bezugssystem regiert wurde. Im antiken Theater wurde diese Beziehung entweder als Erinnerung daran etabliert, dass Hochmut (Hybris) vor dem Fall kommt, oder als Demonstration dafür, wie das Leben aus den aufrechten Absichten der Menschen substanzlose, absurde Spielzeuge macht. Um seine Botschaft klar und hörbar – resonant – zu machen, war das Theater räumlich und zeitlich abgetrennt, nämlich innerhalb des vorgeschriebenen Raums auf der Bühne während der rituellen Spielzeit. Warum hielt man diese Grenzen für notwendig? Weil das Drama vor »Verunreinigung« und so vor Verwechslung mit den vielen Spielarten von »profanen« Geschichten geschützt werden sollte, vor den Rufen des Radieschenkrämers und des Töpfers, vor den politischen Gerüchten und den schmutzigen Witzen. Form schafft Grenzen, Grenzen schaffen Form. Die Einschränkungen des Theaters vergrößerten seine Kraft, indem sie seine Form beständiger und damit lebensfähiger machten.

Als sexueller Humor auf der Bühne auftauchte, wie es bei Aristophanes immer der Fall war, veränderte der Kontext selbst die Stoffe. Die Herolde von Sparta betreten die Bühne mit verdächtigen Beulen unter ihren Umhängen. Da sich ihre Frauen weigern, mit ihnen zu schlafen, bis sie den Krieg beenden, sind die Männer angesichts ihrer schmerzhaften sexuellen Frustration hilflos geworden. Natürlich hätte das als einfacher Witz gebracht werden können. Doch auf der Bühne wird der Witz zu einer komischen Meditation über die Schwäche hinter der männlichen Hybris, die in diesem Fall von der Idiotie des Bürgerkriegs ausgedrückt wird, der gerade Sparta wie auch Athen zerstört hat. Ein Witz über notgeile Kerle wäre in ein paar Sekunden erzählt und vergessen. Diese Szene aus *Lysistrate* ist uns dagegen seit 2.400 Jahren erhalten geblieben und hat immer noch die Kraft, das Publikum mit ihrem Humor zu berühren.

Aristophanes: *Lysistrate* (Reclam 2009)

Heute leben wir in einer Medienlandschaft, in der alles fröhlich mit allem anderen vermischt wird: Das Marketing benutzt die Rhetorik des Dramas, Drama ist nicht zu unterscheiden von im Voraus getexteter »Wirklichkeit«, während gleichzeitig gesponserte Produkte an hervorgehobener Stelle in der Geschichte auftauchen. Die aus dem wahren Leben gegriffene Soapopera eines IWF-Chefs und eines Zimmermädchens schlägt Millionen in ihren Bann, während echte Kriege (allerdings ohne Prominente) die meisten Zuschauer kalt lassen. Können wir dem »Drama« – also den dramatischen und dynamischen Elementen, die überall angewandt werden, wo jemand unsere Aufmerksamkeit will – so übermäßig ausgesetzt werden, dass wir gesättigt, entnervt und unfähig zum Antworten sind? Können wir so lange Achterbahn fahren, dass uns schlecht wird? Für viele wirkt das wie die Frage, ob man zu viel Sex haben kann.

Von Marshall McLuhan wissen wir, der Medien-Input überwältigt uns dermaßen, das unser Gefühl für uns selbst von ihm überschattet wird. Umso »kühler« das Medium (und das Fernsehen ist immer noch das »kühlste«), desto passiver macht es den Zuschauer, denn alles, die Logik, das Gefühl, die Struktur, ein Ersatzlebensrhythmus und ein Satz kodierter kultureller Referenzen, wird bereits von der Glotze geliefert. Dies ist ein Teil der hypnotischen Faszination der Massenmedien. Doch

das Kapitulieren vor dieser Faszination verringert die aktiven Funktionen unseres Bewusstseins, darunter besonders das kritische Denken und das kritische, wertende Fühlen. Dieser Zustand, der schon als »unheilbar unterhalten / tödlich gelangweilt« bezeichnet wurde, lässt einen an die dekadente Endphase des Römischen Reiches denken. An den Witz, nach dem die Bürger einer Stadt sich beschweren, nachdem sie von der Plünderung eines Nachbarorts durch die Goten hörten, dass *bei ihnen* nie etwas Aufregendes passiere!

Wenn wir einem Publikum gegenüber also darauf bestehen, dass das, was wir zu sagen haben, wirklich wichtig ist, wie können wir dann wirksam unsere Stimmen über die Fülle und die Kakophonie der »Botschaften« erheben, die alle behaupten, wichtiger als die anderen zu sein? Liegt die Antwort darin, die Budgets anzuheben, die audiovisuelle Rhetorik zu steigern und auf einen größeren Marktanteil zu hoffen? Gibt es unabhängig davon irgendeinen Weg, der gewährleistet, dass unsere Einsichten ins Leben, in die menschliche Natur und in die Dynamik von Konflikten für das Publikum wichtig genug sind, um seine Aufmerksamkeitsspanne auszudehnen und uns zuzuhören? Gibt es irgendeinen Weg, wieder einen *Temenos* einzurichten, eine geheiligte Stätte, wo das Bewusstsein auf das konzentriert werden kann, was wirklich zählt und getan werden muss? Es ist möglich, denn es liegt in der Natur des Menschen. Es ist nur so, dass es den Massenmedien, wie wir sie heute verstehen, vielleicht in ihren derzeitigen Geschäftsstrukturen nicht möglich sein wird. Die zentrale Stellung der *Social Media* während des arabischen Frühlings und ihres Zusammenfließens mit dem Kabelfernsehen von unten nach oben (besonders Al-Dschasira) könnten ein Zeichen für eine Wende sein.

Filmkunst ist eine Art Hybrid. Einerseits sind wir pure Unterhalter, nur einen Schritt entfernt von den Clowns und Jongleuren im Zirkus. In dieser Hinsicht war Fellini ehrlicher als die meisten von uns, indem er

diese Dimension des »Boulevards« und des Spektakels annahm. Andererseits halten wir uns selbst gern für so etwas wie »Pop-Philosophen«, wobei das Pop-Element uns die Anstrengungen erspart, die mit echter Philosophie einhergehen. Und all unserem Leugnen zum Trotz sind wir meistens die outgesourcten Zeitarbeitskräfte der Medienfirmen.

Eine Paradigmenverschiebung im Drama

Wir stehen am Scheitelpunkt zwischen zwei Zeitaltern. Nennen wir sie das Zeitalter der Verschwendung und das Zeitalter der Verantwortung. Im Zeitalter der Verschwendung sind die Kommunikation und die Medien zwangsläufig Funktionen der Verbraucherwirtschaft und der Machtstrukturen hinter dieser Kultur. Sie sind alle systemisch miteinander verwoben. Kommunikation und die Medien im Zeitalter der Verantwortung (das früher oder später, vor oder nach einer Periode des Zusammenbruchs kommen wird) werden Funktionen einer neuen Kultur sein, die nicht nur notwendigerweise neue Technologien übernehmen wird, sondern auch neue Einstellungen und ein neues Ethos, das der Aufrechterhaltung des Lebens und einer zivilisierten Gesellschaft dient. Welcher Art diese neuen Einstellungen und Werte genau sein werden und wie sie sich äußern werden, bleibt abzuwarten. Sie ziehen am Horizont auf. Zu bestimmten historischen Zeitpunkten hat das Drama dazu beigetragen, wichtige Paradigmenverschiebungen voranzutreiben, oder es hat sie zumindest unterstützend reflektiert. Die Frauenbewegung und die Bürgerrechtsbewegung sind zwei Beispiele dafür.

Ob wir fähig sind, Paradigmenverschiebungen zu erkennen und auf sie zu reagieren, hat viel mit unseren gewohnten geistigen Rahmen zu tun. Die äußeren Schichten der Einrahmungen sind normalerweise unsichtbar, da sie die Kontexte und Vermutungen sind, die festhalten, worauf sich unsere Aufmerksamkeit mehr konzentriert, nämlich auf unser lokales Interesse. Die äußeren Einrahmungen sind *implizit*, und wir müssen uns typischerweise aktiv anstrengen, um auf sie aufmerksam zu werden. Wenn das Kino aktiv daran mitarbeitet, eine erweiterte Wahrnehmung zu unterstützen, ist eins seiner besten Werkzeuge der dramatische Konflikt, um die impliziten Vermutungen durch das Aufeinanderprallen mit widersprüchlichen Einrahmungen und Verständnissen explizit zu machen. Fatih Akins AUF DER ANDEREN SEITE, um nur ein Beispiel zu nennen, macht ständigen Gebrauch davon, unsere Vorurteile auf das Unerwartete treffen zu lassen.

AUF DER ANDEREN SEITE
(2007; D+R: Fatih Akin)

Was wir als die äußerste Einrahmung unserer Interessen auffassen, bestimmt unsere Bereitschaft, abweichend zu denken. Drei Rahmen (unter vielen) können hier hervorgehoben werden, die in unsere Arbeit als Geschichtenerzähler der Massenmedien eingreifen: der Rahmen unseres persönlichen Ehrgeizes und Antriebs, der Rahmen jener Medienfirmen, die unsere Geschichten bestellen und unsere Rechnungen bezahlen, und der Rahmen unserer Welt, die dem Unbekannten entgegen schleudert, während undeutliche Zeichen der Furcht und auch der Hoffnung am Horizont aufziehen.

Wir befinden uns inmitten aller drei Einrahmungen gleichzeitig. Auf welche werden wir reagieren? Welche werden wir unterdrücken? Welche kann dazu beitragen, das Drama bedeutender und relevanter zu machen?

Wie können wir die potenziell großen, »spielverändernden« Ideen, Bilder und Symbole erkennen, die die Macht haben könnten, das Heraufziehende zum neuen Paradigma zu machen? Dazu brauchten wir ein Mittel zur Differenzierung der sich entwickelnden Ideen, zum Beispiel in der Stoffentwicklung oder beim Brainstorming (oder zum Beispiel in der wirtschaftlichen Theorie). Und wir brauchen ein besseres Verständnis dafür, wie die Rahmen, in die wir die Ideen hineinbringen, deren Wert bestimmen.

Was macht eine »große« Idee aus?

Beim Münchener Filmfestival des vergangenen Sommers gab es eine Podiumsdiskussion, die mich sehr interessierte. Der Regisseur Dominik Graf sollte darüber sprechen, wie er mit seinen Drehbuchautoren zusammenarbeitet. Dominik hatte einen anerkennenden Artikel über diese Zusammenarbeit geschrieben, der in *Scenario 5* veröffentlicht wurde. Einige dieser Autoren sollten auch bei der Diskussion dabei sein, dazu Jochen Brunow von der dffb und der Filmkritiker Rüdiger Suchsland.

Ich kam ein paar Minuten zu spät, und als ich in den Saal kam, schien es, dass sich die Diskussion dem Zusammenwirken von Regisseur und Redakteuren zugewandt hatte. Während dieses Austauschs wurde einige Male die Vorstellung von »großen Ideen« erwähnt, zum Beispiel in der Aussage: »Wenn eine Geschichte eine große Idee ist, erkennt das jeder.« Diese These war als Anerkennung für die Autoren gedacht, aber mir drängte sich dabei die Frage auf: Was ist eine »große Idee«? Wie erkennen wir sie? Ist dieses Erkennen universell und spontan, und wie einigen wir uns darauf? Was sind die Kriterien, die eine Idee »groß« machen?

Dies führt uns wieder zur Einrahmung zurück. Wenn in bestimmten Kontexten/Einrahmungen die mächtigste Person im Raum eine Idee als groß bezeichnet, dann wird Übereinstimmung durch Macht hergestellt. In anderen Kontexten scheinen Menschen impulsiv oder halbblind mit ihren Plänen voranzustolpern, und wenn sie irgendwie zu einem Ergebnis kommen, wird es im Nachhinein als groß bezeichnet. Wenn wir herausfinden wollen, ob es wirklich große Ideen da draußen gibt – groß genug, um, sagen wir, uns von der Idiotie abzubringen, die Fähigkeit unseres Planeten zur Ernährung der Menschheit zu zerstören –, dann werden wir vielleicht klarstellen müssen, was wir mit übertreibenden Begriffen wie »groß« meinen.

Als das Symposium weiterging, wurden vielerlei Ideen recht unterschiedslos gelobt, weil sie angeblich zum Erfolg eines Stoffes beitragen. Offensichtlich wurden hier Ideen verschiedener Ebenen vermischt. Die Ideen beschäftigten sich mit verschiedenen Ebenen der Konzeptualisierung, die alle zur Entwicklung einer dramatischen Geschichte im Kino gehören. Ein dramatisch erfolgreicher Film trägt in sich eine dramatische Einheit von Figur/Handlung/Thema/Stil. Um diese Einheit zu erreichen, bedarf es einer ausgefeilten Synthese dieser Konzeptualisierungen auf mehreren Ebenen, einschließlich der Umwandlung eines geschriebenen Textes in das Medium Film.

Wir leiten die Einstellungen einer Figur beispielsweise von Handlungen ab, die wir beobachten können. Indem wir uns eine Bandbreite der Einstellungen dieser Figur ansehen, bekommen wir einen Eindruck von Grundwerten: wo die Figur im Leben steht. Und vom Grundwert, der den Modus der Figur antreibt, beginnen wir außerdem zu verstehen, was von ihr ausgeschlossen und unterdrückt wurde: wo ihr ungelebtes *Leben* zu suchen ist und was sie über das Leben lernen muss. Die Handlungen, die Einstellungen, die Werte und das ungelebte Leben sind alle miteinander verbunden, aber sie liegen logisch oder psychologisch nicht auf der gleichen Ebene. Gregory Bateson würde hier von unterschiedlichen *logischen Typen* sprechen.

Als ich so im Publikum saß, fing ich an, die Arten von Ideen zu *sortieren*, die typischerweise in Stoffentwicklungsbesprechungen aufkommen, und zwar nach ihrer Ebene, nach ihrem Territorium oder ihrem

Keith Cunningham: *The Soul of Screenwriting. On Writing, Dramatic Truth, and Knowing Yourself* (Continuum 2009, Kapitel 4: »Mode versus Need: The Core of Conflict«)

Gregory Bateson (1904–1980), angloamerikanischer Anthropologe, Sozialwissenschaftler, Delphinforscher,

logischen Typ. Wie ich in einem früheren Essay darstellte, konnte der kreative Fluss von Ideen beim Brainstorming für die Entwicklung einer Fernsehserie mit Studenten an der IFS schnell unproduktiv werden, wenn die Autoren nicht unterscheiden konnten, ob eine tolle neue Idee nur ein charmantes Detail war oder eine größere Überarbeitung des Serienkonzepts notwendig machte. Darin liegt die Herausforderung bei jeder komplexen Stoffentwicklung: In der Lage zu sein, nicht nur mit vielen Ideen auf einmal zu jonglieren, sondern auch die *Reichweite* dieser Ideen zu verstehen.

Alles, was als Idee bezeichnet werden kann, ist nur die Spitze eines Eisbergs. Es ist eine bewusste Repräsentation von Verbindungen und Feedback-Schleifen, die den geistigen Prozess beinhalten und die weiter hinunter zur Schnittstelle zwischen Geist und Hirn reichen. Manche dieser Eisberge sind groß, manche relativ klein, aber alle von ihnen sind umfangreicher, als wir begreifen können. Aber trotz ihrer potenziell grenzenlosen Ausdehnung haben sie ihre Wurzeln in verschiedenen kognitiven Zonen. In der Stoffentwicklung richten sich manche Ideen eindeutig an das Drama als ein Produkt auf einem Markt, andere richten sich an die zu verwendende Technologie. Weitere Ideen haben ihre Wurzeln in der Filmästhetik, und wieder andere in der Dynamik des menschlichen Konflikts. Kann auf irgendeiner dieser Ebenen eine »große« Idee entstehen?

Der kreative Prozess selbst erzeugt Ideen, die für Autoren typischerweise unterschwellig bleiben, die jedoch den Strom unseres bewussten Denkens mitstrukturieren. Das führt uns zu der Entdeckung, dass manche Ideen bereits andere Ideen in sich tragen. Solch eine Idee hatte auch Macbeth:

> Leben ist nur ein wandelnd Schattenbild,
> Ein armer Komödiant, der spreizt und knirscht
> Sein Stündchen auf der Bühn und dann nicht mehr
> Vernommen wird; ein Märchen ist's, erzählt
> Von einem Blödling, voller Klang und Wut,
> Das nichts bedeutet.
> (*Macbeth*, 5. Akt, 5. Szene, 24–28, Übersetzung Dorothea Tieck)

Sehr große Ideen scheinen mehr Umfang und Kohärenz zu haben. Wir nennen sie Einsichten; die ganz großen nennen wir Wahrheiten. Es scheint, als hätten wir eine angeborene Fähigkeit, die Qualität eines umfassenden Zusammenhangs zu erkennen, der Einsichten auf eine höhere Ebene als andere Ideen hebt. Wir *schätzen* sie. Dazu scheinen diese Makro-Ideen, die wir Einsichten nennen, die Natur des geistigen Prozesses selbst zu reflektieren. Sie sind Produkte dessen, was Bateson

---

Kybernetiker und Philosoph. Ab 1942 war er zusammen mit Norbert Wiener an den ersten Entwicklungen der Kybernetik und der Informationstheorie beteiligt und war eine der Leitfiguren der Macy-Konferenzen. Ab 1951 befasste er sich zunehmend mit Kommunikationstheorie und Psychologie und entwickelte seine bekannte Doppelbindungstheorie.

William Shakespeare: *Macbeth* (Reclam 1998)

als *Deutero-Lernen* bezeichnet: das Lernen, wie man lernt. Einsichten *umrahmen* andere Ideen in einen umfassenden, kohärenten Zusammenhang.

Die größten solcher Rahmen sind *fundamental*. Sie gehören zum »Betriebssystem« des Geistes und des Nervensystems. Schließlich gehören sie zum umfassenden Zusammenhang des Lebens selbst. Als solche sind die fundamentalen Rahmen normalerweise vollkommen unsichtbar: Sie sind die Strukturen, die Ideen möglich machen, die wir wiederum benutzen, um andere Ideen zu erzeugen. Wir erkennen beispielsweise sofort, ob eine Geschichte »logisch« oder »unlogisch« ist, ohne dies je ausdrücklich zu durchdenken. Es ist einfach offensichtlich für uns.

So wird es in jeder Stoffentwicklung ein Spektrum von Ideen geben, von *fundamentalen* Ideen über *Einsichten* hin zu eher »*lokalen*« Ideen, die sich an die unmittelbaren Notwendigkeiten der Drehbuchgestaltung, der Produktion, des Verkaufs, des Verleihs, des Marktes, des Marktanteils und so weiter richten. Diese Ideenebenen beeinflussen einander ständig innerhalb des kreativen Prozesses, aber sie sind dennoch in der logischen Typisierung zu unterscheiden. So sah die Skizze der Ideengebiete aus, über die man im Symposium diskutierte:

Ebenen kreativer Ideen in der Stoffentwicklung

Unser Erbe des Materialismus des 19. Jahrhunderts ist eine Weltsicht, in der nur die »grobe« Ebene als »wirklich« empfunden wird. Die »subtilen« und die »kausalen« Ebenen fallen aus unserem Blickfeld und aus unserer Sprache des ästhetischen Ausdrucks. Sie werden als »metaphysisch« und als außerhalb der Diskussionsreichweite gesehen. Und der Grund für diese kognitive »Verflachung« liegt teilweise auch darin, dass wir nicht erkennen, wie wir das Subtile und das Kausale in Profit ummünzen können, der als endliches Ziel selbst Teil des Erbes des industriellen Materialismus ist. Wir feiern die Tatsache, dass das Kino die erste neue Kunstform war, die aus der industriellen Revolution hervorging. Gleichzeitig haben wir stillschweigend die kognitive Einrahmung des Materialismus aus dem 19. Jahrhundert akzeptiert, die zu den ersten Kinetoskopen führte. Daher besteht bei der Stoffentwicklung oft die Versuchung, Ideen auf ihre *Einwirkung* auf den Marktanteil zu reduzieren. Wir nennen das »was unterm Strich rauskommt«.

Größe liegt wie Schönheit *teilweise* im Auge des Betrachters. Sie kann nicht von einem Kontext oder von Einrahmungen getrennt werden. Aber wie Aristoteles es unter größten Mühen beschrieben hat, muss es dennoch eine Grundlinie geben. Wir können darüber geteilter Meinung sein, was wir für groß halten, aber jeder scheint die Möglichkeit zu erkennen, dass es Größe geben kann. Als muss es jenseits der eher allgemeinen Vorstellung, dass große Ideen Reichweite haben, irgendwelche anderen für uns definierbaren Minimalbedingungen geben, die wahrhaft bedeutende Ideen von der Masse abheben. Hier sind einige Vorschläge:
- Wir können von einer großen Idee (einschließlich einer Idee für eine Geschichte) erwarten, dass sie *relevant* ist, sowohl für die Einstellungen derer, die die Idee aufnehmen werden, als auch – auf irgendeiner Ebene – für die wirklichen Bedingungen, in denen

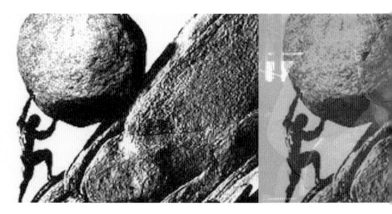

diese Personen sich befinden. Die große Idee könnte sogar eine falsche Einstellung mit der Wirklichkeit *versöhnen*.
- Relevant ist eine Idee, die übereinstimmend mit der nüchternen Erfahrung der Menschen und außerdem *nicht trivial* ist. Noam Chomsky sah sich anscheinend gezwungen, diesen Begriff zu prägen. In der Vergangenheit war »trivial« ein nützlicher und bedeutungsvoller Rahmen für eine Erfahrungskategorie. Aber was passiert, wenn alles trivialisiert worden ist? Dann hört das Wort »trivial« auf, funktionell zu sein. Dann muss man eine andere Klasse von Erfahrungen als nicht-trivial und der Aufmerksamkeit wert hervorheben.
- Wir erwarten von großen Ideen, dass sie *nicht irreführend* sind: nicht sich selbst widersprechend, logisch sowie im menschlichen Sinne zusammenhängend. »Das Herz hat seine Gründe, von denen die Vernunft nichts weiß«, sagte Pascal. Wir können sehr gut verstehen, was das Oxymoron »süßer Schmerz« bei *Romeo und Julia* bedeutet. Ein Buchstabengläubiger, der »süßen Schmerz« Unsinn nennen würde, würde die Kernerfahrung des Menschseins versäumen. Das wirft eine Frage auf: Kann eine *Lüge* eine große Idee sein?
- Wir erwarten von großen Geschichtenideen und großen Ideen im Allgemeinen, dass sie Reichweite und *umfassende Kohärenz* besitzen. In der Mathematik, der Logik und den exakten Wissenschaften ist es wichtig, die Bedingungen zu definieren, unter denen eine Behauptung als wahr gelten kann. Aber in unserem Leben und im Drama ist es selten möglich, so präzise zu sein. Manchmal gelangen wir zu einer Einsicht oder einer Wahrheit, indem wir uns näher mit einer Situation befassen, die untypisch, selten oder sogar abwegig erscheint. Sich näher zu befassen ist nicht genug, und auch nicht das Konzentrieren auf das Seltsame um seiner selbst willen. Um-

William Shakespeare: *Romeo und Julia* (Reclam 1998)

fassende Kohärenz setzt voraus zu wissen, was wir sehen, und es mit etwas Universellerem zu verbinden.
- Große Ideen haben die *Kraft zur Versöhnung*. Symbole, wie C.G. Jung sie definiert hat, besitzen die Fähigkeit, Gegensätze zu versöhnen. Die Orouboros, die Schlange, die sich selbst in den Schwanz beißt, das Bild des tanzenden Shiva, das Kreuz: Sie alle sind vereinigende Symbole, die die Menschen seit Jahrtausenden angesprochen haben. Aber es gelingt uns nicht, absichtlich wahre Symbole allein mit unserem bewussten Geist zu schaffen. Es muss ein »Komplott« oder ein Wechselspiel von bewusster und unbewusster und logischer oder existenzieller Notwendigkeit geben. Solche Symbole sind Ideen, die eine transrationale und translogische Kohärenz aufweisen. Stellen wir uns das Bild von Kirtimukha vor, dem hungrigen Monster, dem von Shiva befohlen wird, sich selbst zu fressen, und das dies auch gehorsam tut, bis nur noch sein Gesicht übrig ist. Als Shiva zu dem Monstergesicht spricht, nennt er es das »Gesicht des Ruhms«, weil es die wilde Natur der Lebenskraft zeigt: Leben, das von Leben lebt. Man stelle sich Jesus vor, Ödipus, Sisyphos, Romeo und Julia: Diese Personen/Figuren haben als Symbole alle die Fähigkeit, auf eine Weise das Unbewusste anzusprechen, die uns helfen kann, unsere inneren Widerstände gegen das Leben, unsere Schuld und unser Gefühl des Verloren- und Alleinseins zu versöhnen. Zum großen Teil hat uns das »Abflachen« des kollektiven Geistes durch die Ideologien des Rationalismus, des Materialismus und der Logik des Marktes taub für die Stimme des Symbols gemacht.

Es ist jedoch eine Sache, kleine Wegweiser für große Ideen aufzustellen, und eine ganz andere, mit den Ideen selbst zu ringen. Große Ideen sind schwer zu fassen, da sie Komplexes zusammendenken. Sie erfordern Konzentration und sogar das Opfern mancher Annehmlichkeiten. Sie fordern unsere Leidenschaft für die Wirklichkeit. Ein großes Stück oder Drehbuch zu schreiben ist nicht etwas, worauf jeder Autor aus ist; es ist eine Einladung zur Frustration. Man muss sich dazu getrieben fühlen.

Die große Begegnung

»Aus der Begegnung wird das Kunstwerk geboren.«
Rollo May

Die große Begegnung [im englischen Original »encounter«] ist der dynamische Prozess, der zu einem Zustand erhöhten Bewusstseins führt, und dieser kann seinerseits eine Geschichte oder ein Kunstwerk hervorbringen, das tiefer dringt und über seine Marktfunktion hinausgeht.

Rollo May ist ein Psychologe, der sehr viel dafür getan hat, diese Begegnungsdimension der Kreativität zu öffnen. Für ihn ist die Begegnung selbst die Basis des Schöpfens; sie ist zentral und nicht zufällig oder nur ein Nebenprodukt des schöpferischen Aktes. Also spricht Rollo May von der »Intensität der Begegnung« und der persönlichen Sensibilität, Konzentration und Hingabe, die mit dieser Intensität einhergehen und sie nähren. Sicher bezieht sich May auf bedeutende Schöpfungsakte und kreative Werke, die ihren Zauber auch nach Generationen noch ausüben. Hier beschreibt Rollo May Cézannes Konzept eines Baums:

»Cézanne sieht einen Baum. Er sieht ihn auf eine Weise, wie ihn niemand je zuvor gesehen hat. Er erfährt das, was er zweifellos als ›vom Baum erfasst werden‹ bezeichnen würde. Die gewölbte Erhabenheit des Baums, die mütterliche Ausdehnung, die zarte Balance, wie der Baum die Erde ergreift – all diese und viele weitere Eigenheiten des Baums werden in dieser Wahrnehmung absorbiert und durch seine Nervenstruktur hindurch empfunden … Es ist vor allem eine Vision, die jetzt kein einfacher Baum mehr ist, sondern *der* Baum; der konkrete Baum, den Cézanne angesehen hat, ist zur Essenz des Baums geworden. Wie ursprünglich und unwiederholbar seine Vision auch ist, es ist immer noch eine Vision aller Bäume, die von seiner Begegnung mit diesem bestimmten Baum ausgelöst wurde.«

Dieses Zitat beleuchtet die wesentliche Komponente der schöpferischen Begegnung. Die meisten kreativen Menschen in jedem beliebigen Bereich können die Qualität dieser Erfahrung nachempfinden. Sie selbst haben vielleicht eine ähnliche Erfahrung gemacht. Ich bezeichne das metaphorisch als eine Art »Quantenuntertunnelung« im Kopf, wo verwandte Informationen auf verschiedenen Ebenen logischer Typisierung in einem kraftvollen symbolischen Bild verschmolzen werden. Da solch ein Bild bewusste und unbewusste Wahrnehmung verschmolzen hat, spricht es das Unbewusste wie auch das Bewusste des Betrachters direkt an. Es übersteigt die Vernunft.

Cézannes Begegnung fand mit einem Baum statt, der in ihm die formale Essenz von Bäumen wachrief. Er berührte einen Teil der archetypischen Ebene der Beziehung des Menschen zum Baum. (Das Bild der schützenden Wärme des Baums führte höchstwahrscheinlich bei der frühen Menschheit zu der pragmatischeren Vorstellung, den Baum zum physischen Obdach zu machen.) Falls Cézanne nicht gewusst hätte, was er ansah, oder nicht das feinfühlige »Instrument« besessen hätte, um darauf zu reagieren, hätte er einen anderen Baum gemalt, der den Betrachter nicht so tief berührt hätte: eher also einen stereotypen als einen archetypischen Baum. Diese »Fusion« zu vollbringen, die den essenziellen Baum für den Betrachter sichtbar macht, und diese virtuelle Wirklichkeit als eine direkte Erfahrung offensichtlich zu machen:

Rollo May (1909–1994), amerikanischer Existenzialpsychologe. Er untersuchte Konzepte wie z.B. Wille und Liebe, Angst und Kreativität und arbeitete an der Fortentwicklung psychotherapeutischer Techniken. Er steht für eine humanistisch orientierte Sicht auf Persönlichkeit und Therapie.

Das ist die Frucht der Begegnung, die Offenheit, die Konzentration, die Suche, die Unzufriedenheit und die *Krise* des schöpferischen Moments. In einem sehr realen Sinn ist das Gemälde ein Bericht dieser Krise, der Niederschlag der kritischen Begegnung.

Ich sage Krise, denn die konventionelle, überkommene Vorstellung von einem Baum muss zuerst aufbrechen, ihre Verwurzelung im Kopf muss gelockert werden, um eine frische Wahrnehmung des einen Baums möglich zu machen. Sobald das geschieht, verliert der Geist seine Verankerung im Vertrauten. Genau an diesem Punkt versuchen viele Menschen, die kreativ sein möchten, sich davor zu retten, über die Klippen ins Ungewisse und in die Krise zu fallen: Sie schalten eine clevere intellektuelle Lösung anstelle einer wahren Begegnung dazwischen. »Was wäre eine wirklich coole und clevere Art, einen Baum zu zeigen, wie es noch keinem davor eingefallen ist?« So entstehen neue Marketingkampagnen für ein Deo.

Was steht bei der Entwicklung einer dramatischen Geschichte für das Kino oder das Fernsehen an der Stelle von Cézannes Baum? Was ist das nicht reduzierbare Motiv, das vielleicht erforscht, aber niemals endgültig begriffen werden kann, da es wie der Baum unerschöpflich ist? Ich würde behaupten, dass es auf dem Gebiet liegt, das James Joyce »das Schwerwiegende und Konstante des menschlichen Leidenswegs« nennt, oder in der Natur des menschlichen Konflikts. Der menschliche Konflikt, die Hybris und die Selbsttäuschung des Menschen, seine Schwäche gegenüber ausbrechenden und außer Kontrolle geratenden Leidenschaften, seine Zerbrechlichkeit vor den Mysterien des Lebens, der nicht erstaunliche Egoismus und die erstaunliche Fähigkeit zu Mitleid und Liebe: Das sind die Leitmotive des Dramas von der Antike bis heute.

Es heißt oft, dass man das Allgemeingültige im Besonderen findet, und in der Tat ist das eine der besten Ideen hinter der Aufforderung an Drehbuchautoren, sich auf ihre Heimat zu beziehen. Wie wir aber bei Cézanne gesehen haben, hat dieser Prozess in der Kunst nichts damit zu tun, die Elemente in einer bestimmten Situation intellektuell zu abstrahieren und dann ein »Allgemeingültiges« vom kleinsten gemeinsamen Nenner abzuleiten. Diese Art von reduktivem logischem Prozess nennt man »konvergentes Denken«. Aber das ist nicht der Weg der Kunst und der Kreativität, der »divergentes Denken« erfordert. Wir werden dazu aufgefordert, anders zu *sehen*. Rollo May würde darauf bestehen, dass Kunst die Reaktion des *gesamten* Menschen und nicht allein die des abstrakten Geistes auf die gesamte Situation oder das gesamte Motiv erfordert.

Der Zugang zu großen Ideen und potenziell zu großen Geschichten beinhaltet die Vergrößerung unserer Fähigkeit zur Begegnung.

Und wie weit wir uns dieser Fähigkeit öffnen, hat sehr viel damit zu tun, wie wir mit Furcht umgehen. Große Ideen kommen nicht von Verweigerung.

Die Überwindung der Furcht

Kinder hören und erzählen gern Schauergeschichten. Es gibt anscheinend bereits bei Kindern einen Instinkt, der Furcht ins Auge zu sehen und sie zu überwinden, am Ende die Furcht vor Tod und Vernichtung, um ein erfülltes und dankbares Leben zu leben. Indem sie Schauergeschichten erzählen, tun Kinder einen Schritt, ihre Furcht zu meistern oder das zumindest vorzugeben; sie tun das, indem sie selbst die Geschichte kontrollieren und andere Kinder erschrecken. Doch manchmal ist das Universum der Furcht zu groß, um vertrieben zu werden. Wenn die abgehackte Hand die Treppe herauf immer näher kommt, kann der drohende Schrecken unerträglich werden.

Wenn das passierte und die Furcht einem die Kehle zuschnürte, hatten wir Kinder immer einen letzten magischen Ausweg, eine magische Rettung. Das Gespenst oder die abgehackte Hand kam schließlich an der obersten Stufe an, dann an der Schlafzimmertür, dann am Ende des Betts – »und jetzt krieg ich dich!« An diesem Punkt rief der bedrohte Held der Geschichte aus: »Mir egal, ich bin im Badezimmer!« (In unseren Häusern war das Badezimmer der einzige Raum, der von innen abgeschlossen werden konnte, und damit eine symbolische Sicherheitszone.) Ein einfacher Witz diente zur Zerstreuung der Angst, indem er die Prämisse der Geschichte zerstörte. Alle Kinder brachen dann in Gelächter aus, und die abgehackte Hand war vergessen. Offensichtlich ist das nur eine Lösung für die Furcht, wenn man die Geschichte kontrollieren kann. Gefühle der Furcht und der Panik werden von einer Einbildung der Kontrolle ersetzt; die Kontrolle der Geschichte wiederum wird in die eingebildete Kontrollierbarkeit der wirklichen Welt übersetzt.

Wenn sich die Praxis verbreitet, Todesfurcht (oder die Furcht vorm Versagen, vorm Unbekannten, vorm »Anderen« usw.) durch eine Einbildung von Kontrolle zu ersetzen, ist Ärger vorprogrammiert. Das ist die Essenz eines wahnhaften Systems, und Wahnvorstellungen bedeuten immer Ärger: Kollektive Wahnvorstellungen schwächen die Überlebenschancen einer Gesellschaft. Aber der Materialismus gibt der Psyche nicht viel Spielraum. Wenn nur das Materielle wirklich und relevant ist, dann ist der physische Tod gleichzeitig der absolute Tod der Bedeutung. Wenn der Tod als die Negation der Bedeutung gesehen wird, ist die Konsequenz beim Einzelnen Apathie, Eskapismus, Entfremdung und der Imperativ, in einer Verweigerungs-

Essays

Jean-Paul Sartre: *Geschlossene Gesellschaft. Stück in einem Akt* (rororo 1986)

haltung weiterzuleben. Dies ist die Situation von Sartres Figuren in *Geschlossene Gesellschaft*.

Es sollte klar sein, dass sich das Unbehagen an diesem aufgezwungenen Gefühl der Bedeutungslosigkeit mit unserer Verbraucherkultur zusammenfügt. Solange wir der Furcht vor dem Tod (und vor dem Leben) durch Verweigerung und »Kontrolle der Story« zu entfliehen versuchen, wird eine durch Entfremdung und Eskapismus hervorgebrachte Furcht eine sich selbst verstärkende Feedback-Schleife erzeugen. Und wie bei dem Jungen, der »Wolf!« rief, wird es Konsequenzen in der wirklichen Welt geben.

Können wir uns selbst genug lieben, also genug Selbstmitleid und positives Selbstwertgefühl haben, um Geschichten nicht dazu zu benutzen, uns selbst zu belügen? Könnten wir Geschichten eher als eine Hilfestellung benutzen, die uns dabei hilft, genug Mut zu schöpfen, um unserer Furcht und der wirklichen Situation auf unserer Welt ins Auge zu sehen?

ATLAS SHRUGGED: PART I (2011; D: John Aglialoro, nach dem Roman von Ayn Rand; R: Paul Johansson)

Ayn Rand: *Atlas wirft die Welt ab* (Blanvelet 1994)

Eine Reihe von Einwänden werden aus verschiedenen Lagern kommen. Sicherlich gibt es viele, die trotz der jüngsten wirtschaftlichen Katastrophen und wachsender Beweise, dass in unserem Wirtschaftssystem Zusammenbrüche tatsächlich vorprogrammiert sind, an die Unfehlbarkeit des Marktes glauben, und dass wir als Geschichtenerzähler daher dem Diktat des Marktes folgen sollten. Denen werden die Sozialdarwinisten nahestehen, deren Kultfilm ATLAS SHRUGGED (nach Ayn Rands Roman *Atlas wirft die Welt ab*) gerade ins Kino gekommen ist, um uns daran zu erinnern, dass es eine harte Welt da draußen ist und nur die Harten überleben. Da werden die Social-Engineering-Spezialisten mit ihrem alten Mantra kommen, dass die Verbrauchergesellschaft uns alle zu »Glücksmaschinen« macht. Als ihr Widerpart werden Marxisten behaupten, dass nur der soziale Realismus die kapitalistische Übernahme des Dramas verhindern kann, während Dekonstruktivisten vielleicht

zu der Schlussfolgerung kommen werden, dass alle Werte so relativ und subjektiv sind, dass sich alle Geschichten einfach auf sich selbst beziehen – jeder von uns ist in einer trivialen Blase von »Bedeutung« eingeschlossen, die wir nicht teilen können.

Dagegen halte ich es mit dem Handwerk des Dramas. Ich glaube, dass uns das Drama während all dieser Jahrhunderte erhalten geblieben ist, weil es ein Instrument ist, das uns in die menschliche Natur eindringen und damit uns selbst besser verstehen lässt. Das Drama erreicht dies nicht durch Statistiken oder Umfragen, sondern durch Demonstrationen. Das Stück oder der Film demonstriert eine vom Autor vertretene Hypothese, wie die der Möglichkeit von Liebe bei der jungen Autorin, mit der ich zusammengearbeitet habe. Figuren werden in Dilemmata versetzt. Was an ihrer Sichtweise falsch oder fehlgeleitet ist – besonders ihre narzisstische Großartigkeit – bringt einen wachsenden Konflikt und schließlich den Zusammenbruch hervor, wenn die Figur nicht *durch die Krise wächst*. Ich behaupte, dass die Dynamik dieser Blindheit, die den Einzelnen ins Dilemma und in die Krise führt, genauso gültig für Gruppen und Kollektive ist, bis hin zu Europa selbst. Das Drama könnte deswegen als effektives Werkzeug benutzt werden, um nachzuforschen, wo wir sind und wohin wir gehen – und wie wir uns besser orientieren könnten. Die Gesamtheit von Shakespeares Königsdramen beinhaltet seine eigene Erforschung der Natur der Macht, der Autorität und des Schmiedens einer – damals progressiven – nationalen Identität.

Wenn es stimmt, dass große Ideen nicht aus Verweigerung entstehen und das Gleiche wohl für große Geschichten gilt, dann sind vielleicht ein paar Vorschläge nützlich:
- Lasst uns davon abkommen, das Drama als eine Flucht zu benutzen, denn wie jeder Eskapismus hat dies negative Konsequenzen in der wirklichen Welt.

- Die Alternative zum Eskapismus wären Geschichten, die uns dem Leben, der Welt und uns selbst näherbringen, indem sie uns bedeutende Einsichten geben, die mit der wirklichen Welt zu tun haben.
- Bedeutende Einsichten im Kino berühren uns: nicht nur unsere Gefühle – die von jeder Deowerbung programmiert werden könnten –, sondern auch unsere Vision und unser Gefühl des Seins.
- Man erschafft diese Geschichten nicht, indem man *zuerst* an den Markt denkt. Man tut das auch nicht, indem man schicke apathische oder ironische Einstellungen übernimmt oder um der Regelwidrigkeit willen regelwidrig handelt. Man riskiert etwas seine Seele, stellt sich dem Nichts, gibt einen existenziellen Vertrauensvorschuss: Man beschäftigt sich wirklich mit dem, was man erzählen möchte. Man investiert so etwas wie Liebe.
- Große Geschichten ergeben sich aus einer großen Begegnung. Das bedeutet eine Begegnung mit etwas, was größer ist als wir selbst. Sogar die Rohstoffe unserer Kunst – Farbe, Ton, Bewegung – sind weit größer, als wir es uns vorstellen können. Sie sind endlos. Anstreicher benutzen Pinsel und Farbe genau wie Künstler, aber da gibt es einen Unterschied. Die Farbe des Anstreichers ist bloß funktionell, seine Einstellung ist utilitaristisch. Für den Künstler kann die gleiche Farbe mysteriös und unendlich sein.
- Durch die Kraft, die wir in die Medien investiert haben, wird die Qualität der *wirklichen* Welt in Zukunft eine direkte Konsequenz der Geschichten sein, die wir uns heute entscheiden zu erschaffen, zu unterstützen und daran zu glauben.

In dieser Aufzählung scheinen diese Thesen so etwas wie ein Manifest zu bilden. Das ist nicht meine Absicht. Es gilt über den ethischen Kern unseres Geschäfts nachzudenken. All das hat etwas mit Liebe und auch mit Begegnung zu tun. Liebe und Begegnung können kaum voneinander getrennt werden. Damit Liebe aus den Trümmern von Verliebtheit erwachsen kann, muss ich die Begegnung mit einer anderen Person wagen, die jetzt außerhalb und unabhängig von meiner Vorstellungswelt ist. Und damit irgendeine Art von Begegnung gewährleistet werden kann, muss ich genug Liebe und Wertschätzung für meine Beschäftigung aufbringen, damit ich weiterkomme, wenn es einmal schwierig wird. Man kann von der Liebe zu seinem Handwerk reden, dem Handwerk des Schreibens. Man könnte »die Liebe zum Schreiben« als einen Weg des Verstehens und als eine Tätigkeit um ihrer selbst willen auffassen. Die Liebe zu unserer Begegnung mit dem Schreiben könnte uns sogar über unsere narzisstische Hauptbeschäftigung mit unserem eigenen Ruhm hinaustragen. Das wäre in sich eine große Geschichte.

Aus dem Englischen von Ernst-Georg Richter.

Grundzüge einer relationalen Dramaturgie
Plädoyer für eine Dramaturgie der Figurenkonstellation

Von André Georgi

Plot oder Figur?
»Somebody wants something badly and is having difficulties getting it.«
Frank Daniels Minimalbestimmung dessen, was eine Geschichte ist, ist inzwischen filmdramaturgischer Common Sense – und wahrscheinlich der unter Filmdramaturgen und Drehbuchlehrern am häufigsten zitierte Satz überhaupt. Daniels Ansatz – das macht ihn so attraktiv und anschlussfähig – plädiert für eine dramaturgische Präferenz der Figur vor dem Plot: Die Handlung soll aus der Figur erwachsen und nicht umgekehrt. Mit diesem Ansatz ist Frank Daniel zum vielleicht wichtigsten Kontrahenten von Aristoteles' *Poetik* geworden, in der dem Plot

Cary Grant, Eva Marie Saint und Martin Landau in
NORTH BY NORTHWEST

103

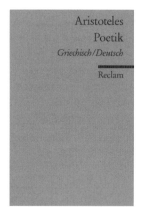

»Der wichtigste Teil ist die Zusammenfügung der Geschehnisse. Denn die Tragödie ist nicht Nachahmung von Menschen, sondern von Handlung. Ohne Handlung könnte keine Tragödie zustande kommen, wohl aber ohne Charaktere.«

Aristoteles: *Poetik* (Reclam 1994)

William Shakespeare: *Antonius und Cleopatra* [1623] (Reclam 2005)

eine größere Bedeutung als der Figur eingeräumt wird. In der Henne- oder-Ei-Frage der Filmdramaturgen – Vorrang der Figur oder des Plots? – stehen die Aristoteliker seit dem Millenniumswechsel so ziemlich alleine da: Die meisten Filmdramaturgen befürworten, in Frank Daniels Tradition stehend, einen Vorrang der Figuren- vor der Plotentwicklung und plädieren dafür, den Plot aus der Figur erwachsen zu lassen. Keine Frage: Das figurenorientierte Erzählen ist en vogue – in der Praxis und in der Filmdramaturgie.

Guten Gewissens also können wir Frank Daniels Definition an den Tellerrand bitten und uns einen kleinen Blick auf das sonstige Geschirr werfen lassen. Zum Beispiel auf die klassische Theaterdramaturgie.

Die figurenorientierte Dramaturgie und die Einheit einer Geschichte
Die wahrscheinlich am intensivsten diskutierte Frage lautet hier, was einer (dramatischen) Geschichte die Einheit gibt – amerikanische Filmdramaturgen würden entsprechend nach dem *unifier* einer Geschichte fragen. Die Antworten, die die Tradition gibt, lauten in Stichworten: Ort, Zeit und Handlung.

Die ersten beiden Antworten zielen, obwohl sie zunächst nur äußerlich erscheinen, tatsächlich auf eine *Intensivierung* der Geschichte. Eine Handlung, die an einem Ort und in einem engen Zeitrahmen spielt, ist dramatisch effektiver, weil die Figuren ihre Konflikte unter dem Druck eines engen Ortes und der immanenten Deadline eines kurzen Zeitrahmens ausgetragen müssen. Dies ist die Essenz der Antwort der Regelpoetik der französischen Klassik – in Deutschland ist sie seit den Invektiven Lessings und des Sturm und Drang traditionell unpopulär. Zu Unrecht. Denn es ist tatsächlich ein dramaturgisch wichtiges Werkzeug, einen Konflikt durch die Enge von Raum und Zeit zu verstärken und es den Figuren so unmöglich zu machen, dem Konflikt aus dem Weg zu gehen.

Natürlich werden diese Einheitsbestrebungen einem Stück wie Shakespeares *Antonius und Cleopatra*, das während mehrerer Jahre spielt und an geografisch äußerst gegensätzlichen Ecken des Römischen Reiches– zwischen denen es manchmal von Szene zu Szene, von einem römischen Senatssaal in ein ägyptisches Schlafzimmer, hin- und herspringt –, natürlich werden Raum und Zeit als Vereinheitlichungsmomente einem solchen Stück nicht gerecht. Seit Lessing und der Sturm-und-Drang-Dramaturgie wird Shakespeares dramatische Methode daher als Beispiel eines der französischen Klassik überlegenen (weil natürlicheren) *Extensivierens* der Handlung gesehen – eines Verfahrens, das zumeist nicht genau bestimmt wird, bei dem aber klar ist, dass die Einheit der Handlung durch das in den verschiedenen Handlungssträngen identische Thema oder denselben Konflikt garantiert wird: Ein Kernkonflikt tritt aus der Intimität eines familiären oder quasi-familiären Kontextes heraus und erlangt eine politische und nahezu universale Dimension. Die Einheit der Handlung ist also im Wesentlichen eine thematische oder eine Einheit des Konfliktes.

Frank Daniels oben zitierte Definition gibt auf die klassische Frage der Theaterdramaturgie nach der Einheit einer Geschichte eine völlig andere Antwort: Die Einheit einer Geschichte bestimmt sich ihr zufolge weder nach Ort, Zeit oder dem Thema oder Konflikt als Kern der Handlung, sondern nach dem *Want* – dem Ziel – einer (einzelnen) Figur. Die strukturellen Folgen für das darauf aufbauende Plotmodell sind bekannt: Den Protagonisten ereilt – nach kurzem Teaser und einer ersten als prekär angesehenen (weil ziellosen) Sequenz, in der er in seiner beruflichen und privaten Identität vorgestellt wird – der *Inciting Incident*. Dem damit ausgelösten Impuls verweigert er sich zunächst in der zweiten Sequenz, ergreift ihn dann am ersten Wendepunkt, dem Beginn des zweiten Aktes, und verfolgt ihn schließlich ohne jedes Hamlet'sche Zögern aktiv und tatkräftig bis zum Schluss der Geschichte.

Der »Subjektivismus« der figurenorientierten Dramaturgie
So schlüssig das zunächst erscheint und so gut sich damit auch erzählen lässt – Frank Daniels Definition impliziert einen großen dramatischen Bedeutungsverlust, der eigentlich erst deutlich wird, wenn wir diese Definition mit den Antworten der klassischen Dramaturgie auf die Frage nach der Einheit einer Geschichte kontrastieren.

Die klassisch-französischen *Einheiten von Ort und Zeit* sind nicht auf eine Einzelfigur hin orientiert, sondern zielen auf die Intensivierung des Konfliktes mehrerer Figuren einer Geschichte, die sich in der räumlich und zeitlich engen Welt nicht aus dem Weg gehen können und so zum Austragen ihres Konfliktes gezwungen sind. Die *Einheit der Handlung* ist themen- und konfliktorientiert und zielt ebenfalls auf ein Spektrum von Figuren, in dem sich die Handlung als Entfaltung von Thema und Konflikt ausbreiten kann.

Demgegenüber ist Frank Daniels Definition Ausdruck eines im extremen Maße *subjektivistischen* Denkens, weil sie die Handlung eines Stücks (oder Films) auf das Ziel des einen Protagonisten hin orientiert, durch das die Geschichte ihre Einheit bekommt. *Hamlet* aber ist nicht nur Hamlet, *Phädra* nicht nur Phädra und *Maria Stuart* nicht nur Maria Stuart. *Maria Stuart* als die Geschichte einer zu Unrecht inhaftierten Königin zu erzählen, die der Haft entkommen will, *Hamlet* als Geschichte eines Sohnes, der den Mord an seinem Vater rächen will, und *Phädra* als Geschichte einer Ehebrecherin, die ihr Begehren mit einer falschen Beschuldigung verdecken will, ist nicht falsch – aber reduktionistisch.

MARY, QUEEN OF SCOTS
(Maria Stuart, Königin von Schottland; 1971; D: John Hale; R: Charles Jarrott)

William Shakespeare: *Hamlet* [1602] (Reclam 2008)

Jean Racine: *Phädra* [1677] (Reclam 1995)

Friedrich Schiller: *Maria Stuart* [1800] (Reclam 2005)

Das wird noch deutlicher, wenn man fragt, wie die Definition mit den anderen Figuren umgeht: Alle anderen Figuren (nicht zuletzt übrigens auch der »Antagonist«) reduzieren sich in der Definition auf die Hindernisse und Schwierigkeiten, die dem Ziel des Protagonisten entgegenstehen. Das komplexe Ensemble der Figurenkonstellation wird also völlig auf seine Bedeutung für den Protagonisten, dessen Zielverfolgung die Einheit der Handlung vorgibt, zurechtgestutzt. Was für ein Ziel aber würde Alceste im *Menschenfeind* verfolgen, für das alle anderen zehn Figuren der Konstellation ein bloßes Hindernis wären? Selbst in einem vergleichsweise einfach gebauten Stück wie *Macbeth*, das Frank Daniels Definition zu unterliegen scheint – Macbeth will die Königsmacht, er verfolgt sein Ziel ruchlos und setzt sich zunächst gegen die gesamte Gefolgschaft des derzeitigen Königs durch, bis er strauchelt und die Gruppe der Antagonisten ihn schließlich besiegt –, selbst in einem solchen Stück lässt sich die Komplexität der Figurenkonstellation nicht einfach auf »Schwierigkeiten, die dem Ziel des Protagonisten entgegenstehen« vereinfachen. Frank Daniels Definition ist also nicht per se falsch, aber sie ist in ihrem extremen Reduktionismus und ihrem Subjektivismus sehr weit weg vom Erfahrungsschatz der traditionellen Dramaturgie.

Vor- und Nachteile subjektivistischer Dramaturgien
Der große Vorteil einer subjektivistisch orientierten Filmdramaturgie (und wahrscheinlich der wichtigste Grund für den Erfolg der New School, die ja weit über Frank Daniel und den Kreis seiner Schüler hinausreicht) ist, dass sie neue Methoden bereitstellt, mit denen wir eine Figur konstruieren können. Und es ist geradezu das Kennzeichen der New-School-Dramaturgie, dass sie figuren- statt plotorientiert arbeitet und die Old School mit ihrem Faible für Struktur- und Plotmodelle abgelöst hat. New-School-Dramaturgie insistiert bei der Figurenkonzeption auf der moralistischen Perspektive der Figur (»Welche Entscheidungen mit moralischen Konsequenzen muss eine Figur treffen?«, »Was ist der *moral choice* einer Figur?«) und auf ihrer psychologischen Perspektive (Fragen nach der *backstory wound*, nach *fear* und *flaw* der Figur, nach dem [arche]typischen Hintergrund, vor dem sie akzentuiert wird). Es ist keine Frage, dass derartige Modelle ein großer Zuwachs an dramaturgischer Erkenntnis sind, die wir alle nicht missen wollen.

Aber ist dieser Psychologismus, dieses Interesse an der Subjektivität der Figur dramaturgisch wirklich so bedeutsam? Zumindest die Psychologisten unter den Filmdramaturgen argumentieren mit Kriterien, die erst im psychologischen 19. Jahrhundert entwickelt wurden und die vorher schlichtweg keine Rolle gespielt haben. Was wissen wir

---

Molière: *Der Menschenfeind* [1667] (Reclam 1993)

William Shakespeare: *Macbeth* [1623] (Reclam 2008)

Den Paradigmenwechsel in der Dramaturgie von einer Präferenz der Plot- und Strukturmodelle hin zu einer Präferenz der Figurenentwicklungsmodelle haben Jochen Brunow und ich als den Wechsel von der Old School hin zur New School der Filmdramaturgie apostrophiert. Vgl. dazu meinen Essay in *Scenario 2*: »Old School – New School. Kleine Bestandsaufnahme der gegenwärtigen amerikanischen Filmdramaturgie«.

THE TRAGEDY OF MACBETH
(Macbeth; 1971; D+R: Roman Polanski)

über die Backstory von Macbeth? Oder von Richard III.? Er hinkt, das reicht Shakespeare als Begründungshintergrund für einen der größten Bösewichte der Dramengeschichte. Was wissen wir über Iago? Alceste hat erst recht keine Backstory. Und trotzdem sind diese Dramen unvergleichlich wirkungsmächtig – obwohl sie mit Figuren arbeiten, die eben nicht nach Jung'schen oder (Pseudo-)Freudianischen Modellen konzipiert sind. Mein Punkt: Wir werden die Figurenentwicklungsmodelle der subjektivistischen Dramaturgie nicht wegwerfen wollen, sondern sie mit Gewinn nutzen – eben weil sich die Fluchtpunkte unseres Weltbildes durch die Psychologie wesentlich geändert haben. Aber wir sollten die Bedeutung der subjektivistischen Dramaturgie nicht überschätzen, denn der allergrößte Teil der Dramen kennt eine derartige Pointierung der (Intra-)Subjektivität – die eine Erfindung des 19. Jahrhunderts ist – nicht und ist dramatisch dennoch hocheffizient.

Angenommen, diese Klage über eine subjektivistische Engführung der (Film-)Dramaturgie, die durch die Kontrastierung mit der klassischen Theaterdramaturgie aufscheint, wirkt plausibel. Was ist die Alternative? Oder besser: Was ist die nötige Ergänzung? In welche Richtung sollte sich die Filmdramaturgie bewegen?

Übergang zu einer Dramaturgie der Intersubjektivität: Figurenkonstellationen
Die beiden Standbeine der Filmdramaturgie sind, wie eingangs erwähnt, der Plot einerseits und die Figur andererseits. Auffälligerweise fehlt zwischen diesen beiden dramaturgischen Hauptthemen die Figu-

renkonstellation als gleichrangiges drittes. Obwohl in einem Drehbuch nicht nur eine Figur, sondern eine ganze Reihe von Figuren entwickelt werden, gibt es dennoch (fast) keine Modelle, die Figurenkonstellationen analysieren und die uns Hilfen bei der Konstruktion von Konstellationen anbieten würden.

Diese Lücke möchte ich mit einer *relationalen Dramaturgie*, die ihren Schwerpunkt auf die intersubjektiven Beziehungen der Figurenkonstellation legt, schließen. Relationale Dramaturgie will eine allzu subjektivistische – an der Figur als Monade ansetzende – Dramaturgie durch eine intersubjektivistische Dramaturgie ergänzen, die die Figur primär als in Relationen stehende sieht und sie aus dem Beziehungsgeflecht der Figurenkonstellation heraus konzipiert.

Statt den Plot also – wie in der Definition von Frank Daniel – aus der Figur heraus zu entwickeln, stehen Figur, Konstellation und Plot im Ansatz einer relationalen Dramaturgie in einem etwas komplexeren Verhältnis – das übrigens sehr viel näher an der tatsächlichen Drehbucharbeit liegt. Relationale Dramaturgie sieht die Figurenkonstellation als ein der Figur und dem Plot – zwischen denen sie vermittelt – gleichbedeutendes Thema. Denn eine Figur lässt sich primär aus den intersubjektiven Beziehungen und Konflikten, die in einer Konstellation liegen, verstehen – und der Plot ist nichts anderes als die Entfaltung der Konflikte und Spannungen, die eine Konstellation liefert. In einer Metapher: Die Figur ist die gefrorene Konstellation – die Konstellation ist der gefrorene Plot.

So wie es eine Stimmigkeit der Figur und des Plots, eine stimmige »Plotlogik« geben muss, so gibt es auch eine Stimmigkeit der Konstellation. In der Konstellation liegt eine Dynamik sozusagen »eingefroren«, die der Plot entfaltet. Die Konstellation ist natürlich noch nicht der Plot. Aber die Dynamik der Konstellation liegt darin, dass sich in ihr andeutet, wo die Figur hinwill, welche Bindung ihr wichtig ist, welche sie flieht, wo sie sich zugehörig sieht, wo sie sich abwendet. Die »Logik der Konstellation« ist im Gefüge dieser Bindungen, in denen die Figur steht, eine »emotionale Logik«, die der Plotlogik im selben Sinne vorausgeht, in dem die Figurenkonstellation dem Plot vorausgeht. Relationale Dramaturgie plädiert also auch für einen Vorrang der emotionalen Logik, die in der Konstellation liegt, vor der rationalen Logik des Plots. Diese Idee ist eine ihrer entscheidenden Grundpfeiler.

Plädoyer für einen Rückgriff auf die Theaterdramaturgie
Schon diese kurze Skizze des Ansatzes zeigt eine Paradoxie, die skeptisch stimmt: Wie kann ein Weg, der nach vorne – zu einer neuen Filmdramaturgie – weisen soll, zurück zur alten Dramaturgie des Theaters

---

> Ausnahmen stammen aus dem Umfeld der Heldenreise. Ein wirklich eigenes Gewicht wird aber auf die Figurenkonstellation trotzdem nicht gelegt (eine Ausnahme ist zum Beispiel Keith Cunningham): Der »Schwellenwärter« – der Name sagt es im Grunde schon – ist eigentlich eine Plotfunktion, die den Übergang in den zweiten Akt markiert. Und der »Mentor« ist eigentlich eine Funktion oder Extension des Protagonisten selbst, der ihm das nötige Wissen und die nötigen Fähigkeiten für seine Aufgabe mit auf den Weg gibt – ein Spiegel dessen, was der Protagonist noch lernen kann und wird.

> Es gibt nichts so Praktisches wie eine gute Theorie – und im Falle der Filmdramaturgie gilt das a forteriori, denn schließlich – »The proof of the pudding is eating it!« – ist eine Dramaturgie erst dann gut, wenn sich mit ihrer Hilfe gute Bücher schreiben lassen. Dramaturgie, das macht sie auch so schwierig, ist keine rein akademische Übung, sie ist eine extrem pragmatische Disziplin irgendwo im Niemandsland zwischen Wissenschaft und Handwerk.

führen? Ist es sinnvoll, einem allzu subjektivistisch orientierten Erzählparadigma ein intersubjektivistisches Beziehungsdenken einerseits als Neuheit an die Seite zu stellen und es andererseits – mit Rückgriff auf die Theaterdramaturgie – als das älteste und mit besonderer historischer Dignität behaftete zu verkaufen? Braucht die Filmdramaturgie einen Rekurs auf eine Dramen- und Theaterdramaturgie, von der der Film sich in vielerlei Hinsicht doch gerade absetzt?

Ich teile, trotz der Gegenbeispiele vieler gelungener Shakespeare-Verfilmungen, die Zweifel, dass sich klassische Theaterplots in Filmhandlungen übersetzen ließen – jedenfalls nicht so einfach. Ich teile auch die Zweifel, dass klassische Theaterfiguren ebenfalls gute Filmfiguren seien – sie sind es jedenfalls meistens nicht. Der Königsweg, wie wir klassische Theaterdramaturgie und klassische Dramen dennoch für den Film und die Filmdramaturgie nutzbar machen können, liegt meines Erachtens in der Konstellationsanalyse. Es ist frappant, welche Konstanten und Muster sich in den Figurenkonstellationen der dramatischen Tradition durchziehen – überhistorisch und unabhängig vom Zusammenhang, in dem sie entstanden sind. Trotz aller Unterschiede gibt es in den Figurenkonstellationen von Shakespeare und Ibsen, Euripides und Strindberg Ähnlichkeiten. Von »dramatischen Gesetzen« zu sprechen ist wahrscheinlich allzu normativ. Sprechen wir daher – wie Robert McKee – vielleicht besser von »Regeln«, die wir in der dramatischen Tradition entdecken können. Als Dramatiker arbeiten Drehbuchautoren in einem der ältesten Gewerbe der Welt, und in einer 2.500-jährigen dramatischen Tradition liegen weitaus mehr Schätze verborgen, als der Filmdramaturgie, die sich eigenartigerweise fast nie der dramatischen Tradition zuwendet, bewusst zu sein scheint.

Ein zweites Argument. Peter Szondis *Theorie des modernen Dramas* konstatiert die Krise desselbigen als ein Subjektiv-Werden des primär intersubjektiven Dramas in der Dramengeschichte ab 1880.

Diese Krise der Intersubjektivität hat für Szondi gesellschaftliche Gründe: Die Vereinzelung des modernen Menschen, das Herausfallen aus Bindungen, eine zunehmende Sprachlosigkeit angesichts Benjamin'scher Schock-Erlebnisse, die Erfahrungen der permanenten Krise – das Zerbrechen der Intersubjektivität als gesellschaftliches und soziologisches Phänomen fordere vom modernen Drama, sofern es nicht revanchistisch sein will, eine Ästhetik und Dramaturgie, die diesen Krisenerfahrungen Rechnung trage.

Peter Szondis – in der Filmdramaturgie völlig zu Unrecht ignoriertes – Werk ist eines der besten jemals geschriebenen Dramaturgie-Bücher. Und es ist in gewisser Weise ein höchst treffender Kommentar zum Subjektivismus der gegenwärtigen Filmdramaturgie: Das Subjek-

Peter Szondi
Theorie des modernen Dramas
(1880-1950)

edition suhrkamp
SV

»Das Drama der Neuzeit war aus der Wiedergabe des zwischenmenschlichen Bezugs allein aufzubauen. Der Mensch ging ins Drama gleichsam nur als Mitmensch ein. Indem er sich zur Mitwelt entschloss, wurde sein Innerstes offenbar und dramatische Gegenwart. Alles was jenseits dieses Aktes war, musste dem Drama fremd bleiben. Alle dramatische Thematik formulierte sich in dieser Sphäre des ›Zwischen‹. Das Drama besteht nur aus der Wiedergabe des zwischenmenschlichen Bezugs, es kennt nur, was in dieser Sphäre aufleuchtet.«

Peter Szondi: *Theorie des modernen Dramas* (Suhrkamp 1963)

tiv-Werden des selbstvergessenen intersubjektiven Dramas führt in dessen Krise, aus der nur sehr wenig Rettungsversuche überzeugend heraushelfen.

Aus meiner Sicht ist die Filmdramaturgie allzu sehr einem subjektivistischen Selbstmissverständnis verhaftet, was auch daran liegen mag, dass sie ihre Inspirationen in psychologischen oder philosophischen Schulen sucht, die selbst in einem psychologistischen Paradigma verhaftet sind. Selbst die Psychoanalyse aber operiert seit inzwischen gut 30 Jahren mit Modellen der Intersubjektivität, in der Philosophie ist das Paradigma einer Präferenz der Subjektivität, das mit Descartes beginnt, über Leibniz' fensterlose Monaden hin zum Deutschen Idealismus führt, seit Heidegger und Wittgenstein durch ein Paradigma der Intersubjektivität ersetzt. Eine relationale, intersubjektiv orientierte Dramaturgie einzufordern ist also nicht eigentlich etwas Überraschendes, sondern eher das Nachreichen eines Denkens, das in anderen Disziplinen längst beherrschend ist.

Die Grundidee einer relationalen Dramaturgie der Figurenkonstellation

Nochmals pointiert: Was also ist die Alternative zum »Somebody wants something badly and is having difficulties getting it«?

Eine Figur steht in einem Netz von Beziehungen, aus denen sie ausgeschlossen ist, in die sie hineinwill oder zwischen denen sie sich entscheiden muss. Dieser emotionalen Logik folgt die »Geschichte hinter der Geschichte«, die emotionale Beziehungslogik der Figurenkonstellation hinter der Plotlogik, die auf ihr aufbaut. Diese emotionale Logik der Figurenkonstellation hat – meines Erachtens – immer einen Vorrang vor der rationalen Logik des Plots. Wenn die Konstellation nicht stimmt, missrät der Plot. Und umgekehrt eröffnet ein genaues Verständnis der Konstellationsdynamik ein Spektrum an Plotmöglichkeiten.

Eine Figurenkonstellation ist mehr als ein Ensemble von mehr oder weniger komplex gestalteten – quasi »atomaren« – Einzelfiguren, sie ist ein Netz von Beziehungen. In einer relationalen Dramaturgie steht dieses Beziehungsnetz im Fokus: Relationale Dramaturgie will die Frage beantworten, ob es Regeln, Gesetzmäßigkeiten und Muster gibt, nach denen die Beziehungen innerhalb der Figurenkonstellation funktionieren.

Das Modell, das ich vorstellen möchte, beruht auf der Konstellationsanalyse klassischer Theaterstücke verschiedenster Zeiten und verschiedenster Genres, von Aischylos bis Sarah Kane. Mein Ziel ist es aber nicht, Dramaturgiehistorie zu schreiben. Vielmehr geht es darum, die Theatertradition für die Filmdramaturgie stärker zu nutzen und den klassischen Dramen ihre Geheimnisse abzulauschen, um sie für das Schreiben von Drehbüchern fruchtbar zu machen.

Um Konstellationsgesetzmäßigkeiten auf die Spur zu kommen, ist es zunächst wichtig, eine Konstellation einerseits nicht nur nicht als eine Ansammlung von Atomen zu sehen – also vom Einzelnen auszugehen –, sondern sie andererseits auch nicht in ihrer Gesamtheit – als Ganzes – zu sehen. Konstellationen lassen sich in eine Anzahl von Einzelbeziehungen herunterbrechen, die am besten einzeln in den Blick genommen werden. Eine Figurenkonstellation besteht aus einer Reihe einzelner »Module«, in denen eine eigene Dynamik liegt, die in Kombinationen erhalten bleibt und verstärkt wird.

Was aber sind die elementaren Grundbestandteile, aus denen eine komplexe Figurenkonstellation besteht? Was sind die Module, die Bausteine der Konstellation?

Dyadische und pseudo-triadische Relationen

Unter Dramaturgen kursiert das Bonmot, dass es, um eine Geschichte zu erzählen, nur zweier hungriger Hunde und eines Knochens bedarf. Das Bonmot trifft das Wesen eines klassisches Erzählmodells, in dem ein Protagonist und ein Antagonist im Konflikt um ein *unique object* liegen, das durchaus auch abstrakt sein kann. Um zwei Beispiele aus dem klassischen Theaterrepertoire zu nennen:

In Kleists *Der zerbrochene Krug* geraten der Dorfrichter Adam und sein Schreiber und Assistent Licht in eine Konkurrenzsituation um das Amt des Richters. Der Amtsinhaber Adam hat sich einen schlimmen Fehler zuschulden kommen lassen, und Licht wittert bei einer Inspektion durch den Vorgesetzten Adams die Chance, diesen nach neun Jahren in der Warteposition endlich vom Richteramt zu verdrängen.

Heinrich von Kleist: *Der zerbrochene Krug* [1806] (Reclam 2004)

Ein zweites Beispiel, ein Machtkampf unter Frauen: Maria Stuart und Elisabeth, zwei verfeindete Schwestern, konkurrieren um die Königsmacht in England, Elisabeth hat sich durchgesetzt und Maria ins Gefängnis stecken lassen. Nach Shakespeare'schem Vorbild, bei dem – wie bereits angedeutet – ein (häufig familiärer oder quasi-familiärer) Kernkonflikt politische und bisweilen universale Auswirkungen hat, dehnt Schiller den Machtkampf der verfeindeten Schwestern zu einem Konflikt zwischen Nationen und Konfessionen aus: Maria wird vom katholischen Frankreich unterstützt, während hinter Elisabeth ein anglikanisches England steht. Im Konflikt zwischen Maria und Elisabeth kondensiert die Rivalität einer ganzen Epoche.

DER ZERBROCHENE KRUG
(1937; D: Thea von Harbou; R: Gustav Ucicky)

Im Kleist'schen Beispiel ist das Richteramt der Knochen, an den die beiden Hunde – der Richter und sein Schreiber – heranwollen. Im Falle von Schillers *Maria Stuart* sind die beiden Hunde die Schwestern, der Knochen, den beide für sich erobern wollen, ist die englische Königskrone. Hungrig sind sie alle – Adam und Licht, Maria und Elisabeth.

Das Modell »Zwei Hunde und ein Knochen« hat zwei entscheidende Vorteile: Es ist nicht mehr subjektivistisch wie der Ansatz von Frank Daniel, denn es erzählt von einer Beziehung. Und es produziert sofort einen tiefen Konflikt von Protagonist und Antagonist, in dem sich jeder irgendwie verhalten muss.

Das Modell – obwohl intersubjektiv und obwohl immanent konfliktiv – ist aber noch nicht im eigentlichen Sinne dramatisch. Denn um ein Drama zu erzählen, reicht es nicht, einen Konflikt zu produzieren; Konflikte sind nur die notwendigen, aber noch nicht die hinreichenden Bedingungen für ein Drama. Die Essenz des Dramas liegt in den Entscheidungen, die die Figuren in einem konfliktiven Feld treffen müssen. Das Drama ist ein Stück praktischer Philosophie, die Frage »Wie sollen wir handeln?« beantwortet es immer konkret und in genau entwickelten Entscheidungssituationen.

Welche Entscheidungen aber sind im Modell »Zwei Hunde und ein Knochen« zu treffen? Um es etwas polemisch zu pointieren: Die interessanteste Position in diesem Modell ist die des Knochens. Dies ist die Position des Dritten, der entscheiden muss, wem seine Loyalität im Konflikt zweier Gegner (der ersten beiden Positionen) gehört. In dieser Position des Dritten liegt die *Entscheidung* – zwischen den Positionen des Ersten und des Zweiten liegt der *Konflikt*. Anders formuliert: Zwischen den beiden Hunden (der ersten und zweiten Position) liegt der *äußere Konflikt*, in der Position des Dritten liegt der *innere Konflikt*, der Konflikt der Entscheidung. Diese Betrachtungsweise deutet schon darauf hin, dass aus einer dyadischen konfliktiven Situation erst durch das Hinzutreten einer dritten Position – durch die Erweiterung zur Triade – das Drama entsteht: Erst die triadische Beziehung enthält den (äußeren) Konflikt als notwendige und den inneren Konflikt der Entscheidung als hinreichende Bedingung einer dramatischen Situation.

Dyadische und triadische Relationen

Welche Bindungsoptionen bestehen in einer dyadischen Beziehung, der Beziehung zweier Figuren? Die Antwort ist einfach: Jede der beiden Figuren kann in die Bindung hineinwollen, in ihr bleiben oder sie verlassen wollen. Die Bindungsentscheidung, die die Figuren in einer Dyade haben, reduziert sich im Wesentlichen auf die Frage »ob oder ob nicht«.

»Das Subjekt ist intersubjektiv konstituiert; bis in sein Innerstes hinein trägt das Selbst die Spuren des Anderen. Der Charakter dieses Buches besteht darin, dass es jenes Denken-in-Beziehungen in die Psychoanalyse zurückholt, das ihr zwischendurch verloren gegangen war: Das Subjekt ist keine Monade.«

Stephen Mitchell: *Bindung und Beziehung* (Psychosozial-Verlag 2003)

Deutlicher wird das, wenn wir Dyaden mit Triaden vergleichen. Welche Bindungsoptionen bestehen in einer Beziehung dreier Figuren, einer triadischen Relation? Die Entscheidungssituationen der Figuren sind sofort komplexer, konfliktiver und schmerzhafter. Denn Dreierkonstellationen produzieren notwendigerweise Bündnisse, Ausschlüsse und Loyalitätskonflikte. Und vor allem ist in ihnen das Dilemma, das stärkste und effektivste dramaturgische Werkzeug, das wir haben, zwangsläufig angelegt: Die Entscheidung einer Figur ist nicht – wie in der Dyade –, *ob* sie eine Bindung will oder nicht. Die Entscheidung in einer Triade liegt darin, *welche* Bindung die Figur will. Und egal wie sie sich entscheidet: Eine der beiden anderen Figuren wird aus der Bindung ausgestoßen – das ist die dramaturgische Variante des Gesetzes vom ausgeschlossenen Dritten.

MISS JULIE (1999; D: Helen Cooper; R: Mike Figgis)

Aus genau diesem Grund sind Triaden – und nicht Dyaden – die kleinste Einheit einer Figurenkonstellation. Eine Dyade ist vielleicht konfliktiv, eine Triade aber ist dramatisch, sie ist ein Drama im Nukleus, weil sie über den Konflikt hinaus Bindungsentscheidungen, Loyalitäten in Dilemmasituationen fordert. Dramen sind um Bindungsdilemmata herum aufgebaut. Bindungsdilemmata sind noch fundamentaler und effektiver als moralische Dilemmata. »Hard choices under great pressure« – das ist nach Robert McKee das Zentrum des Dramatischen. Die *hard choices* sind im Ansatz einer relationalen Dramaturgie die Bindungsentscheidungen, vor denen eine Figur steht.

Hierin zeigt sich die intersubjektive Sichtweise des Ansatzes vielleicht am stärksten: Der Mensch ist ein Bindungswesen, er versteht sich primär aus dem Beziehungsnetz heraus, in dem er mit anderen Menschen steht. Aus Bindungen herauszufallen, in Bindungen hineinzuwollen oder sich zwischen konfligierenden Bindungen entscheiden zu müssen – relationale Dramaturgie akzentuiert diese fundamentale Intersubjektivität des Menschen, sein Bindungsverhalten, und stellt sie ins Zentrum ihres Ansatzes, des dramaturgischen »Gesetzes vom ausgeschlossenen Dritten«.

Elementare Triaden und komplexe Figurenkonstellationen

Nun gibt es zwar Theaterstücke, die auf nur drei Figuren beruhen. Zum Beispiel Strindbergs *Fräulein Julie* (das mit dem allerdings abwesenden Vater Julies eigentlich eine Viererkonstellation ist). Oder manche von Tschechows Einaktern. Die meisten Dramen (und natürlich Drehbücher) bestehen aber aus komplexeren Konstellationen mit weitaus mehr Figuren. Die neben der ersten Behauptung (Triaden sind die kleinste Einheit einer Figurenkonstellation) zweite Behauptung der relationalen Dramaturgie lautet, dass sich komplexere Konstellationen sämtlich auf Triaden zurückführen lassen.

August Strindberg: *Fräulein Julie. Ein naturalistisches Trauerspiel* [1888] (Reclam 2003)

Der Grundansatz der relationalen Dramaturgie besteht also darin, Figurenkonstellationen als Konstruktion ineinander verschachtelter triadischer Beziehungen zu sehen. Die Triade ist das Grundmodul einer Konstellation.

Zunächst ist es wichtig, die Dynamik zu verstehen, die eine einzelne Triade bestimmt. Anschließend möchte ich darstellen, wie sich aus einer einfachen Triade durch Erweiterungen eine komplexe Konstellation aufbauen lässt.

Die Grundstruktur der triadischen Relation
Im Kern geht es in einer triadischen Relation darum, dass eine Figur sich zwischen zwei Bindungen entscheiden muss: Welcher von zwei konkurrierenden Figuren gibt die Figur, die sich zwischen ihnen entscheiden muss, den Vorzug? Die Positionen in dieser elementaren Triade lassen sich etwa folgendermaßen benennen:

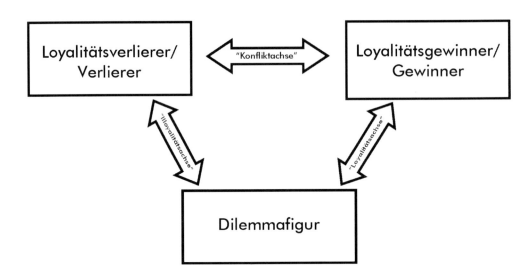

Die *Dilemmafigur* steht vor einer Beziehungsentscheidung: Soll sie gegenüber der einen oder der anderen Figur in der Beziehungstriade loyal sein? Wem soll sie ihre Gunst (Liebe, Akzeptanz, Gefolgschaft) oder – neutraler – ihre »Loyalität« schenken? Diese Beziehungsentscheidung ist der größte *innere Konflikt* in der triadischen Relation. Die Dilemmafigur hat dabei genau vier Beziehungsoptionen: Sie kann ihre Loyalität (1) der einen, (2) der anderen, (3) beiden oder (4) keiner der beiden anderen Figuren in der Beziehungstriade gewähren.

Am interessantesten (weil konfliktreichsten) sind zunächst die ersten beiden Optionen (zu den anderen komme ich später) – entsprechend lassen sich die anderen beiden Positionen in der Triade als *Loyalitätsverlierer* (oder einfacher: Verlierer) und *Loyalitätsgewinner* (Gewinner) bezeichnen.

Um auch den Beziehungen zwischen den Figuren Namen zu geben, möchte ich die Beziehung zwischen der Dilemmafigur und dem Loyalitätsgewinner »*Loyalitätsachse*« und die Relation zwischen der Dilemmafigur und dem Loyalitätsverlierer entsprechend »*Illoyalitätsachse*« nennen. Die Beziehung zwischen Loyalitätsgewinner und Loyalitätsverlierer ist potenziell die Beziehung, in der der größte *äußere Konflikt* liegt. Es ist die Beziehung, in der zwei Figuren um die Loyalität der im inneren Konflikt der Bindungsentscheidung liegenden Dilemmafigur kämpfen. Weil hier der größte Druck und der größte äußere Konflikt liegen, bezeichne ich diese Beziehung als »*Konfliktachse*«. Diese Terminologie mag glücklich sein oder nicht – sie dient allein dem Zweck, die verschiedenen Positionen und Beziehungen klar zu bezeichnen.

Die »Loyalität« der Dilemmafigur ist ein absichtlich sehr weit gefasster Begriff. Die Loyalität kann Liebe sein, Anerkennung, Gunst. Je nach dem Typus der Triade stehen andere Gefühle im Vordergrund – die Struktur der Triade ist aber immer gleich. Um zu illustrieren, was damit gemeint ist, möchte ich ein paar Beispiele aus der klassischen Theaterliteratur geben.

Typen von triadischen Relationen
Eine Liebestriade – eine Frau muss sich zwischen zwei Männern oder ein Mann zwischen zwei Frauen entscheiden – ist die vielleicht eingängigste und wahrscheinlich die am häufigsten verwendete triadische Relation überhaupt. In Schillers *Räubern* zum Beispiel steht Amalia im Dilemma, sich zwischen Franz und Karl Moor entscheiden zu müssen – ihre Loyalität (in einer Liebestriade natürlich: ihre Liebe) gilt Karl (dem Loyalitätsgewinner), Franz kann sie nicht gewinnen (Loyalitätsverlierer). Der Konflikt von Franz und Karl wird noch dadurch gesteigert, dass sie Brüder sind. Schillers *Räuber* akzentuiert die klassische Liebes- oder Eifersuchtstriade als Brüderrivalität.

Friedrich Schiller: *Die Räuber* [1781] (Reclam 1986)

Im gleichen Stück muss sich der Vater Maximilian entscheiden, welchem seiner beiden Söhne (Karl oder Franz) er seine Gunst gewährt, wen er mehr schätzt oder eine größere Anerkennung zollt – die *Räuber* sind auch ein Stück über die Rivalität zweier Brüder um die Liebe und Anerkennung des Vaters. Derartige Geschwisterrivalitäten um die Gunst der Eltern sind ein klassisches, wahrscheinlich universelles Thema. In Shakespeares *King Lear* zum Beispiel unterliegt diese Tri-

William Shakespeare: *König Lear* [1607] (Reclam 1986)

ade beiden Haupthandlungssträngen: Lear (als Dilemmafigur) liebt seine jüngste Tochter Cordelia (die Loyalitätsgewinnerin) mehr als die älteren beiden (die Loyalitätsverliererinnen) – daher trennt die älteren beiden Töchter Goneril und Regan eine tiefe Rivalität von ihrer jüngeren Schwester, obwohl der König bemüht ist, sie äußerlich alle drei gleich zu behandeln. Dieser Konflikt um die Liebe und Anerkennung des Vaters ist im zweiten Strang des Stücks gespiegelt: Edgar wird von seinem Vater Gloucester (der Dilemmafigur) weitaus stärker geliebt als sein Bruder Edmund. Daher setzt Edmund, der Loyalitätsverlierer, alles daran, seinen Bruder von der Seite des Vaters zu vertreiben, was ihm zunächst auch gelingt. Natürlich kann diese Eltern-Kind(er)-Problematik auch umgekehrt verlaufen: In Ibsens Stück *John Gabriel Borkman* muss sich Erhart, ein junger Mann Anfang zwanzig, entscheiden, ob seine Loyalität seiner Mutter Gunhild oder seiner Adoptivmutter Ella gehört, weil Ella kurz vor ihrem Tod Klarheit über die Zugehörigkeiten verlangt – ein Sohn, dem die Wahl zwischen zwei Müttern aufgezwungen wird und der in der Triade weder die Position des Loyalitätsgewinners noch die des Loyalitätsverlierers einnimmt, sondern die Position der Dilemmafigur.

Henrik Ibsen: *John Gabriel Borkman* [1896] (Reclam 1986)

Eine dritte Art von Triaden (neben den Geliebten-Triaden und den Eltern-Kind-Triaden) sind Ablösungskonflikte, in denen eine Figur im Bindungsdilemma zwischen ihrer Herkunftsfamilie und ihrem Geliebten oder ihrer Geliebten steht. Zum Beispiel in Shakespeares *Hamlet*. Ophelia muss sich entscheiden, ob ihre Loyalität ihrem Vater Polonius und ihrem Bruder Laertes oder ihrem Geliebten Hamlet gilt: eine junge Frau im Dilemma zweier Zugehörigkeiten – der zu ihrer Familie und der zu ihrem Geliebten. Der Konflikt zwischen beidem (auf der »Konfliktachse«) wird so stark, dass Ophelia daran zugrunde geht und schließlich Selbstmord verübt. Triadische Konstruktionen sind natürlich umso effektiver, je stärker sie in Beziehungen angesiedelt sind, die in – sehr häufig familiären – Näheverhältnissen spielen: Wären ihr Bruder und ihr Vater Ophelia einfach gleichgültig, würde sie in keinem echten Dilemma stehen.

Anton Tschechow: *Die drei Schwestern* [1901] (Reclam 1998)

Natürlich gibt es weitere Typen von Triaden. In Tschechows *Die drei Schwestern* steht ein Mann im Dilemma, ob er zu seiner Frau oder seinen Schwestern halten soll. In der Zeit der Patchworkfamilien entstehen neue Bindungsdilemmata. Und weiter gibt es solche, die eine Figur in eine Spannung zwischen Beruf und Privatem setzen.

Mehr als an einer Typologie von Triaden bin ich aber an einer Strukturanalyse und einer Analyse der Dynamik innerhalb der Triade – als Grundmodul einer komplexeren Figurenkonstellation – interessiert. Um diese Dynamik innerhalb der Triade etwas genauer zu verstehen, möchte ich die drei Achsen gesondert in den Blick nehmen.

Die Struktur der triadischen Relation: Konfliktachse und Loyalitätsachse
Es gibt Filmgenres, die sich fast ausschließlich auf die Konfliktachse verlassen – so sehr, dass sie (eigentlich undramatisch) die Position der Dilemmafigur fast völlig ausblenden. Western zum Beispiel oder Thriller. Protagonist und Antagonist kämpfen hier häufig nicht um die Loyalität einer Dilemmafigur, sondern – wesentlich äußerlicher – um ein *unique object*. Weil dies zwar sehr spannend sein kann, aber tendenziell auch unemotional ist, gibt es in diesen Genres häufig die Figur einer oder eines Geliebten, der oder die einen (manchmal mehrfachen) Funktionswechsel durchmacht und zum Beispiel zunächst als Helfer des Antagonisten erscheint, dann aber zur Geliebten des Protagonisten wird. Eve Kendall in Hitchcocks NORTH BY NORTHWEST zum Beispiel erscheint anschließend wieder als Geliebte des Antagonisten, um abschließend als Geliebte des Protagonisten zu enden. Mit diesem Mittel installiert der Thriller – auf der Beziehungslinie – eine Dilemmafigur, die die Emotionalität in den Film hineinbringt, der andernfalls vielleicht »nur« spannend wäre.

NORTH BY NORTHWEST (Der unsichtbare Dritte; 1959; D: Ernest Lehman; R: Alfred Hitchcock)

Andere Genres verlassen sich fast überhaupt nicht auf die Konfliktachse, obwohl sie sie anlegen. In (klassischen) Melodramen zum Beispiel steht eine Frau im Konflikt zwischen Ehemann und Geliebtem. Der Konflikt wird in diesem Genre aber nicht zwischen Ehemann und Geliebtem ausgetragen, sondern das Genre interessiert sich stärker für den inneren Konflikt der Frau als Dilemmafigur. Modernere Melodramen setzen die Frau eher in den Konflikt zwischen Beruf und Familie – akzentuieren aber auch hier vor allem den inneren auf Kosten des das Genre weniger interessierenden äußeren Konflikts.

Die Konfliktachse ist, obwohl auf ihr die größte äußere Spannung der Konstellation lastet, dramatisch weniger interessant. Das liegt daran, dass die Beziehung zwischen Loyalitätsverlierer und Loyalitätsgewinner zumeist reziprok und eindimensional ist. Hamlets und Laertes' Beziehung ist durch Aggression bestimmt, abgemildert durch eine gewisse Mäßigung mit Rücksicht auf die Geliebte bzw. die Schwester Ophelia. Auf der Konfliktachse dominieren – reziprok – Eifersucht, Ablehnung und Hass. Die Position des Loyalitätsverlierers ist natürlich die schwächste und am meisten gefährdete, entsprechend geht von ihr die größere Aggression aus, wohingegen der Loyalitätsgewinner tendenziell gelassener ist. Der Loyalitätsgewinner ist in der gesamten Triade die uninteressanteste Figur. Erst in dem Moment, in dem die Loyalität der Dilemmafigur zu changieren beginnt, der Gewinner also zum Verlierer wird oder zu werden droht, kippt das Engagement, und der vormalige Loyalitätsgewinner wird zum aggressiveren Teil der Beziehung. In einem Roman wie Goethes *Werther* spielt Albert – als vermeintlich fester Gewinner von Lottes Loyalität und Liebe – fast keine Rolle. Erst als Lotte

LE ROMAN DE WERTHER (Werther; 1938; D: Hans Wilhelm; R: Max Ophüls)

Johann Wolfgang von Goethe: *Die Leiden des jungen Werther* [1774] (Reclam 2001)

Essays

Eva Mattes und Klaus Kinski in WOYZECK (1979; D+R: Werner Herzog)

zu schwanken beginnt und Albert sie zu verlieren droht, muss er die Initiative ergreifen und etwas gegen Werther unternehmen.

Die Loyalitätsachse, die Beziehung zwischen Dilemmafigur und Loyalitätsgewinner, ist ebenso symmetrisch und reziprok wie die Konfliktachse – nur dass sie auf einem anderen Gefühl baut: Romeo liebt Julia, und Julia liebt Romeo. Dasselbe Bild ergibt sich zwischen Lotte und Albert, eine perfekte oder weniger perfekte Liebe. Es gibt aber nichts Langweiligeres als die perfekte Liebe. Sogar die Konfliktachse ist interessanter, eben weil es auf ihr die Spannung zwischen Verlierer und Gewinner gibt. Die perfekte Liebe dagegen hat weder ein Konfliktpotenzial, noch impliziert sie eine Entscheidungssituation. Der *Werther* ohne Werther würde als Geschichte zwischen Lotte und Albert nicht einmal den drögesten Biedermeier-Dichter interessieren.

Die Struktur der triadischen Relation: Die Illoyalitätsachse

Georg Büchner: *Woyzeck* [1879] (Reclam 1999)

Büchners *Woyzeck* baut auf einer ähnlichen, sehr reduzierten Konstellation wie Goethes *Werther*. Marie Zickwolf steht im Dilemma zwischen Woyzeck, mit dem sie seit zwei Jahren liiert ist und mit dem sie ein Kind hat, und einem namenlosen Tambourmajor, mit dem sie eine Affäre beginnt, vielleicht weil sich ihre Liebe zu Woyzeck verloren hat, vielleicht weil diese Liebe nie richtig vorhanden war, vielleicht weil sie sich einen sozialen Aufstieg erhofft. Eine klassische Liebestriade mit fast schon modernem soziologischem Gespür, in dem sich schon Stoffe von Gerhart Hauptmann andeuten. Der Stoff würde – als Melodram geführt – Maries Entscheidungssituation betonen. Ein aktionaleres klassisches Eifersuchtsdrama würde den (äußeren) Konflikt zwischen Woyzeck und dem Tambourmajor in den Vordergrund rücken. So wie Büchner den Stoff aber behandelt, liegt der Akzent nicht auf der Konfliktachse – tatsächlich gibt es sehr wenig Szenen zwischen Woyzeck und dem Tambourmajor –, sondern auf der Illoyalitätsachse. Von der Konstellation her ähneln sich *Woyzeck* und *Werther* daher – sowohl der Roman als auch das Drama legen das Gewicht auf die beiden Loyalitätsverlierer Werther und Woyzeck.

Die Illoyalitätsachse, die Beziehung zwischen Loyalitätsverlierer und Dilemmafigur, ist die dramaturgisch interessanteste Beziehung. Das hat seinen Grund darin, dass die Beziehung – anders als die anderen beiden Achsen der Triade – nicht reziprok ist: Sie bekommt sozusagen zwei differente Richtungen. Der Loyalitätsverlierer will in der Illoyalitätsachse etwas grundsätzlich anderes als die Dilemmafigur. Der Verlierer will die Bindung, oder er will vielmehr in die Bindung hinein. Die Dilemmafigur dagegen will das genaue Gegenteil – oder jedenfalls nicht die Art von Bindung, die der Verlierer will. Werther will Lottes Liebe erobern. Lotte will ihn – allenfalls – als Freund. Woyzeck tötet Marie, weil sie ihn verraten hat: Er wollte von ihr, seiner Frau, die Bindung, die sie dem Tambourmajor gewährt hat. Der Loyalitätsverlierer hat damit zu kämpfen, dass ihm eine Bindung, die er will und braucht, verwehrt wird.

Das hat zwei wichtige Konsequenzen. Zum einen hinsichtlich der Empathiesteuerung. Der Königsweg zur Empathieerzeugung im Drama liegt darin, einer Figur die Bindung, in die sie hineinwill, zu verwehren. In der intersubjektivistischen Sichtweise der relationalen Dramaturgie ist der Bindungsausschluss grundsätzlich das Schlimmste, was einer Figur passieren kann. Isoliert zu sein, aus Gruppen ausgeschlossen zu werden, scheint etwas zu sein, was dem Menschen als Bindungswesen zutiefst wehtut – ein Leiden der Figur an ihrem Bindungsausschluss führt unmittelbar zum Mitleiden des Publikums mit der Figur. Wir leiden mit Werther, weil die Bindung an Lotte ihm verwehrt ist. Die emotionale Logik unterhalb der Plotlogik (die immer die entscheidende ist!) lässt den Verlierer alles tun, um die Liebe (oder Anerkennung – die Loyalität) der Dilemmafigur wiederzugewinnen.

Die andere Konsequenz besteht hinsichtlich der Frage, wer eigentlich im Ansatz einer relationalen Dramaturgie der Protagonist ist. In triadischen Relationen gibt es immer zwei Typen von Protagonisten: Der Protagonist kann entweder die Dilemmafigur oder der Loyalitätsverlierer sein. Der Protagonist kann entweder darunter leiden, die Loyalitätsentscheidung treffen zu müssen, die ihn quält, oder er kann – als Verlierer (wie Werther oder Woyzeck) – unter dem Bindungsausschluss leiden. Der Protagonist muss immer Teil der Illoyalitätsachse sein (als

Dilemmafigur oder Verlierer) – es gibt meines Erachtens schlichtweg kein Drama, in dem der Protagonist der Loyalitätsgewinner ist.

Die Dynamik der Positionen innerhalb der triadischen Relation
In einer triadischen Beziehung entsteht die Konstellationsdynamik also daraus, dass der Loyalitätsverlierer, der ausgeschlossene Dritte, die Loyalität der Dilemmafigur gewinnen möchte – damit stößt er auf den Widerstand des Gewinners, woraus der größte äußere Konflikt resultiert. Durch diese Struktur produziert eine triadische Relation notwendigerweise die beiden wichtigsten Momente des Dramas: den äußeren Konflikt (auf der Konfliktachse) und den inneren Konflikt der Beziehungsentscheidung (in der Dilemmafigur).

Nun verbleiben Triaden in Dramen niemals in den statischen Ausgangspositionen, in ihnen vollzieht sich vielmehr eine Bewegung, denn Triaden sind eine immanent dynamische Konstellation. Die Dynamik der Triade hängt ganz von den Bindungsentscheidungen der Dilemmafigur ab, die ihre Loyalitäten wechselhaft verteilen kann. Die emotionale Logik der Konstellation beruht auf den Loyalitäts- und Bindungswechseln der Dilemmafigur. Woyzeck wähnt sich zunächst als Loyalitätsgewinner, bis ihm bewusst wird, dass Maries Loyalität dem Tambourmajor gilt – ein Loyalitätswechsel, der Woyzeck zum Verlierer macht. Gloucesters Loyalität wechselt durch die Intrige des Loyalitätsverlierers Edmund von Edgar, dem älteren Sohn und ehelichen Kind, eben zu Edmund, dem jüngeren, unehelichen Sohn. Als Gloucester die Intrige des jüngeren Sohns zu durchschauen beginnt, wechselt seine Loyalität zurück zum älteren. Edmund wird abermals zum Verlierer. Schiller kopiert diesen Loyalitätswechsel des Vaters in den *Räubern*: Auch hier gewinnt der ungeliebte Sohn die Loyalität des Vaters durch eine Intrige, um sie wieder zu verlieren, als die Intrige durchschaut wird.

Diese Loyalitätswechsel der Väter – Gloucester in *King Lear* und Maximilian in den *Räubern* – illustrieren die ersten beiden Möglichkeiten, wie eine Dilemmafigur ihr Dilemma lösen kann: Sie kann ihre Loyalität jeweils dem *einen* oder dem *anderen* gewähren, ihn lieben oder anerkennen. Die emotionale Dynamik der Triade entsteht daraus, dass die Loyalität der Dilemmafigur changiert, dass die Verliererfigur die Loyalität der Dilemmafigur gewinnt und die vormalige Gewinnerfigur sie verliert und zurückzugewinnen versucht. Für die Dilemmafigur selbst liegt die Qual des inneren Konfliktes in der Entscheidung – sowohl Gloucester als auch Maximilian zum Beispiel leiden unter ihrem Loyalitätswechsel.

Es gibt zwei weitere Möglichkeiten, wie eine Dilemmafigur ihr Dilemma lösen kann. Sie kann versuchen, ihre Loyalität *beiden* zu gewähren, die darum ringen: Warum sollte ein Vater nicht beide Söhne lieben können? Oder, wie King Lear, alle drei Töchter? Die Lösung des Dilemmas nach dem Muster »Sowohl – als auch« ist aber die prekärste und instabilste aller Lösungen. Tatsächlich kenne ich kein Drama, in dem ein »Sowohl – als auch« am Ende die Lösung wäre. Es ist ein Zustand, den das Drama in seinem Verlauf zwar auszuhalten versuchen kann, der aber niemals seine Auflösung ist.

Goethe hat in seiner *Stella* einen Mann, Fernando, zwischen zwei Geliebte gesetzt: Cäcilie und Stella. Fernando ist der Vater von Stellas verstorbener Tochter Mina und von Cäcilies Tochter Lucie. In seiner ersten Fassung des Stücks hat Goethe eine utopische Auflösung nach dem Muster des »Sowohl – als auch« versucht: Fernando wird über das Stück hinaus – in einer von den männlichen Autoren des Sturm und Drang häufig propagierten Liebesgemeinschaft – mit beiden Frauen zusammenleben. Das wurde als so skandalös empfunden, dass Goethe – übrigens auch unter dem Einfluss Schillers, der real eine solche Situation ja zu leben versucht hat – diesen Schluss 30 Jahre später geändert hat: Aus der Lösung nach dem Muster des »Sowohl – als auch« wird eine Lösung nach dem Muster »Weder – noch«. Zerrissen zwischen seiner Liebe zu beiden Frauen, begeht Fernando Selbstmord. Im Moment des Sterbens leistet Stella Verzicht auf ihn und akzeptiert Cäcilie als Ehefrau Fernandos. Auch für Stella bleibt nur der Weg in den Tod. Aus der utopischen Liebesgemeinschaft des »Schauspiels für Liebende« (so die Gattungsbezeichnung der ersten Fassung) wird – im Untertitel der zweiten Fassung – ein »Trauerspiel«.

Johann Wolfgang von Goethe: *Stella* [1816] (Reclam 1986)

Die Lösung des Dilemmas nach dem Muster des »Sowohl – als auch« ist übrigens häufig eine Variante, die Komödien in ihrem Handlungsverlauf wählen. Goldonis Arlecchino-Figur im *Diener zweier Herren* wählt eben beide Herren und weigert sich, das Dilemma anders zu lösen – schließlich profitiert er vom doppelten Gehalt. In Molières *Menschenfeind* geht der prekäre Zustand des »Sowohl – als auch« so weit, dass Célimène, eine »junge Witwe«, eine Entscheidung zwischen insgesamt vier Bewerbern um ihre Liebe verweigert und sie alle im Glauben lässt, dass sie eine Chance hätten, ihre Liebe zu gewinnen.

Carlo Goldoni: *Der Diener zweier Herren* [1746] (Reclam 1997)

Nach den drei vorgestellten Varianten, in denen eine Dilemmafigur sich entscheiden kann (für den *einen*, den *anderen* oder für *beide*) gibt es schließlich eine vierte – und letzte – Lösung des Dilemmas: die Lösung des »Weder – noch«, die Dilemmafigur verlässt beide. Während die Lösung eines Dilemmas nach dem Muster »Sowohl – als auch« tendenziell eine komödiantische ist, ist die Lösung nach dem Muster »Weder – noch« (wie schon das Beispiel von Goethes *Stella* gezeigt hat) zumeist eine tragische. Denn Komödien erzählen vom Bindungs*überschuss*, den sie regulieren müssen, Tragödien dagegen erzählen von einem für die Hauptfigur universellen Bindungs*verlust*. In tragischen Konstellationen

Jean Racine: *Berenike / Britannicus* [1669] (Verlag der Autoren 2002)

»Loyalitätsbindungen gleichen unsichtbaren, aber starken Fasern, welche die komplizierten Teilchen des Beziehungsverhaltens in Familien wie auch in der Gesellschaft zusammenhalten. Um das Funktionieren einer Gruppe zu verstehen, muss man allein wissen, wer mit wem durch Loyalität verbunden ist und was Loyalität für die so Verbundenen bedeutet.«

Ivan Boszormenyi-Nagy, in: I. B.-N / Geraldine M. Spark: *Unsichtbare Bindungen* (Klett-Cotta 2006)

bleibt der Figur niemand mehr, zu der sie gehen könnte – Macbeth endet genauso in der völligen Isolation wie Racines Nero in *Britannicus*. Ausdruck dieses dramatischen Bindungsverlusts der Dilemmafigur, die sich vom Loyalitätsgewinner *und* vom Loyalitätsverlierer abwendet, ist häufig der Weg in den Tod.

Ein klassisches und einfach greifbares Beispiel ist der Weg der Titelfigur in Strindbergs *Fräulein Julie*. Julie steht im Ablösungskonflikt zwischen ihrem (im Stück abwesenden) Vater und ihrem Geliebten, dem Bediensteten Jean. Am Anfang des Stück gilt ihre Loyalität dem Vater (der »eine«), dann wechselt sie zu Jean (der »andere«). Für einen utopischen Moment scheint es die Lösung zu geben, dass es ein Leben mit Jean und der Billigung des Vaters geben könnte (»Sowohl – als auch«, »beide«). Schließlich endet Julie in der allergrößten Verzweiflung, weil klar wird, dass sie mit Jean nicht wird zusammenleben können, dass ihr aber – weil sie mit Jean geschlafen hat – auch der Rückweg zum Vater verwehrt ist (»weder – noch«, »keiner«). Als (tragischer) Ausweg bleibt Julie nur der Tod, sie begeht Selbstmord.

Triadische Relationen – eine Zusammenfassung

Triadische Figurenbeziehungen bieten gegenüber dyadischen Beziehungen also eine Reihe von dramaturgischen Vorteilen: Triaden ist – auf der Konfliktachse – ein starker *äußerer Konflikt* zu eigen, der dadurch emotionalisiert ist, dass zwei Figuren um die Bindung zu einer dritten kämpfen. Diese dritte Figur steht im Dilemma, sich zwischen den beiden *entscheiden* zu müssen – ein starker *innerer Konflikt*. Dieses Ineinander von Konflikt und (Bindungs-)Entscheidungen macht eine Triade zum einfachsten und grundsätzlichsten Modul eines Dramas.

Durch die Entfaltung der Entscheidungsoptionen der Dilemmafigur wird die Triade aus einer bloß *statischen* weiterhin zu einer *dynamischen* Konstellation: Je nachdem, wem die Dilemmafigur ihre Loyalität schenkt – einem, dem anderen, beiden oder keinem –, werden andere Allianzen innerhalb der Triade gebildet, aus einem vormaligen Verlierer kann ein Gewinner werden und umgekehrt.

Auf dieser Dynamik beruht die emotionale Logik der Konstellation, in der es um die grundsätzlichen Fragen der Bindung geht: Welche Figur will welche Bindung? Wer verweigert diese, wer steht ihr entgegen? Welche Bindungsoptionen stehen der Figur alternativ zur Verfügung?

Der Übergang zu komplexen Figurenkonstellationen

Triaden sind die Grundmodule einer Konstellation. Bisher habe ich mich darum bemüht, die in ihnen liegende Dynamik zu entfalten und genauer zu beschreiben. Nun gibt es aber kaum Stücke – geschweige denn Filme –, die nur auf einer Triade aufbauen. Figurenkonstellationen im Drama sind deutlich komplexer. Die Frage ist nun, wie sich komplexere Figurenkonstellationen aus vergleichsweise einfach strukturierten Triaden entwickeln lassen.

Auf diese Frage gibt es zwei Antworten. Zum einen lassen sich aus Triaden komplexere Konstellationen gewinnen, indem die einzelnen Positionen der Triade verdoppelt (oder gar vervielfacht) werden. Ein einfaches »Splitting« einer triadischen Position macht aus einem triadischen Grundmodul bereits eine Vierer- oder Fünferkonstellation. Zum Zweiten lassen sich Triaden miteinander kombinieren und ineinander verschachteln. Komplexere Figurenkonstellationen sind Kombinationen von Triaden, in denen die oben analysierte Dynamik bestehen bleibt und durch die Addition weiterer Triaden verstärkt und verkompliziert wird.

Beide Wege, um von der einfachen Triade zur komplexeren Figurenkonstellation zu gelangen – durch Splitting der triadischen Positionen und durch eine Kombinatorik von Triaden –, möchte ich nun gesondert vorstellen.

Komplexe Figurenkonstellationen: Splitting der triadischen Positionen
Das Verfahren ist sehr einfach: Jede der drei Positionen der elementaren Triade – die der Dilemmafigur, des Loyalitätsverlierers und des Loyalitätsgewinners – lässt sich verdoppeln, verdreifachen oder beliebig oft vervielfältigen. Durch dieses Splitting einer Position bleibt ihre grundsätzliche Haltung und Dynamik in der emotionalen Logik der Triade gänzlich unberührt. Wenn beispielsweise die Position des Loyalitätsverlierers verdoppelt wird, wollen beide Loyalitätsverlierer die Loyalität der Dilemmafigur gewinnen – allerdings ohne dass es zwischen ihnen zu einem Konflikt kommt.

In Shakespeares *Hamlet* beispielsweise ist in der bereits oben genannten Ophelia-Triade die Position des *Loyalitätsverlierers* gedoppelt. Zur Erinnerung: Ophelia muss sich (als Dilemmafigur) zwischen Hamlet (dem Gewinner) und den beiden Verlierern Laertes (ihrem Bruder) und Polonius (ihrem Vater) entscheiden. Ophelias Vater und ihr Bruder sind beide Verlierer ihrer Loyalität – ein klassisches Beispiel eines Splittings der Position des Loyalitätsverlierers. Entsprechend verläuft die Konfliktachse dieser Triade zwischen Polonius und Laertes auf der Seite des Loyalitätsverlierers und Hamlet, dem Loyalitätsgewinner, auf der anderen Seite. Was auf der Ebene der Plotlogik im *Hamlet* ein Zufall ist, hat auf der Ebene der emotionalen Logik einen tiefen Sinn: Hamlet tötet Ophelias Vater Polonius – ein quasi archetypischer Konflikt zwischen Vater und Geliebtem der Tochter. Die Verdopplung der Verliererposition führt dazu, dass diese Position nach Polonius' Tod nicht nur nicht verschwindet – sondern dass der Druck auf der Konfliktachse sogar noch wächst: Ophelias Bruder Laertes hat nun auch noch ein Rachemotiv, Polonius' Ablehnung Hamlets ist in Laertes' Ablehnung nicht nur gedoppelt, sondern sogar verstärkt. Ähnliche Verdopplungen tauchen bei Shakespeare übrigens immer wieder auf.

Ein weiteres Beispiel für eine Verdopplung der Position des Loyalitätsverlierers ist Ibsens *John Gabriel Borkman*. Zwei Frauen – die Schwestern Ella und Gunhild – streiten sich um die Position der Mutter für den erwachsenen Sohn Erhart. Im Verlauf des Stücks aber wird klar, dass alle beide Verlierer sind: Erhart steht nämlich nicht eigentlich im Dilemma zwischen zwei Müttern, sondern im Dilemma zwischen der Geliebten und den Müttern – einem verspäteten Ablösungskonflikt. Erhart verlässt die Familie mit seiner Geliebten Fanny Wilton ganz, beide Mütter Ella und Gunhild sind die Verlierer.

Natürlich können auch die anderen Positionen der elementaren Triade verdoppelt oder mehrfach wiederholt werden, um aus einer einfachen Triade zu einer komplexeren Konstellation zu gelangen. Schillers *Räuber* sind ein gutes Beispiel für eine Verdopplung der Position der *Dilemmafigur*. Die beiden Brüder Karl und Franz konkurrieren nämlich sowohl um die Gunst des Vaters (als erster Dilemmafigur) als auch um die Gunst Amalias (als zweiter Dilemmafigur). Der dramaturgische Sinn ist eindeutig: Die Konkurrenz der Brüder ist größer, wenn sie um Vater und Geliebte konkurrieren, als wenn sie nur um die Geliebte oder nur um den Vater konkurrierten.

In den bisherigen Beispielen sind die jeweils genannten Positionen verdoppelt. Die Positionen in der basalen Triade können aber nicht nur verdoppelt, sondern prinzipiell noch häufiger wiederholt werden. Auch hier zur Verdeutlichung ein paar Beispiele:

In Molières *Menschenfeind* ist die Position des Loyalitätsverlierers verdreifacht: Célimène, die »junge Witwe«, muss sich als Dilemmafigur zwischen Alceste, Oronte, Acaste und Clitandre entscheiden. Ihre Liebe gilt eigentlich Alceste, dem Menschenfeind – nur versteckt sie ihre Entscheidung. Das Stück hält das Dilemma fast bis zum Ende auf der prekärsten aller Positionen: dem »Sowohl – als auch«. Auf der Position der Verlierer stehen also tatsächlich Oronte, Acaste und Clitandre. Dass Célimène – wie der Menschenfeind Alceste auch – am Ende leer ausgeht und all ihre Liebhaber sie verlassen, das Dilemma also nach dem Muster des »Weder – noch« gelöst wird, ist einer der Gründe dafür, warum die Komödie häufig als Tragikomödie bezeichnet wird: Der komische Bindungsüberschuss am Anfang weicht dem tragischen Bindungsausschluss am Ende des Stücks.

Die Räuber – um auch sie ein letztes Mal zu bemühen – gehen in der Aufsplitterung einer Position sogar noch weiter: Spiegelberg und

Karl Moor kämpfen um die Loyalität der Räuberbande – beide wollen ihr Hauptmann werden. Die Bande fungiert in dieser Triade als Dilemmafigur. Neben den nicht sprechenden Rollen tauchen sieben verschiedene namentlich genannte Räuber auf, die sich – in dieser Triade – die Position der Dilemmafigur teilen.

Obwohl Verdopplungen oder Iterationen einer der Positionen der basalen Triade ein probates und häufig angewandtes Mittel sind, um zu komplexeren Konstellationen zu gelangen, haben sie einen entscheidenden Nachteil: Sie fallen in der Entwicklung einer Konstellation schnell wieder einer Zusammenlegung anheim, weil die Figuren aus dramaturgischer Sicht häufig nicht differenziert genug erscheinen. Warum, fragt eine gute Dramaturgin oder ein guter Dramaturg sehr schnell, sollen wir die kostbare Zeit des Dramas mit zwei schlecht entwickelten Figuren verbringen, die denselben Zweck erfüllen, wenn wir doch die gleiche Zeit mit einer besser entwickelten einzelnen Figur teilen könnten? Die Antwort lautet: Ein Splitting einer Position hat dann ei-

Ethan Hawke und Julia Stiles in HAMLET (2000; D+R: Michael Almereyda)

nen dramaturgischen Sinn, wenn das Splitting die Position stärkt. Das Ophelia-Beispiel zeigt, wie das gemeint ist: Wenn Hamlet Ophelias Vater, einen der beiden Loyalitätsverlierer, tötet, hat er es mit einem zweiten zu tun – Laertes, dessen Aggressivität Hamlet gegenüber noch größer ist. Außerdem hat dieses Splitting der Position des Loyalitätsverlierers in Ophelias Vater und ihren Bruder auch eine Folge für die Dilemmafigur: Ophelias innerer Zugehörigkeitskonflikt zwischen ihrem Vater und Bruder einerseits und Hamlet, ihrem Geliebten, andererseits wird noch größer, wenn ihr Geliebter zum Mörder ihres Vaters wird. Wenn die Verdopplung einer Position diese also tatsächlich stärkt, ist sie ein einfaches und effektives Mittel, eine komplexere Konstellation zu erzeugen – wenn die Verdopplung der Position aber schadet, weil die tatsächlichen Figuren, die auf ihr stehen, dadurch blasser werden, ist es besser, von einer Verdopplung abzusehen.

Komplexe Figurenkonstellationen: Verschachtelung von Triaden
Der zweite Weg, um von einer basalen Triade zu einer komplexen Figurenrelation zu gelangen, ist die Kombination von Triaden. Je häufiger eine Figur trianguliert ist, desto komplexer ist sie. Weil die relationale Dramaturgie eine Figur primär intersubjektiv, also in Beziehungen stehend, sieht, ist es aus dieser Sichtweise heraus eindeutig, dass die Figur, die in den meisten Beziehungen steht, der Protagonist ist.

Was aber heißt es genau, Triaden ineinander zu verschachteln oder sie miteinander zu kombinieren? Um dies zu erläutern und gleichzeitig zu demonstrieren, möchte ich nochmals – in einer vertieften Besprechung – auf *Hamlet* zurückgreifen, weil durch die Erläuterung der Ophelia-Triade bereits ein großer Baustein der Konstellation eingeführt ist.

Die Backstory in *Hamlet* beruht auf genau dem Konflikt, den wir auch aus den *Räubern* kennen (und an dem man auch sehen kann, wo Schiller zur Schule gegangen ist): Zwei Brüder liegen im Konflikt um dieselbe Frau. Bei Schiller sind es Karl und Franz, die um Amalia (als Dilemmafigur) kämpfen, bei Shakespeare sind es die Brüder Hamlet (der gleichnamige Vater der Titelfigur) und Claudius, die um die Liebe der Dilemmafigur Gertrude konkurrieren. Claudius setzt sich gegen seinen Bruder Hamlet (den Vater) durch, indem er ihn ermordet. Knapp zwei Monate später hat Claudius Gertrude geheiratet und ist damit auch zum König von Dänemark geworden. In der Backstory-Triade sind Gertrude die Dilemmafigur, Claudius der Loyalitätsgewinner und Hamlet (der Vater) der Loyalitätsverlierer.

Die Gegenwartshandlung kommt durch ein Splitting der Position des Loyalitätsverlierers in Gang: Sie wird gedoppelt, sodass sie durch Hamlet (den Vater) und Hamlet (den Sohn) besetzt ist. Hamlet (der Vater) erscheint seinem Sohn als Geist und gibt ihm den Auftrag, sich an Claudius, dem Mörder, zu rächen. Die Konfliktachse der Triade verläuft also zwischen Hamlet (Vater) und Hamlet (Sohn) auf der einen und Claudius auf der anderen Seite, die Aggression und Dynamik geht von der Position des Loyalitätsverlierers (also den beiden Hamlets) aus. Durch das Splitting der Verliererposition steht Gertrude nun im Dilemma, sich zwischen Geliebtem und ihrem Sohn entscheiden zu müssen, Hamlet (der Sohn) will in der emotionalen

HAMLET (1996: D+R: Kenneth Branagh)

Logik der Triade die Loyalität der Mutter wiedergewinnen und sie zum Abfall von Claudius bewegen. Der Einfachheit halber nenne ich diese Triade – um sie gegen die oben analysierte »Ophelia-Triade« abzugrenzen – die »Gertrude-Triade«.

Zunächst fällt auf, dass die beiden Triaden, im Sinne einer dramatischen Konsistenz, analog gebaut sind: Mit Ophelia und Gertrude sind zwei Frauen die Dilemmafiguren, in beiden Triaden ist die Position des Loyalitätsverlierers gedoppelt – in der Ophelia-Triade durch Ophelias Vater Polonius und ihren Bruder Laertes, in der Gertrude-Triade durch Gertrudes (toten) Ehemann Hamlet (den Vater) und ihren Sohn Hamlet. Rein exegetisch wirft diese Betrachtungsweise übrigens ein anderes Licht auf *Hamlet*, als die traditionelle Lesart dies tut: Als Entscheidungssituation wird hier konventionellerweise gewertet, dass Hamlet im zentralen Dilemma zwischen »Mord an Claudius« und »Claudius am Leben lassen« steht. Eine relationale Sichtweise der beiden Triaden zeigt aber, dass die zentralen Bindungskonflikte tatsächlich bei Ophelia und Gertrude liegen. Ophelias Bindungsdilemma ist das zwischen Geliebtem und ihrer Familie, Gertrudes Bindungsdilemma ist das zwischen ihrem Geliebten und ihrem erwachsenen Sohn. Ophelia und Gertrude stehen in einem Bindungsdilemma, während Hamlet von einem moralischen Dilemma (»Darf man einen Mörder ermorden oder nicht?«) zerrissen wird.

Jenseits von exegetischen Fragen ist es aber wichtiger zu sehen, wie die beiden Triaden zu einer komplexeren Konstellation verknüpft werden. Die Verknüpfung von Triaden funktioniert immer so, dass entweder eine oder zwei Figuren Teil der beiden verknüpften Triaden sind.

Die Verknüpfung der Ophelia- und der Gertrude-Triade folgt dem ersten Prinzip: Beide Triaden werden durch eine Figur verknüpft, die in beiden vorkommt – Hamlet (der Sohn). In beiden Triaden steht Hamlet aber in unterschiedlichen Positionen. In der Ophelia-Triade ist er der Loyalitätsgewinner, denn Ophelia ist (fast) bereit, ihre Familie für ihn zu verlassen. In der Gertrude-Triade ist Hamlet der Loyalitätsverlierer, denn Gertrude hat ihre Liebe Claudius geschenkt, Hamlet ist der aus dieser Beziehung ausgeschlossene Dritte. Hamlet ist also in unterschiedlichen Positionen Teil der zwei grundsätzlichen Triaden, die das Drama bestimmen. Die Figur wird in der intersubjektiven Konstellation konturiert, indem sie in diesen unterschiedlichen Positionen steht: Hamlet ist zugleich Gewinner und Verlierer. Jenseits einer subjektivistischen Sichtweise auf das Innere der Figur bekommt Hamlet – in der intersubjektiven Sichtweise der relationalen Dramaturgie – verschiedene Dimensionen, indem er in verschiedenen Funktionen in verschiedenen Triaden steht. Hamlet steht in zwei Konfliktachsen – einmal ist er im Konflikt mit Claudius (in der Gertrude-Triade), das andere Mal im

Konflikt mit Laertes (in der Ophelia-Triade). Es verblüfft kaum, dass diese beiden Gegner aus den unterschiedlichen Triaden natürliche Verbündete gegen Hamlet sind.

Die Verknüpfung zweier Triaden über eine Figur ist also die erste Kombinationsmethode, um von zwei basalen Triaden zu einer komplexen Figurenkonstellation zu kommen. Ein zweiter Weg – der häufigere – ist es, Triaden über zwei Figuren zu verknüpfen. Auch dies möchte ich mit einem Beispiel einführen.

Molières *Menschenfeind* habe ich bisher vor allem in der Triade der »jungen Witwe« Célimène eingeführt: Sie steht – als Dilemmafigur – vor der Entscheidung zwischen Oronte und Alceste. Lange Zeit ist unklar, wem ihre Loyalität eigentlich gilt, tatsächlich ist Alceste, der Menschenfeind, eigentlich der Loyalitätsgewinner und Oronte der Loyalitätsverlierer. Die Position des Verlierers ist zusätzlich iteriert, sodass Oronte auch noch mit Acaste und Clitandre konkurriert. Alceste ist in dieser Triade – nennen wir sie nach der Dilemmafigur die »Célimène-Triade« – der Loyalitätsgewinner.

Die Konstellation trianguliert Alceste und Célimène nun noch in eine zweite Richtung: Es gibt, neben Célimène, eine weitere Bewerberin um Alcestes Liebe: Eliante. In dieser Triade – nach der Dilemmafigur »Alceste-Triade« benannt – ist Célimène nun nicht mehr die Dilemmafigur wie in der Célimène-Triade, sondern sie ist die Loyalitätsverliererin, während Eliante die Loyalitätsgewinnerin ist. Die Konfliktachse verläuft in dieser Triade entsprechend zwischen Célimène und Eliante – erwartungsgemäß tauchen Konflikte zwischen den beiden auf.

Im Vergleich zum Hamlet-Modell, in dem zwei grundsätzliche Triaden durch *eine* Figur (nämlich Hamlet) verknüpft wurden, sind die Alceste- und die Célimène-Triade über *zwei* Figuren (eben Alceste und Célimène) verbunden, die aber in beiden Triaden unterschiedliche Funktionen haben.

Diese Art der Verknüpfung von Triaden lässt sich beliebig weiter führen: Wer Oscar Wildes *Salomé* oder Schnitzlers *Reigen* kennt, weiß, was gemeint ist – die Stücke beruhen auf einer (vergleichsweise trivialen) Iteration von fünf oder gar sechs Triaden. Auch im *Menschenfeind* fügt sich an die Alceste-Triade eine weitere, in der Eliante zur Dilemma-Figur wird: Sie nämlich muss sich entscheiden, ob sie ihre Liebe tatsächlich Alceste oder doch dessen Freund Philinte schenken will. Am Ende des Dramas wird sie sich für Philinte entscheiden, und Alceste ist in dieser Triade der Verlierer.

Die Beispiele für derartig ineinander verschachtelte Triaden ließen sich endlos häufen – in klassischen Dramen sind es häufig fünf Triaden, aber natürlich gibt es dafür keine Norm. Moderne Dramen neigen dazu, das Personal und die Anzahl der Triaden zu reduzieren, weil

Oscar Wilde: *Salomé. Tragödie in einem Akt* [1891] (Insel 2008)

Arthur Schnitzler: *Reigen. Zehn Dialoge* [1900] (Reclam 2001)

Die Konstellation des *Menschenfeind* ist tatsächlich sogar noch etwas komplexer: Es gibt eine weitere Bewerberin um die Liebe von Alceste – Arsinoé –, mit

in ihnen die Figuren häufig genauer gezeichnet werden. Strindbergs *Fräulein Julie* baut auf zwei Triaden: Julie (als Dilemmafigur) muss sich zwischen ihrem (abwesenden) Vater und ihrem Geliebten Jean entscheiden. Jean wiederum steht in einer zweiten Triade im Dilemma zwischen Julie und Christine, der zweiten Bediensteten des Hauses. Diese beiden Triaden reichen aus, um ein ungeheuer komplexes Bild der Figuren zu zeichnen. Klassischere Dramen – bis hin zu Ibsen oder Tschechow – haben eine Neigung zu einer größeren Anzahl von Triaden, auch bei Ibsen gibt es häufig fünf – bei denen allerdings zwei in der Backstory der Geschichte liegen.

Das Interesse der relationalen Dramaturgie ist aber nicht unbedingt ein dramenhistorisches – sondern primär ein dramaturgisches. In den beiden Beispielen des *Hamlet* und des *Menschenfeind* sollte deutlich geworden sein, dass dieselbe elementare Dynamik, die eine einzelne Triade bewegt, auch in komplexeren, aus einzelnen Triaden kombinierten Figurenkonstellationen vorherrscht.

der sowohl Eliante als auch Célimène in Konkurrenz treten. Insgesamt baut der *Menschenfeind* auf fünf ineinander verschachtelten Triaden, wobei in der Célimène-Triade die Verlierer-Position verdreifacht ist.

LA RONDE (Reigen; 1950; D: Jacques Natanson, Max Ophüls; R: Max Ophüls)

Relationale vs. subjektivistische Dramaturgie – ein Fazit
»Somebody wants something badly and is having difficulties getting it.« Ich hoffe, es ist deutlich geworden, wie sehr sich diese subjektivistische Sichtweise einer Geschichte von der hier vorgestellten intersubjektivistischen Sichtweise einer relationalen Dramaturgie unterscheidet. Vielleicht ist es sinnvoll, diese Divergenz abschließend noch einmal zu pointieren.

Frank Daniels am Ziel der Einzelfigur orientierte subjektivistische Dramaturgie hat für die Aufbereitung des Plots strukturelle Folgen: Die Makrostruktur der drei Akte wird in die Mikrostruktur der acht kürzeren *Sequenzen* zerteilt, die wiederum an Zielen der Figur orientiert sind – Etappenziele auf dem Weg zum großen Ziel, das die Geschichte insgesamt vereinheitlicht.

Die relationale Dramaturgie dagegen legt, ausgehend von der klassischen, das Gewicht sehr viel mehr auf die Mikrostrukturen der Figurenkonstellation – die *Triaden* mit ihrer inneren Dynamik und ihren inneren Spannungen. Der relationalen Dramaturgie zufolge ist es nicht so sehr entscheidend, welche Etappenziele eine Figur auf dem Weg zu ihrem großen Ziel zu erreichen hat. Wichtiger ist es, das Konfliktfeld der Konstellation zunächst aufzubauen und anschließend auszuloten. Die Methode, dies zu tun, ist die Triangulierung: Eine Figur, die in verschiedenen Triaden steht, gerät zwangsweise in ein Feld von Konflikten, Bindungsdilemmata und Zwängen zu Entscheidungen. So wie die *Sequenzen* die dramaturgische Konsequenz eines subjektivistischen Ansatzes sind, sind die *Triaden* die Konsequenz einer intersubjektivistischen Dramaturgie. Sequenzen sind um die Teilziele herum aufgebaut, die eine Figur auf dem Weg zu ihrem großen Ziel erreichen muss. Frank Daniels nun schon mehrfach zitierter Satz gilt – wie ein Fraktal in der Geometrie – sowohl für die Makrostruktur der Akte als auch für die Struktur der Sequenzen und die Mikrostruktur der Szenen: Die jeweilige Zielorientierung der Figur ist das vereinheitlichende Moment von Akt, Sequenz und Szene. Der Sinn von Sequenzen liegt darin, den langen Weg des Protagonisten in – für das Publikum und den Autor – überschaubare Teilstrecken zu zerteilen. Ähnlich liegt der Sinn der Triaden darin, das Ganze der Figurenkonstellation auf Mikrostrukturen zurückzuführen, die ebenfalls eine klar erkennbare Konfliktstruktur und ein überschaubares Set an Entscheidungsoptionen haben. So wie jede Sequenz also klar subjektivistisch strukturiert ist, ist jede Triade elementare Intersubjektivität. Die Addition von Sequenzen führt zu einem Ziel – die Addition von Triaden führt zu einem Gewebe an Beziehungen, in denen die Figuren stehen und durch das sie konturiert werden: zur Figurenkonstellation. Im Drama gibt es die Figur nicht außerhalb ihrer Beziehungen. Die emotionale Logik des Beziehungsgefüges der Figur ist wesentlich elementarer als sämtliche – subjektivistische – Pointierung der Eigenschaften oder Attribute einer Figur. Figuren werden über Zugehörigkeiten und Bindungen wahrgenommen. Das System der Triaden offeriert diese Bindungen und Konflikte, Anziehungs- und Abstoßungspunkte: Entscheidungen, zu denen eine Figur sich verhalten muss, die sie treffen muss.

Obwohl die relationale Dramaturgie der »Einheit der Handlung« der traditionellen Dramaturgie wahrscheinlich näheristeht als der subjektivistischen Dramaturgie der Ziele als Vereinheitlichungsmomente der Handlung, schließen sich subjektivistische Dramaturgien und der relationale Ansatz selbstverständlich nicht aus, sondern ergänzen sich. Eine relationale Dramaturgie richtet sich nur gegen eine Engführung auf die Alternative einer figurenorientierten vs. einer handlungsorientierten Dramaturgie. Die Figurenentwicklungsmodelle der dramaturgischen New School möchte ich genauso wenig missen wie die Plot-Struktur-Modelle der Old School. Zwischen Figur und Plot aber liegt die Figurenkonstellation als ein vermittelndes Drittes, aus dem heraus sich sowohl die Figuren akzentuieren als auch Plotoptionen ergeben. Eine relationale Dramaturgie tritt für das Ziel ein, der Figurenkonstellation die dramaturgische Bedeutung zurückzugeben, die sie verdient.

Die Nächte der Kanzlerin
Eine Filmerzählung
von Thomas Knauf

Die Russen waren schuld. Obwohl W.I. Lenin so viel Mitleid mit ihnen hatte wie ein Wissenschaftler mit Labormäusen, glaubten sie seinem Wort, der Film sei die wichtigste aller Künste. Darum verwunderte es die Kanzlerin nicht, dass der russische Präsident jedes Mal, wenn er zum Staatsbesuch auf Schloss Meseberg weilte, ein neues Produkt von Mosfilm mitbrachte. Diesmal war es ein Dreieinhalb-Stunden-Epos über den Großen Vaterländischen Krieg von Nikita Michalkow, der bei den Filmfestspielen in Cannes nur Kopfschütteln hervorrief. Mit dem Familiendrama DIE SONNE, DIE UNS TÄUSCHT hatte der Sohn des Textschöpfers der Sowjetischen Nationalhymne noch den Oscar errungen, mit DIE ZITADELLE offenbarte er sich als Pyromane der Leinwand. So jedenfalls stand es in *Variety*, dem Fachblatt Hollywoods, das die Kanzlerin beim Friseur las, um ihr Englisch zu trainieren.

UTOMLJONNYE SOLNZEM
(Die Sonne, die uns täuscht;
1994; D: Nikita Michalkow,
Rustam Ibrahimbekow;
R: Nikita Michalkow)

Essays

UTOMLJONNYE SOLNZEM 2: TSITADEL (Die Zitadelle; 2011; D: Nikita Michalkow, Vladimir Moisejenko, Alexander Novototsky, Gleb Panfilow; R: Nikita Michalkow)

Nach dem Diner, bei dem sie mit ihrem etwas holprigen Schulrussisch für Heiterkeit bei der Kreml-Delegation sorgte, gingen sie in den Kinosaal, um das Epos über den Großen Vaterländischen Krieg zu sehen. Der russische Präsident bedauerte, dass das Thema seit dem Ende des Kommunismus schändlich vernachlässigt werde, die kriegsentwöhnten jungen Filmkünstler sich mit Vorliebe in alltäglichen und destruktiven Sujets badeten. Es sei aber wünschenswert und nötig, der heutigen Generation das Heroische der Geschichte seines Landes zu vermitteln, damit sie den ruhmlosen Abzug der Roten Armee aus der DDR nicht als Schwäche verstünden. Die Kanzlerin ließ sich kommentarlos in den Sessel fallen, um die dreieinhalbstündige Geschichtslektion rasch hinter sich zu bringen. Sie mochte Kriegsfilme nicht, eigentlich überhaupt keine Filme. Sie war Opernliebhaberin, vor allem Wagner, ging auch mal ins Konzert und hörte Musicals zu Hause beim Kochen. Eine Kulturkanzlerin wollte sie schon deshalb nicht sein, weil ihr Amtsvorgänger sich gern mit namhaften Künstlern in den Medien zeigte. Darum gab es von ihr kein Porträt eines Malerfürsten in der Galerie des Bundeskanzleramtes. Jeder wusste schließlich, wie sie aussieht, so er einen Fernseher besitzt oder Zeitung liest, und konnte sich selbst ein Bild machen von der Frau, der niemand zugetraut hatte, die erste deutsche Bundeskanzlerin zu werden. Als sie 1989 von der Wissenschaft in die Politik wechselte, hielt jeder die Pfarrerstochter aus Templin für eine Kleindarstellerin in dem Film *Die Marx-Brothers in der DDR-Volkskammer*. Als »mein Mädchen« von Kanzler Kohl erwuchsen ihr mehr Prügel als Flügel, doch sie hielt durch und lernte von ihrem Ziehvater, dass Politik zuerst gnadenloser Machtkampf innerhalb der eigenen Partei ist. Inzwischen schäumte oder lächelte man über sie, um das Unbegreifliche ihres Stehvermögens zu kommentieren. Sie zu bewundern oder gar zu mögen wagte niemand öffentlich, der etwas auf sich hält. Das Höchste der Gefühle – man zollte ihr Respekt, wie sie mit mehr oder weniger Erfolg die mächtigsten Männer der Welt davon abhielt, diese vollends zu zerstören.

20 Minuten warteten sie nun schon, dass der Film losgeht. Russlands Präsident nutzte die Zeit, um von den Sowjetfilmen seiner Kindheit zu schwärmen. Die Kanzlerin nickte nachsichtig, erwähnte DER LETZTE SCHUSS, den einzigen Film der »Freunde«, an den sie sich erinnert. Da war sie 14 und vergoss heiße Tränen für den blendend aussehenden Weißen Offizier, der von der Roten Kommissarin erschossen wird, obwohl sie ihn liebt. Doch das erzählte sie dem Präsidenten nicht. »Die Filmvorführung muss leider verschoben werden. Der Vorführer erlitt einen Herzinfarkt und ist auf dem Weg ins Krankenhaus«, unterbrach der Protokollchef des Gästehauses das Gespräch. »Wie furchtbar! Hoffentlich überlebt der Mann«, platzte es aus der Kanzlerin heraus. Insge-

SOROK PERVYY (Der Einundvierzigste / Der letzte Schuss; 1956; D: Grigori Koltunow, nach dem Roman von Boris Lawrenjow; R: Grigori Tschuchrai)

heim war sie froh, um das Heldenepos herumzukommen. Jedoch hatte sie sich zu früh gefreut. Man fand in Gransee einen Filmvorführer, der auf dem Weg nach Schloss Meseberg sei.

Mit zweistündiger Verspätung, während der sie vorab den zur Verdauung des Kriegsschinkens reservierten Beluga-Kaviar im Jagdzimmer löffelten, ging im Saal endlich das Licht aus, und auf der Leinwand erschien das Logo von Mosfilm (das sich um sich selbst drehende Standbild eines Arbeiters und einer Bäuerin, die mit ausgestrecktem Arm Hammer und Sichel kreuzen). Ohne Probleme liefen die elf Rollen des Films durch den Projektor, doch die Kanzlerin bekam wenig mehr als die Hälfte mit, da sie bei den bluttriefenden Kriegsszenen die Augen schloss. Als das Licht im Saal anging, applaudierte sie artig. Russlands Präsident ließ den Filmvorführer kommen, reichte ihm ein Glas Krimsekt und fragte nach seinem Namen. »Menja sawut Jens-Peter Bock«, antwortete der unrasierte, schäbig gekleidete Mann. Die gesamte Kreml-Delegation strahlte wie der Rote Stern auf dem Spasski-Turm und drückte dem Vorführer die Hand. Auch die Kanzlerin stieß ihr Sektglas mit ihm an und fragte, woher er stamme. »Aus Templin. Ich denke, Sie wissen noch, wo das liegt.« Bevor die Kanzlerin antworten konnte, drängte sich ihr Protokollchef dazwischen und bat sie nach nebenan ins Jagdzimmer, um den Sieg der ruhmreichen Roten Armee mit dem restlichen Beluga-Kaviar zu feiern. Der Vorführer durfte sich in der Schlossküche ein Essen auf Staatskosten abholen und über 200 Euro zuzüglich sieben Prozent Mehrwertsteuer aus der Staatskasse für seine tadellose Vorführtätigkeit freuen.

Als die Gäste im Salon noch immer über den Film diskutierten, erschien die Kanzlerin im Vorführraum, wo Jens-Peter Bock die Filmrollen zurückspulte. »Haben wir nicht zusammen die Schulbank gedrückt?« Der Vorführer nickte, wollte aber, wie es schien, nicht an die Schulzeit erinnert werden. »Fast hätten sie dich mitten im Abitur von der Schule geschmissen, weil du ein Mao-Abzeichen trugst«, bohrte die Kanzlerin nach. Der Vorführer nickte. »Du wolltest an die Filmhochschule und Regie studieren.« Jens-Peter Bock redete nur ungern über die Vergangenheit, wollte aber nicht unhöflich sein. Nur war es ihm peinlich, die Kanzlerin ebenfalls zu duzen. »Haben mich nicht gelassen, weil ich 18 Monate in Bautzen saß wegen versuchter Republikflucht. Bin ich eben Filmvorführer geworden, derzeit arbeitslos, weil es in Gransee kein Kino mehr gibt.« Die Kanzlerin schaute sich die DVDs an, die der Vorführer in einem Koffer bei sich führte. »Ich kam gerade von einem Filmabend im Kinderheim, als die mich ins Auto zerrten und hierher fuhren.« »DAS KALTE HERZ ... Du hast mich heimlich mit ins Kino genommen,« erinnerte sich die Kanzlerin. »Dafür warst du ... äh ... waren Sie die Klassenbeste.« »Aber nicht in Filmkunde, wenn

DAS KALTE HERZ (1950; D: Wolff von Gordon, Paul Verhoeven, nach dem Märchen von Wilhelm Hauff; R: Paul Verhoeven)

DER KLEINE MUCK (1953;
D: Peter Podehl, nach dem
Märchen von Wilhelm
Hauff; R: Wolfgang Staudte)

es das Fach gegeben hätte«, lächelte sie etwas verlegen und fragte, wo man den DEFA-Märchenfilm kaufen kann. »Ich schenk' Sie Ihnen, hab' noch ein zweites Exemplar zu Hause.« Er nahm noch eine DVD aus dem Koffer und reichte sie seiner ehemaligen Mitschülerin. Sie sah auf das Cover von DER KLEINE MUCK und strahlte, als hätte sie Geburtstag. »Den Film habe ich nie gesehen«, sagte sie mit einem Kloß im Hals.

Jens-Peter Bock wusste warum. Sie hatte es ihm erzählt damals. Ihr strenger Vater, Pfarrer in Templin, sah Filme für ein pädagogisch höchst zweifelhaftes Vergnügen an und verbot der Tochter den Kinobesuch, und Fernsehen ebenso.

Gewohnt, Begegnungen mit Menschen ihres Landes kurz und unpersönlich zu halten, hätte sie diesmal gern länger mit dem Schulfreund geplaudert. Doch man suchte im Schloss aufgeregt nach ihr, weil der russische Präsident ihre Abwesenheit beim Kaviarschmaus als politischen Affront missverstehen könnte. Obwohl sie Kaviar, wie alles Rohe vom Fisch, verabscheute, ließ sie sich erneut im Jagdzimmer sehen, klagte aber sogleich über Kopfschmerzen, nicht von dem Film, wie sie betonte, sondern wegen des Wetters. In ihrem Zimmer öffnete sie ihre Handtasche und las die Klappentexte der DEFA-Märchenfilme, die nicht sehr originell waren, eher lieblos-reißerisch, wie von Leuten, die ein Produkt vertreiben, das sie für minderwertig halten. Um die

Filme gleich anzusehen, war die Kanzlerin zu müde und zu ungeübt. Höchstens ein Kinobesuch pro Quartal war in ihrem randvollen Terminkalender vorgesehen, und nach dem schrecklichen Heldenepos DIE ZITADELLE benötigte sie mindestens ein Jahr Filmabstinenz. Das dachte sie jedenfalls an diesem Abend im Frühjahr 2010.

Wochen später erinnerte sich die Kanzlerin nach einem anstrengenden Tag in ihrer Wohnung im Bundeskanzleramt an die beiden DVDs ihres Schulfreundes. Da sie vor unerledigten Problemen nicht auf Knopfdruck abschalten konnte, schaute sie sich DER KLEINE MUCK an und hoffte, dabei einzuschlafen. Als das Wort ENDE auf dem Bildschirm erschien, fielen ihr die Augenlider fast auf die Knie, doch ans Zubettgehen dachte sie nicht. Ein seltsames Glücksgefühl, das sie nicht wie gewohnt sofort erklären und unterdrücken konnte, strömte durch sie hindurch und verursachte ein angenehmes Kribbeln im Kopf. Als Physikerin hatte sie bei Experimenten (die nie ihre Sache waren), wenn sie gelangen, dieses Kribbeln gekannt. Als Politikerin ging ihr durch die ständig lauernde Angst, falsche Entscheidungen zu treffen, das Gefühl fast völlig verloren. Als Bundeskanzlerin erinnerte sie sich nicht mal mehr, dass sie diese Momente unteilbaren Glücks kannte. Ihr gefürchteter, stets wacher Intellekt ließ es nicht zu, dass sie Entscheidungen rein gefühlsmäßig traf. So musste sie den eben gesehenen Film analysieren, um der verwirrenden kindlichen Freude an dem Gesehenen ein rasches Ende zu machen. Sie wunderte sich über die unverhüllte Polemik des DEFA-Kinderfilms von 1953 gegen den Personenkult, die von der Zensur scheinbar übersehen wurde. Ein halbes Jahr nach Stalins Tod erzählten die Filmschöpfer das Märchen von Wilhelm Hauff als Parabel auf die fragwürdige Ehre, als schnellster Läufer des Reiches die Gunst des Alleinherrschers zu erringen. In ihr Tagebuch notierte die Kanzlerin: »Möchte mehr über den Regisseur Wolfgang Staudte erfahren, welche Filme er noch drehte und warum er die DDR verließ, in der BRD aber keine große Karriere machte, wie auf dem DVD-Cover behauptet.«

Am nächsten Tag trug sie ihrer Büroleiterin auf, in der Videothek des Kanzleramts nach Staudte-Filmen zu suchen. Verwundert fragte Solveig Müller nach dem Grund für das Interesse der Chefin und bekam als Antwort: »Ich möchte wissen, wer dieser Mann war.« Solveig druckte aus dem Internet die Biografie des Regisseurs aus und glaubte, damit die Neugier ihrer Chefin zu befriedigen. Doch die bestand darauf, alle verfügbaren Filme von W.S. in ihrer Dienstwohnung vorzufinden.

Die folgenden Abende, wenn die Kanzlerin zu kaputt war, um in ihre private Wohnung am Pergamonmuseum zu fahren, schaute sie sich DIE MÖRDER SIND UNTER UNS, den ersten DEFA-Film von 1946, DER UNTERTAN nach Heinrich Mann, der letzte DEFA-Film des Regisseurs,

DIE MÖRDER SIND UNTER UNS (1946; D+R: Wolfgang Staudte)

DER UNTERTAN (1951; D: Fritz Staudte, Wolfgang Staudte, nach dem Roman von Heinrich Mann; R: Wolfgang Staudte)

ROSEN FÜR DEN STAATSAN-
WALT (1959; George Hurda-
lek; R: Wolfgang Staudte)

HERRENPARTIE (1964;
D: Arsen Diklic, Werner
Jörg Lüddecke; R: Wolfgang
Staudte)

DAS LAMM (1964; D: Frank
Leberecht, nach der Kurzge-
schichte von Willy Kramp;
R: Wolfgang Staudte)

und die in der BRD gedrehten Streifen ROSEN FÜR DEN STAATSANWALT, HERRENPARTIE und DAS LAMM an. Danach glaubte sie zu verstehen, weshalb der begabte Regisseur erst im Osten, dann im Westen scheiterte – wegen seiner politisch-unbequemen Filme über das Wesen der Deutschen. Wichtiger schien ihr, dass sie etwas tat, was ihr nie Freude bereitete, nämlich Filme anzuschauen, ohne dass die Pflicht ihres Amtes es verlangte. Wann war sie eigentlich das letzte Mal mit ihrem Mann aus spontaner Eingebung oder echtem Interesse im Kino? Sie konnte sich nicht erinnern. Wenn sie, was selten vorkam, einen gemeinsamen Abend daheim verbrachten, sahen sie fern. Keine Filme, irgendeine Talkshow. Wenn ein CSU-Politiker darin auftrat, spielten sie lieber eine Partie Schafskopf. Darum kannte sie keine Spielfilme, weder alte noch neue. Jedes Kind, las sie neulich, sieht heute bis zur Reife an die 5.000 Filme und war somit gebildeter, zumindest besser informiert, als die erste Frau im Staat. Die Filme von Staudte erschienen der Kanzlerin wie emotionaler Geschichtsunterricht. Etwas, das sie in ihren Reden selbst gern betrieb. Bisher hatte sie geglaubt, was ihr Vater einst von der Kanzel predigte – Film und Fernsehen sind Opium fürs Volk. Doch dieser Staudte verstand es, wie der Maler Heinrich Zille, die Deutschen mit wenigen Pinselstrichen treffender zu zeichnen, als ihnen lieb war. Das imponierte ihr, waren doch die Landsleute hüben wie drüben ihr ein ewiges Rätsel, weshalb sie den größeren Teil ihrer Energie lieber der Außenpolitik widmete. Im Grunde wusste sie von gewöhnlichen Amerikanern, Briten, Franzosen, Italienern, Russen, Chinesen auch nur, was man ihr als *background information* auf den Schreibtisch legte oder in ihre Reden schrieb. Popularisiertes Wissen im Quadrat, Statistik und Folklore. Über die Verschiedenartigkeit der Ethnien, ihre kulturellen und existenziellen Gemeinsamkeiten wusste sie, wenn sie ehrlich war, auch heute kaum mehr, als was man ihr als Kind im Musikunterricht eintrichterte: *Freude schöner Götterfunken, Töchter aus Elysium ... Alle Menschen werden Brüder, wo dein sanfter Flügel weilt.* – Ab jetzt wollte sie mehr Filme anschauen, Spielfilme, denn an Dokumentarfilmen störte sie die Ästhetik des Faktischen. Das Fiktionale, spielerisch Erzählte, so viel hatte sie aus ihrer spärlichen Kenntnis des Mediums begriffen, war oft näher an den Wahrheiten des Menschen als die reine Beobachtung seines Tuns. Als Wissenschaftlerin wollte sie stets erforschen, wie die Uhr tickt, nicht warum und wie oft. Als Politikerin kümmerte sie sich nur darum, wie man die Uhrenproduktion steigert, um Arbeitsplätze zu schaffen, wie man die deutsche Uhrenindustrie vor asiatischen Billigimporten schützt und den heimischen Technologievorsprung sichert. Für prinzipielle Fragen wie: das Verhältnis der Menschen zur unbarmherzig tickenden Zeit; warum dem Glücklichen keine Stunde schlägt; die Vulgarität des Satzes »Zeit ist Geld«;

warum die Menschen ihrer Zeit ähnlicher sind als ihren Eltern; ob es stimmt, wie Seneca behauptet, dass uns außer der Zeit nichts gehört, für all dies hatte sie als Bundeskanzlerin keine Zeit. Deshalb verstand sie nie den Satz von Vinet: »Der am meisten beschäftigte Mensch hat die meiste Zeit.« Sie war die meistbeschäftigte Frau des Landes und hatte die wenigste Zeit, nicht nur für private Dinge, auch für ihrem Amt gut zu Gesicht stehende Dinge wie Literatur, Kunst, Film. Der Innen-, Außen- und Parteipolitik opferte sie alles nach der Devise von Friedrich Nietzsche: »Wenn man viel hineinzustecken hat, so hat ein Tag 100 Taschen.« Eine Tasche wollte sie ab jetzt dafür reservieren, sich filmisch fortzubilden. Die neben dem Lesen eines Buches letzte Möglichkeit, mit sich allein zu sein. Wenn sie, was selten genug passierte, mit ihrem Mann vorm Fernseher saß, war sie auch allein, weil er regelmäßig und unabhängig von der Sendung einschlief. Dann sagte sie zu ihm: »Geh' doch zu Bett, wenn du müde bist.« Und er erwiderte: »Ich schlafe nicht, ich denke nach.« Worüber, wollte sie nicht wissen, schlafende Tiger soll man nicht wecken, außerdem hatten sie sich beide vor ihrer Vereidigung als Kanzlerin geschworen, sich mit den Problemen am Arbeitsplatz nicht gegenseitig zu belasten, ihre Ehe frei von Politik und Wissenschaft zu leben. Doch das erwies sich als zweifelhaftes Verbot, etwa so, wie das Schweigen der Kirche über biologische Details der unbefleckten Empfängnis. Die gut gemeinte Absicht, alle unangenehmen Dinge des Berufslebens voneinander fernzuhalten, ließ die natürliche Neugier der Ehepartner an den Erlebnissen des jeweils anderen erschlaffen. Vielleicht war es nur die Angst, dass man den Ärger miteinander teilt, aber nicht das Vergnügen, an dem man nicht beteiligt war. Das aus Rücksicht oder schlechtem Gewissen Nichtgesagte, von dem sich die Fantasie ernährt. Eifersucht und Neid geißelten beide als niedere Beweggründe, für die strebsame, selbstbewusste Menschen keine Zeit haben. Nur, worüber soll ein Berliner Paar nach Feierabend reden, wenn nicht über die kleinen Katastrophen, die sie täglich ereilen, und die von den Medien nahegebrachten großen irgendwo auf der Welt? Irgendjemand schrieb, dass eine Ehe erst vollkommen ist, wenn man miteinander schweigen kann. Dieser Jemand war gewiss niemals verheiratet, nicht mit einer Frau. Auch eine Kanzlerin, die von Amts wegen reichlich Gelegenheit zum Reden hat, möchte zu Hause kein stummes Lieschen sein und an den Lippen ihres Mannes kleben, der die Wichtigkeit seines wissenschaftlichen Seins referiert. Da er das aber selten tat, um sie nicht zu langweilen, drehten die wenigen gemeinsamen Abende sich um Fragen wie: Was schenken wir den Eltern zum Geburtstag, wohin fahren wir dieses Jahr in den Urlaub, geht die Welt am 21. Dezember 2012 unter oder nicht. Ins Kino ging ihr Mann ebenso ungern wie zu Staatsempfängen. Nur nach Paris wollte er stets mit, um dem Präsidenten Frankreichs zu zeigen, dass nicht nur hinter jedem mächtigen Mann eine starke Frau steht, sondern auch hinter einer mächtigen Frau ein richtiger Mann und keine Witzfigur wie Denis Thatcher. Also würde sie allein Filme ansehen, wann immer sie allein sein konnte. Zum Beispiel zwischen den Sitzungen im Bundestag oder der Fraktion, wenn sie sich für kurze Zeit zur Erholung in ihren persönlichen Frauenruheraum zurückzog.

In den nächsten Wochen kam sie nicht dazu, ihrem heimlichen Hobby zu frönen. Die Welt stand Kopf nach dem Bankenkollaps, der Euro drohte zum Spielgeld der Chinesen zu werden, der Koalitionspartner zum Sturzflieger des Politbarometers und sie zur Mutter Courage des verlorenen Afghanistankrieges. Als die Wogen sich geglättet hatten bzw. die Menschen sich an die Krise gewöhnten, zog sie sich früher als sonst in ihre Wohnung im Kanzleramt zurück. Den jeweiligen Film, den sie kennenlernen wollte, versteckte sie in ihrer Handtasche, denn wie zwei Harpyien wachten die beiden Büroleiterinnen im Kanzleramt und in der CDU-Zentrale über jede Aktivität der Chefin, als wäre sie ein behindertes Kind, das man keine Minute aus den Augen lassen darf. Sie würden einen Grund suchen, weshalb sie sich alte Spielfilme anschaut, und wenn sie ihn gefunden hatten, auf der Website der Kanzlerin damit Sympathiepunkte bei den Wählern sammeln. »Seht, die Kanzlerin tut noch etwas anderes als regieren. Sie sieht sich die neuesten deutschen Filme an, nicht nur Spiele der Fußballnationalmannschaft. Sie will auch kulturell immer auf dem aktuellsten Stand sein ... usw.« Einmal wollte sie etwas nur für sich tun, ohne Rechenschaft darüber abzulegen. Wenn es publik würde, dass die Kanzlerin ihre Liebe zum Kino entdeckte, wäre das Feuilleton von Hamburg bis München neugierig, was sie gesehen hat und wie sie es fand. Würde sie offen, wie es ihre Art war, Auskunft geben, fielen dieselben Redakteure über sie her, wie anmaßend es von der Bundeskanzlerin sei, Filme zu zensieren. Vor ihrem inneren Auge sah sie schon die Schlagzeile *Die Kanzlerin als Schirmherrin des deutschen Films – eine außerparlamentarische Amtsanhäufung*. Nein, die Sache musste geheim bleiben. Eine schiere Unmöglichkeit in ihrem von tau-send Augen kontrollierten Dasein, aber es war den Versuch wert.

Beim nächsten Besuch auf Schloss Meseberg saß die Kanzlerin in Klausur mit dem griechischen Staatschef. Nach dem unerfreulichen Gespräch über Athens Schuldenproblem zog sich der platonische Staatsbankrotteur zur Beratung mit seinen Finanzexperten zurück. Aus Angst, abgehört zu werden, oder um Dampf abzulassen, weil eine Frau ihm gehörig die Leviten gelesen hatte, ertönte während der Beratung laute Musik durch die Türritzen. Die griechischen Personenschützer tanzten auf dem Flur den Sirtaki aus dem Film ALEXIS SORBAS, die Kanzlerin

ALEXIS ZORBAS (Alexis Sorbas; 1964; D: Mihalis Kakogiannis, nach dem Roman von Nikos Kazantzakis; R: Mihalis Kakogiannis)

wiegte die Hüften, während sie sich umkleidete. In ihrer Jugend war sie ein Fan von Mikis Theodorakis, der in der DDR als fortschrittlicher Künstler gefeiert wurde. ALEXIS SORBAS – der Film lief nicht in den staatlichen Kinos, weil die FDJ ihn als jugendgefährdend wertete. »Unbedingt ansehen«, notierte die Kanzlerin in ihr Notizbuch und ließ ihrem Chauffeur ausrichten, er solle sie sofort nach Gransee fahren. »Wollen Sie einen Arzt aufsuchen?«, fragte der Protokollchef besorgt, der die Unpässlichkeit aufgrund einer Frauensache vermutete. Gereizt darüber, dass ihr jeder ansah, wenn sie sich miserabel fühlte, antwortete die Kanzlerin: »Sehe ich aus, als wäre ich krank? Ich möchte nur einen alten Freund besuchen.« Trotzdem rückte das gesamte Aufgebot aus – vier Personenschützer in zwei gepanzerten Limousinen, ein PKW mit drei Zivilbeamten vom Staatsschutz. Noch bevor sie vom Hof rollten, war die eigens für die Kanzlerin und ihre Gäste erbaute Straße von Schloss Meseberg zum Krankenhaus in Gransee von der örtlichen Polizei gesperrt, die Ampeln im Ort auf Gelb geschaltet. Die Fahrt verlief ohne Zwischenfälle, denn nicht einmal das Rot- und Schwarzwild des Waldes wagte es, die Straße zu wechseln, wenn die Limousine der Kanzlerin mit Blaulicht vorbeifuhr. Die Granseer Bürger, die seit 1990 nur PDS-Abgeordnete in den Stadtrat wählten – der statt in Straßenbau und Altbausanierung in Kindergärten und Schulen investierte –, nahmen die Ankunft der Kanzlerin kaum zur Kenntnis, und wenn, dann so, wie sie es früher taten, wenn ein Bonze durch ihren Ort fuhr – mit schweigender Verachtung.

Jens-Peter Bock wohnte in einem halbverfallenen Haus am Ortsrand, das von zwei Pitbulls bewacht wurde. Die Personenschützer drohten, die Kampfhunde zu erschießen, doch ihr Besitzer versicherte, sie seien harmlos wie Meerschweinchen, und legte sie mit einer Hundepfeife schlafen. Die Kanzlerin bat ihre Beschützer, am Wagen zu warten, und betrat das Haus. Drinnen sah es aus wie bei den Ludolf-Brüdern im Westerwald; Jens-Peter, der Ossi, war ein Messi reinsten Wassers, sammelte alles, was andere wegwarfen, vom Altkleidersack bis zu ZZ-Top-LPs. Der Müll stapelte sich stellenweise bis zur Decke und ließ nur eine schmale Gasse zum Begehen des Hauses. »Kommen Sie, ich bin hier unten«, rief der Hausherr. Doch die Kanzlerin vernahm nur eine dünne Stimme, denn die übereinander gestapelten Pappkartons und Jutesäcke wirkten wie ein schalltoter Raum. Schließlich fand sie einen Weg durch das Lumpenlabyrinth und erreichte die Kellertreppe. Dort brannte noch eine der von der EU verbotenen 100-Watt-Glühbirnen. So erreichte sie unversehrt den Keller und stand in einem Kinoraum. Hier war alles aufgeräumt und sauber, nur das Wichtigste stand an seinem Platz: eine Reihe gepolsterter Klappstühle, eine Leinwand, zwei Projektoren TK-35 mit Kofferlautsprechern, ein Umrollertisch, ein

Die Ludolfs – 4 Brüder auf'm Schrottplatz (TV-Doku-Soap; D 2006–2011)

Essays

ALL THAT JAZZ (Hinter dem Rampenlicht; 1979; D: Robert Alan Aurthur, Bob Fosse; R: Bob Fosse)

THE CONVERSATION (Der Dialog; 1974; D+R: Francis Ford Coppola)

HÖSTSONATEN (Herbstsonate; 1978; D+R: Ingmar Bergman)

PIROSMANI (1969; D: Erlom Akhvlediani, Giorgi Shengelaya; R: Giorgi Shengelaya)

GRUPPO DI FAMIGLIA IN UN INTERNO (Gewalt und Leidenschaft; 1974; Suso Cecchi d'Amico, Enrico Medioli, Luchino Visconti; R: Luchino Visconti)

SMULTRONSTÄLLET (Wilde Erdbeeren; 1957; D+R: Ingmar Bergman)

THE LONELINESS OF THE LONG DISTANCE RUNNER (Die Einsamkeit des Langstreckenläufers; 1962; D: Alan Sillitoe, nach seiner Kurzgeschichte; R: Tony Richardson)

CERNÝ PETR (Der schwarze Peter; 1964; D: Milos Forman, Jaroslav Papousek; R: Milos Forman)

OSTATNI DZIEN LATA (Der letzte Sommertag; 1958; D+R: Tadeusz Konwicki)

SALVATORE GIULIANO (Wer erschoss Salvatore G.?; 1962; D: Suso Cecchi d'Amico, Enzo Provenzale, Francesco Rosi, Franco Solinas; R: Francesco Rosi)

Regal mit Filmbüchsen. »Das sind Schätze aus den Beständen der Bezirkslichtspielstelle Oranienburg, die nach der Wende niemand haben wollte.« Der Besitzer zählte Titel auf wie ALL THAT JAZZ, DER DIALOG, HERBSTSONATE, PIROSMANI, GEWALT UND LEIDENSCHAFT, der Kanzlerin sagten diese Titel so viel wie die Namen der Minister von Finnland. Ihr Filmwissen umfasste kaum mehr als das Schaffen des Regisseurs Staudte bis in die 1960er Jahre, weshalb sie Jens-Peter um andere wichtige Filme dieser Zeit bat. Aus mehreren Kartons kramte er DVDs von Filmen hervor, die damals im DDR-Kino liefen: WILDE ERDBEEREN, DIE EINSAMKEIT DES LANGSTRECKENLÄUFERS DER SCHWARZE PETER, DER LETZTE SOMMERTAG, WER ERSCHOSS SALVATORE?, DAS SÜSSE LEBEN, LIEBE 1962. Jens-Peter strich behutsam über das Cover von LIEBE 1962 mit den Konterfeis von Monica Vitti und Alain Delon. »Im Original heißt der Film treffender *Sonnenfinsternis* und kam erst 1980 bei uns ins Kino. Von der Parteipresse wurde er als langweilig abgetan, obwohl es ein Meisterwerk von Michelangelo Antonioni über die abgrundtiefe Einsamkeit und Beziehungslosigkeit von Menschen im Kapitalismus ist.« Das interessierte die Kanzlerin, doch sie wollte alle empfohlenen Filme sofort ausleihen und fragte, ob sie eine Leihgebühr entrichten soll. Peter winkte ab, es fehle ihm an nichts, er lebe von Hartz IV und verdiene etwas dazu mit Filmvorführungen in Kinder- und Rentnerheimen. Der Besucherin war nicht verborgen geblieben, dass an mehreren Stellen im Haus Schüsseln und Wannen herumstanden. »Ich schicke Handwerker vom Schloss vorbei, um das Dach zu flicken.« Zwei der Personenschützer klopften energisch an die Tür und verlangten, die Kanzlerin zu sprechen. Eilig verstaute sie die DVDs in ihrer Handtasche und bahnte sich einen Weg durch die Müllgassen. »Mach wenigstens ein bisschen Grundordnung, bevor die Dachdecker kommen«, rief sie ihrem Schulfreund zu und ging, um den griechischen Präsidenten nicht warten zu lassen.

Nach dem offiziellen Teil des Treffens mit den vergrätzten Griechen empfahl die Gastgeberin sich zum geselligen Teil wegen Migräne auf ihr Zimmer. Dort legte sie die Beine hoch, trank Rosmarintee, weil die vorgeschobenen Schmerzen sie jetzt wirklich plagten, und sah sich LIEBE 1962 an. Gleich fühlte sie sich besser, obwohl das Meisterwerk von Antonioni nicht eben heitere Filmkost war. Ihr kam es nicht darauf an, sich nach einem langen Arbeitstag zu amüsieren. Sie wollte lernen, was Kino ist, welches Geheimnis in ihm wohnt, dass die Menschen noch immer von dieser minderwertigen Jahrmarktattraktion gefesselt werden. Sie kannte nur die Macht des elektronischen Mediums Fernsehen, das die unpopulärsten Maßnahmen der Politiker noch als Unterhaltungsshow verkauft, zugleich aber der gnadenloseste Kritiker derer ist, die Politik verantworten. Das Fernsehen war der magische Spiegel der Kanzlerin, in dem sie sich kontrollieren, extrapolieren, manchmal amüsieren konnte als mächtigste Frau des Landes. Besonders über die unverschämten Kanzlerinnen-Sketche des TV-Kabarettisten Richling. Im Kino würde darüber kein Mensch lachen, weil, so viel hatte sie von Wolfgang Staudtes politischen Filmsatiren verstanden, auch die Überspitzung ein Gefühl von Sympathie für die Figuren braucht, die durch den Kakao gezogen werden. Antonionis Humor war eher der eines intellektuellen Melancholikers, doch auch das gefiel ihr wegen seines tiefen Verständnisses als Mann für die bisweilen irrationale Psyche der Frauen. Am meisten aber erschütterte sie die Szene in der Mailänder Börse, wo für eine Minute der Aktienlärm schweigt zu Ehren eines soeben verstorbenen Parkettbörsianers. Schier endlos erscheint die Stille im Film, dann bricht der Höllenlärm der Geldgier wieder los. Von diesem Regisseur musste sie mehr sehen, ebenso die Filme von Bergman, die sie nicht mal vom Hörensagen kannte. Vor Jahren bei einem Staatsbesuch in Stockholm stand sie ziemlich dumm da, als man ihr den berühmten Regisseur vorstellte und er in klarem Deutsch sagte: »Ich halte Sie für eine außergewöhnliche Frau.« Geübt, in den heikelsten Situationen Haltung zu wahren oder, falls das nicht überzeugte, sich in mädchenhafte Verlegenheit zu retten, war ihr die Peinlichkeit diesmal anzumerken. Sie konnte sich mit keinem Wort über wenigstens einen Film ihres charmanten Gesprächspartners revanchieren. Der Pfarrerssohn genoss ihre Unkenntnis und erklärte, die Jahre in Deutschland, wohin er aus Ärger über die schwedische Steuerbehörde übergesiedelt war, zählten zu den besten seines Lebens, wie die Filme DAS SCHLANGENEI und AUS DEM LEBEN DER MARIONETTEN, die er in München drehte, zu seinen besten gehören. Beide waren ihr so unbekannt wie alle seine Filme, trotzdem fielen ihr die Titel noch nach zehn Jahren wieder ein, und sie schrieb sie gleich in ihr Notizbuch. Auch erinnerte sie sich, dass Bergman 2007 starb, am gleichen Tag wie Antonioni, weil beide es schafften, sie von den Titelseiten der bürgerlichen Presse zu verdrängen. Wie beneidete sie da die Filmemacher, deren Werk über den Tod hinaus sichtbar blieb, während ihre gesammelten Fernsehauftritte, Fest- und Parteitagsreden als mehr oder weniger abgeschlossener Vorgang atombombensicher und klimastabil archiviert dereinst nur noch Historiker und Biografen interessieren würden. Jemand müsste einen Spielfilm über ihr Leben drehen; ein Regisseur wie Bergman oder Antonioni; ein deutscher müsste es wohl sein, möglichst mit einem Oscar; der Schlöndorff vielleicht, bloß nicht dieser von Adel, der wie ein Olympiasieger von 1936 jubelte, »Den Preis habe ich für Deutschland gewonnen!« Von ihr, einer erklärten Gegnerin der Frauenquote, würde man erwarten, dass sie einer Regisseurin den Vorzug gibt. Zum Beispiel die kleine Münchnerin, die als

LA DOLCE VITA (Das süße Leben; 1960; D: Federico Fellini, Ennio Flaiano, Tullio Pinelli; R: Federico Fellini)

L'ECLISSE (Liebe 1962; 1962; D: Michelangelo Antonioni, Tonino Guerra, Elio Bartolini, Ottiero Ottieri; R: Michelangelo Antonioni)

THE SERPENT'S EGG (Das Schlangenei; 1977; D+R: Ingmar Bergman)

AUS DEM LEBEN DER MARIONETTEN (1980; D+R: Ingmar Bergman)

erste Deutsche einen Oscar gewann ... wie war doch gleich ihr Name? Dabei hatte sie mit dem gesamten Bundestag den Film, irgendwas von Afrika, ansehen müssen. »Ich sollte wenigstens übers deutsche Kino Bescheid wissen«, seufzte die Kanzlerin, bevor sie um einiges später als gewohnt zu Bett ging.

Am nächsten Morgen verschlief die Kanzlerin, was ihr noch nie passiert war. Ihr Leibarzt verschrieb ihr sogleich ein Schlafmittel, weil sie unmöglich sagen konnte, dass sie bis zum frühen Morgen mit einem Film namens LIEBE 1962 wach lag. So gab sie die Schuld den Griechen, wie es die Türken taten, wenn sie etwas zu verbergen hatten, und behauptete, aus Sorge um den Euro nicht zur Ruhe zu kommen. Die nächsten Tage würde sie kaum besser schlafen, befürchtete der Leibarzt, da musste sie mit Monsieur *l'etat c'est moi*, Frankreichs Präsidenten, über Bankbürgschaften Griechenlands und Irlands verhandeln. Also gab er ihr für alle Fälle einen Schlafcocktail mit auf die Reise.

Nach Paris ging es diesmal nur bis zum Flughafen Orly, von dort weiter nach Deauville, weshalb ihr Mann es vorzog, zu Hause zu bleiben. Beim Spaziergang am Strand des Badeortes fragte die Kanzlerin den Präsidenten, ob er ein *ami du cinéma* sei. Der Sohn eines ungarischen Lebemannes vermutete dahinter eine politische Fangfrage, doch die in retardierenden Wortgefechten manchmal entwaffnend direkte Mecklenburgerin wollte rein privat hören, was er übers Kino weiß. Der Herr aller Franzosen kannte nur französische Filme, die besten der Welt. Von Michelangelo Antonioni hatte er nie gehört, nur von dem Maler der Sixtinischen Kapelle. Sein Lieblingsfilm war DIE KINDER DES OLYMP von Marcel Carné. Diesen kannte die Kanzlerin wiederum nicht, merkte sich aber den Titel. Weil es überm Ärmelkanal in Strömen goss und der Wind ihre streng vertraulichen Worte bis an die Kreidefelsen von Südengland trieb, wo deutsch-französische Gespräche möglichst nicht mitgehört werden sollten, eilten die Staatsoberhäupter unter verbogenen Regenschirmen zurück ins Hotel. Dort besprachen sie, nachdem sie sich umgezogen und mit ihren Ehegatten telefoniert hatten, der Präsident fast eine Stunde, die Kanzlerin fünf Minuten, bei einem Glas Calvados am knisternden Kamin bis spät in die Nacht ein konzertantes Vorgehen, um die EU zu stärkeren Sanktionen gegen schlecht wirtschaftende Mitgliedsländer zu zwingen.

Auf dem Rückflug von Paris nach Berlin las die Kanzlerin wie gewohnt im Internet die Tagespresse über sich. Als ihre Protokollchefin für Auslandsreisen Helen Teufert, im Stab die »Teufelin« genannt, wegen plötzlicher Turbolenzen auf die Toilette eilte, googelte die Kanzlerin rasch DIE KINDER DES OLYMP und sah, dass der Film in deutscher Fassung auf DVD erhältlich ist. Von Antonioni gab es die wichtigsten Filme L'AVVENTURA, LA NOTTE, DIE ROTE WÜSTE, BLOW UP, ZABRISKIE

LES ENFANTS DU PARADIS
(Die Kinder des Olymp;
1945; D: Jacques Prévert;
R: Marcel Carné)

POINT, BERUF REPORTER. Sie wollte sie alle sehen, doch woher die Zeit nehmen? Sie bräuchte ein Jahr Urlaub vom Regieren, um sich eine solide Grundlage des Kinos von seinen Anfängen bis heute anzueignen. Für die Nachtstunden, die sie dem Mindestschlaf abzutrotzen imstande war, ohne hässliche Augenringe zu bekommen, was zu falschen Schlussfolgerungen führen könnte, musste sie eine wohlüberlegte Auswahl treffen. Jemand mit cineastischem Sachverstand sollte sie beraten. Ihr Schulfreund aus Gransee war ein Filmsüchtiger, offensichtlich auch süchtig nach Alkohol und die Art von privatem Umgang, auf den die Boulevardpresse sich wie der Berliner Bär auf Honig stürzen würde. Sie konnte sich die Schlagzeile lebhaft ausmalen: *Kanzlerin schaut heimlich Pornofilme mit alter Schulliebe, der von Hartz IV lebt*. Ihre engsten Mitarbeiter/innen hatten alles Mögliche studiert, bloß nicht Film. Also blieb nur, mit einem ausgewiesenen Experten regelmäßig essen zu gehen. Bloß nicht ins *Borchert*, wo ihr Vorgänger gern mit namhaften Künstlern zu Mittag speiste. Seit ihrem Amtsantritt vermied sie es tunlichst, in irgendeiner Weise mit ihm verglichen zu werden. Nicht weil er Sozi war, sondern ein eitler Sozi. Man mochte sie »Mutti« nennen oder »Angie«, ihre Frisur belächeln, sie als heimliche Lesbe outen – deshalb würden ihre Anwälte nicht aktiv. Dass sie unter der Disposition einer zwar protokollarisch respektierten, ansonsten von Frauen und Männern gleichermaßen gehassten Person litt, ging schließlich niemand etwas an. Wie in dem Gedicht *Autopsychographie* von Fernando Pessoa über den vorgetäuschten Schmerz des Dichters täuschte sie innere Stärke und Ausgeglichenheit vor, die sie wirklich besaß.

Da sie sich Namen schlecht merken konnte, ihr Anliegen aber vor den Mitarbeiter/innen und Praktikant/innen im Kanzleramtsbüro nicht zur Sprache bringen wollte, rief sie den Staatskulturminister an und bat um eine Liste mit Filmexperten, ausgenommen Kinobetreiber, Produzenten, Schauspieler, Journalisten, die in Berlin wohnen. Der Minister schlug neben dem Berlinale-Chef, den Leitern der deutschen Kinemathek und des Filmmuseums die Regisseure Fatih Akin (wegen der türkischen Integration), Dani Levy (wegen des jüdisch-deutschen Elements), Andreas Dresen (wegen des Ostlergefühls), Christoph Schlingensief (wegen der Jungwähler und Wagnerianer) vor. Dessen gepfefferter *Parsifal* lag ihr noch Tage nach der Premiere schwer im Magen, ganz zu schweigen von dem kindischen Aufruf »Tötet Kohl!«, den sie geschmacklos fand, zudem überflüssig, weil ihr politischer Ziehvater mit der Parteispendenaffäre sich selbst die Kugel gegeben hatte. Darum war ihr nicht entgangen, dass der Liebling des Feuilletons unlängst verstorben war, dem Minister anscheinend war es entgangen. Plötzlich erinnerte sich die Kanzlerin an jemanden mit Filmbildung, der sie unlängst verärgert hatte. Als kluge Taktikerin (mach deine Feinde zu

L'AVVENTURA (Die mit der Liebe spielen; 1960; D: Michelangelo Antonioni, Elio Bartolini, Tonino Guerra; R: Michelangelo Antonioni)

LA NOTTE (Die Nacht; 1961; D: Michelangelo Antonioni, Elio Bartolini, Tonino Guerra; R: Michelangelo Antonioni)

IL DESERTO ROSSO (Die rote Wüste; 1964; D: Michelangelo Antonioni, Tonino Guerra; R: Michelangelo Antonioni)

BLOW UP (1966; D: Michelangelo Antonioni, Tonino Guerra, nach der Kurzgeschichte von Julio Cortázar; R: Michelangelo Antonioni)

ZABRISKIE POINT (1970; D: Michelangelo Antonioni, Franco Rossetti, Sam Shepard, Tonino Guerra, Clare Peploe; R: Michelangelo Antonioni)

PROFESSIONE: REPORTER (Beruf Reporter; 1975; D: Mark Peploe, Peter Wollen, Michelangelo Antonioni, Miguel De Echarri; R: Michelangelo Antonioni)

»Der Poet verstellt sich,
täuscht
so vollkommen, so gewagt,
daß er selbst den Schmerz
vortäuscht,
der ihn wirklich plagt.«
Fernando Pessoa:
Autopsychographie, Zeile
1–4. Deutsch von Georg
Rudolf Lind. In: F.P.: *Poesie*
(Suhrkamp 1962)

Essays

DIE BLECHTROMMEL (1979; D: Jean-Claude Carrière, Volker Schlöndorff, Franz Seitz, nach dem Roman von Günter Grass; R: Volker Schlöndorff)

Verbündeten, und sie werden dir treu ergeben sein) entschied sie sich deshalb für keinen der Genannten und rief Volker Schlöndorff an. Der Regisseur der Grass-Verfilmung DIE BLECHTROMMEL wohnte, wie die Berliner sagen, dichte bei in Babelsberg und war wie der Eckensteher Nante ein launiger Kritiker der Obrigkeit. Für die SPD machte er Wahlkampf, für Christdemokraten hatte der einstige Klosterschüler nichts übrig. In einem offenen Brief forderte er, die Kanzlerin solle in ihren Beruf als Physikerin zurückkehren, statt erfolglos mit der Politik zu experimentieren. Dabei hatte er sie wie selbstverständlich geduzt, als wären sie Schulfreunde.

»Ja bitte!«, krächzte eine vergrippte Stimme. »Guten Abend, Herr Schlöndorff! Hier ist die Bundeskanzlerin. Ich hoffe, ich störe nicht.« Ein Poltern in der Leitung ließ vermuten, dass dem Angerufenen der Hörer aus der Hand gefallen war. »Entschuldigung, ich bin über die Strippe gestolpert ... Können Sie mich hören?« – »Allerdings. Ich kann auch verstehen, was Sie über mich geschrieben haben.« – »Ich hoffe, Sie sind mir nicht böse ...« – »Als Kanzlerin oder als Frau?« – »Ich sage bisweilen fürchterliche Sachen, wenn ich wütend bin. Eigentlich bewundere ich Sie ... als Frau.« – »Das liest man aus Ihren Worten heraus. Aber mussten Sie mich deshalb gleich duzen?« – »Äh ... na ja!« – »Lassen wir die Formalitäten. Ich rufe an, weil ich Ihren Rat brauche.« Am anderen Ende der Leitung hörte man nicht einmal den Atem des Zuhörenden. »Da Sie sich als mein Berater bewiesen haben, der kein Blatt vor den Mund nimmt, möchte ich noch mehr von Ihnen profitieren.« – »Verstehe ich richtig, ich soll Sie weiter kritisieren?« – »Das überlassen wir den Leitartiklern. Ich brauche Ihren filmischen Verstand. Wann können wir uns treffen?« – »Jederzeit. Bei Ihnen oder in meinem Babelsberger Büro auf dem Studiogelände?« – »Zu viel Aufsehen. Gibt es keinen anderen Ort?« – »Ich bin nächste Woche in Berlin im Schneideraum. Da sind wir ungestört.« »Also sagen wir, kommenden Mittwoch um 19 Uhr.«

DIE STILLE NACH DEM SCHUSS (2000; D: Wolfgang Kohlhaase, Volker Schlöndorff; R: Volker Schlöndorff)

Obwohl der Regisseur schon lange nicht mehr rauchte, griff er zu einer Zigarre und zündete sie mit zittriger Hand an. Seine Frau war besorgt, als sie ihren Mann in einer Qualmwolke eingehüllt sah. Etwas Schlimmes musste passiert sein, dass Volker zu einer stinkenden DDR-Zigarre Marke »Sprachlos« greift, die der Drehbuchautor Kohlhaase ihm zur Premiere von DIE STILLE NACH DEM SCHUSS geschenkt hatte. »Wolfgang meint, die soll ich rauchen, falls man mir das Amt des Filmministers anträgt, und dann sofort, wie Fritz Lang 1933, den Nachtzug nach Paris nehmen.« Also fing Frau Schlöndorff schon mal an zu packen.

[...]

Die Nächte der Kanzlerin

Nachdem der Helikopter mit der Kanzlerin, aus Niedersachsen kommend, wo sie der Trauerfeier dreier in Afghanistan gefallener deutscher Soldaten beigewohnt hatte, im Tiergarten gelandet war, zog sie sich in ihr Apartment im Amtssitz zurück, duschte, schaute die Spätnachrichten an und danach die DVD von Antonionis LA NOTTE. Nach dem Vorspann rief ihr Mann an und fragte, wie es ihr geht. Seit Tagen hatten sie sich nicht gesehen, nur abends telefoniert, um sich gute Nacht zu sagen. »Du solltest dringend vorschlafen, bevor du zum Staatsbesuch nach China fliegst«, riet ihr Gatte. »Ich schlafe wunderbar in Peking«, versicherte die Kanzlerin. »Die roten Kapitalisten streuen mir tagsüber reichlich Sand in die Augen mit ihrem märchenhaften Wirtschaftswachstum. Wovon Deutschland nur träumen kann, aber immerhin rettet es die heimische Autoindustrie.« Während die Eheleute so sprachen, ohne einander anzusehen, liefen die Bilder von LA NOTTE tonlos, was den Darstellern ein noch größeres Befremdlichkeitsgefühl verlieh, wenn sie redeten, ohne einander zu verstehen. Die Kanzlerin sagte, sie müsse ihre Stimme für die Chinesen schonen, die nur klare, deutliche Worte verstehen, und

legte mit den Worten »Schatz, ich denke jeden Tag an dich im Land des Lächelns« den Hörer auf. Danach stellte sie den Fernsehton laut und schaute LA NOTTE zu Ende. Obwohl sie mehrmals einnickte, fand sie keinen Schlaf, war zu aufgewühlt von der lautlosen Entfremdung des Filmpaares Moreau/Mastroianni. Auch ihre Ehe hatte einmal kurz vor dem Aus gestanden, weil es an gemeinsamen Erlebnissen fehlte. Sie liebte ihren Mann wie damals, als sie seine Ehe zerstört hatte, um ihn allein für sich zu haben. Obwohl er stets betonte, er bereue nichts, fürchtete sie, dass er es doch tat. Wer will mit der deutschen Kanzlerin verheiratet sein, die man »Mutti« oder »Angie« nennt, von Kabarettisten als sexloses Quasselweib persifliert wird und als beste Freundin von George W. Bush in Erinnerung bleibt? Zur mächtigsten Frau der Welt wurde sie vom *Time Magazine* gekürt, sie besitzt mehr Ehrendoktortitel als Einstein, wusste aber nicht, ob ihr Ehemann fremdgeht. Verdenken könnte sie es ihm kaum, wäre aber tief gekränkt und als Kanzlerin dem Spott ihrer Wähler und Nichtwähler ausgesetzt. Sie musste sich entscheiden: entweder nachts allein Filme sehen oder bei ihrem Mann schlafen. Bevor sie sich entschied, schlief die Kanzlerin vor laufendem Fernsehgerät ein.

Bevor sie zum Staatsbesuch abreiste, bat die Kanzlerin ihre Kulturreferentin, einige neuere chinesische Filme auf DVD zu besorgen. Um sich ein Bild des Landes zu machen, das Europäern so fremd scheint. Das aparte Gesicht der Referentin formte sich zu einem hässlichen Fragezeichen, da die Chefin auf ihren Reisen diese populäre Wissensquelle über fremde Länder und Leute noch nie in Anspruch nahm. »Chinesen schätzen es, wenn man ihre Kultur kennt«, belehrte sie die Kanzlerin, »und Filme aus dem Reich der Mitte versteht unsereins gewiss leichter als die Peking-Oper.« Wo sie recht hat, hat sie recht, dachte die Kulturreferentin und widersprach nicht, obwohl sie es sich erlauben könnte.

[...]

Bei jedem Staatsbesuch in Beijing stand ein Abstecher zur Chinesischen Mauer an. Schon dreimal war die Kanzlerin dort, hatte das Kamel getätschelt, mit dem sich die Touristen fotografieren ließen, und jedes Mal stieß es einen jämmerlichen Schrei aus, als könnte es nicht mehr ertragen, tagtäglich zur Schau gestellt zu werden und dabei regungslos dazustehen wegen des perfekten Hintergrundes der fast bis zum Horizont ansteigenden Mauer, obwohl es für sich beanspruchen konnte, das meistfotografierte Kamel der Welt zu sein. Die Kanzlerin kam sich auch vor wie das Kamel an der Großen Mauer, weil jeder Chinese, dem sie zuwinkte, ein Erinnerungsfoto mit ihr haben wollte. Am Abend zuvor hatte sie erwogen, statt der Mauer die Beijinger Filmstudios zu sehen, den Wunsch aber nicht geäußert wegen der Fragen der Journalisten nach dem Warum dieser wirtschaftlich und politisch zu begründenden Besichtigung. In ihrem Quartier im Gästehaus der Chinesischen Regierung am Rand der kaiserlichen Gärten »zur Kultivierung der Harmonie« fühlte sich die Kanzlerin in der ersten Nacht zu erschöpft, um nach dem schier endlosen Essen mit der chinesischen Staatsführung einen chinesischen Film auf DVD anzusehen. Am Ende des zweiten Tages, nachdem ihr die Ehrendoktorwürde der Beijinger Universität überreicht worden war, wofür sie sich mit einer zweistündigen Rede bedankte, fielen ihr schon bei dem Gedanken an Film die Augen zu. Am dritten Abend hatte sie mit Johanniskraut-Pillen den Jetlag halbwegs überwunden und fühlte Entzugserscheinungen in Sachen Film. Zwei Werke ihres Lieblingsregisseurs Michelangelo (allein der Name!) Antonioni musste sie noch sehen, DIE ROTE WÜSTE und BLOW UP. Sie entschied sich für Ersteren, merkte aber nach einer halben Stunde, wie sehr die Geschichte über eine langsam verrückt werdende Frau aus der tristen Chemielandschaft von Mestre sie deprimierte. Trotzdem hielt sie durch, wegen der Stimme von Monica Vitti und Sätzen wie: »Gibt es einen Ort auf der Welt, wo man glücklich sein kann?« Bevor sie zu Bett ging, schaute die Kanzlerin aus ihrem Fenster auf die Gärten »zur Kultivierung der Harmonie«. Dicker Nebel und ein säuerlicher Geruch von Braunkohle und Wirsingkohl erinnerten sie an die Buna-Werke in Schkopau, wo sie 1974 als Physikstudentin ein Praktikum absolviert hatte. Der mitteldeutsche Chemiebezirk zwischen Bitterfeld und Leuna schien ihr der traurigste Ort der Welt, wo die Menschen wie die Landschaft aussahen, aschfahl und ausgezehrt. Dass es unweit des Weltkulturerbes Venedig nicht weniger trist war als in Buna oder Beijing, erfuhr sie erst aus dem Film von Antonioni. Schmerzhaft wurde ihr bewusst, wie wenig sie, die als Politikerin die halbe Welt bereist hatte, tatsächlich von ihr wusste. Sie müsste eine Auszeit von vier Jahren nehmen, um nachzuholen, was jeder Kinogänger im Gedächtnis bewahrt – ein emotionales Bild der Welt, stärker als Presse- und TV-Nachrichten. Hat schon jemand einen Zeitungsleser sagen hören, er hätte etwas fürs Leben gelernt, einen Fernsehzuschauer, ihm sei ein Licht aufgegangen? In Beijing, wo sie sich wie die Frau im Mond unter Marsmenschen vorkam, nicht wegen der Sprache, sondern der Körpersprache und der finsteren Grimasse hinterm Lächeln chinesischer Parteiführer im Schein roter Laternen, fiel ihr die Filmszene vom tanzenden Huhn auf einer heißen Herdplatte ein. Weder den Titel noch den Regisseur des Films, den sie einmal spät nachts im Fernsehen gesehen hatte, hatte sie behalten. In sechs Jahren Kanzlerschaft war ihr Langzeitgedächtnis derart geschrumpft, weil alles, was sie vergaß, durch ihre Mitarbeiter aus dem elektronischen Datenhut herbeigezaubert wurde. Kino war sicher nicht der Weisheit letzter Schluss; man lernt nichts, was man nicht schon wusste; aber das Gesehene schärft den Blick für anderes, und in der Summe bleiben Bilder von etwas in Erinnerung, das emotionale Intelligenz heißt. Das Sehen von Filmen

schärft das Gedächtnis für Kleinigkeiten – eine Geste, ein Blick, Worte, deren wahre Bedeutung im realen Leben verborgen bleiben; Orte und Landschaften, die man ohne Karte und Kompass wachen Auges träumend durchwandern kann. Mit diesem beinahe konfuzianischen Gedanken nahm die Kanzlerin Abschied von Beijing und sehnte sich nach einem Essen ohne Glutamat und halbgarem Gemüse.

[...]

Am Nikolaustag, die Kanzlerin war am Morgen zu deutsch-polnischen Regierungskonsultationen nach Warschau geflogen, herrschte Aufregung in der »Geschirrspülmaschine«, wie die Berliner den schmucklosen Amtssitz der Bundesregierung nennen. In der Poststelle ging ein verdächtiges Päckchen ein, adressiert an die Kanzlerin mit dem Absender eines gewissen Jens-Peter Bock aus Gransee. Eine männliche Person fast gleichen Namens war RAF-Terrorist gewesen. Sofort rückte das Bombenkommando des Staatsschutzes an und sprengte das Päckchen in einem Container. Beim Inspizieren wurden Überreste von DVDs und Plastikhüllen gefunden. Zum Vorfall wollte die Kanzlerin nicht persönlich Stellung nehmen, ließ durch ihren Regierungssprecher erklären, dass ein offensichtlich verwirrter Einzeltäter die Bombendrohung erfunden hatte, in dem Paket weder Sprengstoff noch Zünder waren. Als der Presserummel nach drei Tagen vorbei war, erwirkte die Kanzlerin die Freilassung ihres Schulfreundes aus der Haft und verhinderte ein juristisches Nachspiel. Dafür musste sie vorm Untersuchungsrichter peinliche Fragen beantworten: in welcher Beziehung sie zu dem Mann stehe, weshalb er ihr DVDs ins Kanzleramt schicke und welchen Inhalt sie hätten. Sie tat es mit gebotener Offenheit, ohne ihr Geheimnis preiszugeben. Der Fall wurde zu den Akten gelegt, nicht aber von einigen Journalisten, die zu gern wüssten, was der Inhalt der DVDs war.

Nach einem anstrengenden Arbeitstag, an dem die Kanzlerin in ihrem Amtssitz zuerst den schwedischen Ministerpräsidenten, dann den algerischen Staatspräsidenten zu mehrstündigen Gesprächen empfing, fiel ihr auf die Frage ihres Gatten, was sie sich zu Weihnachten wünsche, spontan nur Reclams Filmführer ein. Im Gegenzug würde sie ihm neben der üblichen Krawatte und dem Pyjama ein Jahresabo fürs Zeughauskino schenken, der Abspielstätte der Deutschen Kinemathek im Marstall neben ihrem Wohnhaus. »Wir haben doch den Toeplitz im Bücherschrank«, meinte ihr Mann. Die Kanzlerin erinnerte sich, dass sie die fünf dicken Bände des polnischen Filmhistorikers zu ihrem 20. Geburtstag bekam, aber nicht von wem. Einmal hatte sie seitdem darin geblättert, um etwas zu dem in der DDR heiß diskutierten, weil die Gefahren der Atomforschung offen aussprechenden sowjetischen Film NEUN TAGE EINES JAHRES von Michail Romm nachzulesen. »Der Toeplitz geht, soweit ich weiß, nur bis 1970. Seitdem ist die Geschichte des Films 40 Jahre älter geworden, wie ich, Schatz!« Das sagte die Kanzlerin, um nicht, wie jedes Jahr, ihr Lieblingsparfüm, die Gesamtaufnahme einer Wagner-Oper oder eine weitere Biografie von sich unterm Tannenbaum zu finden. Vier davon gab es schon, jetzt auch noch die Memoiren von George W. Bush, die sie nicht wirklich lesen wollte. Lieber gäbe sie ihrem persönlichen Weihnachtsmann eine Liste mit DVD-Filmen, die sie als Nächstes sehen wollte. Doch das schien nicht klug. Ihre Familie würde Fragen stellen: wieso sie auf einmal versessen auf Heimkino ist und woher sie die Zeit nimmt. Ihr nächtliches Vergnügen ging niemanden etwas an, nicht einmal ihren Gatten. Vermutlich würde er sich ihr zuliebe auch die Nächte um die Ohren schlagen und dann auf der Fahrt zur Arbeit am Steuer einschlafen. Sie brauchte nur drei bis vier Stunden Schlaf täglich, um das Land zu regieren und das Europäische Haus in Ordnung zu halten.

In der Woche vorm Heiligen Fest reiste die Kanzlerin zur außerordentlichen Sitzung des französischen Ministerrats nach Freiburg, traf sich in Berlin mit den Staatschefs Frankreichs und Indiens, in Düsseldorf mit den Ministerpräsidenten der deutschen Bundesländer, besuchte in Hamburg ein Konzert der Hip-Hop-Academy und trat in Brüssel als Rednerin auf der zweitägigen Konferenz des Eu-

DEVJAT' DNEJ ODNOGO GODA (Neun Tage eines Jahres; 1962; D: Daniil Chrabrowizki, Michail Romm, R: Michail Romm)

ropäischen Rates auf. Danach verabschiedete sie ihre Mitarbeiter im Kanzleramt mit persönlichen Geschenken in den verdienten Weihnachtsurlaub. Den Heiligabend feierte sie im Haus ihrer Eltern in Templin, nachdem sie noch rasch eine Ansprache ans deutsche Volk als Podcast aufgenommen hatte. Darin äußerte sie ihren Optimismus, dass es nach einem schlechten ganzen und einem halben guten Jahr mit der Wirtschaft bergauf gehe, die Arbeitslosenzahlen gar unter die Drei-Millionen-Grenze fallen könnten, doch nur, wenn wir uns mehr anstrengen, in Bildung, auch Herzensbildung, investieren und wieder mehr Vertrauen in die Politik setzen. Um die schneckenhaft schleichende Zeit bis zur Bescherung schneller vergehen zu lassen, hörte die Familie die Rede der Kanzlerin im Internet an. Die 17-jährige Großnichte meinte dazu ironisch: »Schöne Bescherung, Tante! Honeckers Erich hätte es nicht besser sagen können, dass der Kapitalismus abgewirtschaftet hat.« In die betretene Stille platzte der Kanzlerin Vater wie ein Cherubim, als er die Flügeltür seines Arbeitszimmers aufspreizte und sang »Macht auf die Tür, das Tor macht weit!« Das Flackern der Kerzen am festlich geschmückten Christbaum schimmerte in den Augen der Eintretenden, und jeder der zwölfköpfigen Sippe umarmte den anderen. Nachdem sie gemeinsam »Stille Nacht, heilige Nacht« gesungen hatten, wurden die Geschenke ausgepackt.

Les Aventures de Tintin (Tim und Struppi; Frankreich, Kanada 1991–1992)

Die jüngste Nichte bekam alle Filme von *Tim und Struppi* als DVD-Box, die ältere drei Filme ihres Lieblingsregisseurs Lars von Trier, die beiden Neffen je ein Jahresabo fürs Multiplex-Kino zur freien Filmwahl. Ihre Eltern erhielten von der Kanzlerin ausgewählte Filme für Erwachsene. Die Schwester hätte nach dem Zubettgehen der Kinder

IL PORTIERE DI NOTTE (Der Nachtportier; 1974; D: Liliana Cavani, Barbara Alberti; R: Liliana Cavani)

gern DER NACHTPORTIER angesehen, doch der Hausherr bestand darauf, im Fernsehen das Weihnachtskonzert der Berliner Philharmoniker zu genießen. Die Kanzlerin machte gute Miene zur ernsten Musik, ihr Gatte schlief dabei ein. Als sie ihn anstieß, sagte er: »Ich schlafe nicht, ich denke nach.«

Jerzy Toeplitz: *Geschichte des Films* (Henschel 1983)

Über die Weihnachtsfeiertage, wenn sie nicht kochte, spazieren ging oder telefonierte, las die Kanzlerin in den fünf Bänden der *Geschichte des Films* von Jerzy Toeplitz, die seit Jahren unbeachtet in ihrem Bücherschrank gestanden hatten. »Wer hat mir das Werk bloß geschenkt«, fragte sie ihren Mann. »Dein werter Vater. Zu deinem Doktortitel«, erinnerte er sich. »Das sieht ihm ähnlich«, meinte die Kanzlerin. »Vom Saulus zum Paulus.« Sie rief ihren Vater an, um zu klären, weshalb er ihr als Kind Kinobesuche verboten hatte. Der Vater überlegte lange, bevor er antwortete. Er wollte vermeiden, dass sie zusätzlich zur DDR-Schule politisch indoktriniert wird. Kino sei zudem tendenziell atheistisch, weil Gott außer im Glauben der Menschen nicht darstellbar ist. Die Kanzlerin widersprach energisch. »In den Don-Camillo-Filmen spricht

Gott zu seinem Kirchendiener.« Diese Filme kannte der Vater nur vom Hörensagen, wollte sich deshalb keine Meinung bilden. »Damals wie heute bin ich überzeugt, dass Kinder sich mit Kino Augen und Moral verderben.« Die Kanzlerin war nicht versöhnt, weil aus ihr so eine filmische Analphabetin geworden war. Erst jetzt suche sie das Bildungsdefizit aufzuholen, und es eröffne sich ihr eine unbekannte Welt. Sie beginne zu verstehen, was Menschen zum Lachen und Weinen bringt, warum Kino nicht nur die wichtigste aller Künste ist, sondern auch die trostspendendste. »Politik mag die Kunst des Kompromisses sein, Film ist die dramaturgische Zuversicht, dass die Menschen in ihrem Drang nach dem Absoluten nicht immer nur scheitern, sondern wieder aufstehen und weitermachen. Filme sind die fiktiv-realen Abbilder der Hoffnungen und Träume der Welt, ohne sie hätten wir kein Spiegelbild von uns, würden blind durchs Leben stolpern wie die Menschen des Mittelalters, die nur gemalte Bilder vom Himmel und der Hölle und das Licht der Altarkerzen kannten.« Der Vater hörte sich den in freier Rede verfertigten Filmvortrag an, war beeindruckt von seiner Tochter, konnte es ihr aber nicht sagen.

[...]

Eine Woche später, als das neue Jahr gerade zwei Tage alt war, beendete die Kanzlerin ihr abendliches *briefing* mit dem Regierungssprecher und den Referenten. Der Finanzminister rief an, als sie gerade Feierabend machen wollte, und bat um eine dringende Unterredung. Sie wimmelte ihn ab mit der Begründung, zu Hause Gäste zu empfangen, und versprach, ihn gleich morgen früh zu treffen. Zu Hause vis-à-vis dem Pergamonmuseum warteten keine Gäste, und ihr Mann war auf einem Wissenschaftskongress im Ausland. Die Kanzlerin nahm sich einen Joghurtbecher aus dem Kühlschrank, legte die Beine hoch, schaltete Fernseher und DVD-Player an und schaute sich BELLE DE JOUR von Luis Buñuel an. Eine Frau ist ihrem querschnittsgelähmten Gatten treu ergeben, in ihrer Fantasie verdingt sie sich als Prostituierte. Oder ist die Fantasie Realität? Die Kanzlerin schrieb in ihr Notizbuch: »Dieser Film ist ein Skandal, weil er die erotischen Wünsche und Tagträume einer Frau auf drastische Weise vorführt und den Zuschauer im Unklaren lässt, wo die Träume anfangen und die Realität aufhört. Ein faszinierend-doppelbödiges Kunstwerk des Spaniers, von dem ich noch mehr wissen will.« Noch am selben Abend suchte sie im Internet nach weiteren Buñuel-Filmen, wählte die Edition mit DER DISKRETE CHARME DER BOURGEOISIE, DAS GESPENST DER FREIHEIT, DIESES OBSKURE OBJEKT DER BEGIERDE aus, dazu noch die früheren Werke VIRIDIANA, TAGEBUCH EINER KAMMERZOFE, DER WÜRGEENGEL und

BELLE DE JOUR (1967; D: Luis Buñuel, Jean-Claude Carrière, nach dem Roman von Joseph Kessel; R: Luis Buñuel)

LE CHARME DISCRET DE LA BOURGEOISIE (Der diskrete Charme der Bourgeoisie; 1972; D: Luis Buñuel, Jean-Claude Carrière; R: Luis Buñuel)

Essays

LE FANTÔME DE LA LIBERTÉ (Das Gespenst der Freiheit; 1974; D: Luis Buñuel, Jean-Claude Carrière; R: Luis Buñuel)

CET OBSCUR OBJET DU DÉSIR (Dieses obskure Objekt der Begierde; 1977; D: Luis Buñuel, Jean-Claude Carrière, nach dem Roman von Pierre Louÿs; R: Luis Buñuel)

VIRIDIANA (1961; D: Julio Alejandro, Luis Buñuel; R: Luis Buñuel)

LE JOURNAL D'UNE FEMME DE CHAMBRE (Das Tagebuch einer Kammerzofe; 1964; D: Luis Buñuel, Jean-Claude Carrière, nach dem Roman von Octave Mirbeau; R: Luis Buñuel)

EL ÁNGEL EXTERMINADOR (Der Würgeengel; 1962; D+R: Luis Buñuel)

O NĚČEM JINÉM (Von etwas anderem; 1964; D+R: Věra Chytilová)

TRIUMPH DES WILLENS (1935; D: Leni Riefenstahl, Walter Ruttmann; R: Leni Riefenstahl)

kaufte sie bei eBay auf den Namen ihres Mannes. Nach dem Ende der Transaktion fragte sich die Kanzlerin, ob sie noch ganz bei Trost sei. »Die Welt kracht in allen Fugen, und ich schaue mir wie Hitler im Führerbunker alte Filme an.« Vielleicht sollte sie besser ihren Psychiater konsultieren und herausfinden, weshalb sie als leidenschaftslose, der *ultima ratio* ihres Handelns völlig verpflichtete Politikerin einen derartigen Konsumzwang nach Filmen entwickelte. Andererseits, war es nicht ihre Pflicht, zu kennen, was jeder filminteressierte Bürger kannte? Die wichtigsten Filmklassiker nachzuholen und gleichzeitig die aktuellen Kinoereignisse nicht zu versäumen war jedoch eine Aufgabe, die eine Viererbande bewältigen könnte, keine Alleinherrscherin. Die selten kürzer als 90 Minuten spielenden Filme nur halb oder im Schnelllauf anzusehen, um mitreden zu können, widerstrebte der Kanzlerin. Sie wollte nicht wissen, sondern erleben.

Verglichen mit den oft endlosen und ergebnislosen Fraktionssitzungen, Bundestagsdebatten, multilateralen Gipfeltreffen und Vier-Augen-Gesprächen schien ihr noch der belangloseste Film ein Vergnügen mit quantitativem Erkenntniswert. Irgendjemand sagte irgendwo, dass selbst der schlechteste Film fünf gute Minuten hat. Diese herauszufinden wurde mit der Zeit eine Art wissenschaftlicher Ehrgeiz für die Kanzlerin mit Physikdiplom. Wie der Dichter und Käfersammler Ernst Jünger, den ihr politischer Ziehvater so verehrte, betrachtete sie Film nicht nur als Drama menschlicher Leidenschaften, vielmehr als Aspiration und Analyse der Welt in ihrer ethnologischen Beschaffenheit. Dieses verwirrende Miteinander gegensätzlicher Empfindungen und unvereinbarer Fakten, aus dem sich trotz inneren Widerstandes ein tiefes Mitgefühl destilliert, war ihr stets als etwas Fremdes, ja Unangenehmes erschienen. Nicht aus Gefühllosigkeit oder bequemem Zynismus versagte sie sich die schnell in Sentimentalität und Selbstmitleid mündenden Affekte, die der Tod jeder Politik sind. Nun erwartete sie, wenn sie tagsüber seelenlose, ihrer christlichen Überzeugung nicht selten widerstrebende Entscheidungen über das Wohl der Menschen dieses Landes zu treffen hatte, am Abend Absolution VON ETWAS ANDEREM (Den Film der Regisseurin Věra Chytilová, ein Hauptwerk des Prager Frühlings, hatte sie 1973 im Leipziger Studentenclub gesehen, danach wurde er geschlossen.) Ausgerechnet sie, die als Protestantin nie beichten musste, verlangte nach einer Läuterung für ihre Sünden. Das Kino als Evangelium für ein politisches Amt, das zu sehr auf die Überzeugungskraft der Worte setzt und zu wenig auf die Macht der Gefühle. Die Deutschen hatten schlechte Erfahrungen damit gemacht, Filme wie TRIUMPH DES WILLENS und JUD SÜSS als Aufforderung zum Totschlag verstanden und ihre perfide Machart nicht durchschaut. Auch die Kanzlerin zweifelte, ob die Faszination bewegter Bilder sie nicht zu sehr bewegte, das Mitgefühl mit Helden, Gaunern, Massenmördern, echten und falschen Propheten sie in ihrer Willensfreiheit manipulierte. Alles zu verstehen und zu vergeben, weil die Umstände schuld sind oder das Schicksal, würde sie mit jedem Film 24 Bilder pro Sekunde der Gefahr des Determinismus näher bringen. Schließlich waren alle Diktatoren des 20. Jahrhunderts erklärte Filmnarren. Hitler liebte UFA-Eisrevuen, Goebbels Eisensteins PANZERKREUZER POTJOMKIN; Stalin schätzte Hollywoodfilme und verweigerte schon mal den sowjetischen Filmkünstlern ihre jährlichen Verdienstorden mit den Worten »Wir werden sie dekorieren, wenn sie gelernt haben, Filme wie DER GROSSE WALZER zu machen.« Am liebsten jedoch sah er sich auf der Leinwand, verkörpert vom immer gleichen Akteur in weißer Uniform, wie er alle Probleme des Sowjetlandes löste; Mussolini amüsierte sich bei Chaplins DER GROSSE DIKTATOR, Franco weinte bei EL CID mit Charlton Heston; Mao kannte nur DER LANGE MARSCH und verachtete Schauspieler, obwohl seine Frau Bühnenstar war.

Das Kino lehrt einen nichts und alles. Es verlangt nach Aufmerksamkeit und Sitzfleisch, kümmert sich aber weder um das eine noch das andere. Filme laufen auch vor leeren Sälen und turtelnden Liebespaaren, existieren in Archiven, Museen, Büchern, Souvenirläden oder in den Erinnerungen der Zuschauer, die selbst dann nicht verblassen, wenn die lichtempfindlichen Filmkopien sich aufgelöst haben. Die Kanzlerin erinnerte sich an eine Fotoausstellung des Japaners Sugimoto in der Neuen Nationalgalerie. Sie zeigte mehrere Langzeitbelichtungen von alten Kinosälen, auf denen der projizierte Film als weiße Fläche erscheint. Die luzide Ereignissumme von 129.600 Einzelbildern eines 90-minütigen Films war demnach null. Wie das letzte Bild eines Sterbenden im Augenblick seines Todes. Eine traurige Gewissheit für jemanden, der gerade angefangen hatte, das Kino zu lieben und danach strebte, so viele Filme wie möglich, nicht alle, aber die wichtigsten zu kennen. Selbst, wenn sie 30 oder 40 weitere Jahre lebte, wie viele Lichtspiele könnte sie noch schauen, und was davon würde sie im Gedächtnis behalten? Und wozu, wenn am Ende doch nichts bleibt als ein weißer Fleck ohne Handlung, Geräusch, Worte wie Musik, Blicke, die alles sagen, Bilder wie Träume der Kindheit? Von solchen Gedanken durfte die Kanzlerin sich nicht entmutigen lassen. Zu wertvoll war die Erfahrung, etwas nur für sich allein zu besitzen. Etwas, von dem weder ihre engsten Mitarbeiter und Berater, Presse und Fernsehen, nicht mal ihr Mann Kenntnis haben sollten. Eine Liebe wie eine heimliche Liaison, die sie nie hatte.

[...]

JUD SÜSS (1940; D: Veit Harlan, Eberhard Wolfgang Moeller, Ludwig Metzger; R: Veit Harlan)

BRONENOSEZ POTJOMKIN (Panzerkreuzer Potemkin; 1925; D: Nina Agadschanowa; R: Sergej M. Eisenstein)

THE GREAT WALTZ (Der große Walzer; 1938; D: Samuel Hoffenstein, Walter Reisch; R: Julien Duvivier)

THE GREAT DICTATOR (Der große Diktator; 1940; D+R: Charles Chaplin)

EL CID (1961; D: Philip Yordan, Frederic M. Frank; R: Anthony Mann)

Inzwischen kannte die Kanzlerin die wichtigsten europäischen Filmklassiker und wusste bei Staatsbesuchen das meist angespannte Vier-Augen-Gespräch mit dem jeweiligen Regierungschef mit etwas kulturellem Smalltalk aufzulockern. Ihre meist männlichen Gegenüber sahen sie verdattert an, hatten keinen blassen Schimmer über die cineastischen Schätze ihres Landes. Nur der polnische Präsident, als Zwillingskind ein Filmstar, kannte Filme von Wajda und Kieslowski, zählte auch Polanski zu den nationalen Filmgrößen, obwohl der Regisseur Jude war und im Westen Karriere gemacht hatte. Der Präsident lobte Romans jüngsten Film THE GHOSTWRITER über den »Mistkerl« Tony Blair, bei dem die Kanzlerin passen musste. Früher hätte sie geantwortet: »Muss ich den Film sehen?« Jetzt sagte sie: »Muss ich unbedingt sehen!«

THE GHOSTWRITER (2010; D: Robert Harris, Roman Polanski, nach dem Roman von Robert Harris; R: Roman Polanski)

Beim Vier-Augen-Gespräch fragte die Kanzlerin den türkischen Präsidenten nach dem Regisseur Yilmaz Güney, der wegen sozialkritischer Filme lebenslänglich im Gefängnis saß. Obwohl außer den beiden Dolmetschern niemand zugegen war, fühlte sich der Präsident brüskiert und lief in der Farbe der türkischen Nationalflagge an. »Erstens war Güney Kurde, nicht Türke. Zweitens wurde er rechtskräftig wegen Totschlags eines Richters und nicht wegen seiner kommunistischen Gesinnung verurteilt.« »Musste man dem Gewinner der Goldenen Palme von Cannes deshalb die Staatsbürgerschaft aberkennen?«, ließ die Kanzlerin nicht locker. »Das geschah, nachdem er aus der Haft entfloh und von Paris aus den bewaffneten Kampf der PKK unterstützte. Mag er ein populärer Schauspieler gewesen sein und als Regisseur im Westen bejubelt, im Hauptberuf war er ein Staatsfeind.« Um das fragile deutsch-türkische Verhältnis nicht zu belasten, wechselte die Kanzlerin das Thema und kam auf die positiven Wirtschaftsbilanzen zu sprechen. Doch der Präsident wollte es nicht damit bewenden lassen und erinnerte daran, dass die deutsche Regierung ohne ausdrücklichen Wunsch der Türkei dem Regisseur 1983 die Einreise verweigert hatte, weil sie gewaltsame Proteste zwischen Deutschtürken und Kurden fürchtete. Das wusste die Kanzlerin nicht und entschuldigte sich für ihre rein persönliche Neugier. Unlängst hatte sie Yilmaz Güneys YOL – DER WEG gesehen und war tief beeindruckt. Vor allem, als sie las, dass der Regisseur während der Dreharbeiten im Gefängnis saß und sein Assistent den Film nach genauen Anweisungen herstellte. »Aber die Goldene Palme hat er nicht mit seinem Regieassistenten geteilt«, lachte der Präsident. Das zeige doch, was für ein Schurke er war.

YOL (Yol – Der Weg; 1982; D: Yilmaz Güney; R: Serif Gören, Yilmaz Güney)

Den finnischen Staatschef fragte die Kanzlerin bei seinem Berlinbesuch, ob Aki Kaurismäki tatsächlich mit seinen Filmen die Tourismusbranche seines Landes ruinierte, wie er es vor Jahren auf der

Berlinale prophezeit hatte. »Ganz im Gegenteil«, lachte das finnische Staatsoberhaupt. »Die Besucher kommen, um zu sehen, ob es bei uns wirklich so traurig zugeht wie in seinen Filmen, und sind positiv überrascht. Aki war schon immer ein Tiefstapler. Heute gehören ihm fast alle Kinos und Filmstudios im Land. Aber er behauptet, als Regisseur abgeschrieben zu sein, weil die staatliche Filmförderung ihm kein Geld mehr gibt.« »Trotzdem, ein großes Talent«, fand die Kanzlerin. »Kunst und Geschäft müssen sich nicht ausschließen, Film ist nun mal eine kostspielige Angelegenheit.« Nach dem angeregten Gespräch verstand der Finne, weshalb der deutschen Kanzlerin der Ruf vorauseilt, stets für eine Überraschung gut zu sein. Bei der heiklen Frage des Rettungsfonds für zahlungsunfähige europäische Länder, der in Finnland wenig Zustimmung findet, zeigte sich die Kanzlerin wieder von ihrer unnachgiebigen Seite. Man müsse über den eigenen Tellerrand hinausschauen und das Ganze im Blick haben. Sonst werde Europa sang- und klanglos untergehen und zum Natur-und Technik-Museum für die Chinesen.

    Die portugiesische Außenministerin hatte einige Semester Film in Paris studiert und kannte sich mit Kino aus, war stolz, dass der mit 100 Jahren älteste noch aktive Regisseur der Welt Manoel de Oliviera Portugiese ist. Besonders gefiel ihr sein Film BELLE TOUJOURS, eine höchst originelle Fortsetzung von Buñuels BELLE DE JOUR. Die Kanzlerin wollte wissen, wo man den Film sehen kann. Die Portugiesin telefonierte mit ihrem Kulturattaché. In der Botschaft hatten sie keine DVD, nur eine 35mm-Kopie. Also beschlossen die beiden Frauen, am Abend den Film anzusehen, ganz allein ohne Dolmetscher und Personenschützer. Sie amüsierten sich köstlich über das stilistisch unkonventionelle Zwei-Personen-Stück des Altmeisters. Beide schwärmten für Michel Piccoli, der im Alter immer begehrenswerter wurde. Die Portugiesin lud die Deutsche nach Lissabon ein, wo es noch einige wunderschöne Art-Déco-Filmpaläste gibt. Die Stadt selbst ist eine zeitlose Filmkulisse, in der viele berühmte Streifen spielen. Zum Beispiel GERAUBTE KÜSSE von Truffaut, LISBON STORY von Wim Wenders und DIE NACHT VON LISSABON nach dem Roman von Remarque, eine deutsche Fernsehproduktion, die nie in Portugal lief. Die Kanzlerin versprach, den Film zu besorgen. Über ihre Liebe zum Kino wurden die beiden sehr verschiedenen Frauen Freundinnen. Eine Woche später in Brüssel setzte sich die Kanzlerin für eine Bankbürgschaft des EU-Mitgliedslandes Portugal ein, das durch die Börsenkrise an den Rand der Zahlungsunfähigkeit geriet. Das führte in der Presse zu den wildesten Spekulationen, wie die Regierung Portugals es schaffte, die Eiserne Kanzlerin zu dieser Vorzugsregelung zu bewegen.

BELLE TOUJOURS (2006; D+R: Manoel de Oliveira)

BAISERS VOLÉS (Geraubte Küsse; 1968; D: François Truffaut, Claude de Givray, Bernard Revon; R: François Truffaut)

LISBON STORY (1994; D+R: Wim Wenders)

DIE NACHT VON LISSABON (1971; D: Zbynek Brynych, nach dem Roman von Erich Maria Remarque; R: Zbynek Brynych)

Beim Gespräch um die deutschen Bankbürgschaften für Irland fragte die Kanzlerin Josef Ackermann, welche schweizer Filme er schätzt. Zu ihrem Erstaunen kannte er sich aus und nannte die frühen Filme von Alain Tanner. Besonders mochte er den hierzulande kaum bekannten Regisseur Michel Soutter, und natürlich Jean-Luc Godard, der fälschlicherweise als Franzose gilt, obwohl er schon immer in Rolle am Genfer See lebt. Der mächtige Bankchef erzählte, dass Godard in seinem Dorf als Trottel gilt. Der Theaterregisseur Matthias Langhoff fragte einmal den Bürgermeister von Rolle, ob man in dem geschlossenen Dorfkino nicht *en suite* alle Filme des Genies zeigen könnte, um Touristen hinzulocken. »Wer will denn schon die Filme von unserem Jean-Luc sehen?«, wunderte sich der Dorfvorsteher. Die Kanzlerin kannte keinen einzigen Godard-Film. Ackermann versprach, ihr die neue deutsche J.L.G-Edition zu schicken. Danach gingen sie nahtlos zu den Bankbürgschaften über, die für die Deutsche Bank ein gutes Abschreibungsgeschäft versprachen und den deutschen Steuerzahler nur gering belasteten. Die Kanzlerin wollte es gern glauben, weil Ackermann prinzipientreuer Calvinist ist. Aber mehr als einmal wurde sie von ihrem engsten Börsenberater vor vollendete Tatsachen gestellt, die sie dann ausbaden musste.

Die politische Opposition, die Presse und jener Teil des Volkes, der stets seine Meinung telefonisch in (nichtrepräsentativen) Fernsehumfragen kundtat, um sich das Gefühl des Mitregierens zu geben, waren empört über die Kanzlerin, dass sie ein Geheimabkommen mit den vier Energie-Multis über die Verlängerung der Atomkraftwerks-Laufzeiten aushandelte. Tapfer verteidigte sie die ihr aufgezwungene Entscheidung ohne Rückenstärkung ihres Koalitionspartners von der FDP. Der Außenminister stand wegen seiner dreisten Lobbypolitik im Feuer der Kritik und ging auf Reisen, der Finanzminister meldete sich krank, und die Energiebosse kündigten saftige Strompreiserhöhungen an. Die Kanzlerin war müde, aber nicht müde genug, um nachts, wenn ihr Mann selig schlief, noch ein, zwei Filme anzusehen. Mitten in Stanley Kubricks DR. SELTSAM, ODER WIE ICH LERNTE, DIE BOMBE ZU LIEBEN an der Stelle, wo Peter Sellers sagt: »Mein Führer, I can volk!«, betrat ihr Gatte das Zimmer. Er war nicht amüsiert, dass seine Frau jede Nacht vorm Fernseher saß und dann noch deprimierende Filme anschaute. Sie könne nicht schlafen, sei von Albträumen geplagt, gegen die Kubrick-Filme reinste Erholung sind. Bis zum Morgen redeten die Eheleute über die Stimmung im Volk und die sinkende Popularität der Regierung. »Vielleicht sollte ich zurücktreten«, meinte die Kanzlerin. Ihr Mann sah sie entsetzt an und schaltete den Fernseher aus. »Das kommt davon, dass du zu viele Filme schaust.« Sie sprachen über die Alternativen, das Land zu regieren. Eine rot-grüne Regierung wolle das Volk ebenso wenig wie

---

DR. STRANGELOVE OR: HOW I LEARNED TO STOP WORRYING AND LOVE THE BOMB (Dr. Seltsam, oder wie ich lernte, die Bombe zu lieben; 1964; D: Stanley Kubrick, Terry Southern, Peter George, nach dem Roman von Peter George; R: Stanley Kubrick)

eine rot-schwarze. Schwarz-grün wäre eine Farbkombination, die ihr gefallen könnte. Doch darauf hoffte man wohl vergebens. Deshalb ging die Kanzlerin diesmal früher zu Bett.

Am nächsten Morgen fühlte sie sich alt und krank. Seit ihrer Wahl zur Regierungschefin war sie keinen Tag krank, funktionierte auch in zyklischen Unpässlichkeiten wie ein Uhrwerk, weshalb mancher sie hinter vorgehaltener Hand für geschlechtslos hielt. Zum ersten Mal musste sie nun zum Arzt. Der attestierte ihr eine leichte Angina und starken Erschöpfungszustand. Er schrieb sie eine Woche krank. Im Büro der Kanzlerin herrschte Panik über die Ankündigung der Kanzlerin, sieben Tage zu ruhen. Tatsächlich fühlte sie sich nicht so elend, wie sie aussah. Eine Woche jeden Tag fünf bis sechs Filme ansehen – was für ein Vergnügen! Sie fuhr nach Meseberg und fragte, ob ein Paket für sie abgegeben wurde. Der Pförtner händigte ihr einen Karton mit DVDs aus und versicherte, sie enthalten keine gefährlichen Substanzen. »Haben Sie die Filme angeschaut?«, fragte

die Kanzlerin lächelnd, »es könnten ja Szenen darin sein, die mich verstören oder empören.« Der Pförtner wollte es sofort überprüfen lassen, wurde aber zurückgepfiffen.

Morgens erledigte die Kanzlerin dringende Korrespondenzen mit ihrer Sekretärin, die die Post sofort nach Berlin brachte. Dann ging sie im Park spazieren, danach wollte sie nicht gestört werden

Essays

LETJAT SCHURAWLI (Die Kraniche ziehen; 1957; D: Viktor Rozov, nach seinem Stück; R: Michail Kalatosow)

L'ANNÉE DERNIÈRE À MARIENBAD (Letztes Jahr in Marienbad; 1961; D: Alain Robbe-Grillet; R: Alain Resnais)

DAS LEBEN DER ANDEREN (2006; D+R: Florian Henckel von Donnersmarck)

LE GAI SAVOIR (Die fröhliche Wissenschaft; 1969; D+R: Jean-Luc Godard)

MORTE A VENEZIA (Tod in Venedig; 1971; D: Luchino Visconti, Nicola Badalucco, nach der Novelle von Thomas Mann; R: Luchino Visconti)

und sah sich zwei Filme an; dann schaute ein Arzt aus Gransee vorbei; dann telefonierte sie mit ihrem Kollegen in Paris, Washington, Moskau, Warschau, zuletzt mit ihrer Filmfreundin in Lissabon wegen der zugesandten Filme von Manoel de Oliviera, die sie teilweise unverständlich, aber faszinierend fand; dann sprach sie mit ihrem Mann, fragte, ob er nicht ein paar Tage freimachen könne, um ihr Gesellschaft zu leisten. Er kann nicht, denkt aber an sie. Nach dem Abendessen schaute die Kanzlerin drei weitere Filme auf DVD an: DIE KRANICHE ZIEHEN, LETZTES JAHR IN MARIENBAD, DER DIALOG. Letzterer von F.F. Coppola über die Ausspionierung von Bürgern durch Abhörspezialisten erinnerte sie stark an DAS LEBEN DER ANDEREN. Da hatte der deutsche Adlige sein Drehbuch, wie Herr von G. seine Doktorarbeit, wohl mächtig abgeschrieben; dann klingelte das Telefon, und der russische Präsident meldete sich aus Moskau. »Hab endlich DIE KRANICHE ZIEHEN gesehen«, unterbrach sie den Kreml-Chef. »Ein erschütternder Film.« Dieser jedoch hatte einen Kriegsfilm von heute im Sinn. »Die NATO will Russland zum Juniorpartner für ihren europäischen Raketenschild machen. Das können wir nicht akzeptieren ... Mit wir meint er wohl sich und seinen Vorgänger, der noch immer das Sagen im Kreml hat,« dachte die Kanzlerin. »... Russland ist, war schon immer erwachsen und möchte, wenn überhaupt, nur Vollmitglied werden.« Die Kanzlerin solle sich in Brüssel dafür stark machen. Sie versprach es, auch wenn es schwierig sein würde. Dafür müsse er sich für eine deutsch-russische Filmwoche in Berlin und Moskau stark machen, denn das fördert das gegenseitige Verständnis. »Sie werden immer mehr zur Preußenkönigin Angela die Große«, scherzte der Russe, weil sie sich in kulturelle Angelegenheiten bisher nie eingemischt hatte. »Von Russland lernen heißt siegen lernen«, parierte die Kanzlerin. Vorm Schlafengehen warf die Filmsüchtige noch schnell den Godard-Film DIE FRÖHLICHE WISSENSCHAFT in den DVD-Player und schlief mittendrin ein.

[...]

Im Kanzleramt tagte der Krisenstab, nachdem eine SPD-nahe Zeitung mit der Schlagzeile aufmachte: *Kanzlerin schaut heimlich ostdeutsche Filme an. Sehnt sie sich nach ihrer Jugend in der DDR zurück?* Die Chefin musste ein persönliches Statement zu dem ungeheuerlichen Vorwurf abgeben. Die CSU verlangte eine Abhörung, die FDP drohte gar mit Ausstieg aus der Regierung, falls die Kanzlerin sich nicht erklärt. Sie entwaffnete ihre Widersacher mit der Frage, welcher ihr Lieblingsfilm sei. Der Außenminister überlegte nicht lange: TOD IN VENEDIG von Luchino Visconti; der CSU-Vorsitzende überlegte lange und nannte gleich drei Titel des Münchner Regisseur Sepp Vilsmaier: HERBSTMILCH, STALINGRAD, MARLENE; der Innenminister nannte DER UNSICHTBARE AUFSTAND von Costa-Gavras; der Minister für Finanzen mochte keine Filme, er mag Theater; die Sozialministerin liebte FONTANE – EFFIE BRIEST von R.W. Fassbinder; der Verteidigungsminister nannte DER PROZESS von Orson Welles als seinen Favoriten, korrigierte sich jedoch und meinte, CITIZEN KANE vom selben Regisseur sei das größere Meisterwerk; der Gesundheitsminister hielt DER GROSSE DIKTATOR von Chaplin für den größten Film aller Zeiten, BRITANNIA HOSPITAL von Lindsay Anderson für den komischsten. Am Ende der Fragerunde hatte die Kanzlerin es wieder einmal geschafft, auf unkonventionelle Weise Dissens in Konsens zu verwandeln. Deshalb schlug sie vor, jeden Monat einmal für alle Minister, Staatssekretäre, Referenten und Sekretärinnen einen Kinoabend mit alten und neuen Filmen im Paul-Löbe-Haus zu veranstalten. Filme seien, obwohl ein wachsender Wirtschaftsfaktor, Stiefkind der deutschen Leitkultur, das sollte sich ändern. »Der amerikanische Präsident lädt Filmemacher seines Landes ins Weiße Haus ein, der russische Präsident sieht sich jeden neuen Film heimischer Produktion an.« Da die Kanzlerin nun indirekt ihre private Leidenschaft öffentlich gemacht hatte, sollte die Flucht nach vorn wenigstens auch ihre Mitarbeiter bilden. Trotz einiger saurer Mienen erntete sie chorischen Beifall.

[…]

Am nächsten Tag flog die Kanzlerin zu einem Blitzbesuch nach Paris zu »ihrem französischen Mann«. Im Vier-Augen-Gespräch im Èlysée-Palast ging es um nichts Geringeres als die Rettung der europäischen Währungsunion. Für den Premier Frankreichs war die deutsche Herrscherin gewiss nicht die Frau seiner Träume, doch er wusste, er konnte sich auf sie verlassen, wenn es um die Interessen der Grand Nation ging. Deutschland ist und bleibt die stärkste Wirtschaftsmacht Europas und die Kanzlerin die Einzige, die Europa retten kann. Weil sie mit der Sturheit einer Wissenschaftlerin durchsetzt, woran sie glaubt, und beim Scheitern der Experimente ihren Irrtum offen eingesteht. Zu Hause wie in manchen Euro-Mitgliedsländern waren beide nicht sehr beliebt, darum mussten sie sich wie Hänsel und Gretel an der Hand halten und den Ardennenwald der Brüsseler Bürokratie durchschreiten, um auf dem Rücken der deutsch-französischen Freundschaft das Tollhaus Europa zusammenzuhalten. Mitten im Gespräch fragte die Kanzlerin den Präsidenten, der gerade zum dritten Mal mit seiner Frau telefonierte, warum sich der begabte Regisseur Jean Eustache nach nur zwei Filmen umgebracht hatte. Sein letzter LA MAMAN

HERBSTMILCH (1989; D: Peter F. Steinbach; R: Joseph Vilsmaier)

STALINGRAD, (1993; D: Jürgen Büscher, Johannes Heide, Joseph Vilsmaier; R: Joseph Vilsmaier)

MARLENE (2000; D: Christian Pfannenschmidt; R: Joseph Vilsmaier)

ÉTAT DE SIÈGE (Der unsichtbare Aufstand; 1972; D: Costa-Gavras, Franco Solinas; R: Costa-Gavras)

FONTANE EFFI BRIEST (1974; D: Rainer Werner Fassbinder, nach dem Roman von Theodor Fontane; R: Rainer Werner Fassbinder)

LE PROCÈS (Der Prozess; 1962; D: Orson Welles, nach dem Roman von Franz Kafka; R: Orson Welles)

CITIZEN KANE (1941; D: Herman J. Mankiewicz, Orson Welles; R: Orson Welles)

BRITANNIA HOSPITAL (1982; D: David Sherwin; R: Lindsay Anderson)

LA MAMAN ET LA PUTAIN (Die Mama und die Hure; 1973; D+R: Jean Eustache)

ET LA PUTAIN gilt als Meisterwerk der Neuen Welle. Der Präsident verstand die Frage nicht, und sein Dolmetscher musste sie erneut übersetzen. »Je ne pas la moindre idée de cinéma«, gab der unumwunden zu, denn er wusste nur zu gut, dass die Ostdeutsche stets merkt, wenn er flunkert. »Das macht nichts«, antwortete die Kanzlerin. »Ich wusste bis vor Kurzem auch nichts vom Kino. Erst jetzt verstehe ich, dass die Realität zwar nicht Kino ist und Kino nicht die Realität, aber die Wahrheit über die menschlichen Leidenschaften nur im Film zu erkennen ist.« Deshalb schlug die Kanzlerin ihrem Gast vor, das abendliche Essen mit wichtigen und ebenso langweiligen Leuten ausfallen zu lassen und stattdessen ins Kino zu gehen. Sie war noch nie in einem der alten Filmpaläste am Montparnasse. Der Franzose fand die Idee exzellent und ließ fünf Plätze im *Odeon* für den neuen Film von Luc Besson buchen. Weil alle Abendvorstellungen ausverkauft waren, schlug die Kanzlerin die Cinématheque im Troccadero vor. Dort läuft DAS GELD von Marcel L'Herbier, ein alter Stummfilm, der jüngst restauriert wurde und als Wiederentdeckung gefeiert wird. Der unromantische Titel versprach wenig *plaisir*, der Film von zweiunddreiviertel Stunden Länge war es ebenso wenig. Ein jüdischer Banker treibt einen jungen Spekulanten an der Pariser Börse in den Ruin, nachdem dieser zum gefährlichen Konkurrenten aufsteigt. Trotz der literarischen Vorlage von Émile Zola war der sündhaft teure Film von 1928 ein Misserfolg. Für den lehrreichen Kinobesuch revanchierte sich der französische Präsident mit einem Essen im *La Coupole*. Vom Nebentisch grüßte Roman Polanski und wurde auf Wunsch der Kanzlerin zum Drink geladen. Sie hatte inzwischen nicht nur seinen jüngsten Film DER GHOSTWRITER gesehen, kannte auch die frühen Werke DAS MESSER IM WASSER, EKEL, WENN KATELBACH KOMMT ..., die Kinoerfolge ROSEMARY'S BABY und CHINATOWN, hielt aber DER MIETER für seinen besten, weil persönlichsten.

Entspannt, trotz erheblicher Verspätung wegen Nebels, landete die Kanzlerin mit zwei Dutzend französischen Filmklassikern im Gepäck sicher in Berlin. Dort wartete schon seit Stunden der deutsche Außenminister, um vom Ergebnis seines Tunesienbesuches zu berichten. Obwohl sie fand, dass das auch bis morgen Zeit hat, bestand der Minister auf sofortige Anhörung. »Jetzt jammert er mir wieder die Ohren voll, dass ich seine Arbeit tue, er nur Ersatzmann für diplomatische Routinereisen sei«, seufzte die Kanzlerin, während sie überlegte, welchen französischen Film sie heute Nacht anschauen würde. Tatsächlich hielt der Außenminister sich nicht lange mit der Tunesien-Frage auf und beklagte seine unglamouröse Rolle als Kurier der Zarin für Krisengebiete und Dritte-Welt-Länder. »Dann fahren wir zusammen nach Kabul. Dort soll es ein Filmarchiv mit wahren Schätzen einer

L'ARGENT (Das Geld; 1928; D: Arthur Bernède, Marcel L'Herbier, nach dem Roman von Émile Zola; R: Marcel L'Herbier)

NÓZ W WODZIE (Das Messer im Wasser; 1962; D: Jakub Goldberg, Roman Polanski, Jerzy Skolimowski; R: Roman Polanski)

REPULSION (Ekel; 1965; D: Roman Polanski, Gérard Brach; R: Roman Polanski)

CUL-DE-SAC (Wenn Katelbach kommt ...; 1966; D: Gérard Brach, Roman Polanski; R: Roman Polanski)

ROSEMARY'S BABY (1968; D: Roman Polanski, nach dem Roman von Ira Levin; R: Roman Polanski)

CHINATOWN (1974; D: Robert Towne; R: Roman Polanski)

LE LOCATAIRE (Der Mieter; 1976; D: Gérard Brach, Roman Polanski, nach dem Roman von Roland Topor; R: Roman Polanski)

einst blühenden Filmindustrie geben«, schlug die Kanzlerin vor. Der von seiner Parteibasis schwer gebeutelte FDP-Vorsitzende lief blaugelb an und fand, Kino gehöre nicht zu seinen Aufgaben. »Dann fahre ich eben mit Herrn von G. Der ist amüsanter und möchte mein Nachfolger werden.« Der Außenminister lehnte sich bequem im Sessel zurück, wenn auch nicht entspannt. »Die Tage unseres pazifistischen Verteidigungsministers dürften gezählt sein, seit er seinen Doktortitel zurückgeben musste.« Die Kanzlerin mochte davon nichts hören, noch einen peinlichen Abgang wie der des Bundespräsidenten würde sie vermutlich nicht überleben. Die Umfragewerte der Koalition waren im Keller seit der Verlängerung der AKW-Laufzeiten, und jeden Tag betete sie, dass es bei Vattenfall keinen neuen Störfall gäbe.

Nach diesem unerfreulichen Tag konnte die Kanzlerin es kaum erwarten, mit ihrem Mann im Bett die Filme aus Paris anzusehen. Er schlief mitten in DIE MILLION von René Clair ein, doch sie amüsierte sich köstlich und legte danach noch THEMROC von Claude Faraldo auf, der ihr die Sprachlosigkeit der Arbeiterklasse als kulturelles Problem drastisch vor Augen führte. Morgen musste sie darüber unbedingt mit Frau von der L. reden. Die Zukunft Deutschlands und damit Europas stand auf dem Spiel. Schließlich wollte sie kein Trümmerfeld hinterlassen, wenn sie in zwei Jahren nicht mehr zur Wahl als Bundeskanzlerin antritt.

LE MILLION (1931; D: René Clair, nach dem Stück von Georges Berr und Marcel Guillemaud; R: René Clair)

THEMROC (1973; D+R: Claude Faraldo)

Auszüge aus der Erzählung *Die Nächte der Kanzlerin* nach Motiven der Erzählung *Die souveräne Leserin* von Alan Bennett (Wagenbach 2008)

Scenario

Journal

Ein filmgeschichtlicher Härtefall

Auszüge aus einem Journal von Monika Bauert mit Anmerkungen von Michael Töteberg

DAS BOOT (1981; D+R: Wolfgang Petersen, nach dem Roman von Lothar-Günther Buchheim)

Lothar-Günther Buchheim [1973]: *Das Boot* (Piper 2005)

Die Szenenbildnerin Monika Bauert dokumentierte mit Genehmigung des Produzenten Günter Rohrbach, des Regisseurs Wolfgang Petersen und des Produktionsleiters Michael Bittins die Dreharbeiten zu DAS BOOT in einem Tagebuch. Drei Jahrzehnte nach der Uraufführung des Films bringt *Scenario* umfangreiche Auszüge aus dem unveröffentlichten Journal, daneben soll hier in Miszellen der Stellenwert von DAS BOOT in der Filmhistorie verortet werden. Das Journal von Monika Bauert ist kursiv gesetzt, der Kommentar von Michael Töteberg in Normalschrift.

»Seit Jahren hält sich auf dem Bavaria-Gelände das Gerücht, man plane, einen Film in einem U-Boot zu drehen.« Genährt wird dieses Gerücht durch die Existenz einer Wintertennishalle. Doch dort wird nicht Tennis gespielt, sondern: in der Halle steht ein U-Boot.

Betreten verboten: »Hier entsteht die Dekoration für den Film DAS BOOT *– aus Sicherheitsgründen ...« Ein Schaukasten mit Fotos, wie's drinnen im Zelt ausschaut. Die Fotos vergilben. Jahre gehen ins Land, 1975, 1976/77. Das Tenniszelt existiert, man nimmt jedoch die Sache mit dem Boot nicht mehr recht ernst.*

Irgendwer murmelt zwar was von John Sturges als Regisseur. Robert Redford soll die Hauptrolle spielen. Doch dann eine Pressenotiz:
»Deutsche sind keine Blutsäufer. L.G. Buchheim stoppte die Verfilmung seines Buches Das Boot.« Geplatzt! Endgültig?

Wenig später spricht man vom Regisseur Don Siegel. Platzt auch. Täglich platzen in der Branche irgendwelche Projekte. Nun aber rostet da ein teures Boot vor sich hin – wird es auf dem Schrott enden? So und so viele Millionen sollen schon verbaut worden sein.

1976: Endlich kristallisiert sich Genaueres heraus. Ein ganz und gar deutsches Projekt soll es werden. Regie: Wolfgang Petersen. Er sitzt auch schon über den Drehbüchern. Na also!

Ein Abschreibungsobjekt

Die Münchner Produktionsfirma NF Geria II war spezialisiert auf Abschreibungsprojekte. Um Anlegern die Sache schmackhaft zu machen, brauchte man für Regie und Besetzung berühmte Namen; mit Blick auf den internationalen Kinomarkt wurde in englischer Sprache gedreht. Die Außenaufnahmen fanden an attraktiven Schauplätzen statt, der Studiodreh dagegen in Geiselgasteig, im Bavaria Atelier.

Das Modell praktizierte man erfolgreich bei FEDORA: Regie Billy Wilder, mit William Holden, Marthe Keller und Henry Fonda, Hildegard Knef und Mario Adorf. In den Stabangaben finden sich legendäre Namen des Hollywood-Business wie I.A.L. Diamond oder Harold Nebenzal, aber natürlich bediente man sich des Knowhows vor Ort, nutzte nicht nur die Studios, sondern beschäftigte auch einheimisches Personal: von Karl Baumgartner, dem Mann für Spezialeffekte, bis zu Bavaria-Chef Helmut Jedele, der als Herstellungsleiter verantwortlich zeichnete. Nach demselben Muster produzierte die Geria EINE REISE INS LICHT – DESPAIR. Auch hier ein Strauß großer Namen: Romanvorlage Vladimir Nabokov, Drehbuch Tom Stoppard, Hauptdarsteller Dirk Bogarde usw. Der erste englischsprachige Film von Rainer Werner Fassbinder – ein Desaster für den Regisseur, doch für die Geria erfüllte DESPAIR seinen Zweck, konnte man doch den Investoren die für ihre Steuererklärung gewünschten Verlustzuweisungen schicken.

Die Rechte an Buchheims Roman hatte Helmut Krapp, Bavaria-Chefdramaturg, im Dezember 1975 mühsam an Land gezogen. »Vom Produzentenwahn waren wir nicht befallen«, bekennt Krapp offenher-

»Warum meide ich das Gelände in Geiselgasteig nicht? Warum bleibe ich nicht weg? Warum tue ich mir das an? [...] Die Antwort ist einfach: Mich hat diese Produktion existentiell viel zu fest gepackt, als daß ich mich jetzt noch entziehen könnte. [...] Ich will sehen, in welcher Weise ein Stück meines Lebens – vielleicht das für mich wichtigste überhaupt – wieder zum Leben kommt. Ich will, und sei es auf selbstquälerische Weise, erleben, was aus meinem Roman gemacht wird.« – Lothar-Günther Buchheim (Der Autor hat die Entstehung des Films kritisch begleitet und z.T. auch öffentlich kommentiert. Dieses und die folgenden Zitate stammen aus seinem Buch: *Das Boot. Ein Journal.* München: Goldmann 1981, hier: S. 19)

FEDORA (1978; D: Billy Wilder, I.A.L. Diamond; R: Billy Wilder)

EINE REISE INS LICHT – DESPAIR (1978; D: Tom Stoppard, nach dem Roman von Vladimir Nabokov, R: Rainer Werner Fassbinder)

»Das Boot verrostet jetzt im Freien. Es hat ein schönes Terra-di-Sierra-Braun. Trotzdem ist der Eindruck triste. Hier wurde besinnungslos drauflosgebaut – aber eben abschreibungsfähig. Jetzt weiß keiner, wie es weitergehen soll.« (L.-G. B.: *Das Boot. Ein Journal*, S. 21)

»Für Sturges oder Don Siegel wäre das ein Film von vielen gewesen. Für einen so jungen Regisseur wie Petersen ist es ja *die* Chance seines Lebens. Das *muß* ihn befeuern. Petersen kennt den zeitgeschichtlichen Hintergrund sicher auch besser als die amerikanischen Regisseure oder kann sich besser in ihn einleben.« (L.-G. B.: *Das Boot. Ein Journal*, S. 48)

zig; produzieren sollte die Geria, die auch diesmal das Kapital organisierte und für die Projektaufstellung zuständig war. Da man auf den amerikanischen Markt schielte – auch dort war Buchheims *Boot* ein Bestseller –, engagierte man John Sturges für die Regie und Ronald M. Cohen für die Adaption. Obwohl die Drehbuch-Entwicklung sich als schwierig erwies und bald stockte, investierte die Geria – zum Nutzen der Bavaria Atelier GmbH – bereits in das Set und ließ Rolf Zehetbauer das U-Boot errichten. Während auch der zweite Anlauf – inzwischen lag ein Drehbuch vom Romanautor Buchheim vor, Regie sollte jetzt Don Siegel führen – scheiterte, begannen die Kulissen in Geiselgasteig langsam vor sich hinzurotten.

Mit dem Dienstantritt des neuen Bavaria-Chefs wurde das Ruder herumgerissen: Die Bavaria produzierte selbst und allein: DAS BOOT als rein nationale Produktion, weder finanziell abhängig noch personell durch Stars international interessant gemacht. Günter Rohrbach traf sich mit Lothar-Günther Buchheim, kaufte ihm seine Einspruchsrechte ab. Wolfgang Petersen, mit dem Rohrbach beim WDR viele TV-Filme realisiert hatte, bekam den Auftrag und begann schon im Juni 1979 mit der Arbeit am Drehbuch. Die Geria, die Vorkosten in Höhe von sieben Millionen DM in den Sand gesetzt hatte, musste damit zufrieden sein, 3,4 Millionen von der Bavaria ersetzt zu bekommen, und war damit draußen.

Chiemsee – 11.–14.9.1979

Das erste Happening.

Generalprobe und Premiere zugleich für die Vorbereitungszeit auf Helgoland. Das 11 m Boot soll getestet werden. Im Bavariagelände gibt es ein Allzweckbassin. Es ist aber nur einige Meter tief.

Die Schwimm- und Tauchversuche sind dort erfolgreich beendet worden. Doch bevor man sich endgültig den Nordseetücken aussetzt, soll ein Versuch in freier Natur gestartet werden. Die Werkstätten in München könnten noch evtl. nötige Änderungen vornehmen. Ein Tieflader bringt das wertvolle Stück zum bayerischen Meer. Das Team folgt. Ein kleiner Kreis von ca. 10 Leuten: Regisseur, Kameramann, Produktionsleiter, Spezial-Effekt-Mannen usw.

Die Tests sollen Antwort auf die Fragen sein: Bildfolge, Verhalten bei Wellengang, Proportion der »Püppchen« im Maßstab.

Das Boot fährt nicht aus eigener Kraft. Es wird gezogen. Die Wasserwacht, eine ehrenamtliche Einrichtung hat ihr PS-starkes Schnellboot und einige Mann zur Verfügung gestellt. Anträge, Drehgenehmigungen, TÜV-Abnahmen waren vonnöten gewesen und blitzschnell erreicht worden. Nun bastelt die Spezial-Effekt-Truppe an Luftschläuchen zum Trimmen und Lenzen. Man hat sich schon die U-Boot-Fachausdrücke angeeignet! »Trim-

Monika Bauert auf Helgoland in der Vorproduktion mit einem Miniaturmodell der Turmbesatzung

men und Lenzen.« Für die »Vorgeschichtler«, die seit zwei Jahren an dem Projekt arbeiten, eine Premiere. Theorie weicht der Praxis. Zum 1. Mal eine Kamera mit im Spiel.

Bis jetzt waren die Modellbauer, Architekten, Schlosser unter sich. Nun scheint es doch endlich loszugehen.

Seit 8h wird gewühlt. Das Boot ist gestern im Yachthafen mittels Kran zu Wasser gelassen worden. Ein herrlicher Spätsommertag. Sonne. Etwas diesig. Hochstimmung. Man pilgert ausgelassen und gespannt zum Yachthafen. Die Wasserwacht staunt.

Die Unterwasser-Schleppseile werden angebracht. Die Schläuche für Luft. Die elektrischen Kabel.

Das Boot wird auf den See geschleppt. Ein erster Tauchversuch am Ufer. Alles o.k. Ab in die Mitte des Sees. Auf dem Chiemsee sind außer Segelbooten nur Elektroboote erlaubt. 2-sitzige.

Ferienstimmung, Sonnencreme?

Das Boot liegt gut im Wasser. Fotoapparate werden gezückt. Man ist entzückt. Geschwindigkeiten festgelegt. Wellenhöhen getestet. Mit Fahrt. Ruhig. Wie anders wird es wohl in Helgoland sein? Hat man alles bedacht?

Die Seemitte ist erreicht. Auf dem Schnellboot ist alles parat. Wolfgang gibt die Anweisungen: Fahrt. Schneller. So – jetzt langsam tauchen.

Man fotografiert wie wild. Gemächlich – wie geplant – taucht das Boot im Maßstab 1 x 6 hinreißend in die Fluten. Ein unglaublicher Augenblick. Wolfgang bittet: Und nun langsam wieder auftauchen. Alles blickt gespannt auf die Seeoberfläche. Mit der Geschwindigkeit des Ziehbootes eingerechnet – wo wird der Punkt sein? Wellen. So ca. 30 m hinter dem Wasserwachtboot müßte es wieder auftauchen. Die Wellenbewegung trügt. Irgendwas scheint nicht zu funktionieren. Ist ein falscher Knopf gedrückt worden! Was ist los. Wo ist das U-Boot? Stop! Alle blicken ratlos in die spiegelnde Fläche. Warum kann man nichts sehen? Alle glotzen in die Fluten. Siehst du was? Was? Trübe – wußtest du nicht, wie trübe so ein See sein kann? Und die Spiegelungen!

Also – »Wir versuchen es mal mit dem Wasserwachtboot – einfach weiterziehen. Durch die Geschwindigkeit kommt das Ding sicher wieder hoch.«

»Geht nicht. Die Schläuche würden reißen. Das Boot hängt nur an Luftschläuchen und Elektrokabeln.«

»Man müßte einen Taucher haben, der mal da unten nachschauen könnte.«

Die Wasserwacht hat einen.

Der Tauchanzug ist an Land. Er wird geholt.

Währenddessen starren alle weiter in die Fluten.

Der eine weiß dies, der andere das.

Endlich: ein Taucher steigt ins Naß.

Banges Warten. Er kommt zurück.

Berichtet: In ca. 17 m Tiefe sitzt das Boot auf Grund.

Mit der Nase im Schlick. Er erzählt was von Wasserdruck. Soundsoviel auf einen m². Eigengewicht des Bootes und Wasserdruck und Schlick. Keine Chance. Man versucht, wie geplant Luft in das Boot zu pumpen, um durch Auftrieb das Boot zu heben. Außer ein paar blubbernden Blasen passiert nichts. Man glotzt.

Die Ferienstimmung ist vorüber. Die Fotoapparate sind verstaut. Die Sonne droht unterzugehen. Die Gesichter gerötet. Sonnenbrand? Oder Erregung! Die Wasserwacht, im Bergen von Schiffen geübt – spricht von Hebesäcken. Hebesäcke – gerne. Der Chiemsee hat am anderen Ende des Sees einen. Ein zweiter existiert in Berchtsgaden, ein dritter sonstwo. Bittnis: »Besorgen!« Wie viele brauchen wir? Luft/Wasser, Eigengewicht des Bootes und Hohlraum. Man rätselt, ob die Hohlräume wohl vollgelaufen sind? Plus Schlick und Wasserdruck. Das Team kehrt ans Ufer zurück. Inzwischen wird eine Boje als Markierung angebracht, damit man das gute Stück überhaupt wiederfindet. Die Wasserwacht hat morgen keine Zeit. Die ehrenamtlichen Täter arbeiten im Hauptberuf.

Telefonate. Taxis mit Hebesäcken fahren von Hinz nach Kunz. Ein Taxi jagt 250 km mit einem Hebesack durchs bayrische Alpenvorland. Eigentlich sind Hebesäcke für Rettungsdinge geplant. Doch da ist eine Film-

gesellschaft, denen ist ein U-Boot im Chiemsee gesunken. Schwierige Überzeugungstelefonate.

Am Abend: Krisenstab. Das hat niemand erwartet. Doch: mit den Hebesäcken wird das morgen klappen. Leider haben die wenigsten im Physikunterricht aufgepaßt. Ratlosigkeit. Man hört auf Experten. Begibt sich zur Ruhe. Ruhe?

Das 11 Meter lange Modell

Der Countdown läuft. In vierzehn Tagen beginnt ein Team in Helgoland. Alles vorbereitet. Hotels, Zulieferer. Team engagiert. Transporte. Es ist sowieso schon fünf vor zwölf. Wenn das Boot nun unten bleibt? Das Goldstück ist auch nicht versichert. Siebzigtausend Mark. Im Schlick. So scheitern Filmprojekte!?

Neuer Tag. Die Hebesäcke sind montiert.

Stundenlanges Gefummel. Die Verantwortlichen wachen seit Tagesanbruch. Bei der Boje, dem letzten Lebenszeichen des Projektes DAS BOOT. Die Macher machen, die Taucher tauchen, die Glotzer glotzen. Fürs und Widers, hin und her. Der Tag vergeht. Ein Teil des Teams versucht, scheinbar unbehelligt, die Probleme für Helgoland zu besprechen. Doch bei den Besprechungen hält es niemand lange aus.

Das Schicksal des Bootes macht alle nervös.

Man trifft sich wieder auf dem See. Zur Unterstützung der Hebesäcke hat Karli Bum Bum noch Schläuche von LKW-Autoreifen besorgt. Sie müssen am Boot befestigt werden.

Drei professionelle Taucher wurden aufgestöbert. Sie haben eigentlich begrenzte Arbeitszeiten. Vier Stunden am Tag maximal. Da die Belastung unter Wasser größer ist als an Land. Niemand fragt danach. Alle tun ihr Bestes.

Karli knobelt immer noch an den Problemen, warum er mit seiner Luftpumpenapparatur keine Luft in die Hohlräume pumpen kann. Liegt's am Wasserdruck? – Oder am Ventil? Wo liegt der Fehler? Die Scheiße ist, daß man da nicht einfach zu dem Boot zum Nachschauen hinkann. Es liegt in 17 m Tiefe. Ein neues Ventil wird besorgt. Doch das bedeutet: Mit dem langsamen Elektroboot langsam zum Ufer über den halben See. Die Zeit verrinnt.

Inzwischen hat die Produktion fast alle Ferienbötchen gemietet. Maria und Moni besorgen Trink- und Eßbares, schaffen es zu den Machern. Man lernt sich kennen. Erzählt von Erlebtem. Doch vom U-Boot keine Spur.

Lawinenartig hat sich das Team vergrößert. Es arbeiten schon ca. 30 Leute an der Sache. Journalisten mischen sich bereits unters Team. Um die Boote herum schippern ältliche Touristinnen mit geknoteten Taschentüchern auf dem Kopf – gegen die Sonne.

Was ist denn hier passiert? Fischen die nach einer Leiche? Die lapidare Antwort: Hier ist ein U-Boot gesunken.

Beleidigt ziehen sie ab. Fühlen sich veralbert.

Gegen Sonnenuntergang passiert endlich was. Die Hebesäcke sind montiert. Das Ventil angebracht. Auf los geht's los. Blubber, blubber. Die Taucher berichten: Das Boot hebt sich. Langsam aber sicher. Man strahlt. Endlich! Blubber, man sieht noch nichts. Trübe. Blubber. Doch da: der blaue Hebesack zeichnet sich undeutlich ab. Da: ein Riesenblubberer. Der eine Hebesack ist geplatzt. Die Sonne geht unter. Das U-Boot sinkt in den Schlick zurück. Die Gesichter sind einheitlich lang an diesem Abend. Eines ist klar, sollten wir jemals unser »Spielzeug« zurückbekommen, die Tauchszenen werden aus dem Helgoland-Programm entfernt. Denn dort in der Nordsee werden andere Bedingungen herrschen. In der Nordsee wäre das Modellboot vielleicht schon endgültig futsch.

Am nächsten Morgen weiß es ganz München: »U-Boot im Chiemsee gesunken.« Die Presse hat sich dankbar auf das Mißgeschick gestürzt. Doch das Team bibbert. Die Wasserwacht mit ihrem Boot hat sich ihren eigentlichen Aufgaben zugewandt, ist abgezogen. Ein Ponton muß besorgt werden. Es wird fieberhaft gearbeitet. Man weiß, daß das System mit dem Luftauftrieb klappt. Es muß »nur« verstärkt werden. Den ganzen Tag schippert das Team auf dem See herum.

Kurz vor Sonnenuntergang schiebt sich langsam der U-Boot-Bug, einem waidwunden Haifischmaul ähnlich aus dem Wasser.

Das Heck mit tausenden von Litern gefüllt bleibt unter Wasser.

Im Abendnebel wird das Ungetüm zum Land geschleppt. Die Traube von Hebesäcken und LKW-Schläuchen hängt wie austretendes Gedärm am

Ende des Haifisches, der seine Luftaustrittsklappen wie ein Maul bleckt. Das »Tier« wird ans seichte Ufer geschleppt. Mit Scheinwerfern gespenstisch beleuchtet. Lautlos im abendlichen Nebel.
   Gerettet!
   Morgen wird man das Modell endgültig heben.
   Wird es nach München transportieren, da noch einmal über Nacht Hand anlegen, um Verbesserungen zu erreichen, um es auf dem Landweg per Tieflader nach Hamburg zu verfrachten. Dort liegt die Bockdorf. *Ein Schiff mit Arbeitskran. Sie wird das U-Boot-Modell an Bord nehmen und das Schiff »per Schiff« nach Helgoland schippern.*
   Gerettet!

Ein Kuriosum ersten Ranges

»Deutschlands teuerstem Film« widmete der *Spiegel* bereits eine Titelgeschichte, als die Dreharbeiten noch voll im Gange waren. DAS BOOT war ein Abenteuer, das 25 Millionen DM verschlang, allein schon »als Wahnsinn imponierend«, wie das Magazin schrieb. Für die Presse war der Film ein gefundenes Fressen: spektakuläre Studiobauten und strapaziöse Dreharbeiten mit unvorhersehbaren Katastrophen, der Kampf mit dem Buchautor Lothar-Günther Buchheim, der publizistische Breitseiten abfeuerte, trotz vernichtender Kritiken und mancherlei Querschlägen ein Kassenerfolg, schließlich der Triumph in den USA, wo DAS BOOT über 11 Millionen Dollar einspielte, bis heute einer der erfolgreichsten deutsche Kinofilme in Amerika. Obwohl die Bundesrepublik Deutschland den Film nicht in der Kategorie »Bester fremdsprachiger Film« ins Rennen schickte, gab es sechs Oscar-Nominierungen, außerdem für die TV-Fassung einen Emmy (der erste, der an eine deutsche Fernsehproduktion verliehen wurde). In der Karriere von Wolfgang Petersen, aber auch für viele damals noch unbekannte Schauspieler sowie den Kameramann Jost Vacano wurde DAS BOOT zur Visitenkarte für Hollywood.

Ulrich Greiwe, Co-Autor von Wolfgang Petersens Autobiografie *Ich liebe die großen Geschichten*, nennt DAS BOOT einen »filmgeschichtlichen Härtefall«, der im Laufe der Jahre »immer mehr zu einem Kuriosum ersten Ranges wird«. Irgendwann werden aus erbitterten Kämpfen Anekdoten um die Entstehung eines nun nicht mehr umstrittenen Werkes: DAS BOOT gehört längst zum Kanon, steht in jedem Filmlexikon, wurde zum Ausstellungsthema (im Deutschen Filmmuseum in Frankfurt am Main wie im Haus der Geschichte in Bonn) und ist auf DVD und Blu-ray in den verschiedenen Fassungen greifbar. Den Klassiker-Status bestätigte der Director's Cut 1997: dramaturgisch neu bearbeitet und von dem Cutter des Originals neu geschnitten, technisch mit allen Raffinessen

»Das ist eben die Grundtendenz dieses Regisseurs: Er ist interpretatorisch, anstatt genau zu sein. Dieses interpretatorische Element schwächt die Aussage in einer für mich geradezu erschreckenden Weise. [...] Er legt die Szenen an, wie sie seiner Sicht entsprechen – durchaus legitim für einen x-beliebigen Spielfilm, aber nicht für einen Streifen mit derart schwerem dokumentarischen Gewicht.« (L.-G. B.: *Das Boot. Ein Journal*, S. 210)

Wolfgang Petersen: *Ich liebe die großen Geschichten. Vom »Tatort« bis nach Hollywood* (Kiepenheuer & Witsch 1997)

digitaler Soundsysteme aufgerüstet, was einer Neusynchronisation in Mehrkanalton gleichkam. Finanziert von Columbia Pictures, kam der Director's Cut zuerst in die amerikanischen, später auch in die deutschen Kinos. Gleichzeitig sind die Auseinandersetzungen noch heute virulent, beschäftigt die Klage des Kameramannes Jost Vacano gegen die Bavaria weiterhin die Gerichte.

Jost Vacano, Lothar-Günther Buchheim, Wolfgang Petersen, Jürgen Prochnow

Raumpatrouille – Die phantastischen Abenteuer des Raumschiffs Orion (BRD 1966)

Die Produktion markiert einen Wendepunkt: Der Autorenfilm wurde abgelöst vom Produzentenkino, in Deutschland etablierte sich wieder eine Filmindustrie. Der *Spiegel* sah in DAS BOOT den nie zuvor gewagten Versuch, »aus dem Kunstfilm-Getto und aus Fassbinders Moritaten-Manufaktur auszubrechen und international auf den Markt vorzudringen, auf dem die wirklich schweren Jungs des Kinogeschäfts antreten«. Die Bavaria, eine im Besitz von WDR und SDR befindliche Fernsehfabrik, deren Glanzstück bis dato *Raumpatrouille Orion* war, bewies mit DAS BOOT, dass man auch in Deutschland Blockbuster produzieren kann (und empfahl nebenbei ihr Atelier für ausländische Produzenten). Nach Hollywood-Vorbild wurde noch vor der Uraufführung die Bavaria-Filmtour auf dem Studiogelände eingerichtet, bei der noch heute das U-Boot aus dem Petersen-Film zu den Hauptattraktionen gehört.

Die Entscheidung, DAS BOOT als nationale Produktion zu realisieren, traf Günter Rohrbach, im Februar 1979 vom WDR zur Bavaria als neuer Geschäftsführer gewechselt. Bernd Eichinger hatte einen Monat zuvor die Neue Constantin übernommen, stieg mit einer hohen Verleihgarantie ein und konnte mit dem Großprojekt seinen ersten Erfolg als Verleihchef verbuchen. Nicht zuletzt steht DAS BOOT für das von Rohrbach propagierte, hier erstmals exerzierte Modell des »amphibischen Films«, der in der Kombination von Kinoversion und (umfangreicherer) Fernsehfassung die Finanzierung großer Budgets ermöglicht und noch heute praktiziert wird.

Kostüme

Ein Flur führt zum Studio. Lang und schmal. Den ganzen Flur entlang: Kleiderständer an Kleiderständer. Und darauf: Kostüm an Kostüm. Da baumeln sie, die Klamotten für die 43 Mannen. Man muß sie nur noch greifen und anziehen. Der Film kann losgehen!

Wie sie dahin gekommen sind? Heinzelmännchen etwa?

Noch vor gut einem Jahr hatte Monika, als Nachkriegskind vom U-Boot-Krieg unbelastet, zu recherchieren begonnen. Die Fotos von Buchheim sind schwarzweiß – wir drehen in Farbe. Sie geben fabelhaft die Stimmung wieder – hie und da auch brauchbare Details. Aber als Vorlage für Schneiderwerkstätten? Kein genauer Schnitt, keine Materialangabe. Farbe? Anzahl der Knöpfe? Wann wurde was getragen und warum?

Zuerst scheint sich die Angelegenheit schnell zu lichten. Jeder U-Boot-Knabe hat eine Leder- und eine Drillichkluft. Dazu für die Wache auf dem Turm Wetterschutzkleidung. Also 43 Lederanzüge, 43 Drillichanzüge plus 4 bis maximal 6 Wetterschutzzottos. Ein paar Pullover, Handschuhe, Stiefel. Die Kerle an Bord hatten einen 20 x 30 cm Minispind, da mußten sie alles reinstopfen. Also brauchen wir für den Film auch nicht mehr. Pustekuchen!

Je länger Monika recherchiert, desto unklarer wird die Sache. Bekleidungsvorschriften in Museen und Archiven zentnerweise. Alles Marine! Zeichnungen, wo in der Unterhose bitte der Stempel »Kriegsmarine« aufgedrückt wird, alles da, doch von U-Boot-Bekleidung keine Spur. Nur lapidare Worte: daß es für spezielle Fälle Sonderbekleidung gab.

Ein Besuch bei Buchheim erhellt zwar die Angelegenheit etwas. Doch er behauptet z.B. steif und fest, eine schwarze kurze Lederjacke – wie ein Foto aus dem historischen Archiv der Bundeswehr beweist –, hat es nie gegeben. (Er erinnert sich auch nicht an alles!)

Oder: er beschreibt in seinem Roman lange sehr blumig den liebevoll handgestrickten Pullover von einer gewissen Simone. Begeistert (in materialknappen Kriegszeiten) gipfelt er in der Behauptung: Der Pullover sei kein Arschbeträger! Doch seine eigenhändig geschossenen Fotos beweisen: bis zur Taille ging das Ding und keinen cm weiter! Vielleicht sah er den Pullover durch eine rosarote Liebesbrille? Alle Eventualdiskussionen müssen erkalten – Originalteile müssen her. Schwierig, wo doch die meisten Kandidaten

»Ich habe mir von der Kostümbildnerin sagen lassen: Insgesamt zweitausendmal müssen die Leute angezogen werden. Die Komparsen müssen ihre Klamotten, obwohl sie morgen wieder in dem gleichen Zeug erscheinen müssen, abends abgeben, weil sonst alles, wie M.B. meint, verschwinden würde.« (L.-G. B.: *Das Boot. Ein Journal*, S. 57)

»Die Klamotten stimmen ganz genau – bis auf jeden Knopf. Ich habe mein eigenes Zeug über die Jahre bewahrt, als hätte ich es geahnt, daß eines Tages eine Kostümbildnerin auf der Suche nach originalen Uniformstücken bei mir anklopfen würde. Alles vorhanden – auch Seestiefel, *Anzug großer Seehund*, Schwimmweste, sogar ein Frottierhandtuch mit *Kriegsmarine* in rot eingewirkter Schrift.« (L.-G. B.: *Das Boot. Ein Journal*, S. 76)

Kostümentwürfe von Monika Bauert

auf dem Atlantikgrund liegen und der Rest der überlebenden Klamotten aufgetragen wurde.

Eine Annonce im Käseblatt der Kameradschaftsvereinigung ehemaliger U-Boot-Fahrer und in diversen Antiquitätenblättern: »Suche Original-U-Boot-Kleidung zwecks Verfilmung ... usw. Tel.« 30.000 waren es. 10.000 sind übriggeblieben. Davon leben noch 5.000. Und die rufen bei Monika an. Alle. Teils aus Neugierde, teils weil sie noch was Altes haben. Sammler, die im Westfälischen in ihrer Privathaus-Garage ein privates Uniform-Museum betreiben. Der Eine hat 'nen Schal, der andere 'ne Jacke. Eine Hose taucht auf.

Bald wird klar: Buchheim hat nicht nur Freunde. Die einen bekämpfen den »Marinenestbeschmutzer«, die anderen glorifizieren ihn als den einzigen, der schrieb, wie es wirklich war. Die einen rücken nichts und garnichts raus – obwohl sie's haben. Die anderen sind hilfsbereit.

Für jedes benötigte Uniformteil kommt ein Muster aus abenteuerlichen Gefilden. Farbe, Form und Material sind ablesbar und nun auch nachvollziehbar. Die Aufträge wurden erteilt. Leder wird gefärbt, Drillich gewebt und farblich bestimmt.

Für jeden ein Set von 5 Stück pro Mann und Nase. Denn mit einem Lederanzug kommt man nicht aus. Erstens die Vergammelungsphasen vom Auslaufen bis zur Zerstörung beim Borbardement. Und dann die Nässe, das Wasser.

Man braucht ständig wieder trockene Klamotten. Man kann ein teures Team nicht warten lassen, bis so ein Kostüm getrocknet ist. 5 x 43 = 215 Lederuniformen. Dito 215 für Drillich. Fabrikneu kommt das maßgeschneiderte Zeugs in München an. Die Lederuniformen: brandneu, eine Sonntagsnachmittagsausgehuniform.

Eine Vergammelungscrew macht sich mit Chemikalien und mechanischen Werkzeugen ans Werk. Aceton zerstört Lederfarbe. Also wird erst mal an allen beanspruchten Stellen – Knie, Ellbogen, Po und Taschenplatten – die schöne Lederfarbe so lange entfernt, bis das Naturleder herauskommt. Carola und Renate, theatererfahrene Vergammelungshäsinnen – reiben mit Lappen und Schwämmen die Farbe ab. Im Acetondunst leicht high – mit eiskalten Fingern wegen der Verdunstungskälte. Wochenlang. Im Freien. In geschlossenen Räumen läuft garnichts. Da würden sie nach einer Viertelstunde bereits umkippen. Der Sommer ist keiner. Es regnet, ist kalt. Ein provisorisches Plastikzelt (Plane zwischen zwei Garderobenständern) ist die Werkstatt.

»Für mich ist es ungeheuer irritierend [...], daß die Kleider, die die Schauspieler trugen, alle direkt vom Kostümverleih kamen, weil keiner darauf aufgepaßt hatte, daß man die Uniformen, die sicher gestimmt haben, so nicht *trug*. Die Schauspieler wirken sonst in ihren nagelneuen Klamotten einfach unglaubwürdig.« (L.-G. B.: *Das Boot. Ein Journal*, S. 166)

Kostüme von Monika Bauert

Karin traktiert die farbfreigelegten Flächen mit allerlei kuriosen Chemikalien. Selbst WC-Reiniger mit Chlorzusatz wird hervorgeholt. Mit Drahtbürsten und Schmirgelpapier, mit Chlorbleichlauge und ... kratzen und bürsten, schrubben die drei Damen um die Wette.

Phase I, Phase II undsoweiter. 215 Monturen durch. Und dann tritt Sigi, der Gewandmeister aufs Tapet. Mit geübtem Griff bugsiert er den ganzen Krempel in Salzwasserlauge, um Falten beizubringen und den neuen Uniformen das Letzte zu geben. Läßt die Klamotten wässern und zerrt die bleischweren Uniformteile in die nichtvorhandene Sonne – hoffentlich trocknet der Mist bis Drehbeginn.

Der Sommer: beschissen. Es gießt und schüttet. Charly, der Garderobier, wird zweckentfremdet. Er bringt den 150 Paar Bordschuhen die Flötentöne bei. Und kratzt die Lederkappen auf Benützungsspuren ab.

Eine Hexenküche! Eine einzelne Person: Lilo versieht seit Tagen die blitzblanken Messinganker-Knöpfe mit Grünspan und Grind. Die teuren goldgestickten Embleme werden zerstört, künstlich oxidiert. Mützen verformt, Ärsche ausgeweitet. Ein anderer Spezialtrupp schneidet mit Rasierklingen Löcher in die brandneuen Pullover und stopft in nächtelanger Heimarbeit mit diversen Garnen dieselben wieder zu.

Ungelenk bitte, als ob die Buben es selber gemacht hätten.

Drahtbürsten überall.

Karin färbt und bleicht. Es stinkt nach fürchterlichen faulen Eiern. Aber das ist »nur« die Bleichlauge, damit das Drillichzeug zehnmal gewaschen wirkt. Chlor und Aceton, Bleiche und Farbe, Triclorethylen, Nitroverdünnung, Benzin, Terpentin, Salzsäure. Die Gummihandschuhe lösen sich reihenweise auf. Grau, schwarz, Gammel. Aufgerauhte Kanten, »Wollmäuse« auf den Pullovern.

Acht Wochen lang das Chaos! In der Giftküche 50 verschiedene Grautöne. Schulterklappen, Laufbahnabzeichen, Rangabzeichen, goldene Litzen, Tresse, Sterne: gestanzte oder gestickte Pleitegeier, große, kleine und kleinste Orden: gehaßte, aber notwendige Militärzutaten. Liste ...! Egal. Wichtig ist, daß der ganze Klamottenhaufen getragen wirkt. Der Teufel sitzt im Detail. Altöl, Fett, Dreck und Schmier auf den Kragenecken. Schön organisch – wie im Leben. Seestiefel mit Korksohle und Filzisolierung gegen die Kälte – sie kommen per Spezialanfertigung aus England.

Und doch: unter dem oben »Hui« wird unten ein »Pfui« gebraucht. Was passiert denn, wenn unsere Darsteller 10 Stunden am Tag dem Wasser ausgesetzt sind? Kann man riskieren, daß sich wer 'ne Lungenentzündung holt – oder nur einen Schnupfen? Für jeden dem Wasser ausgesetzten U-Boot-Knilch wird eigens ein Unterziehanzug angefertigt. Eine Art Taucheranzug. Speziell dünn, damit er unter dem Kostüm nicht aufträgt und die Darsteller nicht als gepolsterte Rugby-Spieler erscheinen. Testaufnahmen. Monika ist zufrieden. Nun hängt der Krempel da. Fein säuberlich geordnet, *aber verdreckt. Name für Name. Ein 50 m langer Flur voll Klamotten. Es kann endlich losgehen!*

Der erste Drehtag

Normalerweise empfängt einen im Studio gleißendes Licht auf einer spektakulären Filmkulisse. Eine flimmrig glimmernde Showtreppe à la Catarina Valente, ein buntgerüschtes Operettenschlafzimmer à la Anneliese Rothenberger oder auch ein langweilig nüchternes Kommissarsbüro à la Erik Ode.

Nichts von alledem! Kahle Studiowände. Halbdunkel. Bin ich hier richtig? Wird hier der teuerste deutsche Film aller Zeiten gedreht?

Wo ist das U-Boot – das vielgerühmte?

Die Augen gewöhnen sich.

Nur eine riesige Eisenkonstruktion beherrscht den Raum und darauf in 5 m Höhe eine Plattform – fast unterm Studiodach.

Und auf der Plattform eine langgestreckte Röhre, eine Art Konservendose. Durchmesser 2 m: das Boot, bzw. sein Innenleben.

Zur Plattform führt eine Treppe.

Neugierige Teammitglieder schreiten hinauf zum »Olymp«. Dort hält Wolfgang seinen Darstellern bereits einen Sightseeing-Vortrag. Die nach außen unscheinbare Konservendose hat's in sich. Durch eine winzige Öffnung schlüpft man hinein. Ein Gewirr von Rädern, Hebeln, Kabeln, Meßgeräten, Technik. Und zwischendrin hineingepfercht kleine Zeugnisse, daß hier auch Menschen leben. Matratzen, winzige Spinde, eine Küche. Küche? Sowas nennt man im sozialen Wohnungsbau bestenfalls eine Kochnische. Das Klo: diente 43 Mann als Gemeinschaftshäuschen.

Einzelne Lokalitäten kann man mit mitteleuropäischem Spürsinn identifizieren, der Horchraum, das Funkschapp. Ansonsten lauter Unbekanntes. Die Orientierung hat man längst verloren. Wo ist vorne und wo hinten? Das heißt nicht vorn und hinten! Auch nicht rechts und links – sondern Backbord und Steuerbord.

Bei der Orientierung hilft einem auch nicht, das zigste Mal den Roman zu lesen. Ein Schnitt, ein Grundriß helfen.

Doch in allen Räumlichkeiten: kein Platz. An den meisten Stellen kann gerade ein Mensch stehen – rechts und links (!) erdrücken einen schon Geräte und Inneneinrichtung.

Die Schotts – das sind die runden Türen von Raum zu Raum – haben einen Durchmesser von 70 cm. Nur mit akrobatischer Leistung schlüpft man hindurch. Die ersten blauen Flecken werden noch mit »Aua« kommentiert. Im Verlauf der Drehzeit wird man erst reagieren, wenn mit Blaulicht ein Kandidat zur Notaufnahme ins Krankenhaus gebracht wird.

Ein Drehort zum Küssen!

Das kann ja heiter werden.

»Als ich das erste Mal seit mehr als fünfunddreißig Jahren wieder in dieses Boot kam – in diese Replik eines U-Bootes vom Typ VIIC, das die *Bavaria* in Geiselgasteig [...] gebaut hat, hat es mich wie ein Schock getroffen. Ich dachte, für den Film wäre alles aus Styropor gemacht, aus Pappe und aus Sperrholz. Aber als ich dann merkte, wie man das anfassen kann, wie das alles originalgleich ist, als ich mich plötzlich wieder von den alten Manometern umstellt fand, da hat es mich gerissen. Ich wußte nicht mehr, *wie* eng die Zentrale ist.« (L.-G. B.: *Das Boot. Ein Journal*, S. 31)

Journal

Monika Bauert am Set

»Die Schauspieler sollten mit einer gewissen Steifheit in den Knochen agieren. Sie müssen sich an Bord nach der sechsten Woche der Reise deutlich anders bewegen als zu deren Beginn. Man muß sehen: Diese fünfzig Menschen sind eingesperrt, sie können nur wenige Schritte tun – und das durch Wochen hindurch – sie haben nicht annähernd so viel Auslauf wie Gefängnisinsassen. Es ist praktisch überhaupt keiner vorhanden.«
(L.-G. B.: *Das Boot. Ein Journal*, S. 122)

Hier in dieser Sardinenbüchse werden schließlich pro Tag so an die 20 Darsteller herumagieren. Und auch noch das Team, der Regisseur mit zwei Assistenten, der Kameramann mit zwei Assistenten, Scriptgirl, zwei Tonfritzen, fünf Beleuchter, drei Baubühnenknaben (sie sind dem Architekten unterstellt), zwei Kamerabühnenleute (sie gehören zur Kameracrew). Drei Maskenbildner, fünf Kostüm»läuse«, drei Spezial-Effektler – macht nochmal 30. Fünfzig insgesamt. Mahlzeit!

Es geht jetzt schon nicht mehr vor und nicht zurück.

Wolfgang möchte uns die »Wippe« vorstellen.

Denn die Riesenkonstruktion ist beweglich. Sie soll die Schwenkbewegungen des Bootes simulieren. Hydraulisch. »Achtung, Bob. Wippe los!« Zischend und fauchend bewegt sich das Ungetüm. Verstellt die Plattform in 40° Seitenlage und zurück. Und nochmal das Ganze in die Längslage. Diese 20°.

Man kommt sich vor wie auf dem Oktoberfest. Kaum hält man sich auf den Beinen. Alles, was nicht festgezurrt ist, kollert durcheinander.

Fluchtartig verlassen einige die ungastliche Stätte. – Unser »Zuhause« für die nächsten Monate.

Einschub: »Das Innenboot«

Der Weg zum Innenleben des Bootes war steinig.

Zwar hatte man den Startschuß zum Bau schon als Erstes gegeben, denn welche Lösung für das Außenboot auch immer gefunden werden würde: ohne das »Innenboot« würde es auf keinen Fall gehen.

Fotos wurden gesichtet, alte Pläne studiert.
Das Museumsboot in Laboe besucht, um Fotos zu machen.
Doch die ehemalige U-Boot-Kameradschaft teilt sich in zwei Lager: die Pro-Buchheims und die Contra-Buchheims. Zündstoff: der Roman Das Boot und die Genehmigung zum Fotografieren des Museums wurden von den »Contra-Buchheims« abgelehnt.
Doch als sie sehen, daß sie den Film in keinem Fall verhindern können, lassen sie doch zu, daß tausende von Fotos gemacht werden und alle Maße – von jeder Schraube, jedem Hebel, jedem Detail – genommen werden dürfen. Zwei Tage lang kroch Herbert Strabl im Boot herum. Zwei Monate lang brachte er die Ergebnisse in maßstabsgerechten Bauzeichnungen zu Papier.
Zwei Jahre lang bauten die Schlosser daran.
Nun steht es da.
Ein Grundsatzstreit zur Farbgebung des Bootes gipfelt in einem Liebesbrief von Zehetbauer an Buchheim. [vgl. hierzu den Kommentar von Götz Weidner rechts]
»Das Boot« farblich: ein Eisensarg.
Rolf hat sich durchgesetzt.

Der amphibische Film

Ein »Plädoyer für den amphibischen Film« hielt Günter Rohrbach bereits im April 1977. Da war er noch Leiter der WDR-Fernsehspielabteilung, und der Begriff meinte zunächst weiter nichts als: lebensfähig zu Wasser und zu Lande, auf der Leinwand und dem Bildschirm gleichermaßen.

Als es zwei Jahre später darum ging, das gestrandete BOOT-Projekt wieder flottzumachen, wurde daraus ein Finanzierungsmodell: Die Bavaria brachte zehn Millionen DM auf, und um weitere neun Millionen von WDR und SDR – da die beiden Sender Bavaria-Mehrheitsgesellschafter waren, wurden sie praktisch zum zweiten Mal zur Kasse gebeten – zu bekommen, musste man dem Fernsehen mehr versprechen als nur die TV-Auswertung eines Kinofilms: Vereinbart wurde eine Mini-Serie, sechs Folgen à 45 Minuten, die auf dem Serien-Sendeplatz am Montag laufen sollten. Während man bei den nationalen Förderinstitutionen die Höchstbeträge für den Kinofilm abrief, bezogen sich alle Vorabverkäufe ans Ausland auf die Fernsehfassung (BBC London, RTF Paris und RAI Rom). Zur Ausstrahlung im Frühjahr 1985 kam jedoch keine Serie, sondern ein Dreiteiler, flankiert von Dokumentarfilmen zum Thema.

Damit war die Formel »Amphibischer Film = Kinofilm plus TV-Mehrteiler« geprägt. Die unterkapitalisierte, von Fördergeldern abhängige Filmindustrie in Deutschland stößt bei aufwändigen historischen

Götz Weidner (Co-Architekt von DAS BOOT): »Rolf Zehetbauer hatte seine eigene künstlerische Meinung. Insbesondere in den Farbgebungen des Innenlebens sollte es eben nicht dem Original entsprechen. Das Original war freundlicher, es gab helle Wände, Leuchtstreifen und freundliche Lampen. Zehetbauer aber war der Meinung, dass dieses Innenboot aussehen sollte wie ein öliger schwarzer Sarg. Das war natürlich ein Sprung in eine dramaturgisch-künstlerische Ecke, die sich dann bewährte ...«

DER UNTERGANG (2004; D: Bernd Eichinger, nach dem Buch von Joachim Fest und den Aufzeichnungen von Traudl Junge; R: Oliver Hirschbiegel)

DER BAADER MEINHOF KOMPLEX (2008; D: Bernd Eichinger, nach dem Buch von Stefan Aust; R: Uli Edel)

ANONYMA – EINE FRAU IN BERLIN (2008; D+R: Max Färberböck)

BUDDENBROOKS (2008; D: Heinrich Breloer, Horst Königstein, nach dem Roman von Thomas Mann; R: Heinrich Breloer)

DIE PÄPSTIN (2009; D: Sönke Wortmann, Heinrich Hadding; R: Sönke Wortmann)

Stoffen an ihre Grenzen, weshalb das Modell 2003 von Bernd Eichinger wiederbelebt wurde, als sich das Budget für DER UNTERGANG nur durch Fernsehgelder für einen zusätzlichen Zweiteiler finanzieren ließ. Anschließend realisierte die Constantin auf dieser Basis DER BAADER MEINHOF KOMPLEX und ANONYMA (Letzterer produziert von Rohrbach), während die Bavaria nach diesem Muster BUDDENBROOKS drehte. Das künstlerisch enttäuschende Ergebnis dieser Großproduktionen wurde von der Filmkritik auf den Einfluss des Fernsehens auf Ästhetik und Dramaturgie zurückgeführt. Die Debatte kochte hoch, als Volker Schlöndorff im Juli 2007 gegen die »unheilige Allianz« von Film und Fernsehen polemisierte und daraufhin die Regie von DIE PÄPSTIN verlor – die Constantin-Produktion, an der vier ARD-Sender und die Degeto sich beteiligten, wurde dann von Sönke Wortmann inszeniert.

Angesichts der zunehmenden Medienkonvergenz wirkte die Kontroverse, in der Rohrbach Schlöndorff scharf angriff, wie eine aufgewärmte Feuilleton-Debatte aus längst vergangenen Zeiten. »Wenn die Kooperation mit dem Film aus dem Fernsehen nicht Kino, sondern aus dem Kino mehr und mehr Fernsehen macht, ist sie dann nicht eher schädlich als nützlich?« Die bange Frage könnte von Schlöndorff stammen, steht aber bereits in dem Rohrbach-Artikel von 1977. Drei Jahrzehnte später wird die »Kinoqualität« (Schlöndorff) nicht mehr durch den amphibischen Film bedroht, sondern gilt es, neue Formen transmedialer Erzählweisen zu finden. »Das Gejammer über das verlorene Kinoglück bleibt ein Gespenstergesang«, meinte Dominik Graf und erinnerte daran, dass DAS BOOT im Fernsehen »sogar noch besser« war, »weil es dort fast drei Stunden länger und damit epischer, physischer, beharrlicher zuging als in der weltweit erfolgreichen Kinofassung«. Die zeitgenössische Kritik sah dies ähnlich, die TV-Version rehabilitierte DAS BOOT geradezu (und erzielte sensationelle Einschaltquoten: 20 Millionen sahen die erste, knapp 24 Millionen die dritte Folge). Grafs Fazit: »Es liegt also vielleicht auch am Regisseur, ob aus einem Mehrteiler fürs Fernsehen etwas ebenso Grandioses werden kann wie aus dem dazugehörigen Kinofilm – oder umgekehrt.«

Er habe »gewissermaßen mit der rechten Hand das Kinodrehbuch geschrieben und gleichzeitig mit der linken das viel längere Fernsehdrehbuch«, sagte Wolfgang Petersen 2011 in einem Interview und bekannte, dass die Fernsehleute das gar nicht gerne hörten. »Die wollten, dass ich für ihr vieles Geld mit der rechten Hand ihr Drehbuch schrieb und mit der linken das fürs Kino ... Mir war aber das Kino wichtiger.« Doch das für das Fernsehen gedrehte Material erwies sich als Glücksfall, als der Regisseur zusammen mit dem Cutter der Originalversion seinen Director's Cut erstellte: »Kino«, darunter hatte er früher vor allem die spektakulären Action- und Special-Effects-Szenen verstanden;

die atmosphärische Dichte und Subtilität in der Charakterzeichnung waren zugunsten der Schauwerte geopfert worden. Der Director's Cut von DAS BOOT ist nicht nur eine technisch und auch dramaturgisch verbesserte Fassung, sondern der wahre amphibische Film: Er lief im Kino und im Fernsehen gleichermaßen erfolgreich.

Produzenten-Kino

Der amphibische Film ist eine Produzenten-Idee: Er definiert sich über die Verwertung des Produkts, die wiederum die Prämisse für seine Finanzierung darstellt. Keine inhaltliche oder ästhetische Vision steht am Anfang. Die Realisierung muss den Vorgaben verschiedener Auftraggeber entsprechen; eigenwillige künstlerische Vorstellungen von Autorenfilmern sind damit schwer in Deckung zu bringen.

Als Rohrbach vom WDR zur Bavaria wechselte, nahm er nicht nur seinen Redakteur Peter Märthesheimer mit, sondern versuchte auch, die Kontinuität seiner Arbeit mit den von ihm über Jahre beschäftigten Regisseuren zu wahren. Das erste Großprojekt, eine Produktion für den WDR, war Rainer Werner Fassbinders BERLIN ALEXANDERPLATZ. Da tauchte bereits die Idee des amphibischen Films auf: Neben der 13-teiligen Fernsehfassung sollte es einen Kinofilm geben. Fassbinder schrieb die Drehbücher für beide Versionen jedoch nicht mit linker und rechter Hand gleichzeitig, sondern erst die Fernsehfassung, und dann brauchte er mehrere Monate, »um herauszufinden, wie ich an den Kinofilm rangehen könnte.« Schließlich sollte der nicht nur eine andere Erzählweise haben, sondern komplett mit anderen Darstellern, die über radikalere schauspielerische Mittel verfügen, besetzt werden. Man hätte also zwei Filme drehen müssen, keinesfalls das Material effizient für zwei Produkte nutzen können – der Kinofilm wurde nie realisiert.

BERLIN ALEXANDERPLATZ wurde dann aber doch, allerdings anders als vom Produzenten gedacht, zum amphibischen Film: RWF scherte sich weder um Fernsehästhetik noch um Seriendramaturgie; sein monumentales Filmepos wurde ein singuläres Kinoereignis, das bei den Filmfestspielen in Venedig Triumphe feierte, im Fernsehen einen Skandal auslöste und heutzutage auf DVD richtig aufgehoben erscheint. Übrigens war BERLIN ALEXANDERPLATZ die letzte Zusammenarbeit Rohrbachs mit Fassbinder. Dessen Drehbuch zur Verfilmung des Simmel-Romans *Hurra, wir leben noch* lehnte er ab; der Film wurde dann, unter dem Titel DIE WILDEN FÜNFZIGER, als Bavaria/Geria-Co-Produktion in Geiselgasteig von Peter Zadek inszeniert.

Der Regisseur ist im Produzenten-Kino ein ausführendes Organ. Im öffentlichen Bewusstsein gilt DER UNTERGANG als ein Film von

»Wir haben es hier mit der Schwierigkeit zu tun, daß die verschiedenen *action*-Szenen, die in realiter zeitlich weit auseinanderliegen, im Film allzu nahe aneinanderrücken. Also muß eindringlich suggeriert werden, daß Zeit verstrichen ist. Das ist durch das Vorzeigen der physischen Veränderung der Leute zu erreichen: das Wachsen ihrer Bärte, ihre Abmagerung. Außerdem sollten solche Hinweise auf den Ablauf der Zeit gegeben werden wie: Abnahme des Treibölbestandes, der Lebensmittel, des Wasservorrats.« (L.-G. B.: *Das Boot. Ein Journal*, S. 143)

BERLIN ALEXANDERPLATZ (1980; D: Rainer Werner Fassbinder, nach dem Roman von Alfred Döblin, R: Rainer Werner Fassbinder)

DIE WILDEN FÜNFZIGER (1983; D: Robert Muller, nach dem Roman von Johannes Mario Simmel; R: Peter Zadek)

Vgl. hierzu Michael Töterbergs Beitrag *Hurra, wir leben noch* über Johannes Mario Simmel als Drehbuchautor in *Scenario 4*.

Bernd Eichinger, nicht von Oliver Hirschbiegel. Mit Wolfgang Petersen hatte Rohrbach einige Fernsehfilme beim WDR realisiert, doch seine bisherige Karriere prädestinierte den Regisseur nicht zwingend zum Kandidaten für ein Großunternehmen wie DAS BOOT. Dass Rohrbach ihm den Auftrag gab (und nicht einem gestandenen Routinier), zeichnet ihn als klugen, die Fähigkeiten (und den Ehrgeiz) eines Regisseurs erkennenden Produzenten aus. Zugleich waren damit die Machtverhältnisse geklärt: Die Entscheidungsgewalt lag beim Produzenten, DAS BOOT war sein Projekt.

»Es soll ein Film sein, der von Anfang an mein Film ist, und kein Projekt, bei dem jemand auf mich zukommt und mir Vorschläge macht«, beschreibt Rohrbach sein Selbstverständnis in dem Buch *Filmproduzenten-Bekenntnisse*. Der Regisseur bekomme von ihm »ein Konzept, eine Idee, eine Konstellation«, ein Angebot. Projekte, die an ihn herangetragen werden, interessieren Rohrbach nach eigenem Bekunden nicht: »Ich bin kein Erfüllungsgehilfe eines Regisseurs.«

Béatrice Ottersbach / Thomas Schadt (Hg.): *Filmproduzenten-Bekenntnisse* (UVK 2010)

Die Zeit vom 1. Drehtag bis La Rochelle

Der Alltag zieht ein im U-Boot.

Die Enge bleibt.

Wolfgang verwirft alle vorgesehenen Möglichkeiten wie z.B. Wände zu entfernen, um ein leichteres Drehen zu ermöglichen, was normalerweise üblich wäre. Er macht es sich selber schwer, denn er möchte alles so haben, als ob er im echten U-Boot drehen würde.

Auch Jost exekutiert die Gegebenheiten des Bootes. Er arbeitet nur mit den tatsächlich vorhandenen Beleuchtungsquellen: kein Schweinwerfer mit effektvollem Seitenlicht als heimliche Hilfe. Auch er hat eine Vorliebe für realistische Stoffe, möchte versuchen, jeden künstlichen Krampf zu vermeiden. Er verzichtet auf modernste Entwicklungen in den Optiken (wie z.B. bei BARRY LYNDON) und besinnt sich auf bewährtes Althergebrachtes.

BARRY LYNDON (1977; D+R: Stanley Kubrick)

Die Enge des Bootes zwingt ihn auf viel technisches Hilfsgerät zu verzichten. Er nimmt »einfach« die Kamera in die Hand und dreht.

»Einfach« heißt bei der schwankenden Wippe: die Kamera muß stabilisiert werden, damit die Unruhe der Kamera zum primären Stilfaktor wird. 10 kg wiegt der Apparat, der unter der Kamera angebracht ist. Der Kreiselstabilisator wird von Batterien gespeist, und somit ist Jost den ganzen Film über an seinen Assistenten gefesselt. Per Kabel, denn die Batterien sitzen am Gürtel des Assistenten.

Schärfen werden per Fernsteuerung gefahren.

Da gibt es Verfolgungsjagden durch die gesamte Länge des Bootes. Bei einem »Alarm« rennt ein U-Boot-Jüngling aus seiner Koje im Bugraum zu seinem Arbeitsplatz im Hecktorpedoraum. Durch mehrere Kugelschotts – durchs ganze Boot. Da rennt Jost mit seiner bleischweren Kamera – mit Peter an der Hundeleine – hinter dem Jüngling her.

Nicht zu fassen, die akrobatische Leistung.

Kein Fleckchen seines Körpers, das nicht blau-grün verziert wäre, so oft ist er mit voller Wucht gegen wen oder was gerast. Denn ein Auge klemmt an der Kamera, prüft das Bild, mit dem anderen versucht er notdürftigst den Weg zu erahnen.

Nach ein paar Tagen organisiert er sich Knie- und Ellbogenschoner vom Judo und für den Kopf einen Radrennkopfschutz. Abenteuerlich schaut er aus.

La Rochelle I

Mitten im Drehplan liegt der Komplex der Außenaufnahmen in La Rochelle. Der Drehort begründet sich in der Existenz des einzigen erhaltenen U-Boot-Bunkers.

Der Zeitpunkt, die Außenaufnahmen dort abzuhalten, will sorgfältig geprüft werden. Man kann nicht ein teures Team nach Frankreich hetzen und dann plötzlich feststellen, daß der »Kriegsschauplatz Atlantik« plötzlich von bunten Spinnakern bevölkert ist, poppige Surfsegel den Geleitzug umrahmen. Gummiboot, Wasserski und Tretmobile, Paddelboote müßten unliebsam verscheucht werden. Selbst Nachtaufnahmen z.B. für die Gibral-

»Ich kam aus dem Staunen kaum heraus, als ich in der großen Halle die Dreharbeiten beobachtete. Da sollte gerade ein *take* von den Tiefenrudergängern gemacht werden. Vor jeder Klappe wurden deren Gesichter erst schnell noch mal überpudert. Ich dachte: Mein Gott, was macht ihr denn hier für einen Blödsinn? So feingepudert hat bei uns kein Tiefenrudergänger ausgesehen.« (L.-G. B.: *Das Boot. Ein Journal*, S. 63)

Klaustrophobische Enge

tarsequenz könnten durch lampionbestückte Partyboote gefährdet werden, wenn wir in der Sommersaison dorthin reisen würden. Juni bis September fallen also aus. Der Herbst wird unsere Zeit werden. Es gibt normalerweise schon genug Probleme mit Bojen und Leuchttürmen.

Außerdem: je später das Jahr, desto dräuender die Herbst- und Winterstürme. Atlantik!

Durchschnittswerte von meteorologischen Instituten werden eingeholt, Wellengang, Windstärken, Gezeitentabellen studiert. Die Dauer des Tageslichts spielt eine Rolle. Je später im Jahr, desto kürzer die Tage.

Also: so früh wie möglich – so spät wie nötig!

Ergebnis: Dreh Oktober bis November.

Im September Vorbereitungszeit.

10 Tage soll gedreht werden. Das Auslaugen des Bootes und der Anfangskomplex im Bunker.

Dann ca. 3 Wochen mit dem großen Boot auf See.

Danach 10 Tage Einlaufen nach La Rochelle und das Bombardement. Die Vorbereitungszeit dafür erfolgt parallel zum Drehen im Studio. Das heißt: die Abteilungen müssen gesplittet werden: eine Hälfte in München, die andere in Frankreich.

Das betrifft u.a.: Ausstattung, Requisite und Kostüme. Der Hafen muß sein Ansehen total verändern. Auf 1943 umgestaltet werden.

Um das gigantische Areal mit Leben zu erfüllen, hat man sich in München bereits vor langer Zeit Sorgen gemacht, von wieviel Menschen er bevölkert werden müßte.

Die Romanvorlage wurde gefilzt, Buchheims Fotomaterial immer wieder gesichtet. Archive geplündert. Experten gehört. Kriegsteilnehmer interviewt.

Zeitgeschichtliche und militärische Aspekte wurden auf die örtlichen Gegebenheiten übertragen.

In einem militärischen Sperrbezirk können beispielsweise nicht Hinz und Kunz in Zivilklamotten herumlaufen.

Sehr lang ist's her – vor Beginn des Films wurden Kalkulationen erstellt. Da gibt es einen Posten: Komparserie. Pro Mann und Tag angenommene Kosten: DM 100.

Hat man nun 100 Mann an unseren geplanten 20 Tagen, ergibt das 100 x 100 x 20 = DM 200.000.

Ein Posten, der manchen jungen Filmemacher schwärmen machen könnte – mit einer so utopischen Summe einen ganzen abendfüllenden Film mit Fellini-Qualitäten zu drehen.

Doch wir drehen 10 Tage am Anfangspensum.

10 Tage am Endpensum. Der Zuschauer sieht nur 100 Menschen – da er ja die Anzahl der Drehtage nicht kennt. Doch 100 Menschen in diesem Hafen verkleckern sich wie Fliegendreck.

Produktion und Regie schachern um jedes Individuum.
Üben finanziellen contra künstlerischen Druck gegeneinander aus.
Zieht man noch jedem dieser Menschen ein Kostüm an, so potenziert sich die Summe.

Ein vorhandenes Kostüm aus einem Fundus liegt mit allen Nebenkosten bei DM 500 pro Nase, ein neuangefertigtes bei DM 2.500. Schacher Schacher.

Aus all diesen Erwägungen braut man nun das Süppchen. Ein Süppchen, das optimal und unverwechselbar die Situation und Atmosphäre wiederspiegeln muß.

Ein Süppchen, das dem finanziellen Rahmen gerecht wird. In dieser Diskrepanz liegt die Kunst des Süppchenkochens. Am grünen Tisch zeichnen sich die Zutaten ab.

Eine Reise ans Ende des Verstandes

»Realismus, Realismus, Realismus. In jeder Hinsicht – Set, Schauspieler, Inszenierung«, brachte Petersen sein ästhetisches Konzept auf den Punkt. Der Architekt Rolf Zehetbauer hatte das Set, das akribisch detailgenau nachgebaute U-Boot, zwar schon errichtet, aber Petersen ließ eine entscheidende Änderung vornehmen: »Die Amerikaner hatten ja das Boot zur Seite hin geöffnet, sodass man leichten Zugang hatte«, erinnerte er sich 2011. »Das gab das Gefühl eines Filmsets. Wir haben das wieder geändert, wir wollten Realismus. Wir wollten, dass das Set wie ein wirkliches U-Boot war – eng und dunkel. Unbequem und klaustrophobisch.«

Das Buch zum Film, in dem u.a. die Konstruktionspläne des Nachbaus dokumentiert sind, stammt von Buchheim und ist zugleich ein Pamphlet gegen den Film. Die originalgleiche Replik eines U-Boots vom Typ VII C, bei der sich Zehetbauer auch an den Fotos Buchheims orientierte, faszinierte ihn einerseits; andererseits sah er in der Realitätstreue der Kulisse eine Gefahr, die aus dem Spielfilm einen künstlerischen Bastard machen könnte: »Das eine ist *quasi echt* – das andere *nur gespielt*.« Sein Misstrauen gegen das Unternehmen wurde durch die *production values* nicht beruhigt, ganz im Gegenteil. »Die Präzision der Nachbauten ist sogar dazu geeignet, die Schauspieler bloßzustellen – als das, was sie ja sind: Imitatoren.«

Der Regisseur wusste um die Problematik. Bewusst wählte er unverbrauchte Gesichter, »junge, hungrige Leute, die man noch nicht aus anderen Filmen kannte« und die er wie eine echte U-Boot-Besatzung ausbilden ließ. Es wurde weitgehend chronologisch gedreht; die Schauspieler mussten sich in der freien Zeit von der Sonne fernhalten, auch durften sie sich nicht rasieren: Bleich und zunehmend verwahrlost, so

»Als ich zum ersten Mal das Boot in der Halle sah, war ich fasziniert. Die Faszination hat nicht vorgehalten. Ich brauche meine ganze Verstellungskunst, damit man meine Enttäuschung nicht merkt: Das hier kann keine neue Wirklichkeit ergeben. Hier wird nur alte nachgestellt.« (L.-G. B.: *Das Boot. Ein Journal*, S. 24)

»Die Schauspieler, die in einer etwas flüchtigeren Kulisse überzeugend wirken könnten, werden für mein Gefühl durch die Überrealität, durch den technischen Aufwand überwältigt. Sie haben keine Chance, glaubhaft zu wirken – sie werden nur schauspielern. Sie können sich alle Mühe geben – aber sie werden nie richtig in das nachgebaute Boot hineinwachsen, nie als eine echte Besatzung wirken können.« (L.-G. B.: *Das Boot. Ein Journal*, S. 25)

Journal

»Ein merkwürdiger Umkehreffekt: Durch zu große Naturtreue kann der Effekt der Naturtreue im Film wieder aufgehoben werden. Der Film täuscht normalerweise vor – das Publikum hat sich auf diese Täuschung eingestellt – also könnte auch der solideste Metallbau nicht helfen, die Zuschauer zu überzeugen, daß hier alles *echt* ist.« (L.-G. B.: *Das Boot. Ein Journal*, S. 37)

»Mir gefällt übrigens auch der Prochnow als Typ. Der ist im Alter und im Ausdruck richtig. Aber als Schauspieler ist er noch nicht voll da – wenigstens nicht in den Szenen, die ich gesehen habe. Er macht sich selber bisweilen kaputt, er hebt sich auf. Seine Überzeugungskraft, seinen *Pep*, oder wie immer man's nennen will, kann der Film – und damit auch Prochnow – nur aus der Richtigkeit *aller* Nuancen gewinnen.« (L.-G. B.: *Das Boot. Ein Journal*, S. 117)

DER KONGRESS TANZT (1931; D: Norbert Falk, Robert Liebmann; R: Erik Charell)

MÜNCHHAUSEN (1943; D: Erich Kästner, R: Josef von Báky)

wie die Soldaten bei der monatelangen Feindfahrt aussahen, sollten sie erscheinen. Die Tortur des Eingeschlossen- und Ausgeliefertseins in dem engen Schlauch des Bootes wurde dadurch gesteigert, dass jede Bewegung des Schiffes, alle Erschütterungen direkt zu spüren waren (und an den überall hängenden Lampen und Utensilien auch zu sehen sind). Das Set im Bavaria-Studio war mit kardanischer Aufhängung auf einer fünf Meter hohen Wippe befestigt, überdies hatte Petersen jemanden engagiert, der bei den Gefechtsszenen mit einem Vorschlaghammer die Bombeneinschläge simulierte. Unter solchen Voraussetzungen konnte keiner Distanz zur Rolle wahren. »Die Schauspieler haben das gelebt, erlebt«, so Petersen im Rückblick; dem Film sehe man das auch an: »Da verstellt sich niemand, das sind echte Reaktionen, echte Gefühle!«

Zum Realismus-Konzept des Films leistete der Kameramann Jost Vacano einen nicht geringen Beitrag, indem er sich für einen dokumentarischen Stil entschied. Im Inneren des U-Bootes konnte man keine Schienen legen, mit keinem Dolly umherfahren, nirgendwo Scheinwerfer aufstellen. Da selbst die Steadycam hier nicht zum Einsatz kommen konnte, bastelte Vacano im Eigenbau eine bewegte Handkamera mit speziellem Tragesystem, die er sich vor den Bauch schnallte und mit Kreiselstabilisatoren (Gyroskop) ausrüstete. Die Kamera (und damit der Zuschauer) befanden sich inmitten des Geschehens, und wenn, wie in der berühmt gewordenen Laufszenen durch den engen Schlauch des Bootes, in kurzen Momenten nur der Fußboden oder eine Wand ins Blickfeld der Kamera geraten, erhöht dies nur die Suggestivkraft der Aufnahmen.

Neben der originalgroßen, 67 Meter langen Replik und dem Innenboot, dem Platzangst auslösenden Schiffsbauch mit Mannschaftsräumen, Gefechtsstation, Maschinen und Torpedorohren, gab es noch kleinere Modelle, die für Trickaufnahmen benutzt wurden. Während man in Hollywood Special Effects schon per Computer generierte, arbeitete man in Geiselgasteig noch nach alter Schule. Für die Sturmszenen, aufgenommen vor Helgoland und im Bodensee, verwendete man ein Modell im Maßstab 1:6, sodass die Wellen sechsmal so hoch erscheinen. Für die Aufpro-Aufnahmen war Theo Nischwitz zuständig, der schon bei Klassikern wie DER KONGRESS TANZT oder MÜNCHHAUSEN optische Spezialeffekte beigesteuert hatte, übrigens auch bei *Raumpatrouille Orion*. Denn so ungewöhnlich innovativ und experimentierfreudig das Team auch war, das Stammpersonal in den Departments bestand aus Bavaria-Leuten.

DAS BOOT wollte die Zuschauer zu Mitfahrern bei der Höllenfahrt der U 96 machen. Am liebsten wäre es Petersen gewesen, wenn »die Kinos Spucktüten bereithalten müssen, weil die Leute bei den

La Rochelle

Sturmsequenzen seekrank werden«. In den Anzeigen sprach man den Zuschauer direkt an: »Unter Ihnen die Tiefe des Ozeans. Über Ihnen das Feuer der Zerstörer« und versprach »eine Reise ans Ende des Verstandes«.

Dienstag, 10. Februar

Ein Privatmaschinchen setzt das Regieteam nach stundenlangem Gegenwindflug auf die kleine Betonpiste von La Rochelle. Gestresste Berichte drangen nach Frankreich. Das Drehpensum »Gibraltar auf Grund« mußte unter allen Umständen abgeschlossen werden. In der Zeit, da das Team außer Haus weilt, müssen in Blitzeseile die bautechnisch aufwendige Schräglage des U-Bootes und die gigantische Wippenkonstruktion abgebaut und das Studio, die Halle in 4/5 in ein perfektes Aufprostudio umgerüstet werden. Tests für das »allen unbekannte Aufpro-Wesen der dritten Art« sollen noch stattfinden. Keine Szene darf hängen. Nach La Rochelle ist alles abgebaut. Futsch – unwiederbringlich.

Nun sind sie also da. Mit 140 Drehtagen in den Knochen, entronnen der klaustrophobischen Enge des Bootes! Frische Luft! Ein Riesenmotiv. Weite. Aufatmen. Der Drehplan bietet eine Woche zur Erledigung eines Mammutpensums.

Theoretisch ist alles klar. Wie oft wurde wohl in München und vor Ort die Szene durchfilzt nach der optimalen Umsetzung vom Drehbuch zur schlüssigen Szenenfolge. Mit dem maßstabgerechten Lageplan des Hafens zur Hand, griff Wolfgang die Tücken der Szene 88 an:

»Der Leutnant steht neben dem Alten, der lässig zur Pier grüßt. Wie in Trance betrachtet er das Tohuwabohu um ihn herum.

Pfeifen schrillen, Leinen fliegen hinüber, Matrosen ziehen die Tampen über Poller. Dann stutzt er: Mitten im Gewimmel an Deck steht Fähnrich Ullmann, wie gebannt starrt er zu den weit entfernten Hausruinen hinüber ... Der Leutnant hebt sein Glas. Im Okular: In einer dunklen Fensterhöhle steht ein Mädchen mit einem Kopftuch. Es winkt und winkt ...

Der Alte. Stop, Maschine stop! Besatzung auf Achterdeck antreten!

Die Mannschaft formiert sich. Bolzengerade stehen sie da, die Jungs! Sie grinsen, winken lässig zur Pier hinüber. Eine Stellung wird hinübergeschoben. Dann ein eigenartiger Effekt: Das Gelächter, Gejohle reißt ab, jaulend erstirbt die Musik. Das Gemurmel verliert sich ... – Stille.

Einen Moment lang ist alles zu einem lebenden Bild erstarrt! Köpfe heben sich, Ohren lauschen. Ein leises Brummen ... Die Geräusche kommen von der Seeseite ... Entsetzen macht sich auf den Gesichtern breit ... Lähmung! Das Gebrumm wird stärker – tief und geschlossen. Dann rast etwas heran – in Sekundenschnelle – ein gräßliches Geheule, es peitscht in die Stille hinein: Jäger!

Geschoßhiebe prallen aufs Pflaster ... Steinsplitter spritzen hoch! Alles stiebt auseinander.

Der Alte: (brüllt) Los, weg hier! Zum Bunker!

Eine Vierlingsflak rattert los. Sirenengeheul – Verzweiflungsschreie – Panikgerenne. Das Brummen schwillt an, ein urgewaltiges Dröhnen läßt die Luft erzittern: Bomber! Eine ganze Armada! Und schon geht es los – ein wahrer Bombenteppich geht nieder! Pflaster birst, Wassersäulen schießen in die Luft, Schuttfontänen steigen auf ... DIE HÖLLE BRICHT HEREIN!!!

Menschen keuchen um ihr Leben, werfen sich in Deckung ...

Der Leutnant taumelt die Pier entlang, auf den riesigen Bunker zu.

Überall Rauch, Staubpilze, Wasserfontänen! Eine unsichtbare Faust schlägt den Leutnant zu Boden, wie betäubt bleibt er liegen ... MG-Schüsse rattern und peitschen, die Flak auf dem Bunkerdach bellt, Explosionen krachen! Der Leutnant rappelt sich wieder hoch, torkelt auf den Bunker zu ...

Ein groteskes Ballett: Sich hinwerfende Gestalten, zickzack rennende, niedersackende, sich hochbäumende ...

Und immer mehr Bomben!! Steinbrocken segeln durch die Luft! Eine riesige Lärmorgie ... Staub- und Qualmschwaden vernebeln die Sicht.

Mit rudernden Armen erreicht der Leutnant die Betonwand, zwängt sich durch die Bunkertür, stürzt zu Boden ... Stöhnende Gestalten im Dunst des Bunkers. Der Leutnant fährt sich über die Stirn – klebriges Blut ... Seine Augen irren umher. Gesicht neben Gesicht im Halbdunkel: Der Leitende, der I WO. Hagen, Dufte, Bockstiegel, der Bootsmann ... Gerettete! Einer krümmt sich, hält sich den Bauch: Frenssen!

Es gibt keine Ruhe. Ein ungeheurer Schlag! Der ganze Bunker ist eine titanisch bebende Resonanztrommel. Betonbrocken schießen von oben herunter, eine gewaltige Staubdecke senkt sich herab: Eine Bombe ist auf das Dach gekracht! Hin- und herwabernde Menschenknäuel ... keine Luft mehr zum Atmen ... Panik!!!

Der Leutnant kämpft sich zur riesigen Panzertür zurück, keucht nach draußen in die Lärmhölle ... Das ganze Hafenbecken ist ein einziger Brandherd. Überall schwarzer Ölqualm. Wieder kracht eine Bombe auf das Bunkerdach. Schwere Gesteinsbrocken wirbeln durch die Luft ... Der Leutnant taumelt durch eine apokalyptische Szenerie: Brennendes Wasser, quellende Feuerwolken, lodernde Dächer, Bombenkratzer – alles in Dunst und Qualm gehüllt. Schmerzensschreie zwischen Detonationen, peitschenden Schüssen, ratternden Flakgeschützen ...

Gekrümmt, tote Körper in Qualmschwaden – vertraute Gesichter: Hinrich ... schrecklich entstellt. Der Bibelforscher ... blutüberströmt, starr. Ario ... eine grausame, blutige Fratze. Der I WO. ... sein Babygesicht noch im Schmerz verzerrt.

Der Leutnant scheint den Verstand zu verlieren, orientierungslos irrt er durch das Inferno, torkelt an Leichen vorbei: Johann, das Gespenst starrt ihn aus toten Augen an. Brückenwilli, eine verrenkte, zerschossene Puppe.

Der Leutnant taumelt die Pier entlang.

Da – im Dunst – der Alte!

Keuchend kniet er auf den Steinen – sein Pullover ist zerfetzt. Mit riesengroßen Augen starrt er ins Hafenwasser: Nur noch der Turm des Bootes ragt heraus. Ringsherum brennendes Öl, Blutwasser, Holztrümmer ...

Stöhnend, ächzend sinkt der Turm in die Tiefe ... das Boot verschwindet im öligen Brackwasser. Es säuft ab – endgültig.

Der Alte brüllt auf vor Schmerz, Blut stürzt ihm über die Augen. Dann kippt er nach vorne auf die Steine. ENDE«

Immerhin das Ende des Films. Für den Zuschauer mit der nachhaltigste Eindruck. Doch für uns liegt die Szene irgendwo im Drehplan. Eine Woche wie jede andere. Drehtechnisch gibt es Auflagen, die durch die Besonderheiten dieses Hafens bindend sind, z.B. das Drehen in der Schleuse kann nur an den Wochenenden ohne Schiffsverkehr passieren. Der reguläre Hafenbetrieb läuft während der Woche weiter, eine Stillegung des Gesamthafens verbietet sich aus extremen Kostengründen. Im Film soll sich der Hafen seit Auslaufen von U 96 vor zwei Monaten verändert haben. Der Krieg hat unerbittlich zugeschlagen. Stacheldrahtabsperrungen, zerstörte Bauteile, Bombenkrater. Moderne Containerschiffe würden sich nicht gerade glaubhaft auf die Szene auswirken.

»Von La Rochelle bin ich tief deprimiert zurückgekommen. Mir kam das alles wie schlecht nachgestellte Wirklichkeit vor. Für jeden, der einen Tieffliegerangriff erlebt hat, muß das ganze wie ein Farce wirken. [...] Ich habe schön brav das Maul gehalten, nur einigen der besoffenen Komparsen die Mütze so aufgesetzt, daß die Kokarde wenigstens über der Nasenwurzel stand, wie es sich gehört, und andere dazu gebracht, richtig zu grüßen, wenn das Boot in die Schleuse einfährt: entweder mit Gladiatorengruß *oder* mit Hand an der Mütze. Mir ist sehr blümerant zumute.« (L.-G. B.: *Das Boot. Ein Journal*, S. 229)

Arlette wirbelt mit der ehrenhaften Aufgabe herum, Reeder und Hafenkommandatur von unserem artfremden, aus ihrer Sicht total irren Film-Standpunkt zu überzeugen. Sie überschüttet die Produktion mit Hiobsbotschaften und deren Lösungen (im Oktober waren auch diese Lösungen schonmal abgehakt gewesen).

Schiffe versenken – Ein Abenteuerfilm

Als Bavaria-Chefdramaturg Helmut Krapp erstmals – der Roman war noch gar nicht erschienen – im September 1973 bei Lothar-Günther Buchheim nach den Filmrechten anfragte, ließ der Autor ihn wissen: »An einer Verfilmung meines Buches bin ich nicht interessiert. An einem Film jedoch sehr. Und für den habe ich auch konturierte Vorstellungen ...« Wie diese konkret aussahen, verriet er noch nicht. Er wartete ab und tat recht daran: Zwei Jahre später, am 22. Dezember 1975, als es zum Abschluss eines Optionsvertrags kam, war sein Buch ein internationaler Bestseller und der Preis entsprechend gestiegen.

Ronald M. Cohen wurde von der Geria, als noch eine internationale Produktion mit John Sturges als Regisseur geplant war, mit dem Drehbuch beauftragt. Er lieferte das Skript für einen »antideutschen Wildwestfilm unter Wasser« (Rohrbach), er hatte den Stoff seiner Authentizität beraubt und durch konventionelle Versatzstücke des Genres Kriegsfilm ersetzt; vor allem aber hatte er die Feindfahrt des U-Bootes verlegt in das Jahr 1943, um eine Szene einbauen zu können, in der die Deutschen schiffbrüchige amerikanische Matrosen erschießen. Der Fall hatte sich wirklich ereignet, sei aber, empörte man sich auf deutscher Seite, »überhaupt nicht typisch für den deutschen U-Boot-Krieg«. An dieser Drehbuch-Szene, erinnerte sich Helmut Krapp, sei »der Versuch, zwischen einer deutschen Geschichte vom Krieg, amerikanischer Produktionsweise und internationaler Finanzierung eine vermittelte Konstellation aufzubauen«, gescheitert. Bevor als nächster Regie-Aspirant Don Siegel, der wiederum einen amerikanischen Autor (Dean Reisner) mitbrachte, auftauchte, schrieb Buchheim, dramaturgisch beraten von Krapp, eine eigene Drehbuch-Version. Von Anfang an hatte er sich nicht als bloßer Stofflieferant verstanden, außerdem empfand er die Adaption als eine leicht zu bewältigende Aufgabe: »Mein Roman ist ja quasi schon wie ein Drehbuch konzipiert.« Seine Fassung, die später keine Verwendung fand, ist als einzige publiziert worden.

Lothar-Günther Buchheim: *U 96. Szenen aus dem Seekrieg* (Knaus 1981)

U 96. Szenen aus dem Seekrieg setzt mit einem starken Bild ein. Im Bunker in St. Nazaire wird unter Hochdruck am U-Boot gebaut. »Auf der Docksohle Schlamm, Nässe, Ölrückstände. Pressluftleitungen, Kabel wie Darmgeschlinge. Düstere Kellerenge. Hades.« Werftarbeiter präparieren einen Salatkorb mit einem Köder, der eine Ratte anlockt – schon ist sie in der Falle, gefangen im Korb, durch den die Arbeiter mit glühenden Drähten nach ihr stochern. Die Tierquälerei, nichts weiter als ein grausiger Zeitvertreib, sollte sich als Bild mit Symbolwert dem Zuschauer einprägen und bei den (für die U-Boot-Besatzung nicht sichtbaren) Detonationen als Flashback aufflackern. »Immer, wenn das Boot in eine Wasserbombenverfolgung geraten würde, sollte der Zuschauer sich an die hilflos eingesperrte Ratte erinnern müssen und zu den infernalischen Explosionen ihre irr herumzuckenden Angstblicke sehen.«

Bevor die U 96 ausläuft, schildert Buchheim in einer breit ausgemalten Sequenz, wie die stark ramponierte U 52 von ihrer Feindfahrt zurückkehrt. Der Kommandant Thomsen erstattet dem Flottillenchef Bericht, deutlich wird in der Szene: Die deutschen U-Boote haben gegen die übermächtigen Gegner mit ihren Zerstörern und Flugzeugen kaum noch eine Chance. Die Soldaten, meist noch halbe Kinder, werden verheizt und können auf der Schreibstube schon einmal ihr Testament machen. Nach einer – geschätzt – guten halben Stunde befinden wir uns in der Bar Royal und damit in jenem Motiv, mit dem Petersen beginnt. Er hat einen anderen Zugriff auf den Stoff und braucht lediglich ein paar Minuten, um die Situation zu etablieren und dem Film sein Fundament zu geben: Der Alte – niemals wird er mit Namen genannt, die Mannschaft spricht ihn mit Herr Kaleun (Kapitänleutnant) an – ist eine natürliche Autorität, eine Vaterfigur für die Mannschaft. Er hat Verständnis dafür, dass seine Leute sich vor dem Auslaufen die Hucke vollsaufen und über die Stränge schlagen. Sie wiederum sind »ihrem« Kaleun treu ergeben: Die U-Boot-Besatzung ist eine eingeschworene Männergemeinschaft.

Bei dem feucht-fröhlichen Männerabend in der Bar Royal feiert Thomsen von der U 52 sein Ritterkreuz. »Ein vollkommen zerstörter Mann«, heißt es im Buchheim-Drehbuch. Auf der Toilette liegt er zwischen Erbrochenem und Urin, lallt nur noch: »Kämpfen! ... Siegen! ... Oder untergehn.« Der Alte schafft ihn raus. Im Film ergreift Thomsen im volltrunkenen Zustand das Mikrofon und zieht über den »Führer« her, der es vom Malerlehrling zum größten Schlachtenlenker aller Zeiten gebracht habe. Er wird nicht denunziert, sein Auftritt hat keinerlei Folgen. Auch an Bord gibt es mit dem ersten Wachoffizier nur einen einzigen Nazi an Bord, der im Verlaufe des Films seine ideologische Verblendung aufgibt. Bei aller Distanz zum Regime, allem Zweifel am Sinn der befohlenen Operationen, keiner der Besatzungsmitglieder käme auf die Idee zu desertieren: Militärischer Ungehorsam ist in dieser auf Gedeih und Verderb aufeinander angewiesenen Männertruppe undenkbar.

»So sollte also der Film beginnen, wenn es nach *mir* gegangen wäre. Das Bild der gequälten Ratte sollte sich beim Zuschauer festsetzen, die Ratte sollte Symbolbild werden für das Eingesperrtsein und Gepeinigtwerden in einem U-Boot. [...] Immer, wenn das Boot in einer Wasserbombenverfolgung geraten würde, sollte der Zuschauer sich an die hilflos eingesperrte Ratte erinnern müssen und zu den infernalischen Explosionen ihre irr herumzuckenden Angstblicke sehen.« (L.-G. B.: *Das Boot. Ein Journal*, S. 67)

»Ich halte diesen Kriegsberichterstatter im Film zwar für ein gutes Vehikel, für einen geeigneten Mittelsmann, mit dessen Hilfe der Kommandant sich äußern kann, weil er ja ohne diesen Kriegsberichter hermetisch abgeschlossen leben würde [...], aber trotzdem bin ich der Meinung [...], daß der Kriegsberichterstatter im Roman seine Funktion als leibhaftige Person erfüllt, daß er aber im Film eigentlich durch die Kamera ersetzt ist.« (L.-G. B.: *Das Boot. Ein Journal*, S. 128)

»Dieser dumme Uniformgeck soll ich sein? Nicht gerade schmeichelhaft für mich! Ich könnte nicht in den Spiegel sehen, wenn ich mich an Bord jemals so dusslig aufgeführt hätte, wie es dieser Charge abgefordert wird. Ich kann es nicht fassen, daß dieser Blondschopf mein Ebenbild sein soll.« (L.-G. B.: *Das Boot. Ein Journal*, S. 130)

»Während der Wasserbombenverfolgung im Film ist vom soldatischen Komment, der die Besatzung auch in extremer Situation disziplinierte, wenig zu spüren: So hysterisch benahm sich an Bord keiner. Das ist erschreckend wirklichkeitsfern. Wie soll jedoch die Szene Züge von Realität annehmen, wenn es schon im Drehbuch nur expressionistisch überhitzt zugeht?« (L.-G. B.: *Das Boot. Ein Journal*, S. 195)

»›Niete um Niete platzt weg!‹ Wenn sich P. doch informieren wollte: Es gibt in der Zentrale keine Nieten. Da ist alles geschweißt. [...] ›Unter Wasser – außen nachts: Unglaubliches Getöse! Das Boot kracht an die Grundfelsen mit voller Wucht!!! Grelles Schrillen, dumpfes Poltern ... eine riesige Staubwolke!‹ Diese riesige Unterwasserstaubwolke ist wohl das Groteskeste, was ich bisher lesen mußte. ›Gewimmer, Geheule, – ein schreckliches Schrillen, es sägt einem durch den Körper – zerreißt die Trommelfelle. Dann ist es plötzlich zu Ende. Stille. Langsam verdünnt sich die Staubwolke ... Die Konturen des Bootes werden sichtbar ...‹ Da kann ich nur mehr *hilf Himmel!* stöhnen und hoffen, daß im Film Bilder mit Wirklichkeitsgehalt den Stammelexpressionismus des Drehbuchs vergessen lassen.« (L.-G. B.: *Das Boot. Ein Journal*, S. 144)

Buchheims Drehbuch mit seinen 600 Seiten war schlicht unverfilmbar. Das Petersen-Drehbuch, von Buchheim als lediglich »vereinfachte Nacherzählung des Romans« abgetan, ist durchaus werkgetreu. In wenigen Monaten entstanden, handelt es sich um eine Adaption, die mit sicherem Geschick für filmische Wirkung die ausufernde Handlung pragmatisch verkürzt und konzentriert. Figuren werden zusammengefasst, Motive verschoben (die Versorgung verletzter Matrosen durch den Funker) oder stärker akzentuiert (Gnade für Johann, bei Buchheim Karl Franz, der die Gefechtsstation verlassen hat); aus vier versenkten Schiffen macht Petersen drei, und dass an dem Angriff auf den Geleitzug auch andere Boote neben der U 96 beteiligt waren, streicht er. Bei Buchheim läuft das Boot von Saint-Nazaire aus und steuert erst später La Rochelle an; der Film beginnt in La Rochelle, wo auch das Finale stattfindet, sodass der Kreis geschlossen wird. In der Fernsehfassung gibt es einen Erzähler – den Kriegsberichterstatter Leutnant Werner, das Alter Ego des Autors Buchheim –, der gelegentlich aus dem Off kommentiert. In vielen Details hat Petersen geändert, doch die Eingriffe erscheinen legitim und sind nachvollziehbar; von einer Verfälschung kann keine Rede sein.

Ein Vergleich mit anderen U-Boot-Filmen, zum Beispiel dem Event-Zweiteiler LACONIA (2011), speziell der deutschen Fassung, macht deutlich, wie weit DAS BOOT entfernt ist von den heutzutage üblichen Vorgaben quotenorientierter Fernsehsender und kommerzieller Kinoverleiher. Weder gibt es in dieser Männergeschichte eine Liebesgeschichte noch ein Happy End. Die Männer haben im U-Boot schlimmste Ängste durchgestanden, waren in höchster Lebensgefahr, und nun, als sie sich im sicheren Hafen glauben, sterben sie, eine bittere Pointe, an Land bei einem Fliegerangriff. Der Alte, die Sympathiefigur des Films, bricht vor dem zerbombten Wrack der U 96 tot zusammen.

Petersen verzichtete auf die politische Moral, die von allen in der Nazi-Zeit spielenden Filmen eingefordert wird. »Nur, wenn Aufklärung am Werke ist, lässt sich solch ein Mammutunternehmen rechtfertigen«, monierte damals der *Tagesspiegel*, und in der *Zeit* erhob Fritz J. Raddatz »Einspruch gegen ein politisch fragwürdiges Heldenepos«, Tenor: »Wer – nach über 55 Millionen Toten des Zweiten Weltkriegs, die WIR verursacht haben – über Krieg denkt, schreibt, spricht, filmt: der muss die Frage nach Schuld stellen.« Petersen verteidigte in Interviews den Film: Er habe nicht versäumten Geschichtsunterricht nachholen wollen, DAS BOOT könne keine Aufbereitung historischer Zusammenhänge leisten. Im Übrigen habe er seine Stellungnahme gegen den Krieg nicht über den Intellekt, sondern über die Emotion abgegeben: Die Gesichter der Jungs auf dem Boot würden mehr sagen als irgendwelche Dialogsätze. Rohrbach, als ehemaliger Vertreter des öffentlich-rechtlichen Fernsehens mit dem politischen Diskurs vertraut (in seine Verantwortung fiel, ein Markstein in der Mediengeschichte, die Ausstrahlung von HOLOCAUST im deutschen Fernsehen), wagte einen Vorstoß: Das Schweigen der Kriegsgeneration habe den Blick getrübt. »Wir haben nicht nur verdrängt, was dieses Volk anderen angetan hat, wir haben auch erfolgreich tabuisiert, was wir uns selbst zugefügt haben.«

Solche Reflexionen waren Bernd Eichinger fremd. Die Debatte, ob DAS BOOT ein Kriegs- oder ein Anti-Kriegsfilm sei, entlockte ihm einen höhnischen Kommentar. »Es gibt ebenso wenig Anti-Kriegsfilme, wie es Anti-Erdbeben-Filme gibt.« Die anvisierten Kinogänger seien nicht Weltkrieg-II-Veteranen, sondern überwiegend Jugendliche, die »action-geil« sind und, verriet er dem *Spiegel*, eine »gewisse Lust an der Zerstörung« haben. »Wir brauchen spektakuläre Bilder: das brennende Meer, wenn ein Tanker getroffen wird und in die Luft fliegt.« Da musste ihm, jenseits aller politischen Aspekte, das Inferno am Ende geradezu zwingend erscheinen.

DAS BOOT – schlicht ein Genrefilm? Petersen hat später immer wieder Filme inszeniert, in denen Menschen in einem Boot oder einem Flugzeug festsitzen und mit einer Katastrophe konfrontiert werden. Er suche immer solche Dramen, hat er 2011 in einem Gespräch bekannt. »Was immer das Problem ist, du musst dich ihm stellen, du

THE SINKING OF THE LACONIA (Laconia; 2011; D: Alan Bleasdale, R: Uwe Janson)

HOLOCAUST (1978; D: Gerald Green; R: Marvin J. Chomsky)

Journal

»Wenn ich die Arbeit an diesem Film kritisiere, hat das seinen tiefen Grund: Es hat nichts mit der sprichwörtlichen beleidigten Leberwurst, auch nicht mit den ebenso sprichwörtlichen sauren Trauben zu tun. Nichts mit kleinlicher Stänkerei. Ich bin kein geborener Mäkler. Ich halte ganz schlicht dafür, daß hier Exaktheit um jeden Preis Gebot sein muß und zwar in allem: vom Mützensitz bis zur Art, wie sich ein Seemann die Hosen hochzieht.« (L.-G. B.: *Das Boot. Ein Journal*, S. 232)

musst es lösen, gemeinsam, auf diesem kleinen Raum, der dir dafür zur Verfügung steht. Du musst dich deiner Panik stellen, deine Ängste überwinden.« Die existenzielle Situation im U-Boot interessiert ihn, nicht dass Hitler die Männer in ein Todeskommando schickt. Sobald die Mannschaft an Bord ist, wird nicht mehr diskutiert, nicht über Sinn und Unsinn des Krieges und schon gar nicht über Politik. Der Krieg ist nur eine erzählerische Prämisse, um ein Kino-Abenteuer möglichst wirkungsvoll in Szene zu setzen. Petersen: »Mit unseren Mitteln schaffen wir es, die Menschen zwei Stunden Furcht und Schrecken erleben zu lassen, und dann gehen sie nach Hause, trinken ein Bier und fühlen sich wohl. Denn sie haben ein wenig von dem geschmeckt, was das Leben alles an Emotionen und Gefahren zu bieten hat.«

Bodensee

Ein Teil des Teams hakt DAS BOOT *endgültig ab, ein anderer Teil zerstreut sich für sechs Wochen in alle vier Winde: Kreta, Andalusien, Amerika.*

Doch für die Spezial-Effekt-Truppe und die Kamera-Crew geht's jetzt erst richtig los.

Am Bassin laufen die Modellaufnahmen zum Tankerbrand und »Vigo« auf Hochtouren. Außerdem stehen noch alle Aufnahmen zum Tauchen aus.

Nach dem »Chiemseedesaster« wird ein neuer Anlauf gestartet. Allerdings muß das 11 m Boot erst tauchfähig gemacht werden. Die »Spezialer« übernehmen die Verantwortung – ohne Vorbereitungsmöglichkeit. Da bis zur letzten Minute im Studio blockiert, stürzt sich »BumBum« gleich in die Konstruktion. Der Motor kann nicht entfernt werden, also erfindet er zwei Außentanks.

Zeichnungen, Konstruktionspläne über Nacht. Die Osterferientage werden ignoriert.

Nach einer Woche tuckelt mal wieder ein Schwertransporter-Convoi zum Bodensee. Der genaue Drehort wurde tatsächlich noch gefunden. Per Flugzeug von oben ausgemacht.

Die Drehzeit ist auf vier Wochen festgesetzt. Es fehlen Tests. Die Zeit fehlt.

Kein Aas glaubt an's Gelingen.

Ein 3-Mann Spezial-Effekt-Team pusselt vor sich hin. – Die anderen sind am Bassin eingespannt.

Die Tiefruder werden vergrößert. Tests. Karli weiß, es wird gelingen – aber er braucht Zeit. Nach zwei Wochen laufen die Drähte heiß. Die »Zentrale« in München erwägt den Abbruch. Bittins unternimmt Kontrollreisen an den Bodensee, überzeugt, dass es klappen könnte.

Eine weitere Woche geht ins Land.

Die Nervenstränge halten kaum mehr.

Doch dann: in zwei Wochen kurbeln die Bodenseeler das Pensum runter: die verschiedenen Wettersituationen, das Boot in den diversen »Zerstörungs«-Phasen. Jagdbomber-Explosionen. Tag und Nacht.

Ein unüberschaubares Gewirr von Kabeln, Luft-Schläuchen und Schiffen lockt die Anrainer an die Ufer.

Selbst in der tiefsten Nacht gibt's noch Happenings.

Die Filmer proben für die »Gibraltar«- und die »Tankerbrand«-Szene. Geben Probeschüsse mit Raketen und Notsignalen ab.

»Der See in Flammen« – ein Scheiß dagegen.

Spektakulär!!

Wolfgang Petersen

Spektakulär aber auch Alarmstufe 1 bei der Wasserschutzpolizei im »Dreiländereck«. Schweizer, Österreicher und Deutsche schicken ihre Rettungskreuzer in die Seemitte, um die Schiffbrüchigen zu retten. Sechs Schnellboote kreisen um die »harmlosen« Filmer, die zwar die Drehgenehmigung bei der Gemeinde Immenstaad eingeholt hatten, leider jedoch die Leuchtkraft ihrer Versuche unterschätzt hatten – sie ging über die Landesgrenzen hinaus.

Ein filmfreundlicher Inspektor erstickte die Beschwerdewelle mit einem DM-300-Verweis. Überhaupt zeigen sich die Leute am See hilfsbereit.

Günter Rohrbach

Linienschifffahrt, Fähren und die Filmfritzen müssen sich den Anlegesteg teilen. Da nimmt der eine oder andere schonmal schwierige Anlegemanöver in Kauf.

Es ist kaum Zeit, sich zu bedanken: der Filmconvoi entschwindet wieder in Richtung Bavaria.

Dort trudeln die Sommer-»Urlauber« ein. Aus dem Zusammenhang gerissen, versuchen sie noch einmal den Einstieg ins BOOT. *Wolfgang hat währenddessen im Schneideraum »überwintert«, Tage und Nächte.*

Ohne Schnitt kein Synchron.

Doch auch die knappe Zeit zum Schneiden steht garnicht zur Debatte. Primär: zurück ins Studio, »Aufpro« drehen. Die »Reste«?!

Alles von vorn. Aus der Halle 4/5 sind wir längst geflogen, weichen einem anderen Film. Wir sind schließlich – leider – nicht die einzigen auf der Welt. Alle Aufbauten mußten in ein kleineres Studio umziehen. Bassins, Windgeräte, Wasser – für zwei Wochen.

Klar ist nur eines: in den 14 Tagen schaffen wir die Reste nie! Drei bis vier Wochen müßte man haben.

Nichts da: »Pfeifendeckel«! – Von ganz oben ein hartes Ultimatum. Bei aller Sympathie für künstlerischen Freiraum entscheidet Dr. Rohrbach: nach zwei Wochen ist Sense mit der Aufpro!

Wolfgang geht mit dem Seziermesser ran, schmeißt Szenen raus. Die Schauspieler weinen.

Aber: der 18. September als Premierentermin soll und muß bestehen bleiben.

Scenario

Backstory

*Splitter einer
Geschichte des
Drehbuchs*

Die Verbindlichkeit des Wortes
Anmerkungen zu Richard Brooks; Romancier, Drehbuchautor, Regisseur

Richard Brooks mit Peter O'Toole am Set von LORD JIM (1966; D+R: Richard Brooks, nach dem Roman von Joseph Conrad)

Auch als er längst ein erfolgreicher, gefeierter Regisseur war, stand für Richard Brooks das Wort immer noch an erster Stelle. Der Satz, mit dem er das 15. Kapitel seines Romans *The Producer* eröffnet, klingt wie eine Variation seines Grabspruchs: »After the idea comes the word«, lässt er dort den Produzenten Matt Gibbons zu dem frisch engagierten Drehbuchautor John Shea sagen. »The Bible says that first came the word«, steht auf seinem Grabstein. Ein schöneres Epitaph für einen Drehbuchautor kann man sich kaum vorstellen.

Schon während seines Militärdienstes hatte Brooks seinen ersten Roman *The Brick Foxhole* geschrieben. Auch als seine Karriere im Filmgeschäft längst gesichert war, schrieb er weiter und verarbeitete seine Erfahrungen in Hollywood in dem Roman, aus dem im Folgenden ein Ausschnitt zu lesen ist.

Ihren Anfang verdankt Brooks Karriere im Wesentlichen einem Mann, der das Vorbild für den Produzenten im Roman lieferte: Mark Hellinger. Ihre gemeinsame Geschichte handelt von der Verbindlichkeit des Wortes. Durch die Vermittlung ihres gemeinsamen Freundes Humphrey Bogart lernten sich Brooks und Hellinger kennen. Der Produzent war nicht an den Rechten von dessen erstem Roman interessiert, sondern an dessen Autor: Falls er lebend aus dem Krieg zurückkehren sollte, versicherte er ihm, habe er einen Job für ihn. Es sollte kein leeres Versprechen bleiben. Hellinger verpflichtete Brooks als Co-Autor für die Hemingway-Verfilmung THE KILLERS, für das Gefängnisdrama BRUTE FORCE und bat ihn, das Drehbuch zu THE NAKED CITY zu überarbeiten. Zuvor hatte Brooks nur an B-Pictures mitgewirkt. Dank Hellinger stieg er in die A-Liga auf. Sie haben nie einen Vertrag unterzeichnet, ihre Vereinbarungen wurden nur mit einem Handschlag besiegelt. Wie die Romanfigur Matt Gibbons hegte der Produzent große, nicht nur opportunistische Achtung vor Autoren. Er beteiligte Brooks prozentual am Einspiel der Filme. Nach Hellingers Tod folgte auch dessen Witwe dieser Vereinbarung. Bis zu seinem Lebensende erhielt Brooks alljährlich einen Scheck über 52 Dollar für BRUTE FORCE.

Ebenso wie der 1903 geborene Hellinger hatte Brooks, der in diesem Mai 100 Jahre alt geworden wäre, als Journalist begonnen. Er wusste hauszuhalten mit Ideen und Worten: nicht aus Einfallslosigkeit oder Lust am Selbstzitat, sondern weil er an Überzeugungen beharrlich festhielt. Seine Romane waren in dem Duktus verfasst, in dem er sprach. Die Weltsicht der beiden Freunde wurde von der Depressionszeit geprägt. Diese Erfahrungen spiegeln sich wider in den realistisch-urbanen Kriminalfilmen, die Hellinger ab Ende der 1930er bei Warner Bros. und danach unabhängig produzierte. Beide waren aufrechte Amerikaner, die in ihren Filmen kein beschönigendes, wohl aber konstruktiv kritisches Bild ihrer Heimat entwarfen. Politisch gehörten sie allerdings unterschiedlichen Lagern an. Hellinger beteiligte sich zwar an der Kommunistenhatz, die sich nach dem Krieg in Hollywood Bahn brach, verhielt sich zugleich aber loyal gegenüber Autoren wie Albert Maltz, die kurz darauf auf der Schwarzen Liste landeten. In seinem Nachruf, den Brooks im März 1948 unter dem Titel *Swell Guy* in *The Screenwriter* veröffentlichte, zeichnet er das Porträt einer Persönlichkeit voller Widersprüche. Er beschreibt

---

Richard Brooks: *The Producer* (Simon and Schuster 1951)

Brooks' Karriere als Autor und Regisseur in Hollywood war, trotz vieler Wechselfälle und oftmals heroischen Scheiterns, von einzigartiger Beständigkeit. Vor den eigenen Originaldrehbüchern für Filme wie DEADLINE – U.S.A. (Die Maske runter; 1952), THE HAPPY ENDING (Happy-End für eine Ehe; 1969) und BITE THE BULLET (700 Meilen westwärts; 1975) hegte Brooks ebenso großen Respekt wie vor den literarischen Vorlagen, durch deren Verfilmung er berühmt wurde und deren Integrität er nicht kompromittieren wollte: BLACKBOARD JUNGLE (Die Saat der Gewalt; 1955; nach dem Roman von Evan Hunter), CAT ON A HOT TIN ROOF (Die Katze auf dem heißen Blechdach; 1958; D: Richard Brooks, James Poe, nach dem Stück von Tennessee Williams), IN COLD BLOOD (Kaltblütig; 1967; nach dem Buch von Truman Capote) und viele andere mehr.

Richard Brooks: *The Brick Foxhole* (Harper & Brother 1945)

The Brick Foxhole wurde 1947 unter dem Titel CROSSFIRE (D: John Paxton; R: Edward Dmytrik) mit Robert Mitchum, Robert Young und Robert Ryan verfilmt.

THE KILLERS (Rächer der Unterwelt; 1946; D: Anthony Veiller, Richard Brooks [ungenannt] nach der Kurzgeschichte von Ernest Hemingway; R: Robert Siodmak)

Backstory

BRUTE FORCE (Zelle R 17; 1947; D: Richard Brooks, nach der Geschichte von Robert Patterson; R: Jules Dassin)

THE NAKED CITY (Stadt ohne Maske; 1948; D: Albert Maltz, Malvin Wald; R: Jules Dassin)

The Screenwriter ist der Vorläufer von *Written By*, der Zeitschrift der Writers Guild of America

KEY LARGO (Gangster in Key Largo; 1948; D: Richard Brooks, John Huston, nach dem Roman von Maxwell Anderson; R: John Huston)

CRISIS (1950; D: Richard Brooks, nach der Geschichte von George Tabori; R: Richard Brooks)

SWELL GUY (1946; D: Richard Brooks, nach dem Stück von Gilbert Emergy; R: Frank Tuttle)

Sinclair Lewis: *Elmer Gantry* (Rowohlt 1984)

Die Anti-Trust-Gesetze forderten eine Entflechtung der Branche, der zufolge sich die Studios von ihren Kinoketten trennen mussten.

Ebenso verfährt zuvor nur F. Scott Fitzgerald in *The Love of the Last Tycoon*, siehe hierzu Norbert Grobs Essay *What Is the Nickel For?* in *Scenario 1*.

Hellinger als großzügig und argwöhnisch, voller Zuversicht und zugleich Zukunftsängsten, selbstgewiss und doch unablässig nach Bestätigung suchend. In vielen Dialogpassagen nimmt Brooks' Nekrolog dabei bereits seinen Roman *The Producer* vorweg.

Brooks schreibt den Roman, der den Arbeitstitel *A Million and Five* trägt (das Budget des Films, um den es geht), während er an den Drehbüchern zu Filmen wie KEY LARGO arbeitet und sein Regiedebüt CRISIS vorbereitet. Er erscheint 1951 und greift auf reale Figuren und Situationen zurück. Das Vorbild für John Shea, der die Kurzgeschichte *The Great Man* (der Titel erinnert nicht von ungefähr an den Film SWELL GUY, den Brooks für Hellinger schrieb) adaptieren soll, nachdem der ursprüngliche Autor strauchelte, ist Albert Maltz. Der Hauptdarsteller der Verfilmung, Steven Taggart, trägt Züge von Humphrey Bogart. Der deutschstämmige Regisseur ist an Robert Siodmak angelehnt, der THE KILLERS für Hellinger inszenierte. Das Ende des Films im Roman wird, wie im Fall von THE NAKED CITY, nach einer Preview neu gedreht. Am Abend der Premiere in New York entschließt sich Gibbons, stattdessen seinen Vater in Philadelphia zu besuchen, der Geburtsstadt von Brooks. Als Nächstes plant er, ein Buch von Sinclair Lewis zu verfilmen – Brooks hielt anderthalb Jahrzehnte lang eine Option auf dessen Roman *Elmer Gantry*, den er gegen viele Widerstände erst 1960, dank der Fürsprache von Burt Lancaster, verfilmen konnte. Einzig der Studiochef Mr. Flax ist ohne eindeutiges Vorbild, sondern ganz archetypisch gezeichnet.

Heute liest sich *The Producer* als eine Momentaufnahme der späten 1940er Jahre, als Hollywood mannigfache Umbrüche erlebte und sich das Klima durch die Anti-Trust-Gesetze und die Schwarze Liste schlagartig wandelte. Er ist ein Sittenbild zeitgenössischer Moralvorstellungen. Allerdings ist er einer der wenigen Hollywoodromane, dem es nicht um eine Abrechnung mit der Traumfabrik geht. Brooks wählt nicht die Perspektive eines desillusionierten, verbitterten Ostküsten-Schriftstellers, sondern die eines Hollywood-Insiders. Der Produzent Matt Gibbons erscheint als der Geburtshelfer eines Films. Dessen konfliktreiche Entstehung – vom Erwerb der Rechte bis zu seiner Premiere und den Auswirkungen seines Erfolges auf die Karrieren der an ihm beteiligten Künstler – schildert er modellhaft und mit über weite Strecken dokumentarischem Furor. Der Leser erfährt, zum ersten Mal in der Geschichte des Hollywoodromans, welche Hürden ein Film überwinden muss, bis er ins Kino kommt. Im Kern handelt der Roman davon, wie man Probleme pragmatisch löst. In Kapitel 15, das im Folgenden abgedruckt ist, geht es um die Probleme der Drehbuchentwicklung.

The Producer, Kapitel 15

Von Richard Brooks

»Nach der Idee kommt das Wort«, sagte Matt zu John Shea. »Um die Worte mach' ich mir keine Sorgen. Ich will nur sichergehen, dass wir von derselben Idee reden.«

Sie saßen bei Matt zu Hause in seiner Bibliothek. Es war nach dem Abendessen. Im Kamin brannte ein Feuer. Hinter ihnen war im Wohnzimmer der Schein des Weihnachtsbaums zu erkennen. Die Weihnachts- und Neujahrspartys waren vorbei. Dutzende von Studiomanagern hatten die Parole ausgegeben: »Zurück an die Arbeit, Jungs. Die Ferien sind vorbei.« Von Universal City und Burbank bis nach Hollywood, Westwood und Culver City hatten sich die Studios zurückgemeldet: »Alles klar, Leute, alle Mann an Deck.«

Während des Abendessens war Natalie aufmerksam, aber schweigsam gewesen. Matt war stolz auf sie. Nach dem Essen hatte sie eine Flasche Brandy in die Bibliothek gebracht und Matt und Shea eingegossen.

»Ich nehme an, ihr wollt übers Geschäft reden«, hatte sie vorsichtig gesagt, in der Hoffnung, sie würden sie einladen, dabei zu bleiben.

»Erzählen Sie mir von Hollywood, Mrs. Gibbons«, hatte Shea gesagt.

Natalie hatte darauf gewartet, dass Matt sie ermutigte.

»Natalie mag keine Männergespräche, nicht wahr, Baby?«, hatte Matt lachend gesagt. Sie wusste, dass sie entschuldigt war.

»Gute Nacht, Mr. Shea. Ich hoffe, Sie werden hier sehr glücklich.«

»Danke.«

»Wäre es unangebracht zu sagen, dass ich glaube, dass Sie ein sehr guter Schriftsteller sind?«

»Sie ist ein großer Fan von Ihnen«, sagte Matt. Aus irgendeinem Grund sagt sie genau das Richtige, dachte er glücklich.

»Eines Tages würde mich immer noch Ihre Meinung über diesen Ort interessieren«, hatte Shea zu ihr gesagt.

»Eines Tages«, hatte sie geantwortet. »Gute Nacht.«

Dann erzählte Matt einige Anekdoten über seine New Yorker Freunde. Schließlich, nach einigen Brandys, während deren Shea nüchtern und ruhig, Matt dagegen gespannter und lebhafter wurde, hatte der das Gespräch auf das Problem von THE GREAT MAN gelenkt.

Shea hatte J. Wilson Whites Drehbuch gelesen. Sie hatten es besprochen und es mit der Story verglichen, die Matt gekauft hatte. Sie versuchten, eine allgemeine Bedeutung der Story herauszufinden und die Figuren und ihre Beziehungen zueinander zu definieren.

»Das wird nicht leicht«, sagte Matt.

»Schreiben habe ich nie leicht gefunden. Egal welches.«

»Ich bin froh, dass Sie das gesagt haben«, stimmte Matt ihm zu. »Viele kommen nur her, um einen schnellen Dollar zu machen. Sie denken, das ist ein Kinderspiel.«

»Manche von denen haben hier seltsame Erfahrungen gemacht«, sagte Shea auf Verdacht.

»Ja«, sagte Matt. »Da gibt es genug Witze darüber. Aber das können Sie nicht allein auf Hollywood schieben.«

»Ich kenne keinen, der das macht.«

»Sie schämen sich nicht dafür, für den Film zu schreiben, oder, John? Vielleicht ein kleines bisschen?«

»Schämen? Nein. Ich bin nur etwas nervös.«

»Wir sind hier alle ziemlich nervös, das können Sie mir glauben. Für uns steht eine Menge auf dem Spiel.«

»Sie meinen Geld?«

»Ja. Und der gute Ruf.«

»Jeder setzt seinen guten Ruf aufs Spiel«, sagte Shea. »Egal, woher einer kommt.«

»Gut, dass Sie das sagen. Gut, dass Sie den Film nicht unterschätzen. Man braucht Disziplin, um ein gutes Drehbuch zu schreiben. Den besten Stil. Struktur. Ich glaube, das ist das Wichtigste. Wichtiger als Dialoge. Wir wollen eine Geschichte über Menschen machen, stimmt's?«

»Hm.«

»Stimmt!«, polterte Matt. Er war aufgesprungen, lief auf und ab, leerte Aschenbecher aus, während er sprach, stocherte im Feuer herum und goss die Brandygläser wieder voll. »Es muss einfach bleiben. Jede Szene in einem Drehbuch muss eine Funktion haben. Jedes Wort, jedes bisschen Handlung, jede Wendung, einfach alles, was auf der Leinwand zu sehen ist, muss zusammengehören. Alles muss die Figur entwickeln oder die Story dem Ende einen Schritt näher bringen. Was die Handlung ausdrückt, sollte der Dialog nicht wiederholen. Ein Drehbuch«, sagte Matt begeistert, »sollte wie ein Segelboot sein. Wie eine Planke sollte jedes Wort einem bestimmten Zweck dienen.«

Matt hatte J. Wilson White die gleiche Rede gehalten, als sie genau im gleichen Zimmer mit der Arbeit angefangen hatten, mit Brandy nach dem Abendessen und bei Männergesprächen.

Sheas erste Sitzung dauerte Stunden. Matt redete am meisten. Shea hörte weitgehend zu. Matt war dankbar für die Aufmerksamkeit.

Als sie sich verabschiedeten, sagte Matt in einem Versuch, Sheas guten Willen zu erkaufen: »Sie werden einen Wagen brauchen.«
»Ich hab' einen gemietet. Ich kriege ihn morgen.«
»Haben Sie legere Sachen mitgebracht?«
»Nein.«
»Schauen Sie bei Fabiani vorbei. Mein Schneider. Da bekommen Sie, was Sie brauchen. Machen Sie sich um die Rechnung keine Sorgen.«
»Was stimmt nicht mit dem, was ich anhabe?«
»Nichts«, grinste Matt. »Wenn's Ihnen gefällt, find ich's prima.«
Shea stieg ins wartende Taxi ein.
»Wenn Sie noch irgendwas brauchen«, sagte Matt und wartete, dass Shea nach irgendetwas fragte. Shea fragte nicht. »Sie sind verheiratet, oder?«
»Ja.«
»Schön zu hören«, sagte Matt. »Na dann gute Nacht«, lächelte er. Das Taxi fuhr los.

Nach etwa einer Woche gab Shea ein Treatment ab, das die Handlung und ihre Entwicklung anhand einzelner Szenen wiedergab. Matt fand es gut.
Ein halbes Dutzend Modelle vorgeschlagener Kulissen standen in Matts Büro herum. Sie waren filigrane, erstaunliche Miniaturen der echten Kulissen. Shea bewunderte sie.

Mit Geraldine Page und Paul Newman: SWEET BIRD OF YOUTH (1962; D+R: Richard Brooks, nach dem Theaterstück von Tennessee Williams)

THE TREASURE OF THE SIERRA MADRE

»Wenn wir nur so gut wie die Modellbauer sein könnten«, sagte er.

»Sind eine große Hilfe, die Dinger«, sagte Matt und blickte durch eine der winzigen Kulissen. »Das spart Zeit. Damit kann der Regisseur einen Drehplan erstellen.«

»Kann's dann mit dem Drehbuch losgehen?«, fragte Shea.

»Wenn Sie so weit sind«, sagte Matt. »Machen Sie sich nicht so viele Gedanken wegen des Drehbuchformats. Damit hilft Ihnen die Sekretärin. Und fragen Sie sie ruhig um Rat. Sie weiß da gut Bescheid. Und sie kann Gutes und Schlechtes auseinanderhalten.«

Shea sah nachdenklich aus. »Warum mögen sie hier keine Autoren?«, wollte er wissen.

»Stimmt das?«

»Wenn man sie nicht offen ablehnt, werden sie gerade so toleriert. Warum?«

»Da sind Sie nur empfindlich«, meinte Matt. »Wo wären wir denn in dieser Branche ohne Autoren?«

»Ich glaube, anstatt ›nicht mögen‹ muss es ›verdächtig‹ heißen. Autoren sind verdächtig. Warum?«

»Ich weiß es nicht. Vielleicht, weil sich Autoren mit Ideen beschäftigen«, sagte Matt. »Ein Studioboss weiß nicht, wie eine Kamera funktioniert; dafür braucht man technisches Know-how. Er kann keine Kulissen bauen. Er ist kein Schauspieler. Er weiß nicht, wie man Regie führt. Aber absolut jeder glaubt, dass er schreiben kann. Was braucht man zum Schreiben? Papier und Bleistift. Es würde keinem einfallen, dem Kameramann zu sagen, wie er seine Kamera scharfstellen soll. Aber sie schreiben Dialoge um, ändern die Handlung, schmieren herum wie die Irren.«

»Sie auch?«

»Langsam, langsam«, protestierte Matt. »Ich mache vielleicht mal hier und da einen Vorschlag, aber ich schreibe nicht um, niemals ohne Zustimmung des Autors. Dafür bin ich bekannt.«

Matt nahm Shea zum Mittagessen außerhalb des Studiogeländes mit. Sie gingen zu *Romanoff's*, wo sie einen erstklassigen Tisch bekamen, von dem man das Defilee der Stars sehen konnte. Auf der Fahrt zum Restaurant hatte sich Matt über Autoren in Hollywood ausgelassen.

»Früher, zu Stummfilmzeiten, nannte man die Autoren ›Wortleute‹. Sie schrieben die Zwischentitel und verdienten nicht viel. Die *Ideenleute* haben richtig verdient. Ich glaube, als der Tonfilm kam, blieben die Autoren immer noch ›Wortleute‹. Und die Ideenleute machen immer noch das große Geld.«

»Aber auch Ideenleute sind Autoren, oder?«

»Nicht ganz«, sagte Matt. »Manchmal funktioniert es so: Ein Ideenmann kommt zum Produzenten gerannt und ruft, ›Clark Gable und

Lana Turner in VOLCANO! (Wissen Sie, was ich meine, Boss? Gable ist ein fixer Reporter, klar? Lana Turner? Noch keine Ahnung, was sie sein soll, aber sie ist in Japan. Jetzt kommt der Clou. Der Vulkan! Ist seit Jahrhunderten nicht ausgebrochen. Auf einmal, bumm! Er bricht aus. Verstehen Sie, Boss? Gable und Turner in VOLCANO. Ein Knaller!‹«

»Und was passiert dann?«

»Das ist alles.«

»Aber irgendjemand muss das aufschreiben. Die können das nicht einfach so daraus machen.«

»Klar, irgendjemand muss das schreiben. Irgendein armes Würstchen von Drehbuchautor muss sich einen Anfang, einen Mittelteil, einen Schluss und den ganzen Dialog ausdenken.«

»Einen Helden und Hintergrund, was?«

»Einen Star und Hintergrund. Die Stars sind die Helden. In letzter Zeit hat das bloß nicht so gut geklappt. So lange die Stars alleine die Leute an die Kinokasse holen konnten, hat's funktioniert. Aber jetzt wollen sie Geschichten. Etwas Neues und Ungewöhnliches. Es reicht nicht mehr aus, einen Bohrturm im Hintergrund zu haben und zu sagen, das ist jetzt die Ölbranche.«

»Den Filmen nach zu urteilen, die ich gesehen habe, haben sich die Helden nicht sehr verändert.«

»Sehen Sie sich manchmal noch Gangsterfilme an?«

»O.k. Nehmen wir mal Gangster. Ich glaube, die ersten Filme überhaupt handelten von Gangstern.«

»Das waren noch Zeiten«, sagte Matt. »Die hat das Publikum geliebt. Mit keinem einzigen davon hab' ich Geld verloren.«

»Was für ein Held war das?«, fuhr Shea fort. »Er hat nicht viel geredet. Er hat immer gehandelt. Wenn ihm jemand dumm kam, haute er ihm eine rein, schoss auf ihn oder prügelte ihn windelweich.«

»Aber das Publikum bekam zu viel davon. Oder die Kirche oder die Schulen oder wer auch immer. Auf einmal war der Gangster der Schurke und nicht mehr der Held«, sagte Matt.

»Also verwandelte sich der Gangster in einen Detektiv, einen Schnüffler oder einen vom FBI. Er war aber immer noch ein harter Bursche. Und wenn ihm einer was wollte, dann konnte der Held sich immer noch schlagen, das Messer oder die Kanone ziehen.«

»Weil sich das lohnt«, sagte Matt. »Gewalt ist gut für die Kinokasse.«

»Aber sie braucht nicht dumm zu sein. Und es muss keine Gewalt um der Gewalt und der Sensationslust willen sein. Zum Beispiel: DER SCHATZ DER SIERRA MADRE.«

»Wunderbar«, meinte Matt. »Aber hat der was eingespielt?«

»Wie viel Geld muss ein Film einspielen, um ›was einzuspielen‹?«

THE TREASURE OF THE SIERRA MADRE (Der Schatz der Sierra Madre; 1948; D: John Huston, nach dem Roman von B. Traven; R: John Huston)

THE LOST WEEKEND (Das verlorene Wochenende; 1948; D: Charles Brackett, Billy Wilder, nach dem Roman von Charles R. Jackson; R: Billy Wilder)

THE GRAPES OF WRATH (Früchte des Zorns; 1940; D: Nunnally Johnson, nach dem Roman von John Steinbeck; R: John Ford)

THE SNAKE PIT (Die Schlangengrube; 1948; D: Frank Partos, Millen Brand, nach dem Roman von Mary Jane Ward; R: Anatole Litvak)

THE HOUSE ON 92ND STREET (Das Haus in der 92. Straße; 1945; D: Barré Lyndon, Charles G. Booth, John Monks Jr.; R: Henry Hathaway)

INTRUDER IN THE DUST (Griff in den Staub; 1949; D: Ben Maddow, nach dem Roman von William Faulkner; R: Clarence Brown)

A STAR IS BORN (Ein Stern geht auf; 1937; D: Dorothy Parker, Alan Campbell, Robert Carson; R: William A. Wellman)

REBECCA (1940; D: Robert E. Sherwood, Joan Harrison, nach dem Roman von Daphne du Maurier; R: Alfred Hitchcock)

»Da sagen Sie was, mein Junge. Denken Sie an DAS VERLORENE WOCHENENDE. Was würde ich darum geben, wenn ich den gemacht hätte.«

»Und FRÜCHTE DES ZORNS, DIE SCHLANGENGRUBE, DAS HAUS IN DER 92. STRASSE. Ich weiß, aber ...«

»GRIFF IN DEN STAUB«, fügte Matt mit ehrlicher Begeisterung hinzu. »Nicht zu vergessen EIN STERN GEHT AUF oder REBECCA und so gut wie alles von Willie Wyler, Howard Hawks, John Huston, John Ford oder Joe Mankiewicz. Wir haben eine Menge, worauf wir stolz sein können.«

Shea gefiel Matts Leidenschaft.

»Aber«, sagte Matt traurig, »drehen wir einen guten Film über Texas, dann kommen gleich darauf zehn schlechte über andere Staaten heraus. Ein guter Film über Psychiatrie zieht ein Dutzend schlechter Filme über Irrenhäuser und spinnerte Ärzte nach sich. Das ist eins unserer Probleme. Wir haben praktisch keine Staaten, Verrückte, Gefängnisausbrüche, Kriege, Ölstreiks, Eisenbahnen oder Indianer mehr übrig.«

»Das sehe ich anders«, sagte Shea. »Die meisten Filme handeln von *Dingen*, nicht von Menschen. Man rodet Wälder und baut Eisenbahnen und bringt Indianer um, aber nur selten sagt jemand warum, oder wen es betrifft, und wie.«

»Ich bin froh, dass Sie das gesagt haben«, sagte Matt.

»Warum?«

»Weil ich das schon seit Jahren sage.«

Sie bestellten ihr Mittagessen, und wie üblich aß Matt zu viel und versprach sich selbst, morgen weniger zu essen. Matts Tisch wurde ein Magnet für die, die nur mal eben vorbeischauten, gute Freunde, flüchtige Bekannte und Filmkolumnisten. Matt regte der Betrieb an, Shea war eher davon verwirrt.

Mike Romanoff kam vorbei, schüttelte ihnen die Hand und nannte Matt spaßhaft einen Schurken, ein Kosewort, das Matt akzeptierte und belachte. Später erzählte er Shea, dass Romanoff liebenswert und klug war und dazu einer der besten Schachspieler Hollywoods sei, ein Zeichen von Intelligenz.

* * *

Schließlich schrieb Shea die Rohfassung seines Drehbuchs fertig. Sie wurde von Matts Sekretärin auf gelbem Papier getippt. Sechs Kopien, zwei davon an die Rechtsabteilung des Studios für den Fall von Copyright-Problemen oder Plagiatsvorwürfen.

Matt und Shea arbeiteten einen Tag, eine Nacht und einen weiteren Tag lang; sie lasen es einander laut vor, änderten Dialoge, kürzten und glätteten es.

Die Verbindlichkeit des Wortes

Das Drehbuch wurde vervielfältigt und bekam den Stempel *Vorläufig* auf den Einband.

Kopien davon gingen an den Regisseur, den Kameramann, die Schauspieler, die Filmarchitekten, die Bühnenbildausstatter, die Requisite, die Stoffentwicklung und an Mr. Flax.

Alle von ihnen hatten Änderungsvorschläge. Manchen Änderungen stimmte Matt zu, und das tat auch Shea. Sie wurden ins Drehbuch eingearbeitet, und eine neue Fassung wurde vervielfältigt: *Vorläufig vollständig.*

Diese Fassung wurde an die Breen-Behörde, Agenten für die Besetzung der kleineren Rollen und an jeden Abteilungsleiter geschickt.

Herman Volke war mit dem Drehbuch sehr zufrieden. Er nannte Shea ein Genie, machte aber den Vorschlag, dass alle Anweisungen für Kameraeinstellungen aus dem Drehbuch gestrichen werden sollten. Wozu waren Anweisungen wie »Nahaufnahme«, »Halbtotale«, »Totale« oder »Full Shot« gut? Das hatte immer noch er zu entschei-

Mit Claudia Cardinale: THE PROFESSIONALS *(1966; D+R: Richard Brooks, nach dem Roman von Frank O'Rourke)*

THE LOST WEEKEND

den. Außerdem waren die Kulissen noch nicht gebaut worden – wie konnte man dann überhaupt die Kameraposition festlegen?

Steven Taggart kam vorbei, um sich zu beschweren. Dem Drehbuch nach sollte er am Ende wie ein Feigling sterben.

Shea fühlte sich in Taggarts Gegenwart komisch. Er ertappte sich dabei, wie er Taggart für den Typen hielt, den er im Film spielte. Er konnte die starke Anziehungskraft seiner Persönlichkeit förmlich spüren.

»Es macht mir nichts aus, am Ende zu sterben«, meinte Taggart. »Aber kriechen werd' ich nicht. Auf keinen Fall. Ich spiel' nicht den Angsthasen.«

»Aber darum geht es bei der Rolle«, gab Matt zu bedenken. »Stimmt doch, oder, John?«

Shea stimmte Matt zu.

»Die Fans kaufen mir das nicht ab«, sagte Taggart.

»Sie kaufen dir ab, dass Jim Evans so sterben würde«, sagte Shea.

»Zum Teufel mit Jim Evans«, sagte Taggart knapp. »Ich spiel' Steve Taggart – wem willst du da was vormachen? Steve Taggart stirbt nicht wie ein Feigling. Das gab's noch nie, und das bleibt dabei. Mein Publikum erwartet das nicht von mir.«

»Die Story erwartet das von dir«, sagte Matt.

»Was ist wichtiger?«, fragte Taggart trocken. »Eure Story oder meine Karriere?«

Matt mixte ihnen allen einen Drink. Ihn brachte das nicht aus der Ruhe. Es war nicht das erste Mal, dass er sich mit diesem Argument auseinandersetzen musste. Andere Schauspieler dachten genauso über ihr Filmimage.

»Da ist noch was«, sagte Taggart. »Und das hat mit Ihnen zu tun, John.«

Shea fühlte sich geschmeichelt, dass Taggart ihn John nannte.

»Du stellst das Ende der Story infrage«, sagte Taggart. »Das hab' ich nicht von Ihnen erwartet.«

Shea sah zu Matt hinüber.

»Was soll das jetzt heißen?«, fragte Matt.

»So wie ich es verstanden habe, so wie die Kurzgeschichte geschrieben war, bleibt der Mann am Ende am Leben. Er rettet seinen elenden Hals. So haben Sie das nicht geschrieben.«

»Schieb das nicht auf John.«

Taggart zwinkerte Shea zu.

»Na schön«, sagte Matt. »Das war ich. Das ist von mir. Aber ich muss auch mit der Breen-Behörde auskommen. Es ist nicht alles Kunst, weißt du.«

»Ich sage, mach' es ehrlich und zum Teufel mit der Breen-Behörde«, sagte Taggart, vor allem um Shea zu beeindrucken.

»Ja, sicher«, seufzte Matt. »Das sagst du so, aber ich muss mit denen klarkommen.«

»Wer zahlt denn dafür, dass die weitermachen können?«, fragte Taggart. »Ihr macht das. Ihr Produzenten. Also, wenn sie für euch arbeiten, dann sollten sie doch auf eurer Seite sein, nicht gegen euch.«

»Und was dann?«, brauste Matt auf. »Soll jede staatliche Zensurbehörde den Film zerreißen? Die Szenen rausschneiden, die sie nicht mögen? Ihn so verunstalten, dass er keinen Sinn mehr ergibt? Willst du das? Dass er irgendwo verboten wird? Das wird nämlich passieren, wenn wir nicht die Freigabe vom Produktionscode kriegen.«

»Sie werden ihn nicht alle verbieten«, sagte Shea. »Oder?«

»Viele Kinos nehmen ihn ohne die Freigabe nicht ins Programm«, sagte Matt. »Hört mal: Die Breen-Behörde ist in Ordnung. Sie schützt uns.«

»Ohne sie hätten Sie vielleicht Freiheit«, meinte Shea.

»Ohne sie würde jeder kleine Filmemacher Schmutz und Pornografie rausbringen. Breen schützt die Leute mit Geschmack.«

»Was ist Geschmack, mein Lieber?«, fragte Taggart.

»Zensur ist schlecht«, sagte Shea. »In jeder Form, ob zum Schutz oder für etwas anderes.«

»Na schön«, sagte Matt. »John wird versuchen, das Ende umzuschreiben. Wir werden ja sehen, was die Breen-Behörde sagt. Schauspieler. Mein Gott.«

Taggart zwinkerte Shea zu.

Die Breen-Behörde las das Drehbuch mit dem neuen Ende von Shea. Ihr Bericht war einem Brief an Mr. Flax, Matthew Gibbons und das Studio beigefügt. Darin stand zu lesen:

Sehr geehrte Herren,
wir haben das vorläufig vollständige Drehbuch für Ihre beantragte Filmproduktion THE GREAT MAN vom 19. Januar gelesen. Nach einer eingehenden Sichtung dieses Materials bedauern wir Ihnen mitteilen zu müssen, dass es nicht den Vorgaben des Produktionscodes entspricht.

Der Grund für diese Ablehnung beruht darin, dass Jim Evans einige unanständige und verwerfliche Handlungen begeht und weder vom Gesetz noch von seinem Gewissen für sie bestraft wird. Diese Einstellung des Helden der Geschichte ist nicht akzeptabel.

Wir möchten Ihre Aufmerksamkeit außerdem auf folgende Details lenken:

THE GRAPES OF WRATH

Seite 7: Der Ausdruck »um Gottes Willen« ist nicht akzeptabel.

Seite 31: In dieser Szene trägt das Mädchen Margaret einen Bademantel. Sie beugt sich über ihn, um ihn zu küssen. Es ist darauf zu achten, dass sie »züchtig« bekleidet ist.

Seite 35: Die Anweisung »Er gibt ihr einen spielerischen Klaps«. Wohin gibt er ihr den Klaps?

Seite 36: In dieser Szene trifft Jim Margaret im Bett an. Er küsst und umarmt sie. Dann löst die Szene sich auf. Dies ist nicht akzeptabel, da angedeutet wird, dass darauf eine unziemliche Beziehung stattfindet.

Seite 72: Bezüglich der Szenen 178 und 179, in denen ein Kampf stattfindet, gehen wir davon aus, dass Sie Ihr Möglichstes tun werden, um übertriebene Brutalität zu vermeiden.

Sie sind sich natürlich darüber bewusst, dass sich unser abschließendes Urteil auf den fertigen Film beziehen wird.

Mit freundlichen Grüßen ...

Der Brief deprimierte und lähmte Shea. »Was machen wir jetzt?«, fragte er.

»Wir reden mit ihnen«, sagte Matt.

»Reden worüber? Sie haben es abgelehnt. Was gibt es da noch zu reden?« Sie saßen in Matts Büro. Shea war auf hundertachtzig. »Der Held wird nicht vom Gesetz oder von seinem Gewissen bestraft«, äffte er nach. »Natürlich nicht. Das ist doch genau der Punkt. Bestraft! Mein Gott, er wird vielleicht sogar zum Bürgermeister gewählt.«

»Ganz ruhig, mein Junge. Regen Sie sich ab. Sie werden schon bald hier sein. Sie werden uns helfen, einen Ausweg zu finden.«

»Helfen? Was meinen Sie mit helfen?«

»Sie versuchen ja nicht, uns vom Filmemachen abzuhalten. Sie wollen nur nicht, dass wir auf die Nase fallen.«

»Was glaubt dieser Breen eigentlich, wer er ist?«

»Ein richtig netter Kerl«, sagte Matt.

»Warum? Weil er uns an der Leine hält?«

»Weil ich ihn kenne. Und er ist ein gerechter Mann. Er ist vernünftig. Und er hat Mumm.«

»Sie haben Angst vor ihm, weil er Katholik ist«, sagte Shea. »Warum geben Sie's nicht zu? Die ganze Stadt hier hat Angst vor der Kirche.«

»Sie würden Breen mögen. Er ist ganz normal. Er ist witzig. Er kennt sein Geschäft.«

»Zensoren«, sagte Shea, »finden normalerweise etwas zum Zensieren.«

»Er hat mir schon bei vielen Problemen mit Geschichten geholfen«, sagte Matt.

THE SNAKE PIT

Die Verbindlichkeit des Wortes

»Sie sind kastriert. Das ganze Filmgeschäft ist kastriert. Und das haben Sie selbst mit diesem elenden Code angestellt.«

»Nehmen Sie sich was zu trinken«, sagte Matt.

»Ist das alles, was Ihnen einfällt: Nehmen Sie sich was zu trinken? Wozu soll das gut sein? Wird damit alles gut?«

Matt lächelte sanft. Shea tat es leid.

»Na schön«, sagte Shea. »Ich werd' was trinken. Ich werd' am besten gleich ein paar mehr nehmen.«

INTRUDER IN THE DUST

Shea saß steif und mit vor Alkohol starrem Kiefer auf seinem Stuhl und hörte den beiden Vertretern der Breen-Behörde zu. Sie waren freundlich, gut informiert und bereit zu helfen.

»Es lässt sich am besten damit erklären«, sagte Mr. Plover zu Shea, »dass das Hauptprinzip des Codes darin besteht, dass das Falsche immer als das Falsche und nichts anderes dargestellt werden muss. Eine Figur, die sündigt, macht keinen Fehler, sondern begeht eine schändliche Verfehlung. Verbrechen ist kein Zeichen von Schwäche, es ist ein Gesetzesbruch. Das Falsche kann nicht als angenehm, sondern nur als schmerzhaft, nicht als heldenhaft, sondern nur als feige, nicht als einträglich, sondern nur als abträglich, nicht als plausibel, sondern nur als verabscheuungswürdig dargestellt werden.«

»Warum?«, fragte Shea steif.

»Weil dies die moralischen Werte unserer Zeit sind«, antwortete Mr. Plover geduldig.

»Sagt wer?«, wollte Shea wissen.

»Die Moral eines Films wie Ihrem sollte sein, dass ein Missetäter leidet und bestraft wird. Dass seine Sünden am Ende *nicht* belohnt werden.«

»Haben Sie irgendwelche Vorschläge?«, fragte Matt.

»Mein erster Gedanke wäre, dass Sie diesen Mann für seine Sünden bezahlen lassen könnten, indem Sie ihn töten.«

»Wie?«

»Ich bin kein Schriftsteller«, sagte Mr. Plover, »aber ...«

Shea murmelte etwas, was sich verdächtig nach »Gott sei Dank« anhörte.

»... aber«, fuhr er in freundlichem, fast herzlichem Ton fort, »der Held könnte dabei getötet werden, als er das Kind retten will. Er liebt das Kind, nicht wahr?« Er wandte sich an Shea. »Liebe ist Ihnen doch recht, nicht wahr, Mr. Shea?«

»Nicht die eines Mannes für einen kleinen Jungen«, murmelte Shea in sein Glas.

»Irgendwelche anderen Ideen?«, fragte Matt.

»Ich glaube nicht, dass dieser Mann in Ihrer Geschichte umgestaltet werden könnte«, sagte Mr. Plover. Sein Kollege stimmte zu.

»Danke«, sagte Shea.

»Es tut mir leid, dass Sie so denken, Mr. Shea.«

»Ist schon gut. Das geht mir jedes Mal so, wenn jemand damit anfängt, die Verfassung zu zerstückeln.«

»Sie meinen die Gedanken- und die Pressefreiheit?«

»So ist es.«

»Jede Freiheit, Mr. Shea, unterliegt Regelungen. Eine freie Kinoleinwand beinhaltet keine Obszönität, Unschicklichkeit, Lüge oder Betrug, weder im Prinzip noch in der Praxis.«

»Heißt das«, fragte Shea, »dass das Kino keine bestehenden Ideen und Konventionen herausfordern darf, die heute populär sind?«

»Seien Sie vernünftig, John, alter Junge«, bat Matt. »Hier will Ihnen keiner vorschreiben, wie Sie leben sollen. Wir wollen nur diesen Film ins Kino bringen.«

»Schließlich ist es unsere Pflicht«, sagte Mr. Plover, »Kinder und leicht beeinflussbare Erwachsene zu schützen.«

»Gibt es irgendwelche Gebiete, wo Filme gezeigt werden, die *nicht* von der Breen-Behörde abgesegnet sind?«, fragte Shea.

»Ja.«

»Ist die öffentliche Moral dort schlechter als in Ihren Gebieten?«

»Das kann ich nicht sagen.«

»Dann verbessert die Zensur nicht zwangsläufig«, sagte Shea mit Problemen beim Aussprechen des Wortes »zwangsläufig«, »die Moral.«

»Die Aufgabe des Produktionscodes ist nicht, die Moral zu verbessern, sondern uns die Interessenverbände vom Hals zu halten. Wenn wir nicht wären, würden örtliche Zensurbehörden Filme ruinieren.«

»John, mein Junge, er hat recht. Sie wissen nicht, was vor fünfundzwanzig Jahren mit dieser Branche passiert ist, als die Interessenverbände zum Angriff auf die Kinokassen geblasen haben.«

»Warum bekämpfen Sie sie dann nicht?«, fragte Shea.

»Das tun wir«, sagte Mr. Plover.

»Das stimmt nicht. Sie weichen ihnen aus.«

»Tut mir leid, Mr. Shea. Wir versuchen bloß, der Zensur durch die Regierung auszuweichen. Wir kontrollieren lieber selbst, als das jemand anders tun zu lassen, der sich nicht mit den Problemen der Filmproduktion auskennt. Sie sind Künstler, Mr. Shea – opfern Sie denn Ihre Integrität, bloß weil Sie die Gesetze des Anstands beachten?«

»Wie wär's damit«, sagte Matt, der versuchte, das Gespräch wieder auf die Geschichte zu lenken. »Jim Evans rettet sich selbst anstelle des Jungen. Er versucht jedem zu erzählen, dass er sein Bestes getan hätte, aber keiner glaubt ihm. Alle meiden ihn. Er kann nirgendwo hin. Er hat keine Freunde. Ist das nicht Strafe genug?«

»Ich fürchte, das wird Mr. Shea nicht genügen«, sagte Mr. Plover.

Shea sah Mr. Plover dankbar an und neigte seinen Kopf in Anerkennung einer verständnisvollen Seele.

»Ist seine Feigheit denn nicht genug?«, fragte Shea. »Zerstört das nicht seine heldenhafte Stellung? Sie meinen doch sicher nicht, dass das Publikum einem Feigling nacheifern will? Sein ganzes Leben falschen Heldentums und falscher Werte bricht unter dem Druck der Realität zusammen. Nur Heilige und Tiere haben keine Alternativen. Sie wissen immer, was zu tun ist. Aber die Figur in unserer Geschichte ist weder ein Heiliger noch ein Tier. Er ist ein Mensch, der mit falschen Werten erzogen wurde. Er hat sich an den offensichtlichen Beispielen orientiert. Unsere Figur ist nicht ohne Moral oder unmoralisch. Er ist amoralisch. Für ihn sind Gut und Böse vertauscht. Er ist zu heldenhaften Taten fähig, aber er vollbringt sie aus den falschen Gründen.«

Mit Jean Simmons: THE HAPPY ENDING (1962; D+R: Richard Brooks)

A STAR IS BORN

Shea hielt inne. Zum ersten Mal wurde ihm klar, dass sie einen Film drehten, der sehr deutlich auf dem Charakter von Matt Gibbons basierte. Er fragte sich, ob Matt sich darüber im Klaren war. Er glaubte nicht. Sie warteten darauf, dass er fortfuhr.

»Wir suchen immer nach einem Bösewicht«, sagte Shea, »nach irgendeinem schrecklichen Barbaren. Und stattdessen sehen wir einen angenehmen, großzügigen, amoralischen Gentleman. Und da ist doch ein Bösewicht. Er steckt in der Figur drin. Nicht leicht zu finden oder zu sehen oder zu erkennen, aber immer nah bei ihm und bei uns allen. Und am Ende des Films haben die Figuren der Geschichte das vielleicht nicht herausgefunden, wohl aber das Publikum.«

»Das haben Sie nicht ins Drehbuch geschrieben«, sagte Mr. Plover.

»Das können wir aber«, sagte Matt.

»Es ist meine Schuld«, sagte Shea. »Wenn dieser Gedanke nicht vermittelt wurde, ist es meine Schuld.«

»Wird das genügen?«, fragte Matt.

»Ich denke schon«, sagte Mr. Plover. »Ich muss Sie allerdings darauf hinweisen, dass solch ein Ende vielleicht nicht lukrativ ist. Fehlschläge sprechen nicht gegen den Code. Diesen Rat bekommen Sie gratis«, lächelte er. Er schüttelte Matt die Hand und streckte die Hand auch Shea entgegen, der ebenfalls einschlug. »Es tut mir leid, wenn es danach aussieht, als stünden wir Ihnen im Wege, Mr. Shea.«

»Entschuldigen Sie, wenn wir unhöflich waren«, sagte Matt.

»Vielleicht werden eines Tages Filme für ein ausgewähltes Publikum gedreht. In diesem Fall ...« Mr. Plover brach ab.

»... wird Ihr Cousin mit einem Code vorbeikommen«, sagte Shea.

»Wir wollen es nicht hoffen.« Mr. Plover winkte Matt zu. »Wenn Sie uns wegen irgendetwas brauchen – dafür sind wir da. Viel Glück.«

Mr. Plover und sein Kollege gingen.

»Woran liegt es«, fragte Shea, »dass ich mich bei so etwas am Ende immer wie ein Schuft fühle?«

»Er ist ein netter Kerl«, sagte Matt. »Ganz wie Breen.«

»Ich hätte nie gedacht, dass ich mir mit Ihnen mal über einen Zensor einig wäre.«

»Sie würden vielleicht über vieles anders denken, wenn Sie eine Weile hier draußen blieben.«

»Vielleicht werde ich gerade deswegen nicht hierbleiben«, sagte Shea.

Shea schrieb das Ende um.

Toni Franklin kam, um sich zu beschweren. Ihre große Szene, in der sie auf dem Bett lag, war gestrichen worden. Sie meinte, sie würde um eine Chance gebracht, ihre Persönlichkeit am besten auszudrücken.

Die Verbindlichkeit des Wortes

Mithilfe des Aufnahmeleiters, der das Drehbuch anhand des Budgets durchging, konnte Matt ein paar tausend Dollar einsparen. In einer der Szenen verabschiedete sich der Held nachts auf einem Bahnhof von der Heldin. Die Kosten für den Aufbau des Bahnhofs, die Beleuchtung und die Nachtschicht konnten dadurch eingespart werden, dass die Abschiedsszene in einem Taxi auf dem Weg zum Bahnhof stattfand. Hinter dem Taxi konnten Bildtafeln eingesetzt werden. Matt erklärte Shea, dass das Geld sparen würde und genauso effektiv wäre. Aber vor allem würde es Geld sparen, und das war es, was das Ganze effektiv machte.

An einer Stelle des Drehbuchs wurde jemand ein »Bum« genannt. Das musste in der Fassung für den britischen Markt gestrichen werden. In England war ein »Bum« etwas anderes als in Amerika.

Anmerkung des Übersetzers: »Bum« bedeutet im amerikanischen Englisch »Penner« oder »Herumtreiber«, im britischen Englisch dagegen »Hintern«.

Die Ehefrau von Mr. Flax, eine gewissenhafte, ordentliche kleine Frau, fand das Drehbuch wunderbar – mit einer Ausnahme. Es gab in der Story eine schwarze Frau, die ein Hausmädchen spielte. Mrs. Flax fand, dass sich dies gegen Schwarze richte. Sie sagte, dass Schwarze in zu vielen Filmen als Dienstboten dargestellt würden. Sie schlug außerdem vor, dass der schwarze Schlafwagenschaffner aus der Eisenbahnszene gestrichen werden sollte. Matt überzeugte sie davon, dass es gar keine weißen Schlafwagenschaffner gäbe. Das schwarze Hausmädchen wurde zum schwedischen Hausmädchen. Allerdings beschwerte sich die schwarze Schauspielerin, die bereits für die Rolle vorgesprochen hatte. Sie betonte, dass ihr diese Rollenänderung die Möglichkeit nähme, ihren Lebensunterhalt zu verdienen. Ihrer Ansicht nach wäre das eine schlimmere Diskriminierung, als ein Hausmädchen von einer Schwarzen spielen zu lassen. Mrs. Flax fand, es wäre eine gute Idee, die Schwarze zur Freundin der Familie zu machen.

An diesem Punkt ging Mr. Flax jedoch dazwischen und sagte, sie solle den Mund halten, denn wenn die Schwarze eine freundliche Nachbarin wäre, könnte der Film in den Südstaaten verboten werden.

»Lassen Sie doch Zanuck und Schary Filme über Juden und Schwarze drehen«, meinte er ärgerlich. »Das sind reiche Studios – wir nicht.«

»Wollen Sie damit sagen, dass nur die Reichen liberal und fortschrittlich sind?«, fragte Shea.

»Es hat nichts mit Liberalität zu tun, wenn man Filme über Juden und Schwarze dreht. Glauben Sie mir, junger Mann. Es geht nur ums Geldverdienen. Und solange solche Filme Geld einspielen, werden sie auch gedreht. Wenn sie Verlust machen, werden sie nicht gedreht. Glauben Sie mir. Ich weiß es.«

»Wenn solche Filme Geld einspielen«, murmelte Shea, »warum drehen Sie dann nicht ein paar davon?«

REBECCA

Aus dem Englischen von Ernst-Georg Richter.

Horizontale mit Fallhöhe
Über das vielstimmige Erzählen im italienischen Nachkriegskino

Von Gerhard Midding

Wenn man vom italienischen Film der Nachkriegsjahre erzählen will, empfiehlt es sich, mit einer Straßenszene anzufangen. Wenn es um das Drehbuchschreiben geht, kann es nicht schaden, wenn dabei eine Zeitung vorkommt. Dieser Auftakt sollte mehr als einen Protagonisten haben. Und von Entbehrung sollte in ihm auch die Rede sein.

Stellen wir uns also einen Kiosk in Rom zwei Jahre nach Kriegsende vor. Ein Mann ist vertieft in die Lektüre einer Tageszeitung. Er zieht es vor, dies an Ort und Stelle zu tun, statt sie zu kaufen; er hat zwar Arbeit, aber die Zeiten sind dennoch so, dass sie ihn zur Sparsamkeit anhalten. Beim Weiterblättern bemerkt er, dass hinter der Zeitung ein zweiter Mann steht. Dem scheint es ebenso wie ihm zu ergehen, denn er liest aufmerksam die Rückseite.

Mit diesem *meeting cute*, das vielleicht nur eine Legende, auf jeden Fall aber dem Leben trefflich nacherfunden ist, beginnt die Freundschaft zweier Männer, die zu einer der engsten Partnerschaften im italienischen Kino werden sollte. Federico Fellini und Tullio Pinelli haben damals bereits erste Schritte im Metier des Drehbuchschreibens unternommen. Als sie sich begegnen, hat das Kino den Nullpunkt zwar schon hinter sich gelassen, an dem es zwei Jahre zuvor neu angefangen hatte. Einige Filmstudios fangen aber gerade erst an, ihren Betrieb wieder aufzunehmen, die meisten von ihnen müssen jedoch noch immer als Obdach für Flüchtlinge dienen. In den Kinos laufen hauptsächlich amerikanische Filme, die in der Zeit des Faschismus von den Leinwänden verbannt worden waren. 1946 sind es 200. Ihnen stehen aber immerhin schon 70 einheimische Produktionen gegenüber. Sie handeln, gleichviel ob Drama oder Komödie, von Mangel und Not. Die Dinge, die der Alltag bereithält, sind ihnen Ereignis genug. Der Diebstahl eines Fahrrades oder eines Mantels reicht aus, um die Existenz ihrer Figuren zu bedrohen. Das Überleben, die Frage, wie man sich durch die Zeitläufte wurstelt, wird für lange Zeit der erzählerische Grundimpuls dieses Kinos sein.

Das Studium der Straße

Für die jungen Drehbuchautoren, die in dieser Epoche debütieren, gibt es keine Traditionen, an die sie anknüpfen könnten. Alessandro de Stefani, der wichtigste Szenarist des »Kinos der weißen Telefone«, das während des Faschismus populär war, kann kein Vorbild für sie sein.

Cesare Zavattini

Ihre Schule ist der Journalismus. Die italienische Presse erlebt in diesen Jahren einen ungeheuren Aufschwung. Allein in Rom erscheinen 25 Tageszeitungen. Wochenzeitungen und Illustrierte haben Konjunktur. Auch die berühmten Filmzeitschriften, *Cinema* und *Bianco e Nero*, florieren. In ihnen veröffentlichen zunächst hauptsächlich spätere Regisseure wie Michelangelo Antonioni oder Carlo Lizzani. Die wichtigste Talentschmiede von Drehbuchautoren sind allerdings die populären satirischen Zeitschriften: *Bertoldo*, *Candido* und vor allem *Marc'Aurelio*, die traditionsreichste, auflagenstärkste und subversivste unter ihnen. Schon während des Faschismus bot sie ihren Autoren erstaunliche Freiräume. Geächtete Schriftsteller veröffentlichen unter Pseudonym Artikel; zeitweilig wurde das Blatt als regimefeindlich verboten. Nach dem Krieg steigt seine Auflage jedoch auf 400.000 Exemplare. Fellini, Ettore Scola, Ruggero Maccari, Agenore Incrocci, Furio Scarpelli und andere publizieren Miniaturen, Kurzgeschichten und Karikaturen. Nebenher schreiben sie Sketche fürs Radio und Revuetheater. Zweimal wöchentlich treffen sie sich in Cafés, um Themen zu diskutieren.

Ihren journalistischen Wurzeln bleiben sie auch im neuen Metier treu. Manche von ihnen führen auch als vielbeschäftigte Drehbuchautoren ihren alten Beruf fort. Sergio Amidei und Cesare Zavattini, die großen Szenaristen des Neorealismus, lehren sie das Studium des Alltags. Sie fragen Passanten aus, die ihnen interessant erscheinen; egal ob Arbeiter oder Großbürger. Sie lassen sie von ihrem Tagesablauf erzählen, ihrem Familienleben und ihren Arbeitskollegen, und machen sich Notizen. Sie studieren die Sprachmuster des Alltags. In den 1950er Jahren, als handliche Tonbandgeräte auf den Markt kommen, bedienen sie sich auch dieses Hilfsmittels, um der Lebenswirklichkeit auf die Spur zu kommen. »Meine Methode bestand darin, mich in ein beliebtes Restaurant oder Café zu setzen und mein Tonband versteckt laufen zu lassen«, schreibt Rodolfo Sonego 1954 in *Cinema*. »Anschließend habe ich mir zu Hause dann die Aufnahmen angehört und die Dialoge transkribiert. Manche Passagen habe ich mir immer wieder angehört, um die kleinsten Nuancen im Tonfall festzuhalten.« Die Drehbücher vor allem von Komödien sind der Tagesaktualität abgelauscht, handeln von Wohnungsnot, der Verteilung von Care-Paketen, von Landflucht und kleinen Diebereien.

Gruppenreisen für mehrere Monate

Die Geselligkeit ihrer journalistischen Anfänge übernehmen sie für die Drehbucharbeit. Sie schreiben im Kollektiv. Rodolfo Sonego ist einer der wenigen, die es vorziehen, allein zu arbeiten. Mitunter sind die Büros in den Produktionsfirmen zu klein, um allen Autoren Platz zu bieten. An dem Sandalenfilm FABIOLA sind sage und schreibe 13 Szenaristen beteiligt.

Auch im Studiosystem Hollywoods wirken meist mehrere Autoren an einem Buch mit. Aber sie tun es in Konkurrenz zueinander, überschreiben (oft, ohne es zu wissen) die Arbeit ihrer Vorgänger. In Italien jedoch wird mit offenen Karten gespielt. Das vielstimmige Schreiben behagt den Autoren ganz offensichtlich – ihre Selbstzeugnisse in Zeitschriften, Büchern und dem Bonusmaterial von DVDs belegen es –, sie erleben diese Methode nicht als Enteignung. Auch namhafte Literaten wie Ennio Flaiano, Alberto Moravia und Vasco Pratolini gehören oft zu diesen Kollektiven. Seit Gabriele D'Annunzio in den 1910er Jahren von Filmproduzenten hofiert wurde, sind die Berührungsängste gering. Giorgio Bassani und Pier Paolo Pasolini arbeiten sogar an einem Bergfilm für Luis Trenker mit. Und Vitaliano Brancati ist sich nicht zu schade, an Starvehikeln für den populären Komiker Totò mitzuwirken. (Man stelle sich nur einmal vor, in Deutschland wäre es einem Produzenten gelungen, Siegfried Lenz oder Wolfgang Hildesheimer als Autoren eines Heinz-Ehrhardt-Films zu gewinnen!)

Es sind Goldgräberzeiten. Während das italienische Kino in den 1950er und 60er Jahren einen beispiellosen Boom erlebt – im »Goldenen Zeitalter« von 1958 bis 1968 verdoppelt es den eigenen Marktanteil von 30 auf über 60 Prozent, jährlich entstehen zwischen 240 und 280 Filme –, herrscht ein ungeheurer Bedarf an Geschichten. Er wird weitgehend von Originalstoffen gestillt. Literaturadaptionen machen, anders als in Deutschland, Frankreich oder auch Japan, nur ein Fünftel der Produktionen aus. Für diese Disziplin, die Raffung und Verdichtung verlangt, ist die Methode der Vielstimmigkeit wohl auch wenig praktikabel. Die Autoren schreiben wie am Fließband, vereinzelt wirken sie in einem Jahr an bis zu elf Filmen mit. Sie müssen geschmeidig sein, behände zwischen den Genres wechseln können – Tonino Guerra etwa schreibt keineswegs nur ernste Filme für Antonioni und Francesco Rosi, sondern auch Komödien – und in der Lage sein, Stars Rollen auf den Leib zu schreiben. Sie sind der Verpflichtung enthoben, nur Meisterwerke zu schaffen.

Flaiano verglich die Drehbucharbeit mit einer Gruppenreise, die drei, vier Monate dauert. Dafür muss man sich die geeigneten Gefährten aussuchen. Rasch finden sich die unterschiedlichen Arbeitstem-

FABIOLA (1949; D: Suso Cecchi D'Amico, Jean-Georges Auriol, Antonio Pietrangeli, Diego Fabbri, Cesare Zavattini, Vitaliano Brancati u.a., nach dem Roman von Nicholas Patrick Wiseman; R: Alessandro Blasetti)

IL PRIGIONIERO DELLA MONTAGNA (Flucht in die Dolomiten; 1955; D: Giorgio Bassani, Pier Paolo Pasolini, Luis Trenker, Gustav K. Bienek, nach einem Roman von Bienek; R: Luis Trenker)

Tonino Guerra

Horizontale mit Fallhöhe

Anna Magnani in
BELLISSIMA

peramente zu Gespannen zusammen. Tullio Pinelli ist der sorgsame Konstrukteur, Flaiano spielt die Rolle des ironischen Zertrümmerers. Age (Agenore Incrocci) ist ein Meister des planvollen Stegreifs und besitzt eine zuverlässige Intuition für die richtige Replik, während sich Furio Scarpelli stärker für die Struktur und Psychologie interessiert. Ettore Scola ist der Beobachtende, Skizzierende, sein Partner Ruggero Maccari hingegen profitiert von seiner Theatererfahrung und schafft einen dramaturgischen Rahmen für die Ideen. Ihre Zusammenarbeit vollzieht sich in angespannter Plauderei. Es braucht Selbstbewusstsein, um in diesem Klima der freundschaftlichen Konfrontation seine Ideen zu behaupten. Tullio Pinelli fühlt sich meist in der Minderheit.

Die Hierarchien sind jedoch niedrig. Das gilt auch für die Zusammenarbeit mit den Regisseuren, mit denen die Autoren oft die gleiche künstlerische Herkunft im Journalismus, Radio oder Varieté verbindet. Suso Cecci D'Amico erinnert sich zwar, dass Luchino Visconti bei ihrem ersten gemeinsamen Film BELLISSIMA wie ein strenger Lehrer

BELLISSIMA (Die Schönste; 1951; D: Suso Cecchi D'Amico, Francesco Rosi, Luchino Visconti, Antonio Pietrangeli [ungenannt], nach einer Idee von Cesare Zavattini; R: Luchino Visconti)

hinter einem majestätischen Schreibtisch Platz nahm und ihr und ihrem Co-Autor Antonio Pietrangeli zwei kleine Pulte zuwies. Aber bald merkte er, wie lächerlich das war. Als Pietrangeli später selbst Regisseur wird, bestellt er die Autoren zu sich nach Hause, setzt sich selbst an die Schreibmaschine und lässt sich die Szenen bereitwillig von ihnen diktieren. Er respektiert ihren Beitrag so sehr, dass er sie gelegentlich zum Drehort ruft, um sie zu fragen, ob ein Blumentopf besser an diesem oder an einem anderen Platz stehen soll.

Das vielstimmige Schreiben hat Konsequenzen für Struktur und auch Thematik der Filme. Oft schildern sie gemeinschaftliche Erfahrungen, ein gemeinsames Projekt ist ein häufig auftauchendes Motiv. Das gilt für die immer größer werdende Bande von Ganoven, die in I SOLITI IGNOTI einen Einbruch vorbereitet, ebenso wie für das Quartett der ehemaligen Prostituierten, die in ADUA E LE COMPAGNE ein Restaurant eröffnen wollen. Die komplizierte Logistik des Kommandounternehmens in ACHTUNG! BANDITI! wäre von einem einzelnen Autor gewiss nicht zu bewältigen gewesen, zumal die Partisanen bei ihrem Vorhaben nicht nur ein geheimes Waffenlager unter den Augen der Nazis ausheben wollen, sondern auch Rücksicht auf einen Streik und zu befürchtende Repressalien gegen die Zivilbevölkerung nehmen müssen.

Das Zusammenspiel von Vorschlag und Gegenvorschlag, von Idee und Korrektur, mithin die Pluralität der Perspektiven (gern stellt man sich vor, dass jeder Autor für eine bestimmte Figur eintritt) prägt den

I SOLITI IGNOTI (Diebe haben's schwer; 1958; D: Age & Scarpelli, Mario Monicelli, Suso Cecchi D'Amico, nach einer Idee von Age & Scarpelli; R: Mario Monicelli)

ADUA E LE COMPAGNE (Adua und ihre Gefährtinnen; 1960; D: Ruggero Maccari, Ettore Scola, Tullio Pinelli, Antonio Pietrangeli, nach einer Idee von Maccari und Scola; R: Antonio Pietrangeli)

ACHTUNG! BANDITI! (1951; D: Rodolfo Sonego, Carlo Lizzani, Giuseppe Dagnino, Ugo Pirro, Massimo Mida u.a., nach einer Idee von Sonego; R: Carlo Lizzani)

Alain Delon und Monica Vitti in L'ECLISSE

Aufbau von Szenen. Komik entsteht nicht aus witzigen Einzeilern, sondern aus dem Wortwechsel. Aber nicht nur Komödien profitieren von der Lust, Ideen weiterzuentwickeln, Einfälle zu überbieten. Auch ernste Dramen folgen mitunter dem Prinzip des Gags, der stets neue, unverhoffte Wendungen braucht. In L'ECLISSE besucht Monica Vitti die Börse in Rom, um ihren Verlobten Alain Delon bei der Arbeit zu treffen. Er weist auf einen Mann, der gerade 50 Millionen Lire verloren hat. Fasziniert folgt sie ihm in eine Bar, wo er einen Drink bestellt, nur um ihn stehen zu lassen. In einem zweiten Café bestellt er ein Glas Wasser, an dem er nur nippt. Dabei notiert er etwas auf einem Blatt Papier. Als er geht, tritt Vitti neugierig an den Tresen. Sie vermutet, dass er dem Blatt einige verzweifelte Berechnungen anvertraut hat. Aber als sie darauf blickt, ist es beinahe leer. Der Börsianer hat nur in raschen Strichen eine kleine Blume gezeichnet.

L'ECLISSE (Liebe 1962; 1962; D: Tonino Guerra, Michelangelo Antonioni, nach ihrer Idee; Mitarbeit: Elio Bartolino, Ottiero Ottieri; R: Michelangelo Antonioni)

Transatlantische Missverständnisse

In seinem berühmten Interviewbuch *Mr. Hitchcock, wie haben Sie das gemacht?* fragt François Truffaut den anglo-amerikanischen Regisseur nach einem Filmprojekt, dessen Realisierung man gern gesehen hätte; wenn auch nicht unbedingt in dessen Regie. Anfang der 1960er Jahre engagierte Hitchcock das Gespann Age & Scarpelli für eine Komödie über einen sizilianischen Einwanderer, der es in den USA vom Liftboy zum Generaldirektor eines Hotels gebracht hat. Als er seine Familie nachkommen lassen will, beginnen die Komplikationen, denn das sind lauter Diebe. »Ich habe darauf verzichtet, den Film zu drehen, weil er mir formlos vorkam«, erklärt Hitchcock. »Vor allem sind die Italiener, das wissen Sie vielleicht, zu nachlässig in Fragen der Konstruktion.«

François Truffaut: *Mr. Hitchcock, wie haben Sie das gemacht?* (Heyne 2003)

Die Gründe für Hitchcocks Absage an dieses Projekt sind in vieler Hinsicht bemerkenswert. Dass es überhaupt dazu kam, belegt das außerordentliche Interesse, das man in den USA an italienischer Dramaturgie hatte. Bereits 1947 erschien in der *New York Times* ein Interview mit Sergio Amidei, in dem er Auskunft darüber gibt, welche Szenen in ROMA, CITTÀ APERTA auf eigenen Erlebnissen beruhen. Fünf Jahre später wird er, ebenso wie Cesare Zavattini und andere, von der gleichen Zeitung für einen Artikel mit dem Titel *Focus on Italy's Top Scenarists* interviewt. In den ersten drei Jahrzehnten nach Kriegsende erhielten italienische Filme insgesamt 22 Oscar-Nominierungen in der Sparte »Drehbuch« (vier davon gingen an Amidei), weit mehr als die nachfolgenden Kinematografien, Frankreich und Schweden. 1962 gewann DIVORZIO ALL'ITALIANA als einer der ersten nicht-englischsprachigen Filme die Trophäe.

ROMA, CITTÀ APERTA (Rom, offene Stadt; 1945; D: Sergio Amidei, Federico Fellini, Roberto Rossellini, nach einer Idee von Amidei und Alberto Consiglio; R: Roberto Rossellini)

DIVORZIO ALL'ITALIANA (Scheidung auf italienisch; 1961; D: Alfredo Giannetti, Ennio de Concini, Pietro Germi, Age [ungenannt]; R: Pietro Germi)

Furio Scarpelli

Agenore Incrocci

Marie-Christine Questerbert: Les Scénaristes italiens – 50 ans d'écriture cinématographique (Hatier/5 Continents 1988)

DOMENICA D'AGOSTO (Ein Sonntag im August; 1950; D: Sergio Amidei, Luciano Emmer, Giulio Macchi, Cesare Zavattini, Franco Brusati, nach einer Idee von Amidei; R: Luciano Emmer)

NASHVILLE (1975; D: Joan Tewkesbury; R: Robert Altman)

I VITELLONI (Die Müßiggänger; 1953; D: Federico Fellini, Ennio Flaiano, Tullio Pinelli; R: Federico Fellini)

Die Begegnung mit Hitchcock wird auch für Age & Scarpelli ein Kulturschock gewesen sein. Es prallten zwei gegensätzliche Auffassungen von Dramaturgie aufeinander. Das verdankt sich allein schon einer Gepflogenheit, die in Italien bis weit in die 1960er Jahre reicht: Auch Filme mit normaler Laufzeit wurden mit einer Pause in zwei Teilen (»Primo Tempo«, »Secondo Tempo«) vorgeführt. Aber darüber hinaus stellen sich italienische Autoren die Frage, was als Nächstes passiert, auf gelassenere, womöglich gleichmütigere Weise. Zavattini hat im Neorealismus vorgeführt, dass ein Ende ergebnislos, vorläufig sein kann, ohne deshalb unbefriedigend wirken zu müssen.

»Ein wichtiges Merkmal vor allem unserer Komödien besteht darin, dass die Geschichte als eine Horizontale erzählt wird«, erläutert Age in der Anthologie *Les Scénaristes italiens – 50 ans d'écriture cinématographique* der Journalistin Marie-Christine Questerbert, »im Gegensatz zu amerikanischen Filmen, die vertikal konstruiert sind, auf einen Höhepunkt hin.« Die italienische Tradition neigt zu Erzählformen, die einfach den Bewegungen der Figuren folgen: dem Reise- und Episodenfilm, der Pikareske, dem Gesellschaftsfresko. In ihnen steht die Stabilität stets in Frage, die Dinge sind im Fluss, der Erzählton kann behände wechseln. Aus amerikanischer Sicht mag diese Herangehensweise das Risiko bergen, ihren gestalterischen Mittelpunkt zu verlieren. Italienische Drehbuchautoren arbeiten jedoch nicht allein daran, die Handlung voranzutreiben, sondern das Blickfeld kontinuierlich zu erweitern. Die Pluralität der Personen und Perspektiven bricht sich 1949 mit DOMENICA D'AGOSTO von Sergio Amidei und Luciano Emmer endgültig Bahn. Der Film verschachtelt im Verlauf eines Tages mehrere Handlungsstränge ineinander. Er basiert auf der Idee des Soziogramms und zeigt, wie Angehörige aller Gesellschaftsschichten sich sonntags auf den Weg zum Strand von Ostia machen – auf dem Fahrrad, der Vespa, im Auto oder im Zug – oder aber daheim in Rom bleiben müssen. Es liegt eine große Kühnheit im Wechsel und der Gleichberechtigung der Perspektiven. Dabei denkt der Film eine Idee des Neorealismus weiter: Jede Hauptfigur ist dort gleichsam willkürlich gewählt, die anderen könnten mit gleichem Recht Protagonisten eines weiteren Films sein. Das Konzept von Amidei, der ein Meister der klugen Abschweifung war, blieb übrigens auch in Hollywood nicht ohne Folgen: Das mosaikhafte Erzählen in Robert Altmans NASHVILLE und vielen Imitationen wäre ohne DOMENICA D'AGOSTO nicht denkbar.

Mit I VITELLONI tritt 1953 eine weitere Spielart des Ensemblefilms auf den Plan. Sein Erfolg löste einen ganzen Zyklus von Filmen aus, die das Lebensgefühl von Männern um die 30 beschreiben, die ihrer müßiggängerischen Existenz in der Enge einer Provinzstadt nicht entkommen können. Filme wie GLI INNAMORATI und I DELFINI (die den Plural bereits im Titel führen) erzählen verhinderte Bildungsromane, deren Helden in einem Schwebezustand verharren, da es ihnen am Ehrgeiz gebricht, sich von der süßen Verantwortungslosigkeit des Heranwachsens zu verabschieden. Die lose Folge der Episoden ist dennoch einer rigiden Struktur unterworfen. Entweder wählen sie die Einheit des Ortes (die unentrinnbare Kleinstadt) oder der Zeit (die durchwachte Nacht, in deren Verlauf die Möglichkeiten der Zerstreuung und Selbstflucht zusehends verschwinden) als Rahmen. Dieses Erzählmodell ist in Italien bis weit in die 1970er Jahre populär, um dann auch auf die USA überzugreifen, wo sich Filme wie AMERICAN GRAFFITTI und DINER an ihm orientieren.

GLI INNAMORATI (Die Verliebten; 1955; D: Pasquale Festa Campanile, Massimo Franciosa, Giuseppe Mangione, nach Idee von Festa Campanile und Franciosa; R: Mauro Bolognini)

I DELFINI (Gefährliche Nächte; 1960; D: Ennio de Concini, Alberto Moravia, Francesco Maselli, Ageo Savioli; R: Francesco Maselli)

AMERICAN GRAFFITTI (1973; D: George Lucas, Gloria Katz, Willard Huyck; R: George Lucas)

DINER (American Diner; 1982; D+R: Barry Levinson)

Autobiografie einer Nation

Die Drehbucharbeit im Kollektiv beginnt nicht von ungefähr mit dem Ende des Krieges. Sie ist eine Errungenschaft und zugleich Repräsentation der Demokratie. Ihr Aufkommen ist eng verbunden mit dem Mythos der *Resistenza*, der im italienischen Kino stets als Synonym der Demokratie betrachtet wird und bei dem die Nazis zugleich auch für ein altes Italien stehen, das überwunden werden soll. Age definierte das Nachkriegskino als eines, das sich immer als Opposition zur Macht versteht.

Während sich beispielsweise der moderne französische Film weitgehend der Schilderung authentischer individueller Erfahrungen verpflichtet fühlt – man geht nicht ganz fehl, wenn man die Nouvelle Vague als Beginn des autobiografischen Erzählens im Kino bezeichnet –, übernimmt der italienische ein ungleich entschiedeneres politisches Mandat. Die Anfangssequenz von SENSO demonstriert, welch aufrührerische Zuständigkeit der Kunst zugesprochen wird. Eine Aufführung von Giuseppe Verdis *Il Trovatore* (*Der Troubadour*) löst 1866, in den letzten Monaten der österreichischen Besatzung Venetiens, im Theatersaal eine patriotische Demonstration aus: Inspiriert vom Chor, der »All'armi, all'armi!« – »zu den Waffen, zu den Waffen!« – fordert, werfen Nationalisten Flugblätter von den Rängen. Bald ertönen Rufe, die fremden Besatzer endlich zu vertreiben, und Fahnen mit den italienischen Nationalfarben werden entrollt. Es fällt nicht schwer, die Szene als ein Gleichnis zu lesen, bei dem die Oper für die Streitbarkeit des Kinos steht.

Die großen Szenaristen Italiens schrieben Drehbücher auch aus staatsbürgerlicher Leidenschaft. Sie trugen bei zur Geschichtsschreibung ihres Landes, wählten dafür allerdings selten eine ausgreifend

SENSO (Sehnsucht; 1954; D: Siso Cecchi D'Amico, Giorgio Bassani, Luchino Visconti, Carlo Allianello, nach einer Erzählung von Camillo Boito; Mitarbeit an den Dialogen: Paul Bowles, Tennessee Williams; R: Luchino Visconti)

Giuseppe Verdi: *Il Trovatore* (1853)

IL GATTOPARDO (Der Leopard; 1963; D: Suso Cecchi D'Amico, Pasquale Festa Campanile, Massimo Franciosa, Enrico Medioli, Luchino Visconti, nach dem Roman von Giuseppe Tomasi di Lampedusa; R: Luchino Visconti)

I COMPAGNI (Die Peitsche im Genick; 1963; D: Age & Scarpelli, Mario Monicelli, unter Mitarbeit von Suso Cecchi D'Amico; R: Mario Monicelli)

LA GRANDE GUERRA (Man nannte es den großen Krieg; 1959; D: Age & Scarpelli, Luciano Vincenzoni, Mario Monicelli, nach einer Idee von Age & Scarpelli; R: Mario Monicelli)

TUTTI A CASA (Der Weg zurück; 1960; D: Age & Scarpelli, Marcello Fondato, Luigi Comencini, nach einer Idee von Age & Scarpelli; R: Luigi Comencini)

UNA VITA DIFFICILE (1961; D: Rodolfo Sonego; R: Dino Risi)

epische Form. (IL GATTOPARDO ist, weil an der Horizontalen ausgerichtet, eines der merkwürdigsten Leinwandepen der 1960er Jahre: Seine Triebfeder ist das Zögern.) Age & Scarpelli haben entscheidende Wegmarken in den Blick genommen: I COMPAGNI handelt vom Aufstand der Turiner Weber am Ende des 19. Jahrhunderts, der vielen Historikern als eigentliche Geburtsstunde des modernen Italien gilt; in LA GRANDE GUERRA verhandeln sie die Widersprüchlichkeit sozialer Mechanismen an der Front des Ersten Weltkriegs; im Mittelpunkt von TUTTI A CASA steht ein Unteroffizier, der nach einem zeitweiligen Waffenstillstand orientierungslos ist, sich am Ende aber in Neapel dem Kampf gegen die Nazis anschließt.

Allen drei Filmen ist gemeinsam, dass sie in die realistische Schilderung blutiger Ereignisse beharrlich komödiantische Elemente einfließen lassen. Die *commedia all'italiana* ist im Grunde das Übergenre des italienischen Nachkriegsfilms. Sie infiziert sämtliche anderen Gattungen (die einzigen Filmemacher, die weitgehend gegen sie immun blieben, sind Antonioni, Bernardo Bertolucci und Marco Bellocchio) und schafft in ihnen eine eigentümliche Fallhöhe, indem sie das Tragikomische jäh ins Tragische umkippen lässt. Von der dogmatischen Filmkritik als Verrat am Neorealismus verleumdet (nicht zuletzt in Westdeutschland, während sie in der DDR kurioserweise als volkstümliche Alternative zum Hollywoodkino geschätzt wurde), ist sie doch dessen böse lächelnde Fortsetzung. Ihre charakteristische Vermischung disparater Erzähltöne beginnt bereits mit ROMA, CITTÀ APERTA. Die Erzählhaltung des ersten Teils ist staunenswert gelassen. Die Mühen des Alltags unter der deutschen Besatzung schildert Sergio Amidei in geradezu entspanntem Plauderton. Er trägt dem Umstand Rechnung, dass die Hauptdarsteller Anna Magnani und Aldo Fabrizi dem Publikum damals vor allem als Komödiendarsteller bekannt waren (vor allem Letzteren stattet er in der Rolle des wehrhaften Priesters mit viel Mutterwitz und Selbstironie aus). Er nimmt sich auch die Zeit, einen Nebenstrang zu entwickeln, in dem sich Kinder zu einer Widerstandsgruppe zusammenfinden, deren erste Anschlagsversuche dann allerdings tragische Folgen haben.

Mit dem Niedergang des Neorealismus in den 1950er Jahren kommt den Drehbuchautoren das Selbstverständnis einer kritischen Zeitgenossenschaft keineswegs abhanden. Weiterhin wird die Handlung in ihren Büchern vorangetrieben von den Konsequenzen, die das alltägliche Handeln hat. Die große, übergeordnete Historie wird heruntergebrochen auf die private Erfahrung. In UNA VITA DIFFICILE folgt Rodolfo Sonego beispielhaft dem Werdegang eines ehemaligen Widerstandskämpfers, der in den Zeitläuften Mühe hat, an seinen einstigen Idealen festzuhalten. Seine Geschichte entwickelt Sonego

Lea Massari und Alberto Sordi in UNA VITA DIFFICILE

entlang der historischen Wegmarken – des Referendums über die Wiedereinführung der Monarchie, des Attentats auf den Kommunistenführer Palmiro Togliatti, des Siegeszugs der Democrazia Italiana –, um sie schließlich in die moralischen Kompromisse des Wirtschaftsbooms münden zu lassen. Auf dessen Höhepunkt in den frühen 1960er Jahren erreicht auch die italienische Komödie ihren Gipfel, indem sie Schlaglichter auf die Risse in der Fassade der Gesellschaft wirft und das Unbehagen spiegelt, das dem geisterhaft raschen gesellschaftlichen Wandel innewohnt.

Eine Topografie der Unversöhnlichkeit

In SEDOTTA E ABBONDANOTA, einer fulminanten Farce über sizilianische Doppelmoral, lassen Age & Scarpelli und ihre Co-Autoren Luciano Vincenzoni und Pietro Germi bisweilen einen Polizeioffizier aus dem Norden auftauchen, der für die Handlung eigentlich unerheblich ist, aber eine willkommene Außenperspektive repräsentiert. Er fühlt sich deplatziert an seiner neuen Dienststelle. Längst hat er den Versuch aufgegeben, diese fremde Welt zu verstehen. Sie gehorcht ohnehin anderen Regeln als denen, die im Gesetzbuch stehen. Wenn sein junger Untergebener, der ebenfalls aus dem Norden stammt, eine Frage hat, bescheidet er ihm regelmäßig: »Das kannst du nicht verstehen, das ist alles eine Frage der Ehre.« In seinen Mußestunden

SEDOTTA E ABBONDANOTA (Verführung auf italienisch; 1964; D: Age & Scarpelli, Luciano Vincenzoni, Pietro Germi; R: Pietro Germi)

schaut der Polizeichef oft verdrossen auf die Karte Italiens, die in seinem Büro hängt; zunächst wortlos – eine gute Pointe will vorbereitet, ihre Möglichkeiten wollen umkreist sein –, bis er eines Tages einen Entschluss fasst: Er tritt an sie heran, verdeckt mit seiner Hand Sizilien und stellt zufrieden fest: »Viel besser so!«

Das Mandat, Chronist des eigenen Landes zu sein, führt italienische Drehbuchautoren auf ein heikles Terrain: die Geografie. Wer die nationale Identität abbilden will, kann an Disparatheit, Widersprüchen und Unvereinbarkeiten nicht vorbeischauen. Die regionalen Gegensätze scheinen unüberbrückbar. Es gehört zur Folklore, dass der Norden vor dem Mezzogiorno verschont bleiben will und umgekehrt. Das Nord-Süd-Gefälle ist Thema vieler Bücher von Age & Scarpelli. Darin übernehmen sie stets die Rolle des Vermittlers: zwischen Vorurteilen, Schadenfreude und Neugierde. Im Mittelpunkt von MAFIOSO steht ein Sizilianer, der den Ehrgeiz hat zu beweisen, dass ein Facharbeiter aus dem Süden ebenso kompetent sein kann wie einer aus Turin oder Mailand. Als er mit der Familie zum ersten Mal Urlaub in seiner Heimat machen will, ist das für seinen Milaneser Schwiegervater gleichbedeutend mit einer Expedition ins tiefste Afrika: Er verlangt, dass sie sich gegen Typhus impfen lassen. In Sizilien angekommen, gerät der Held immer mehr in den Bann seiner alten Heimat. Sie übt einen geradezu erotischen Zauber auf ihn aus, entfremdet ihn von seiner Frau und lässt ihn am Ende gar zum Mörder im Auftrag der Mafia werden. Wie im amerikanischen Western geht es bei dem merkwürdigen Gebilde, das Italien darstellt, immer um Stammeszugehörigkeit.

Die Verbundenheit mit geografischen und kulturellen Wurzeln dient den Autoren aber zugleich als Mittel, um Figuren zu charakterisieren. Filme, die in Rom spielen, werden meist von lauter Zugewanderten bevölkert. UN MALEDETTO IMBROGLIO ist ein gleichsam linguistischer Kriminalfilm, in dem Herkunft und Mundart der Verdächtigen den ermittelnden Kommissar auf die entscheidende Spur bringen. Die Vielgestaltigkeit Italiens fasziniert die Drehbuchautoren vor allem als Sprachgewirr. (Die Untertitel für Hörgeschädigte auf italienischen DVDs vermerken oft akribisch, in welchem Dialekt gerade gesprochen wird.) Der Spracherwerb oder dessen Verhinderung – wobei der Analphabetismus vergleichsweise selten als Zielscheibe für Spott dient – ist ein zentrales Motiv ihrer Arbeit. Zavattini schrieb Dialoge zunächst in der regionalen Mundart der jeweiligen Figur, bevor er sie ins Italienische übersetzte, das ihm freilich immer eine Spur zu synthetisch und lebensfern erschien. Er erinnerte sich nur allzu gut an die Zeit des Faschismus, als der Gebrauch von Dialekt in der Literatur und im Kino verboten war.

MAFIOSO (1962; D: Age & Scarpelli, Rafael Azcona, Marco Ferreri, nach einer Geschichte von Bruno Caruso; R: Alberto Lattuada)

UN MALEDETTO IMBROGLIO (Unter glatter Haut; 1959; D: Alfredo Giannetti, Ennio de Concini, Pietro Germi, nach einem Roman von Carlo E. Gadda; R: Pietro Germi)

Concordia

Wenn man ein Ende für die Geschichte der italienischen Drehbuchtradition sucht, wählt man als Schauplatz dafür am besten ein Caféhaus. Das berühmteste war das *Otello della concordia* in der Via della Croce. Es liegt ein wenig versteckt inmitten der Nepplokale für Touristen nahe der Piazza di Spagna. Aber Eingeweihte kennen den Weg. Traditionell treffen sich hier die Filmleute zum Plaudern, Intrigieren, Pläneschmieden und sogar zum Arbeiten. Hier spielt eine der schönsten Anekdoten der Filmgeschichte.

Der Regisseur Mario Monicelli, der meinte, dass die Ehe das Ende der Kreativität ist, weil man nicht mehr ins Café geht, lud hierhin seine Drehbuchautoren zum Essen ein, wenn ein Film fertig oder ein Projekt endgültig gescheitert war. Wenn aus einem Film nichts wurde, erstattete er den Autoren regelmäßig ihre Ideen zurück. Zu einem sagte er: »Du hast diese Szene geschrieben und kannst sie beliebig in einem anderen Buch verwenden.« Und zu einem anderen: »Von dir stammt diese Replik, vielleicht passt sie in deinen nächsten Film. Nimm sie dir!« Es soll selten Streit bei diesen Abendessen gegeben haben.

Federico Fellini, Leopoldo Trieste, Tullio Pinelli

Die Wertschätzung, die Monicelli den Autoren erwies, war keine Ausnahme. In Italien wird der Drehbuchautor seit jeher viel selbstverständlicher als der Urheber eines Films angesehen als beispielsweise in Frankreich. Die Frage nach seinem jeweiligen Beitrag ist in einer Kinematografie, die in der Regel keine Autoren, sondern nur Co-Autoren kennt, freilich schwer zu beantworten. Man ist auf die Erinnerungen der Beteiligten angewiesen (die oft von staunenswerter Langlebigkeit waren: Age & Scarpelli und Tullio Pinelli, die Regisseure Monicelli, Emmer und Dino Risi sind erst im letzten Jahrzehnt verstorben). Der Regisseur Alberto Lattuada beispielsweise konnte die Eröffnungsszene seiner Gogol-Verfilmung IL CAPPOTTO – in der ein kleiner Amtsschreiber sich die Hände am Atem eines Pferdes wärmt – eindeutig Luigi Malerba zuschreiben.

Pietro Germi

Darüber hinaus ist man auf Mutmaßungen angewiesen. Ob der Schluss von IL CAPPOTTO wirklich aus der Feder von Cesare Zavattini stammt, wird womöglich ein Rätsel bleiben. Ihr Flair des Märchenhaften – der Amtsschreiber kehrt nach seinem Tod als Geist zurück und sucht nachts die Passanten heim, um herauszufinden, ob sie seinen gestohlenen Mantel tragen – passt zu dem fantasievollen Zug seines Werks, der sich auch in MIRACOLO A MILANO und in seinen Kurzgeschichten zeigt. Aber welcher Autor tut seinen Exegeten schon den Gefallen, immer nur Einfälle zu haben, die seinem Stil entsprechen?

IL CAPPOTTO (1952; D: Cesare Zavattini, Leonardo Sinisgalli, Giorgio Prosperi, Luigi Malerba, Giordano Corsi, Enzo Currelli, nach einer Novelle von Nikolai Gogol; R: Alberto Lattuada)

MIRACOLO A MILANO (Das Wunder von Mailand; 1951; D: Cesare Zavattini, Vittorio de Sica, nach einem Roman von Zavattini, Mitarbeit: Mario Chiari, Adolfo Franci, Suso Cecchi D'Amico; R: Vittorio De Sica)

Scenario

Lesezeichen

Lesezeichen

Seifenblasen. Kurt Tucholsky und das Kino

Kurt Tucholsky: *Gesamtausgabe. Texte und Briefe.* Hg. von Antje Bonitz, Dirk Grathoff, Michael Hepp, Gerhard Kariker. 22 Bde. Reinbek bei Hamburg: Rowohlt 1996–2011.
Kurt Tucholsky: *Seifenblasen. Ein Spiel.* In: K.T.: *Gesamtausgabe. Texte und Briefe.* Bd. 15. Hg. von Antje Bonitz. Reinbek bei Hamburg: Rowoht 2011. S. 401–462, 79,95 Euro.

Kurt Tucholsky

Ein Cineast war er nicht, aber Kurt Tucholsky hat als kritischer Zeitgenosse einige Artikel publiziert, ohne die keine Sozialgeschichte des Kinos auskommt. 1913, als sich noch niemand traute, darüber zu sprechen, geschweige denn darüber zu schreiben, schilderte er in der *Schaubühne*, dem Vorläuferorgan der *Weltbühne*, eine Filmvorstellung für reifere Herren: »Erotische Films« mit so verheißungsvollen Titeln wie KLOSTERGEHEIMNISSE, ANNAS NEBENBERUF, DIE FRAU DES HAUPTMANNS oder SZENE IM HAREM. »Nun, ich war enttäuscht, immerhin ... Ich war hierher gekommen, um etwas recht Unanständiges zu sehen, ein dicker Freund hatte mich mitgenommen.« Blutrünstige und unmoralische Streifen ließ er sich andernorts vorführen: im Berliner Polizeipräsidium. Hier wirkte die Zensur, prüfte alle Novitäten und verbot oder versah mit Schnitten alles, was den Herren bedenklich erschien. Gewiss, Missgriffe würden vorkommen, schreibt Tucholsky in der *Schaubühne*, lobt aber doch die segensreiche Tätigkeit der Beamten – die Institution der staatlichen Filmzensur wird von ihm 1913 noch nicht infrage gestellt.

In den Kindertagen des Films bestanden Kinovorstellungen aus einem Potpourri von belanglosen Kurzfilmchen. »Und das scheint die einzige Form zu sein, in der das Kino zu ertragen ist: drei Minuten, Parodie, Groteske, übermenschliche Handbewegungen, ein lächelnder Mund, aber kein gesprochenes Wort, Freude, Versuch, Hoffnung, Glück, Fall, Bums, Niederlage, Hühneraugen. Drei Minuten.« Als die erste Euphorie über die bewegten Bilder sich legte, konstatierte Tucholsky voller Genugtuung: »Es ist soweit. Es war ja von je unbegreiflich, wie verständige Menschen sich einen ganzen Abend lang so langweilen ließen. Daß sie sich anöden ließen: Lieschen hat ihre Unschuld und ihr Taschentuch verloren ... Die Grundsteinlegung Kaiser Franz Josephs ... Der rauchende Bernhardiner ... Wenn die Not am größten, ist Asta Nielsen am nächsten ...«

Nachzulesen sind diese offenkundige Fehleinschätzung und andere Irrtümer in der vor 15 Jahren begonnenen und nun zum Abschluss gekommenen *Gesamtausgabe*: 15 Textbände, sechs Bände Briefe, dazu ein Registerband. Anfangs ist man irritiert: eine historisch-kritische Werkausgabe für einen Autor, der hauptsächlich für den Tag schrieb, Gebrauchslyrik und politische Wortmeldungen, Chansons, Feuilletons und Rezensionen von Büchern, die keiner mehr kennt? Will man *Schloß Gripsholm* mit Zeilenzählung und Erläuterungen im Anhang lesen? Jede Formulierung, die er in seinem Notizbuch, dem »Sudelbuch«, festhielt, jeder Einfall, jeder »Schnipsel« nun gedruckt und kommentiert in Leinenbänden, versehen mit zwei Lesebändchen (eins für den Hauptteil, eins für den Anmerkungsapparat). Und doch: Da dachten wir, unseren Tucho zu kennen, und entdecken neue Seiten. Auch ein Registerband, in diesem Fall 1.337 Seiten stark, kann eine anregende Lektüre sein. Denn es gibt nicht nur ein Personenverzeichnis – wo man rasch erkennt, dass der Schriftsteller Chaplin-Fan war, aber stets skeptisch gegenüber Lubitsch blieb –, sondern auch ein Sachregister, das akribisch auflistet, wo und wann sich Tucholsky zum Thema Film und Filmindustrie geäußert hat.

Er war kein leidenschaftlicher Kinogänger, auch kein kontinuierlicher Beobachter der deutschen Filmszene, schon weil er in den letzten Jahren der Weimarer Republik sich meistens im Ausland aufhielt. Im Januar 1929, die Tonfilmrevolution warf ihre Schatten voraus, fragte die Zeitschrift *Tempo* ihren Pariser Korrespondenten: »In einem Kino an der Madeleine läuft ein Tonfilm. Möchten Sie nicht mal ...?« Tucholskys Antwort: »In einem Kino an der Madeleine läuft ein Tonfilm. Lassen Sie ihn laufen.« Er tat der Redaktion dann doch den Gefallen, sah sich den Film an und kam mit einem vernichtenden Urteil zurück: »Wenn das so weitergeht, werden wir im Kino ziemlich Scheußliches erleben.«

Doch auch der streitbare Publizist und politische Denker erlag dem Faszinosum Kino. »Abends ging ich hin. Ich habe eine alte, tief eingewurzelte Liebe zum Kitsch. Es war hinreißend. Aus dem Programmheft ging hervor, daß dieser Film auch einen Inhalt hat – ich habe gar nicht darauf geachtet«, bekannte er in der Glosse *Deutsche Kinodämmerung?*. »Wenn wir romantisch wollen, jehn wa in Kino«, nach diesem Motto schickte er seine Helden in den Kintopp, Claire und Wölfchen im Roman *Rheinsberg* ebenso wie das pausenlos plappernde Lottchen in den gleichnamigen Feuilletons. Kino war Traumwelt, eine schöne Illusion für eineinhalb Stunden – wie es mit der Liebe im Alltag weiterging, darüber schrieb Tucho ein oft zitiertes Gedicht: »Es wird nach dem happy end / im Film jewöhnlich abjeblendt ...«

Hollywood zog er dem einheimischen Kitsch vor: »Lieber noch eine gute amerikanische Trickmittelmäßigkeit als unsern horribeln Kram von vermanschter Literatur und schlechtem Kino.« Zumal die deutschen Filme direkt oder auch verschleiert mit Ideologie und rechter Propaganda befrachtet waren. Im Kulturkampf der Weimarer Republik, der auch im Kino ausgefochten wurde, engagierte sich der Linksintellektuelle, wie nicht anders zu erwarten: gegen die Zensur und ihre politisch motivierten Verbote, für eine Filmkunst, die nicht verlogen, sondern der Wahrheit verpflichtet ist. Für den nationalistischen FREDERICUS REX-Streifen hatte er nur Hohn und Spott übrig: »Zweitausend Meter lang ist der Quark – / und jeder Parkettplatz, der kostet sechzehn Mark.« Im Übrigen machte sich Tucholsky keinerlei Illusionen über die Branche: »Konfektion und Kino haben eine innere Verwandtschaft. Maßgebend ist für alle eines: der Erfolg.« Kunst und Kommerz gehen selten zusammen, da half es auch nichts, sich einen berühmten Namen einzukaufen. »Diese Kapitalisten können einem leid tun. Nun geben sie all das viele Geld aus, und es wird doch nichts«, spottete Tucholsky über den ATLANTIS-Film, für den Dichterfürst Gerhart Hauptmann seinen Namen hergab. »Zur Ausbildung einer neuen Form gehören Experimente«, wusste Tucholsky und fragte: »Wo gibt es das in der Film-Industrie?« Einem Meisterwerk der Filmkunst wie DAS CABINET DES DR. CALIGARI zollte natürlich auch Tucholsky Anerkennung, doch konnte er sich nicht die Pointe verkneifen: »Die größte aller Seltenheiten: ein guter Film.«

ATLANTIS (1913; D: Axel Garde, Karl-Ludwig Schröder, nach dem Roman von Gerhart Hauptmann; R: August Blom)

DAS CABINET DES DR. CALIGARI (1920; D: Hans Janowitz, Carl Meyer; R: Robert Wiene)

»Der Filmautor ist im Vergleich zum Regisseur und zum Darsteller meist ein armes Luder. Er wird mit kleinen festen Honoraren abgespeist«, konstatierte er 1920. Ein Jahrzehnt später wandte sich die Ufa an die literarischen Autoren und forderte sie zur Mitarbeit auf. Als Ignaz Wrobel, eines seiner Pseudonyme, glossierte Tucholsky, was den Dichter bei den Babelsberger Filmgewaltigen erwarte: »Oberregisseure, Regisseure, Hilfsregisseure und Dramaturgen, Generaldirektoren, Direktoren und Produktionsleiter werden so viel und so lange in seine Arbeit hineinreden, bis sie wiederum aufs Haar genau dem gleicht, was man dort schon immer hergestellt hat.« Er hatte den nicht unbegründeten Verdacht: »Sie wollen einen Film mit meinem Namen und mit dem Inhalt von der Courths-Mahler.«

Die Einsicht des Ignaz Wrobel hinderte Peter Panter nicht daran, einen Drehbuchauftrag anzunehmen. Wider besseres Wissen ließ Tucholsky sich kurze Zeit nach der Polemik gegen die Ufa mit der Filmindustrie ein. Nicht für den Babelsberger Konzern, sondern für die unabhängige Produktionsfirma Nero-Film und nach einer Idee ihres Regisseurs G.W. Pabst verfasste er 1931 ein Filmskript: *Seifenblasen*. Das Typoskript schlummerte ungedruckt im Nachlass; 80 Jahre nach der Entstehung – von den Herausgebern fälschlich als »Filmexposé« bezeichnet, dabei handelt es sich um eine komplette erste Drehbuchfassung – ist es jetzt im Abschlussband der Werkausgabe erstmals veröffentlicht worden.

»Hänschen klein / ging allein / wollte gern Gretchen sein ...« Im Prolog sieht man Kinder, die mit Puppen spielen, genauer: sie an- und ausziehen, ständig die Kleider vertauschen. Dann beginnt das Spiel: Barbara, als Aushilfe engagiertes Nummerngirl in einer Revue, macht bei der Konkurrenz Karriere: als Damenimitator. Die Frau, die sich als Mann ausgibt, der als Frau auftritt – das Spiel mit der doppelten Täuschung führt zu verwickelten Liebesaffären, deren erotischer Witz bei Tucholsky nie zur Frivolität oder gar zur Zote gerät. Die Story – mit Erpressung, Entführung und dem unvermeidlichen Happy End – mag nicht sonderlich originell sein, aber die amourösen Kapriolen, die Männer wie Frauen im Bannkreis von Barbara schlagen, sind veritable Kunststücke. Das Milieu, das Nachtleben in den Bars und Varietés der Roaring Twenties, gibt dem Autor Gelegenheit, eine ganze Reihe von Chansons einzublenden. »Wie oft hab ich mir schon geschworen: / Ich hau dem Jungen hinter die Ohren.« Das Thema ist natürlich die Liebe, und ein gut gelaunter Tucholsky scheut keinen unsauberen Reim: »Über kleine Schwächen / soll der Mann nicht sprechen.«

Die (von Pabst vorgegebene) Prämisse lag offenbar in der Luft; zwei Jahre später wird Reinhold Schünzel sie für seinen Film VIKTOR UND VIKTORIA nutzen. Das Spiel mit den sexuellen Identitäten generiert quasi von selbst Situationskomik, und dass ein Tucholsky witzige Dialoge schreiben kann, ist ebenfalls keine Überraschung. Der Ehrgeiz des Drehbuchautors richtete sich darauf, Szenen durch Bilder zu kommentieren. Wenn anfangs die arbeitslose Barbara auf der Parkbank sitzt, in der Zeitung Stellenanzeigen und andere Angebote (»Suche für meinen Freund eine Gattin, die ihm Lebensgefährtin, Sonnenschein und Mutter seiner acht Kinder sein kann. Goldner Lebenshumor Vorbedingung. Aktaufnahmen erwünscht«) studiert, streiten sich die Spatzen vor ihren Füßen um die Krümel; nachdem sie die Zeitung zerknüllt und weggeworfen hat, kommt ein Köter, beschnuppert das Blatt und hebt ein Bein. Solche Einfälle wirkten schon damals antiquiert, ein Überbleibsel aus Stummfilm-Zeiten. Originell dagegen ist Tucholsky in dem Bemühen, in dem noch kaum etablierten Tonfilm Talking Heads weitgehend zu vermeiden. Ein Beispiel dafür ist das Bild der kommunizierenden Röhren in Szene 33: Arbeiter in einer Baugrube sind mit Telefonkabeln beschäftigt. Sie machen Mittagspause, »da beginnen die Kabel zu sprechen; ein Stimmengewirr ist zu hören«. Erst versteht man nichts, dann wird klar, dass drei Paare sich zu einem heimlichen Rendezvous verabreden – am selben Ort, ohne voneinander zu wissen. »Und dann steigt wieder der Bauarbeiter in die Grube, spuckt einmal kräftig aus und beginnt mit seiner Arbeit, und nun hören wir gar nichts mehr.«

VIKTOR UND VIKTORIA (1933; D+R: Reinhold Schünzel)

Die Ankündigung, dass der bekannte Autor ein Drehbuch schreibt, wurde überall in der Branchenpresse vermeldet. Im Juli 1931 war zu lesen, Ladislaus Vajda sei als Dramaturg nach London zu Tucholsky gereist, um mit ihm am Drehbuch zu arbeiten. Dann wurde es still um das Projekt – realisiert wurde *Seifenblasen* nicht. In einem Brief teilte Tucholsky dem befreundeten Schauspieler Emil Jannings mit, sein Filmskript sei fertig, und nun müsse die Produktionsfirma die Abgaberate, »den zweiten Zaster«, zahlen: »Hopfentlich kriege ich ihm.« Ob er sein Geld bekommen hat, ist nicht bekannt. Wahrscheinlich nicht, denn zwei Monate später, im November 1931, veröffentlichte Tucholsky in der *Weltbühne* folgenden »Schnipsel«: »Es war einmal ein Vertrag zwischen einer Filmgesellschaft und einem Autor, der wurde von der Gesellschaft anständig und sauber erfüllt. Das war kurz vor Erfindung der Photographie.«

Über »Eingeschlafene Filme« informierte der *Film-Kurier* im August 1932 die Branchenöffentlichkeit und kam dabei auch auf das *Seifenblasen*-Projekt zu sprechen: »Zwar wird ein Film nach dem Artikel von Kurt Tucholsky *Wie kommen die Löcher in den Käse?* angezeigt, aber der echte Tucholsky bleibt noch ungedreht.« (In der erwähnten Verfilmung von Tucholskys Feuilleton, einem Kurzfilm von Erich Waschneck, wirkte Hans Albrecht Löhr mit, jener Junge, der den »Kleinen Dienstag« in EMIL UND DIE DETEKTIVE spielte und über den Dorothee Schön in *Scenario 4* schrieb.) Der Artikel schloss mit einer unverhohlenen Aufforderung an Produzenten, sich des gescheiterten Projekts anzunehmen: »Pabst verließ die Nero – das Drehbuch ist frei; und man sollte sich wirklich nicht die Gelegenheit nehmen lassen, einen so im Grunde gegen den Film eingestellten Autor zur praktischen Arbeit heranzuziehen.«

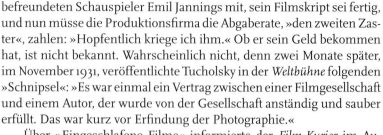

EMIL UND DIE DETEKTIVE
(1931; D: Billie Wilder, Gerhard Lamprecht; R: Gerhard Lamprecht)

Ob ein Produzent diese Anregung aufgegriffen und noch einen Versuch unternommen hat? Eingemeinden von der Branche ließ sich Tucholsky jedenfalls nicht. Zum Jahreswechsel 1931/32 startete die *Licht-Bild-Bühne* eine Umfrage: »Erkennen Sie im Tonfilm die Möglichkeit, Ausdrucksmittel dichterischer Mitteilung zu werden?« Tucholskys Antwort war negativ: »Man stelle sich einen Roman vor, der nach dem Ungeschmack eines beamteten Gremiums abgeändert wird. ›Hier in der Schluß-Szene darf der Held seine schwangere Geliebte nicht verlassen‹ – man male sich das im einzelnen aus, und man wird einsehen, daß so nichts entstehen kann als Gebrauchsware. Mit Kunst hat das wenig zu tun.« So mancher Drehbuchautor heutzutage, der aus der Buchbesprechung mit Produzent, Redakteur, Verleiher und Sendergewaltigem kommt, kann da nur zustimmend nicken.

Michael Töteberg

James Wood

Wie Literatur wirkt

James Wood: *Die Kunst des Erzählens*. Aus dem Englischen von Imma Klemm unter Mitwirkung von Barbara Hofmeister; mit einem Vorwort von Daniel Kehlmann; Reinbek bei Hamburg: Rowohlt 2011, 237 S., Euro 19,95.

In diesem klugen und gut geschriebenen Buch geht es an einer Stelle um eine veritable Kinogeschichte. Unter dem Stichwort »Anteilnahme und

Komplexität« erzählt der Autor, dass und wie der Kommunalpräsident eines schwierigen und einwohnerreichen Bezirks von Mexico City 2006 aus seinen Polizisten nicht nur noch bessere Polizisten, sondern vor allem »bessere Bürger«, also bessere Menschen machen wollte. Programmatisch ließ er deswegen Leselisten verteilen. Auf denen fanden sich »*Don Quichote*, Juan Rulfos schöner kleiner Roman *Pedro Páramo*, Octavio Paz' Essay über die mexikanische Literatur *Das Labyrinth der Einsamkeit*, García Márquez *Hundert Jahre Einsamkeit* sowie Werke von Carlos Fuentes, Antoine de Saint-Exupéry, Agatha Christie und Edgar Allan Poe.« Der Polizeichef des Ortes war von der Wirkung dieser Maßnahme überzeugt. Durch die Lektüre würde nicht nur der Wortschatz der Polizisten erweitert, sie könnten auch ungeahnte Erfahrungen, vor allem aber einen moralischen Nutzen aus den Büchern ziehen und auf diese Weise zu tieferen Überzeugungen gelangen: »Die Begegnung mit der Literatur wird unsere Polizisten noch stärker an die Werte binden, auf deren Verteidigung sie ihren Eid geschworen haben.« Leider erfährt man nicht, wie das Experiment ausgegangen ist, ob sich die mexikanischen Polizisten verbessern konnten durch die Lektüre. Ein lohnender Kinostoff: wie Literatur die Polizeiarbeit verändert.

Im Original ist der Titel dieses Buchs doppeldeutig: *How Fiction Works*. Das meint ja nicht nur, wie funktioniert Erzählen, sondern vor allem auch, was macht das Erzählte mit uns, mit den Lesern. James Wood, Literaturkritiker und Literaturprofessor in Harvard, schreibt über das Erzählen und das Erzählte in der Rolle eines leidenschaftlichen, der Literatur verfallenen und auf sie zählenden Lesers. In diesem Sinn stellt er entscheidende Fragen: »Gibt es so etwas wie Realismus? Was verstehen wir unter einer gelungenen Metapher? Was ist eine Figur? Woran erkennen wir eine meisterhafte Verwendung von Details im Roman? Was ist Erzählperspektive und wie wirkt sie? Was ist imaginative Anteilnahme? Warum rührt uns Literatur?« Das sind natürlich keine neuen literaturwissenschaftlichen Fragen, aber James Wood breitet seine Antworten vor uns aus, indem er uns teilnehmen lässt sowohl an seiner empathischen Lektüre als auch an seinem geschulten Kritikerblick. »Es hilft sehr gute Autoren bei ihren Fehlern zu beobachten«: John Updike etwa, der seinem jungen Helden in dem Roman *Terrorist* die eigenen schwergewichtigen Gedanken aufhalst, oder der hochgelobte David Foster Wallace, der allzu viele sprachliche Versatzstücke benutzt und damit über die Innenperspektive seiner Figuren brachial hinwegschreibt. Das findet James Wood öde, und man stimmt ihm sofort zu, froh darüber, das eigene Unbehagen an Wallace' Stil mit Wood belegen zu können.

Es geht in der Literatur (und auch im Film, im Drehbuch) darum, die »Wahrnehmungen und die Sprache des Autors mit den Wahrnehmungen und der Sprache der Figur in Einklang« zu bringen. James Wood liefert viele Beispiele dafür, dass und wie das gelingen kann. Flaubert und Tschechow

Miguel de Cervantes: *Don Quichote* (dtv 1997)

Juan Rulfo: *Pedro Páramo* (Suhrkamp 2010)

Octavio Paz: *Das Labyrinth der Einsamkeit* (Suhrkamp 1998)

Gabriel García Márquez: *Hundert Jahre Einsamkeit* (S. Fischer 2010)

John Updike: *Terrorist* (Rowohlt 2006)

Leo Tolstoi: *Anna Karenina* (dtv 1998)

Joseph Roth: *Radetzkymarsch* (2010)

James Joyce: *Die Toten / The Dead* (Bibliothek Suhrkamp 1976)

sind zwei seiner großen Gewährsleute oder Jane Austen, die nur wenige Worte braucht, um eine Figur vollständig zu erfassen. Es geht ums Detail – in der Literatur wie in jeder Kunst (und auch im Leben): Der Blick von Anna Karenina auf die Ohren ihres Mannes, als er sie am Bahnhof abholt, nachdem sie gerade Wronskij kennengelernt hat; der alte Diener, der auf dem Sterbelager versucht, die Hacken zusammenzuschlagen, als sein Hauptmann ihn noch einmal besucht in *Radetzkymarsch* von Joseph Roth; James Joyce, der am Ende eines Satzes in *Die Toten* plötzlich in die erlebte Rede fällt, um den kleinbürgerlichen Snobismus der beiden alten Tanten vorzuführen. »Anhand von Details stellen wir unseren Blick ein, machen wir unsere Eindrücke fest oder erinnern wir uns.«

Der Autor doziert nicht, fällt keine apodiktischen Urteile, stülpt keine Theorie über seine Lektüren und Analysen. Er beschreibt, was er liest, und weist nach, warum der eine Autor ein besserer Stilist ist als der andere. Er betont aber auch, wie schwer es ist, eine fiktive Figur zu erschaffen. Edith Wahrton hat betont, Menschen seien wie Grundstücke anderer Leute: »Wir kennen nur das von ihnen, was an unser eigenes Gelände stößt.« Diese Grenze zu überschreiten, das gelingt im besten Fall einem Autor – oder

L'ECLISSE (Liebe 1962; 1962; D: Michelangelo Antonioni, Tonino Guerra, Elio Bartolini, Ottiero Ottieri; R: Michelangelo Antonioni)

einem Regisseur wie Michelangelo Antonioni, der (diese Szene beschreibt Wood genau) in L'ECLISSE einen dicken Mann aufmerksam beobachtet – und unsere Erwartungshaltung dann grandios enttäuscht.

Nach der Lektüre dieses Buchs lesen wir aufmerksamer, schauen genauer hin, wie Figuren aufeinandertreffen und wie gute Dialoge funktionieren – und verabscheuen eine heute weit verbreitete Art des Umgangs mit Literatur: die Leserrezensionen im Netz und ihre »grassierende Seuche des Nettseins«.

Manuela Reichart

Ausflüge ins Labyrinth des Erzählens

Michaela Krützen: *Dramaturgien des Films. Das etwas andere Hollywood.* Frankfurt/Main: Fischer 2010, 624 S., 24,95 Euro.

Michaela Krützen

Wer 2009 in Michaela Krützens Büro trat – damals noch im alten HFF-Gebäude in München Giesing –, sah an der Schrankwand ein Blatt hängen: die Kapitelaufteilung dieses Buches als Wegstrecke und Zeitplan. Man konnte bewundern, wie hier sukzessive jedes Kapitel mit einem Häkchen versehen wurde. Schreiben ohne Struktur – das predigen Drehbuchratgeber – sei wie ein Tauchgang ohne Echolot, eine Überfahrt ohne Kompass, eine Reise ohne Karte. Wer Ziel, Wege und Kreuzungen nicht kennt, wird sich im Gestrüpp hinter den Gleisen verirren. Ein Doppeltes ist gemeint: der Plan für den Schreibprozess genauso wie für die Geschichte. Doch während das Selbstmanagement beim Schreiben individuelle Aufgabe bleibt, wird im Plot-Design gerne auf Standards vertraut. Die Old School baut bekanntlich auf das Paradigma von drei Akten, zwei Plot-Points und der Bewährung des Helden in einer anderen Welt, die New School auf Genre-Paradigmen und den moralischen oder emotionalen Entwicklungsbogen einer Figur.

Da wo sich Standards verfestigen, setzen clevere Erzähler seit den 1990er Jahren Hebel an, bauen Achsen um, versetzen Pfeiler und bringen das Ganze in neue Schwingungen. Michaela Krützens Buch *Dramaturgien des Films. Das etwas andere Hollywood* thematisiert jene Hollywoodfilme zwischen 1994 und 2004, die sich einer spielerischen Lust am vertrackten Erzählen hingeben. Es geht um Kontinuität und Variation und das Talent Hollywoods, Experimente aus dem Independent-Kino marktwirksam in die klassischen Erfolgskonzepte einzupassen, sprich: sich aus dem Fenster zu lehnen, ohne herauszufallen. Michaela Krützen hat dieses 600 Seiten starke Buch nicht nur nach einem genauen Zeitplan geschrieben, sondern auch dramaturgisch gegliedert. In drei »Akten« werden das Unzuverlässige Erzählen, das Nichtchronologische Erzählen und das Mehrsträngige Erzählen untersucht, eingerahmt von einem Prolog, der sich den Genre-Innovationen von MILLION DOLLAR BABY, und einem Epilog, der sich der narrativen Selbstreflexivität in ADAPTATION. widmet. Wie ein klassischer Film beginnt jedes Kapitel mit einer Exposition für das kognitive Rüstzeug, und wie eine Serienfolge enden die Teilkapitel mit aufgeworfenen Fragen als Cliffhanger. Das Buch ist verständlich, unterhaltsam und mit logischer Umsicht geschrieben.

Das Programm von Michaela Krützen heißt: entrümpeln, aufräumen, Komplexität freilegen. Sie bringt Ordnung in Phänomene filmischen Erzählens und dabei auch Ordnung in den filmwissenschaftlichen Diskurs. Seit ihrem vielbeachtetem Buch *Dramaturgien des Films: Wie Hollywood erzählt* (2003), dem die Abhandlung zur Typologie *Väter, Engel, Kannibalen. Figuren des Hollywoodkinos* (2007) folgte, ist es der Professorin für Kommunikations- und Medienwissenschaft gelungen, eine Marke zu etablieren. Cineasten und Studenten finden in diesen Büchern des Fischer-Verlags die (post)klassischen Erzählregeln Hollywoods anschaulich erklärt und lernen nebenbei die analytischen Begriffe kennen, die auf dem aktuellen Forschungsstand beruhen. Fachleuten kribbelt es bei ihrer neuen Monografie ab und an in den Fingern. Man möchte die ausführlichen Handlungsbeschreibungen oder bereits ausführlich erforschten Filme überblättern. Doch bringt gerade das genaue Sortieren der Details die konzise Zusammenschau hervor.

Die drei Kapitel bauen auf literaturwissenschaftlichen Konzepten auf, beginnend mit der *unrealiable narration* (Wayne Booth, Ansgar Nünning), einer Erzählung, die uns in ihrer Unzuverlässigkeit den Teppich des Wirklichen unter den Füßen wegzieht. Im Fokus stehen: THE SIXTH

André Georgi: *Old School – New School. Kleine Bestandsaufnahme der gegenwärtigen amerikanischen Filmdramaturgie.* In: Jochen Brunow (Hrsg.): *Scenario 2. Film- und Drehbuch-Almanach* (Bertz + Fischer 2008)

MILLION DOLLAR BABY (2004; D: Paul Haggis; R: Clint Eastwood)

ADAPTATION (Adaption; 2002; D: Charlie Kaufman; R: Spike Jonze)

Michaela Krützen: *Dramaturgien des Films: Wie Hollywood erzählt* (Fischer 2003)

Michaela Krützen: *Väter, Engel, Kannibalen. Figuren des Hollywoodkinos* (Fischer 2007)

THE SIXTH SENSE (1999; D+R: M. Night Shyamalan)

THE USUAL SUSPECTS (Die üblichen Verdächtigen; 1995; D: Christopher McQuarrie; R: Bryan Singer)

FIGHT CLUB (1999; D: Jim Uhls; R: David Fincher)

MULLHOLLAND DR. (Mulholland Drive; 2001, D+R: David Lynch)

DAS CABINET DES DR. CALIGARI (1920; D: Hans Janowitz, Carl Mayer; R: Robert Wiene)

STAGE FRIGHT (Die rote Lola; 1950; D: Whitfield Cook, Ranald MacDougall; R: Alfred Hitchcock)

RASHOMON (1950; D: Shinobu Hashimoto, Akira Kurosawa; R: Akira Kurosawa)

Fabienne Liptay / Yvonne Wolf (Hrsg.): *Was stimmt denn jetzt? Unzuverlässiges Erzählen in Literatur und Film* (Ed. Text + Kritik 2005)

Dominik Orth: *Lost in Lynchworld. Unzuverlässiges Erzählen in David Lynchs LOST HIGHWAY und MULHOLLAND DRIVE* (Ibidem-Verlag 2005)

Jörg Helbig (Hrsg.): *»Camera doesn't lie«: Spielarten erzählerischer Unzuverlässigkeit im Film* (WVT 2006)

Patrick Blaser / Andrea B. Braidt / Anton Fuxjäger / Brigitte Mayr (Hrsg.): *Falsche Fährten in Film und Fernsehen*. In: *Maske und Kothurn*, 53. Jg. (2007) Heft 2–3

Gérard Genette [1972/1983]: *Die Erzählung*. (Fink 1994)

SENSE, THE USUAL SUSPECTS, FIGHT CLUB und MULLHOLLAND DR. Sie alle verblüffen mit einem *last act twist*, der zu einer radikalen Neubewertung des Ganzen zwingt. Die Kunst des Autors liegt also darin, die Doppelbödigkeit seiner Szenen so anzulegen, dass sie in beiden Lesarten funktionieren: beim ersten Sehen genauso wie bei der wissenden Re-Lektüre. Von DAS CABINET DES DR. CALIGARI über den gelogenen Flashback in STAGE FRIGHT und der multiplen Wahrheit in RASHOMON zieht Michaela Krützen einen historischen Bogen bis zum Boom der Gedankenspielfilme seit den 1990ern, den sie, wie allgemein üblich, unter anderem mit dem Aufkommen von DVD und Internet motiviert. »DVD moments« nennt denn auch David Fincher die Subliminalbilder in FIGHT CLUB: das Aufblitzen des imaginären Doppelgängers Tyler Durden, das nicht im Kino, wohl aber mit der Standbild-Taste erfasst wird. So wie das Hin- und Herblättern in der DVD das Aufspüren der roten Heringe und falschen Fährten erleichtert, helfen die Internetforen der forensischen Fans beim Austausch von Geheimwissen. DVD und Internet potenzieren die Unterhaltung der Puzzle-Filme und schaffen einen interaktiven Mehrwert, auf den Hollywoods »exzessiv rätselhafte« Filme (Thomas Elsaesser) bewusst spekulieren. Michaela Krützen kann für dieses Kapitel auf umfangreiche Forschungen zurückgreifen, allein im deutschsprachigen Raum: *Was stimmt denn jetzt? Unzuverlässiges Erzählen in Literatur und Film* (2005), *Lost in Lynchworld. Unzuverlässiges Erzählen in David Lynchs LOST HIGHWAY und MULHOLLAND DRIVE* (2005), *»Camera doesn't lie«: Spielarten erzählerischer Unzuverlässigkeit im Film* (2006) und den wichtigen Band *Falsche Fährten in Film und Fernsehen* (2007).

Das zweite Kapitel widmet sich dem »time-scrambled-film« (Michael Newman). Für die Analyse der Zeitspielfilme greift Krützen auf *den* Klassiker der Narratologie schlechthin, Gérard Genettes *Discours du récit*, zurück. An Genettes Kategorien Modus, Stimme, Zeit und Dauer, Ordnung, Frequenz führt kein analytischer Weg vorbei. Aufschlussreich ist Krützens Unterscheidung zwischen Filmen, die mit ihren Helden durch die Zeit reisen, weil diese Zeitreisende sind, in Parallelwelten leben, die Zukunft voraussehen oder in Zeitschleifen geraten (TWELVE MONKEYS), und Filmen, die den Zuschauer kreuz und quer durch die Handlungszeit schicken: Haken schlagen (PULP FICTION) oder rückwärts erzählen (MEMENTO). Beeindruckend sind die erstellten Filmografien zu jedem Phänomen. Man sieht: Auch die »time-scrambled«-Filme boomen seit den 1990er Jahren. Doch die Liste dieser reizvollen, wenig besprochenen Filme lässt auch bedauern, dass hier TWELVE MONKEYS, PULP FICTION und MEMENTO für die Analyse ausgewählt werden. Sind diese nicht bis zum Abwinken in Aufsätzen und Seminaren besprochen worden? Krützens Anwendung der wenig erotischen, aber hilfreichen Begriffe Genettes (Prolepse, Analepse, Paralipse, Ellipse) auf PULP FICTION und ihr Versuch, Grafiken für die zeitlichen

Umstellungen zu finden, bleibt reizvoll, so wie die umsichtige Auflösung eines kriminalistischen Rätsels jedes Mal aufs Neue zu befriedigen vermag. Und der Vergleich der zeitlichen Verwirrspiele von MEMENTO und 21 GRAMS belegt, wie MEMENTO mit seinen erfundenen Erinnerungen das unauflösbare Identitätsdilemma seines unzuverlässigen Erzählers artikuliert. Schließlich erweist die Übertragung von Syd Fields Paradigma und Christopher Voglers Heldenreise auf TWELVE MONKEYS, dass auch diese komplexe Zeitreise- und Traum-Struktur mit klassischen Mustern arbeitet und sich ihr dennoch – die Parallele zu LA JETÉE zeigt das – entzieht, um beim Zuschauer einen »gedanklichen Kurzschluss« zu erzeugen. Es waren Kristin Thompson und David Bordwell, die früh nachgewiesen haben, dass Hollywood mit der *forking path narration* (Gabelungsgeschichten mit Zeitschleifen wie GROUNDHOG DAY) Innovationen ins klassische Schema einpasst. Das Paar hat anderen Autoren, wie Thomas Elsaesser und jetzt Michaela Krützen, zentrale Thesen geliefert. Verstreut war also vieles, was Krützen schreibt, schon zu lesen. Sie bündelt und klärt es in dieser Einzelstudie.

Jenen Filmen, die einen Erzählteppich aus multiplen Handlungssträngen und Hauptfiguren weben, wie SHORT CUTS, TRAFFIC, THE HOURS, widmet sich das dritte Kapitel. Obgleich zum Phänomen der »network narratives« (Bordwell) ebenfalls eine ganze Reihe an Studien erschienen sind, tut Michaela Krützen gut daran, an Eberhard Lämmerts Standardwerk aus den 1950er Jahren *Bauformen des Erzählens* anzuknüpfen, denn Lämmert hat tatsächlich Grundlagen für die Analyse von mehrsträngigen Erzählungen gelegt, die mit ihrer Unterscheidung zwischen additiven, korrelativen und konsekutiven Verknüpfungen überaus nützlich, aber seltsamerweise vergessen sind. Wie Krützen diese literaturwissenschaftlichen Überlegungen auf das Kino anwendet, vom episodischen Erzählen abgrenzt, ausdifferenziert und mit einer Fülle an Filmen belegt, markiert den innovativsten Part in diesem Buch. Sie kann dabei im deutschsprachigen Raum an Margrit Tröhlers Habilitation zur pluralen Figurenkonstellation und Karsten Trebers Dissertation zum episodischen Erzählen anknüpfen. Doch sie erstellt mit strukturalistischer Methodik eine neue und elementare Auflistung mehrsträngiger Erzählformen, indem sie nach dem Verhältnis von Ort, Zeit und Hauptfigur fragt. Nicht zu verstehen ist, dass sie dabei Lämmerts dritte Kategorie der konsekutiven, also kausalen Verbindung unter den Tisch fallen lässt. Denn ob sich Erzählstränge nur thematisch spiegeln (korrelative Verknüpfung) oder kausal aufeinander auswirken (konsekutive Verknüpfung), ist schließlich zentral für die Dramaturgie dieser Filme.

Dass »über diese Art des Erzählens die Dämmerung hereingebrochen« sei, dafür sei Michaela Krützens Buch »selbst ein Indiz«, schreibt Jan Fürchtjohann in der *Süddeutschen Zeitung*. »Denn entwirren und

TWELVE MONKEYS (1995; D: David Webb Peoples, Janet Peoples; R: Terry Gilliam)

PULP FICTION (1994; D: Quentin Tarantino, Roger Avary; R: Quentin Tarantino)

MEMENTO (2000; D: Jonathan u. Christopher Nolan; R: Christopher Nolan)

21 GRAMS (21 Gramm; 2003; D: Guillermo Arriaga; R: Alejandro González Iñárritu)

LA JETÉE (1962; D+R: Chris Marker)

Kristin Thompson: *Wiederholte Zeit und narrative Motivation in GROUNDHOG DAY*. In: Andreas Rost (Hrsg.): *Zeit, Schnitt, Raum* (Verlag der Autoren 1997)

David Bordwell: *Film Futures*. In: *SubStance*, Jg. 31, 1 (Heft 97) 2003

GROUNDHOG DAY (Und täglich grüßt das Murmeltier; 1993; D: Danny Rubin, Harold Ramis; R: Harold Ramis)

Thomas Elsaesser: *Hollywood heute. Geschichte, Gender und Nation im postklassischen Kino* (Bertz + Fischer 2009)

SHORT CUTS (1993, D: Robert Altman, Frank Barhydt; R: Robert Altman)

TRAFFIC (2000, D: Stephen Gaghan; R: Steven Soderbergh)

THE HOURS (2002, D: David Hare; R: Stephen Daldry)

Eberhard Lämmert [1955]: *Bauformen des Erzählens* (Metzler 2004)

Margrit Tröhler: *Offene Welten, ohne Helden. Plurale Figurenkonstellation im Film* (Schüren 2007)

Karsten Treber: *Auf Abwegen. Episodisches Erzählen im Film* (Gardez! 2005)

Jan Fürchtjohann: *Wie Hollywood exzessiv rätselhaft wurde. Immer verworrener, immer komplexer: Michaela Krützen singt ein Loblied auf das Zeitalter der DVD und unzuverlässigen Filmerzählungen.* In: Süddeutsche Zeitung, 17.05.2011

THERE WILL BE BLOOD (2007, D+R: Paul Thomas Anderson)

BIUTIFUL (2010, D: Alejandro González Iñárritu, Nicolás Giacobone, Armando Bo; R: Alejandro González Iñárritu)

THE WRESTLER (2008, D: Robert D. Siegel; R: Darren Aronofsky)

ROMAN HOLIDAY (Ein Herz und eine Krone; 1953; D: Ian McLellan Hunter, John Dighton; R: William Wyler)

Truman Capote: *Frühstück bei Tiffany* (Goldmann 2009)

verstehen kann man das Neue immer nur, wenn seine überwältigende Präsenz nachgelassen hat.« Tatsächlich ist die Karawane der Forschung mittlerweile weiter gewandert: Gerade werden Bücher zum vernetzten Erzählen innovativer Fernsehserien wie *The Wire* geschrieben und Konferenzen zum Transmedialen Storytelling und zur Immersion abgehalten, was darauf hinweisen könnte, dass sich der Film von der Begrenzung der DVD löst und in der Cloud aufgeht. Doch Fürchtjohanns These, dass der sinkende Stern der DVD auch den Rückgang der unzuverlässigen oder verschachtelten Filme bedingt hat, überzeugt nicht ganz. Eher könnte man ketzerisch sagen: Das Cinema of Narration war auch eine intellektuelle Variante des Cinema of Attraction. Aufgrund ihrer erzählerischen Attraktionen wurden diese Filme als Besonderheit gefeiert. Nachdem die Variationsmöglichkeiten in einer Fülle von Nachfolgefilmen Mitte der 2000er Jahre ausgereizt waren, konnte das Kino damit nicht mehr punkten. Das Lineare kehrte zurück: Regisseure wie Paul Thomas Anderson, Alejandro González Iñárritu oder Darren Aronofsky konzentrierten sich nun auf Porträts *eines* zwar zerrütteten, aber zuverlässigen Helden (THERE WILL BE BLOOD, BIUTIFUL, THE WRESTLER) und folgen ihm in den unausweichlichen Untergang.

Roman Mauer

Ein exquisiter Cocktail

Sam Wasson: *Verlieben Sie sich nie in ein wildes Geschöpf. Audrey Hepburn und FRÜHSTÜCK BEI TIFFANY*. Aus dem Amerikanischen von Dörthe Kaiser, Göttingen: Steidl 2011, 253 S., 22,00 Euro.

Eigentlich passten sie überhaupt nicht zusammen: Das Callgirl Holly Golightly aus dem Roman von Truman Capote und die mädchenhafte Audrey Hepburn, die ihren ersten Oscar nicht umsonst für die Darstellung einer pflichtbewussten Prinzessin bekommen hatte – in William Wylers ROMAN HOLIDAY. Als Truman Capote *Breakfast at Tiffany's* 1958 beendete, rechnete er fest mit einem Abdruck in der Zeitschrift *Harper's Bazaar*, aber die lehnte ab. Zu schlüpfrig, zu freizügig, zu viele unaussprechliche Ausdrücke kamen in dieser Geschichte über eine junge unabhängige Frau vor, die ihren Lebensunterhalt mit Prostitution verdient. Der namenlose Erzähler ist auch noch ganz offensichtlich homosexuell. Das war eine doppelte Grenzüberschreitung in den 1950er Jahren, in denen eindeutige Frauenbilder propagiert wurden: »An einem Ende stand Doris Day, am anderen Marilyn Monroe.« Wahres Frauenglück gab es sowieso nur zu Hause an der Seite eines Ehemanns. Sam Wasson zitiert eine Homestory aus der Zeitschrift *Modern Screen* über Tony Curtis und seine damalige Frau Janet Leigh: »Hoffnungen und Träume mit Tony teilen zu können hat Janet gelehrt, dass es manchmal besser ist, zurückzustecken und glücklich zu werden, als auf dem eigenen Willen zu beharren und einsam und unglücklich zu sein.«

Auch weibliche Hollywoodstars sollten frohe Ehefrauen sein. Hinzu kam die Sache mit dem Sex, den es im amerikanischen 50er-Jahre-Kino nur angedeutet und nur für verheiratete Paare geben sollte. Billy Wilder hatte sich mit Drehbuchautor George Axelrod aus der Affäre gezogen, in dem er den Ehebruch in THE SEVEN YEAR ITCH 1955 als reine Wunschträume des Helden inszenierte. Mehr war nicht möglich gewesen, es herrschten bekanntlich strenge Zensurgesetze in Hollywood, am *Production Code* kam niemand vorbei. Dass und wie die Bedingungen sich in den 1960er Jahren änderten, in denen das Kino die Konkurrenz des Fernsehens zu spüren bekam, davon erzählt der amerikanische Filmhistoriker und Journalist in seinem ebenso kundigen wie unterhaltsamen Buch über die rehäugige Audrey Hepburn und die Produktion dieses Films über eine »Edelnutte«. Eines Films, in dem die strengen moralischen Standards unterlaufen wurden, der auf diese Weise zu einem echten Revolutionswerk wurde. »Mit Audrey als Holly Golightly kamen die Leute 1961 zum allerersten Mal – selbst wenn ihnen das vielleicht nicht bewusst war und sie es nicht als solches erkannten – mit einem schillernden Phantasieleben in Berührung, voll von wildverrückter Unabhängigkeit und mondäner sexueller Freiheit.«

Sam Wasson

THE SEVEN YEAR ITCH
(Das verflixte 7. Jahr; 1955;
D: Billy Wilder, George
Axelrod; R: Billy Wilder)

Truman Capote hatte sich seine Freundin Marilyn Monroe für die Titelrolle gewünscht, die Produzenten Marty Jurow und Richard Shepherd fürchteten jedoch nicht nur deren Unpünktlichkeit und Unberechenbarkeit, vor allem schien sie ihnen nicht hart, nicht ausgebufft genug, um jemanden zu spielen, die »ganz auf sich gestellt in der großen Stadt lebte wie Holly«. Ob am Ende Monroes Vertraute Paula Strausberg verfügte, »Marilyn Monroe wird keine Prostituierte spielen«, oder ob die Produzenten mutig die Entscheidung gegen den Kassenmagneten fällten, bleibt ungeklärt, in jedem Fall wählten sie nicht nur einen anderen – flachbrüstigen – Star, sie hielten sich auch sonst nur sehr ungefähr an die literarische Vorlage: Aus dem schwulen Erzähler wurde ein viriler Autor, der sich wie Holly für Sex bezahlen lässt, und es musste ein richtiges Happy End geben (das der Regisseur wieder und wieder drehen ließ). Trotzdem bleibt der Film der Geschichte auf wundersame Weise treu (auch wenn Truman Capote das anders sah). Dass dieses Kunststück gelang, lag natürlich nicht zuletzt am Drehbuch: »Es musste so gut sein, dass es jeden Zweifel wegen der Pikanterie des Stoffes aus der Welt schaffen würde«.

Der Drehbuchautor, der den Roman unbedingt fürs Kino adaptieren wollte, war der ebenso erfolgreiche wie auf das Genre der leichten Komödie festgelegte George Axelrod. Er wandte sich an Truman Capote, der hatte die Filmrechte jedoch verkauft und keinen Einfluss mehr, arbeitete so-

Truman Capote: *Kaltblütig* (Goldmann 2009)

BREAKFAST AT TIFFANY'S (Frühstück bei Tiffany; 1961; D: George Axelrod, nach dem Roman von Truman Capote; R: Blake Edwards)

SABRINA (1954; D: Billy Wilder, Samuel A. Taylor, Ernest Lehman, nach dem Stück von Samuel A. Taylor; R: Billy Wilder)

wieso längst an *In Cold Blood*. Den Produzenten schien Axelrod nach THE SEVEN YEAR ITCH eine zu große Gefahr, er war »ein derart rotes Tuch für die Zensur, dass sein Verfassername auf einem Drehbuch über ein Callgirl das Aus für die Produktion bedeuten könnte.« Man setzte stattdessen auf den seriösen Sumner Locke Elliott, der scheiterte allerdings auf ganzer Linie. Worauf der versierte George Axelrod endlich seine Chance bekam – und nutzte. Wasson porträtiert diesen Autor, er schweift ab, skizziert einen Lebens- und Arbeitsweg, entwirft auf diese Weise leichthändig ein Hollywood-Panorama jener Jahre – und kommt kenntnisreich zurück zu den Details der Dreharbeiten von BREAKFAST AT TIFFANY'S.

Im Zentrum der Recherche stehen jedoch nicht nur der Drehbuchautor und die Hauptdarstellerin (die lange zögerte, weil sie um ihren guten Ruf fürchtete), deren Lebens-, Kino- und Liebesweg (einschließlich der alltäglichen Auseinandersetzungen mit Ehemann Mel Ferrer) kenntnisreich beschrieben werden, auch eine zentrale Randfigur wie die berühmte und berüchtigte Kostümbildnerin Edith Head spielt eine Hauptrolle. Wie diese mächtige Oscar-Preisträgerin erst von Billy Wilder in SABRINA und dann zum zweiten Mal zugunsten von Hubert de Givenchy in FRÜHSTÜCK BEI TIFFANY ausgebootet wurde, ist ein Lehrstück dafür, dass und wie dieser wunderbare Film und sein Erfolg gegen jeden vermeintlichen Sachverstand, gegen Studiokompetenzen und Wahrscheinlichkeiten durchgesetzt wurde.

Regisseur Blake Edwards war auch keineswegs die erste Wahl in seiner Rolle, Billy Wilder hatte auf der Wunsch-Liste gestanden, Joseph Mankiewicz ebenso wie George Cukor, Fred Zinnemann und William Wyler, erst als die alle abgesagt und John Frankenheimer von Audrey Hepburn abgelehnt worden war, kam der junge Mann von der B-Liste ins Spiel. Mit ihm kam sein Freund, der Komponist Henri Mancini, ins Boot, den man eigentlich auch nicht wollte – und der dann für die Filmmusik den Oscar bekam. Nachdem man endlich die Bedenken der unentschiedenen Hauptdarstellerin zerstreut hatte (während der Dreharbeiten ließ die Presseabteilung von Paramount verbreiten, nichts sei für Audrey Hepburn wichtiger als Mann und Kind, sie habe privat also rein gar nichts zu tun mit der verdorbenen Holly Golightly), ging es darum, einen Partner für sie zu finden. Der Regisseur wollte George Peppard nicht, schlug stattdessen Tony Curtis vor, der auch sehr interessiert war. Allerdings wollte Mel Ferrer diesen Kollegen – aus unerfindlichen Gründen – auf keinen Fall an der Seite seiner Frau sehen. Am Ende blieb man bei Peppard.

Einfach war nicht einmal das Casting von Hollys Kater: »Am 8. Oktober wurde im New Yorker Commodore Hotel eine Katzen-Audition abgehalten, zu der fünfundzwanzig junge Dinger im roten Pelz erschienen, fein geputzt und geschniegelt.« Das Rennen machte ein zwölf Pfund schweres Tier mit Namen Orangey. Für die Rolle von Hollys japanischem

Nachbarn Mr. Yunioshi hatte man sich einen besonderen Marketing-Gag ausgedacht. Die Zeitungen verkündeten, ein gefeierter japanischer Komiker habe die Rolle übernommen, leider spreche der Mann nur sehr schlecht Englisch und habe Geldprobleme. Am Ende erwies sich die Geschichte als lancierte Publicity-Ente, denn Mickey Rooney, ein guter Freund des Regisseurs, spielte den japanischen Fotografen. Das tat er zwar ziemlich gut, aber das japanische Kinopublikum war ganz und gar nicht erfreut über den als Japaner verkleideten Amerikaner. Jahre später hatte einer der Produzenten eine Verabredung mit Akira Kurosawa: »Nachdem ihm klar geworden war, dass ich mitentschieden hatte, die Rolle des Japaners mit Mickey Rooney zu besetzen, konnte er fast nicht mit mir sprechen. Es war mir schrecklich peinlich.«

Ähnlichkeiten und Varianten spielen auch in dem Kapitel über Capotes New Yorker Freundinnen eine entscheidende Rolle, denn »was Holly so einzigartig machte, war ein exquisiter Cocktail aus einem ganzen Damenzirkel, der Truman in Manhattan umflatterte.« Er war mit Oona Chaplin und Gloria Vanderbilt befreundet, aber die Allerschönste im Kreis der Capote-Freundinnen war Babe Paley, Ehefrau eines Medienmoguls der CBS. Wesson erzählt von dem besonderen Verhältnis Capotes zu dieser Frau und von der Ehe, in der sie unglücklich ausharrte, offenbar nicht zuletzt, weil Capote sie dazu ermunterte: »Betrachte es als Job. Mrs William S. Paley zu sein, ist der beste Job der Welt.« Eine Frau, die wegen des Geldes bei ihrem untreuen Ehemann bleibt, war nicht allzu weit entfernt von einer Frau, die Sex gegen Geld anbietet. Jahre später brach Mrs. Paley übrigens mit Truman Capote, weil der in einem Text ihren Mann als widerlichen Schürzenjäger dargestellt hatte. Sie sprach nie wieder ein Wort mit dem Freund, der angeblich noch auf dem Totenbett an sie dachte.

Sam Wesson ist ein kenntnisreicher und amüsanter Erzähler, er hat die Geschichte und die Geschichten dieses Films zusammengetragen, der, das ist die begründete These des Autors, das Frauenbild revolutionierte im Kino – und im Leben, denn eine selbstständige junge Frau, die nicht heiraten will, die sich die Männer nimmt, wann und wie sie sie will, die darüber hinaus auch noch gut angezogen ist, obwohl sie keine Prinzessin und nicht reich ist, das machte den Frauen Mut zum Rollenwechsel. BREAKFAST AT TIFFANY'S wurde zum Aufbruchsfilm, kurz danach kam die Frauenbewegung. Eine der Gründerinnen von Ms. Magazine erinnert sich denn auch: »In der präfeministischen Ära war Holly für mich ein prägendes Vorbild.«

Ein paar Fotos mehr würde man sich wünschen in diesem schön gemachten Band, der Film- und Gesellschaftsgeschichte klug miteinander verknüpft und vor allem natürlich Lust macht auf eines: das erneute Sehen des Films.

Manuela Reichart

Drehbu

Scenario

h des Jahres

Bisherige Preisträger

Jahr	Titel	Autor / Co-Autor
1988	KOAN	Peter Kramm / Oliver Schütte
1989-1991	keine Preisvergabe	
1992	DIE DENUNZIANTIN	Detlef Michel
	DIE KANUKINDER	Evamaria Steinke / Wolfgang Wegner
1993	LENYA	Wolfgang Limmer
1994	ZARAH L.	Regine Kühn
1995	KEIN WORT DER LIEBE	Alfred Behrens
1996	ROSSINI	Helmut Dietl / Patrick Süskind
1997	ST. PAULI NACHT	Frank Göhre
1998	SONNENALLEE	Thomas Brussig / Leander Haußmann
1999	keine Preisvergabe	
2000	GLOOMY SUNDAY	Ruth Toma / Rolf Schübel
2001	1. FEUER UND FLAMME (verfilmt) (Arbeitstitel: *Pissed and Proud*)	Natja Brunckhorst
	2. SCHATTEN DES JAGUAR (unverfilmt)	Clemens Murath
2002	1. GOOD BYE LENIN! (verfilmt)	Bernd Lichtenberg / Wolfgang Becker
	2. NIMM DIR DEIN LEBEN (unverfilmt)	Thomas Wendrich
2003	1. FICKENDE FISCHE (verfilmt)	Almut Getto
	2. NAPOLA (unverfilmt)	Maggie Peren / Dennis Gansel
2004	1. HERR LEHMANN (verfilmt)	Sven Regener
	2. THE FAR SIDE OF THE SEA (unverfilmt)	Marei Gerken
2005	BUNKER 5	Harry Flöter

DR. ALEMÁN	Oliver Keidel	2006
SIERRA	Christoph Fromm	2007
DAS ZWEITE LEBEN DES HÄUSLERS STOCKER	Klaus Krämer	2008
KATTE	Johannes Reben	2009
MEIN BRUDER, HITLERJUNGE QUEX	Karsten Laske	2010
NO NAME RESTAURANT	Stefan Sarazin / Peter Keller	2011
ES WAR EINMAL	Stefan Kolditz	2012
SANELLA (nominiert)	Heike Libnow	
LAGERFEUER (nominiert)	Heide Schwochow	

Kurze Geschichte des Preises

Der Deutsche Drehbuchpreis für das beste unverfilmte Drehbuch wird vom Beauftragten der Bundesregierung für Kultur und Medien vergeben. Er wird verliehen, »um die Bedeutung des professionellen Drehbuchschreibens hervorzuheben, gute Textvorlagen für attraktive Filme zu fördern und einen fördernden Anreiz für Drehbuchautoren zu bieten.« Der Verband Deutscher Drehbuchautoren – VDD – hat die Gründung des Preises initiativ begleitet. Seit 1995 ist der Verband auch vorschlagsberechtigt.

Die erste Verleihung des Deutschen Drehbuchpreises fand 1988 auf Vorschlag einer unabhängigen Fachjury statt. Bis 1999 fiel der Preis noch in die Zuständigkeit des Bundesinnenministeriums, seit 2000 wird er vom BKM verliehen. 1989 bis 1991 erfolgte keine Preisvergabe. Wurde der Preis anfangs rückwirkend verliehen, so ist er ab 2000 gekennzeichnet mit dem Jahr der Verleihung. Der Drehbuchpreis 1998 wurde im Februar 1999 verliehen, somit gibt es keinen Drehbuchpreis 1999. In den Jahren 2001 bis 2004 wurden jährlich zwei Drehbuchpreise verliehen, unter anderem im Rahmen der Veranstaltung zum Deutschen Filmpreis. Seit 2005 wird in Zusammenarbeit mit der Deutschen Filmakademie eine »Lola« für das beste verfilmte Drehbuch vergeben, und das beste unverfilmte Drehbuch wird im Rahmen einer Sonderveranstaltung als Einzelpreis gewürdigt. Seit 2007 wird das beste unverfilmte Drehbuch in *Scenario*, dem Film- und Drehbuch-Almanach, vollständig abgedruckt.

Nachdem der Preis in den letzten Jahren jeweils zum Jahresende vergeben wurde, hat der BKM in Zusammenarbeit mit dem VDD die Verleihung 2009 in den Berlinale-Zeitraum verlegt, um so vor allem die Belange deutscher Drehbuchautoren stärker ins öffentliche Bewusstsein zu rücken. 2009 erfolgte somit ausnahmsweise die Verleihung von zwei Drehbuchpreisen: die Verleihung des Preises 2009 und nachträglich die Verleihung des Preises für 2008. Seitdem wird der Preis wieder im jeweils aktuellen Jahr vergeben.

Der Preisträger des Deutschen Drehbuchpreises erhielt bisher eine Prämie von bis zu 30.000 Euro, von der 25.000 Euro zweckgebunden für die Herstellung eines neuen Drehbuches mit künstlerischem Rang zu verwenden waren. Der Preis wird für Drehbücher vergeben, mit deren Verfilmung noch nicht begonnen wurde.

In diesem Jahr hat der Beauftragte für Kultur und Medien, Staatsminister Bernd Neumann, eine weitere deutliche Aufwertung des Preises beschlossen. Ab Vergabe des Deutschen Drehbuchpreises 2011 können nun jedes Kalenderjahr bis zu drei unverfilmte Drehbücher für programmfüllende Spielfilme für den Deutschen Drehbuchpreis nominiert werden. Mit jeder Nominierung ist eine Urkunde und eine Prämie in Höhe von 5.000 Euro für die jeweilige Autorin oder den jeweiligen Autor verbunden.

Das beste der nominierten Drehbücher wird mit dem Deutschen Drehbuchpreis ausgezeichnet. Mit der Auszeichnung ist die Übergabe einer Preisstatuette (Lola) und eine Prämie in Höhe von 10.000 Euro für die Autorin oder den Autor verbunden. Die mit der Nominierung verbundene Prämie wird auf die Preisprämie angerechnet.

Auf Antrag der Preisträgerin oder des Preisträgers können ihr oder ihm über die Preisprämie hinaus Förderungshilfen bis zu 20.000 Euro für die Fortentwicklung des ausgezeichneten Drehbuchs gewährt werden.

Vorschläge für Auszeichnungen mit dem Deutschen Drehbuchpreis können die folgenden Institutionen und Verbände bei dem BKM einreichen: alle Film fördernden Institutionen, die in den beiden der Auszeichnung des Drehbuchs vorangegangenen Kalenderjahren Drehbücher im Rahmen der Projektförderung für programmfüllende Spielfilme ausgewählt haben, der Verband Deutscher Drehbuchautoren e.V. (VDD), der Verband Deutscher Bühnen- und Medienverlage e.V. (VDB) und der Verband deutscher Film- und Fernsehdramaturgen e.V. (VeDRA).

Soweit Länderfilmförderer vorschlagsberechtigt sind, können diese jeweils bis zu zwei Drehbücher vorschlagen. Die übrigen Vorschlagsberechtigten können jeweils bis zu drei Drehbücher vorschlagen.

Neben dem vollständigen, illustrierten Abdruck des mit dem Preis ausgezeichneten Drehbuches dokumentiert *Scenario* auch die Nominierungen und druckt die Synopsen und die Jurybegründungen für die Nominierungen.

Die Mitglieder der Jury für den Deutschen Drehbuchpreis 2012 waren:

Peter Henning: Vorsitzender – Drehbuchautor, Dramaturg, Regisseur / Berlin

Rüdiger Hillmer: Dramaturg / Detmold

Sabine Holtgreve: Produzentin / Berlin

Sylke Rene Meyer: Drehbuchautorin / Berlin

Rolf Schübel: Drehbuchautor / Hamburg

Maria Theresia Wagner: Autorin, Regisseurin / Lottstetten

Drehbuch des Jahres

Es war einmal

von
Stefan Kolditz

Es war einmal

AUFBLENDE AUF

1   SCHLOSS – A/N   1

Ein Märchenschloss. Hoch oben auf der Spitze eines Berges. Fast schon in den Wolken.

Alle Fenster sind hell erleuchtet, und man hört Musik.

Die Kamera fliegt darauf zu, über eine Brücke, durch ein Tor, über den Schlossplatz und durch ein Fenster hinein in –

2   SCHLOSS/BALLSAAL – I/N   2

Einen riesigen Ballsaal. Spiegel an den brokatverkleideten Wänden, Glaslüster an den Decken, DIENER, die Köstlichkeiten reichen, ein musizierendes QUARTETT, zu dessen Musik sich eine illustre GESELLSCHAFT mit teuren Gewändern dem höfischen Tanz hingibt.

Es ist eine Mischung aus einer Galliarde und einem Reigentanz, bei dem die Männer und die Frauen nach einem kunstvollen System die Partner wechseln, sodass ein Mann immer wieder mit einer anderen Frau tanzt.

Mittelpunkt ist ohne jeden Zweifel PRINZ HEINRICH, der Schlossherr: groß, schlank und verdammt gutaussehend.

An der Seite steht ein kleiner dicklicher Mann und schaut zu. BALDUR.

Unterdessen hält Prinz Heinrich nach jemandem Ausschau, ohne ihn zu finden.

Er kommt an Baldur vorbeigetanzt.

> PRINZ HEINRICH: Der 3. Tag. (Er tanzt davon, kehrt zurück.) Was ist, wenn sie … (Er tanzt davon, kehrt zurück.) Diesmal nicht –

Doch genau in diesem Moment betritt ein Mädchen den Ballsaal und bleibt in der Tür stehen. Es ist 17 Jahre alt und wunderschön.

Es schüttelt sein langes blondes Haar. Und wenn man genau hinsieht, bemerkt man, dass aus den Haaren eine klitzekleine Staubwolke aufsteigt, und vielleicht wissen jetzt einige schon, wer es ist –

ASCHENPUTTEL.

PRINZ HEINRICH: Alles ... vorbereitet?

Baldur nickt.

Die Menge teilt sich, sodass an einem Ende der Gasse Aschenputtel, am anderen Prinz Heinrich steht. Der schreitet auf sie zu und verbeugt sich. Sie tanzen miteinander, wobei Prinz Heinrich immer wieder verhindert, dass er Aschenputtel mit anderen Tänzern teilen muss.

Zwei Mädchen, die mit anderen KAVALIEREN tanzen, mustern die beiden finster. Es sind die STIEFSCHWESTERN.

Prinz Heinrich wirft Baldur einen Blick zu, der versteht und eilt aus dem Saal.

PRINZ HEINRICH: Ihr kommt spät. Ich hatte schon Angst, ihr würdet gar nicht mehr kommen. (Aschenputtel antwortet nicht.) Es ist die letzte Nacht, und ich werde morgen meine zukünftige Königin auswählen.

Aschenputtel fängt die drohenden Blicke der Stiefschwestern auf.

Baldur erscheint wieder, nickt Prinz Heinrich zu.

Jetzt drängelt sich die 1. Stiefschwester zwischen Prinz Heinrich und Aschenputtel. Die beiden Frauen starren sich an.

1. STIEFSCHWESTER: (während sie mit Prinz Heinrich tanzt) Prinz Heinrich, das ist nicht höflich, ihr müsst auch mit anderen ...

Doch in diesem Augenblick schlägt die Uhr.

Als sich Prinz Heinrich nach Aschenputtel umdreht, ist sie verschwunden.

PRINZ HEINRICH: (zu Baldur) Halte sie auf!

Sie rennen los.

3   SCHLOSS/TREPPE – I/N   3

Oben am Kopf der Treppe tauchen Prinz Heinrich und Baldur auf.

PRINZ HEINRICH: Da, der Schuh!

In der Mitte der Treppe steckt etwas Glänzendes, Schimmerndes, Funkelndes. Auf schwarzem Grund.

Ein einzelner Glasschuh im Teer. Der berühmteste Schuh der Welt. Und jetzt weiß es auch der Letzte: ASCHENPUTTELS SCHUH.

4   SCHLOSSHOF – A/N   4

Im Schlosshof stehen ein Schimmel und ein dickbäuchiger Esel.

Prinz Heinrich und Baldur kommen aus dem Schloss gerannt. Baldur trägt den Glasschuh.

Ein Stück entfernt an der Schlossbrücke steht wie versteinert eine HÜNENHAFTE WACHE, die stur geradeaus blickt. Nur wenn man genau hinsieht, erkennt man, dass sie Prinz Heinrich aus den Augenwinkeln mustert.

Prinz Heinrich nimmt Anlauf und springt auf seinen Schimmel. Dabei fliegt er durch die Luft, während die langen Haare wie in Zeitlupe hinter ihm her wehen. Man könnte meinen, Errol Flynn sei wieder auferstanden.

Baldur dagegen klettert umständlich auf seinen dickbäuchigen Esel. Er ist definitiv nicht Errol Flynn.

Prinz Heinrich lässt seinen Schimmel aufbäumen – wie alles, was er tut, mit fast überirdischer, heldischer Eleganz.

 PRINZ HEINRICH: Holen wir uns unsere Prinzessin!

Und schon galoppiert er über die Schlossbrücke.

Gefolgt von Baldur auf seinem Esel.

Vorbei an der hünenhaften Wache. Sie ist wie immer vollkommen reglos, bis auf den Blick, den sie den beiden aus dem Augenwinkel nachwirft, während sie – ganz leise – seufzt.

Und jetzt sehen wir, dass sich von dem Schloss eine endlose Serpentine in die Tiefe hinabschlängelt.

5 SERPENTINE – A/N 5

Prinz Heinrich kommt die Serpentine heruntergeprescht.

Hinter ihm reitet Baldur auf dem Esel, der große Schwierigkeiten hat mitzuhalten. Wobei reiten vielleicht der falsche Ausdruck ist: hüpfen wie eine Art menschlicher Gummiball wäre der bessere, während er verzweifelt versucht, oben zu bleiben.

Baldur blickt in den Abgrund zu seiner Rechten, wo der Fels steil und zerklüftet in die Tiefe fällt, und schaudert zusammen. Er verliert den Glasschuh, greift hektisch danach ...

 BALDUR: Aahhhh ... Oh nein.

Und fängt ihn im allerletzten Moment wieder.

6 HOLZBRÜCKE – A/T 6

Über einem Fluss taucht eine schwankende morsche Holzbrücke auf.

Prinz Heinrich zügelt sein Pferd und wartet.

 PRINZ HEINRICH: Wo bleibst du?!

Sekunden später taucht endlich Baldur neben ihm auf. Seinem Esel hängt mittlerweile die Zunge heraus. Der Schimmel wirft ihm einen Blick zu, und der Esel –

ERWIDERT ihn. SCHULDBEWUSST.

 BALDUR: Nicht über DIE Brücke.

 PRINZ HEINRICH: Holen wir uns unsere Prinzessin!

BALDUR: Aber sie ist morsch.

PRINZ HEINRICH: Komm jetzt!

Er gibt seinem Pferd die Sporen und jagt über die Brücke.

Baldur seufzt und folgt ihm auf seinem Esel.

IM SCHRITTTEMPO. Mehr trippelnd als trabend.

BALDUR: Oh Gott ... Ganz ruhig. Langsam ... Vorsichtig ...

Er blickt an der Seite hinunter auf den reißenden Strom unter ihnen.

BALDUR: Oh nein ...

Er prallt zurück, reißt hektisch am Zügel, sodass die Brücke ins Schwingen gerät ...

Die ersten Bretter knirschen und –

BRECHEN.

BALDUR: Das ist nicht gut. Gar nicht gut ...

Jetzt nehmen Baldur und sein Esel Tempo auf, während hinter ihnen die Brücke buchstäblich auseinanderfällt.

Im letzten Moment erreichen sie festen Boden.

7 KÜCHE – I/T   7

Ein Mädchen in einer Küche, das mit gesenktem Kopf am Herd arbeitet. Seine Kleider sind alt und zerschlissen, sein Gesicht schmutzig. Doch beim genauen Hinsehen erkennen wir es wieder: das Mädchen vom Ball. Aschenputtel.

Vor ihm seine STIEFMUTTER.

STIEFMUTTER: Du bist faul. Faul und hässlich. Wie konnte ich einen Mann heiraten mit einer so faulen und hässlichen Tochter, mit der niemand etwas zu tun haben will.

Aschenputtel sagt nichts und arbeitet nur noch schneller.

Jetzt kommen ihre beiden Stiefschwestern, die auf dem Ball waren, hereingerannt.

BEIDE STIEFSCHWESTERN: Er kommt. Der Prinz kommt.

STIEFMUTTER: Gut. Ganz ruhig. (Sie mustert noch einmal ihre Töchter, korrigiert hier und da etwas am Haar oder der Kleidung, dann) Eine von euch wird heute die nächste Königin werden. Begrüßen wir ihren Ehemann.

Sie wenden sich zur Tür. Aschenputtel hat sich aufgerichtet.

STIEFMUTTER: DU DOCH NICHT! Lass dich bloß nicht blicken.

Sie kippt ihr eine Schüssel Linsen in die Asche.

STIEFMUTTER: Sammel sie auf.

Dann gehen die drei, und Aschenputtel bleibt zurück. Es seufzt und starrt auf die Linsen. Dann pfeift es, doch nicht ein Dutzend, sondern nur zwei Tauben kommen hereingeflattert und lassen sich gurrend neben dem Herd nieder.

ASCHENPUTTEL: Liebe Tauben, nur noch einmal: die guten ins Töpfchen, die schlechten ins Kröpfchen.

Draußen hört man Pferdehufe.

Aschenputtel blickt vorsichtig aus dem Fenster. Im Innenhof zügeln Prinz Heinrich und Baldur ihre Tiere. Prinz Heinrich wie immer hochdramatisch. Sie werden von den drei Frauen erwartet.

8 INNENHOF – A/T   8

Prinz Heinrich schnippst. Baldur reicht ihm den gläsernen Schuh.

9 KÜCHE – I/T   9

Die Stiefmutter kommt hereingerannt. Aschenputtel springt hastig vom Fenster zum Herd.

STIEFMUTTER: Ein Messer. Schnell!

Sie greift sich ein großes Messer und rennt wieder hinaus.

Aschenputtel läuft zum Fenster zurück. Es sieht, wie im Innenhof –

10 INNENHOF – A/T   10

Prinz Heinrich die 1. Stiefschwester mit dem Glasschuh am Fuß auf seinen Schimmel hebt.

PRINZ HEINRICH: Am Sonntag bei mir im Schloss zur Hochzeit.

Er reitet mit ihr davon.

11 KÜCHE – I/T   11

Aschenputtel macht den beiden Tauben ein Zeichen mit dem Kopf. Sie fliegen durchs Fenster hinaus und Prinz Heinrich hinterher.

12 INNENHOF – A/T   12

Unterdessen kämpft Baldur mit seinem Esel, der sich nur sehr widerwillig in Gang setzen lässt.

Doch bevor sie den Innenhof verlassen können, kommt Prinz Heinrich bereits mit der 1. Stiefschwester auf seinem Schimmel in den Hof zurückgeritten. Einer ihrer Glasschuhe ist rot. Über ihnen flattern die beiden Tauben.

STIEFMUTTER: Aber das sind doch nur harmlose Fleischwunden. Sie können Sonntag bestimmt schon wieder ...

2. STIEFTOCHTER: Mach schon!

13   KÜCHE – I/T   13

Die Stiefmutter kommt erneut hereingerannt. Diesmal bleibt Aschenputtel am Fenster stehen.

    STIEFMUTTER: Ein Beil. Ich brauche ein Beil.

Sie findet ein Hackbeil und rennt wieder hinaus.

14   INNENHOF – A/T   14

Prinz Heinrich reitet mit der 2. Stiefschwester auf seinem Schimmel davon.

    PRINZ HEINRICH: Sonntag. Schloss. Hochzeit.

Baldur folgt ihm auf seinem Esel.

15   EBENE – A/T   15

Sie galoppieren über eine herrliche Wiese im Sonnenschein. Saftiges Gras, Sommerblumen in allen Farben.

Baldur hat auf seinem schnaufenden Esel wie immer Mühe hinterherzukommen.

    TAUBEN: Rucke di guck, rucke di guck ...

Baldur blickt nervös zum Himmel, wo die beiden Tauben fliegen. Direkt über ihm. Er drückt seinem Esel die Fersen in die Flanken, aber der denkt gar nicht daran zu beschleunigen.

PLATSCH.

Baldur trifft ein Flatsch von einer Taube.

    BALDUR: Oh Mann ...

    FRAUENSTIMME: Nora? Nora!

Eine Sekunde lang ist es, als würde ein Film angehalten werden. Die Figuren reiten wie in Zeitlupe. Doch dann ist der Moment vorbei, und sie reiten in normalem Tempo weiter.

Der Schimmel von Prinz Heinrich vor ihm wirbelt Hunderte von Pusteblumen auf, deren Samen Baldur wie eine Art Sandsturm ins Gesicht bläst. Er kämpft gegen den Niesreiz an.

    STIMME: Nora? Verdammt noch mal, NORA!

16   NORAS ZIMMER/SCHRANK – I/T   16

Ein achtjähriges Mädchen: NORA. Blitzblanke Augen. Es sitzt im Halbdunkel auf dem Boden eines Schrankes mit einem Märchenbuch, in dem schon Generationen gelesen haben.

    STIMME: Aufstehen!

Nora zögert und will eine Seite weiterblättern, aber –

Jetzt fällt Licht auf sie. Die Schranktür ist aufgerissen worden. Davor Noras Mutter (CORINNA MEERBAUM), eine Frau um die 30.

Sie starrt auf Nora.

CORINNA: Oh nein, nicht schon wieder das Buch! Komm schon, wir müssen uns beeilen. Ich hab verschlafen.

Nora blickt auf das Buch auf ihren Knien mit Prinz Heinrich und Baldur als Zeichenfiguren.

CORINNA: Und komm jetzt da raus. Wie oft soll ich es noch sagen – das ist ein SCHRANK und kein Bett.

NORA: (unisono) Das ist ein SCHRANK und kein Bett.

CORINNA: Mach jetzt! Du kannst dich nicht verstecken.

Sie geht davon.

Nora schlägt das Buch resigniert zu.

17 KÜCHE – I/T 17

Corinna bereitet in der Küche, die – wie die ganze Wohnung – sehr einfach und etwas chaotisch eingerichtet ist, das Frühstück vor. Nora kommt angezogen herein.

NORA: Mir ist nicht gut.

CORINNA: Nicht jeden Morgen dasselbe.

NORA: Wirklich.

NORA: Ich hab ... (sucht) Dimitualitis.

CORINNA: Du bist acht. Und sobald man acht ist, kann man sich sein Leben nicht mehr aussuchen. Das ist das elfte Gebot. (zu sich) Glaub mir, das kann niemand.

Corinna hält den Wasserkessel in die Spüle. Als sie den Wasserhahn aufdreht, spritzt er in alle Richtungen.

CORINNA: Mist.

SCHNITT AUF

18 MÄRCHENWALD – A/T 18

Die Märchenfiguren – Prinz Heinrich, Baldur und die 2. Stiefschwester. Sie stehen wie angewurzelt, als seien sie eingefroren.

FÜR 5 SEKUNDEN.

BALDUR: (zwischen den Zähnen) Seite 4.

Der Esel niest fürchterlich.

ESEL: Tschuldigung. Meine Allergie.

PRINZ HEINRICH: Wie waren wir?

BALDUR: Mein Gott, dieser verdammte Sattel ruiniert mich nochmal.

Es war einmal

Er bewegt seinen Hals, die Wirbel knacken fürchterlich.

    PRINZ HEINRICH: Wo sind die Räuber?

    BALDUR: IN ASCHENPUTTEL GIBT ES KEINE RÄUBER.

Die hünenhafte Schlosswache, Aschenputtel, die 1. Stiefschwester und die Stiefmutter tauchen auf.

    HÜNENHAFTE SCHLOSSWACHE: Welche Seite?

    BALDUR: 4. Und ich dachte, diesmal kommen wir bis Seite 5. Da haben wir morgen noch ein verdammt langes Stück vor uns.

    PRINZ HEINRICH: Und wie oft muss ich dir noch sagen, du sollst nicht fluchen. (zur hünenhaften Schlosswache) Du hast mir wieder im Licht gestanden.

    HÜNENHAFTE SCHLOSSWACHE: (kleinlaut) Aber, wie soll ich –

    PRINZ HEINRICH: Mach dich *kleiner*.

Er wirft seine Haare zurück. Alle rollen mit den Augen.

    PRINZ HEINRICH: Und wenn ich dich mit meinem – (angeekelt) *Dolch* berühre, fällst du auf die Knie.

    STIEFMUTTER: (leise) *Ich* würde auch auf die Knie gehen.

Prinz Heinrich wendet seinen Schimmel und reitet auf den „Horizont" zu. Alle folgen ihm.

BALDUR: Was für 'ne Laune mal wieder.

Baldur drückt seinem Esel die Fersen in die Flanke. Doch der läuft nicht in die Richtung, in die die anderen gehen.

BALDUR: Verdammt. Da lang ... Ich WARNE dich!

Der Esel grinst böse und folgt in einem Bogen den anderen. Die beiden Tauben lassen sich auf seinem Hinterteil nieder.

ESEL: He! Runter da!

1. TAUBE: Wir machen die Arbeit von einem Dutzend.

2. TAUBE: Wir sind völlig fertig.

Prinz Heinrich hat seinen Schimmel gewendet und taucht neben Baldur auf. Wie ihr Aussehen ist auch ihre Art zu Sprechen vollkommen unterschiedlich: Prinz Heinrich braucht immer eine Sekunde, während es aus Baldur nur so heraussprudelt.

PRINZ HEINRICH: ABER ES KÖNNTE RÄUBER GEBEN.

BALDUR: Wie oft soll ich dir noch sagen: DIE SIND IM „TEUFEL MIT DEN DREI GOLDENEN HAAREN".

PRINZ HEINRICH: Eben. Sollte es aber. Und Feuer. (sehnsüchtig) VIEL Feuer. Dabei hab ich nicht mal ein richtiges Schwert. Ich hab *das* hier. (Deutet auf den Dolch) Das ist so ...

BALDUR: Wieso müssen wir eigentlich immer über die alte Brücke?! Die ist LEBENSGEFÄHRLICH.

PRINZ HEINRICH: Aber wir KÖNNEN nicht sterben.

BALDUR: Was ist mit DER Brücke?!

Er deutet auf eine völlig intakte Brücke, über die gerade das TAPFERE SCHNEIDERLEIN hüpft. Kurz danach folgen ihm die SIEBEN ZWERGE, die das ohnmächtige SCHNEEWITTCHEN tragen.

PRINZ HEINRICH: Die ist sicher.

BALDUR: Eben.

PRINZ HEINRICH: Und LANGWEILIG. Kein echter Held würde sie freiwillig nehmen, wenn er die da haben kann.

Deutet auf die Reste ihrer Brücke. Baldur seufzt.

NORAS STIMME: Irgendwas stimmt nicht.

| 19 | **VOR CORINNAS HAUS – A/T** | 19 |

Corinna und Nora kommen aus dem Haus gerannt, einem heruntergekommenen Altbau. Nora trägt auf dem Rücken einen Rucksack. Corinnas Kleidung ist irgendwie merkwürdig. Nicht gestylt, auch nicht bieder, eher – chaotisch. Nichts will so recht zusammenpassen, doch hat man den Eindruck, dass Corinna dem keine große Beachtung schenkt.

CORINNA: Nora!

NORA: Dieses Mal hat Prinz Heinrich nur gesagt: Sonntag. Schloss. Hochzeit. Sonst sagt er immer –

Corinna blickt auf die Uhr.

Sie kommen an einem Müllwagen vorbei. Die beiden MÜLLMÄNNER sind riesig. Sie werfen sich die Mülltonnen wie Bälle zu, während sie rappen. Für einen Moment ist Nora abgelenkt und blickt ihnen nach.

NORA: Hast du die – gesehen? Die waren wie RIESEN.

CORINNA: Wir kommen wieder zu spät.

Sie zieht Nora hinter sich her über die Straße. Ein Auto hält mit quietschenden Bremsen.

CORINNA: (schreit) He ... hier sind Kinder! (zu Nora) Mach das ja nicht nach.

20   STRASSE VOR NORAS SCHULE – A/T   20

Sie kommen an einem Plakat von Guido Westerwelle vorbei. Westerwelles kleiner Finger ist etwas länger als der Ringfinger. Darauf der Slogan: *Lassen Sie sich keine Märchen erzählen.*

NORA: Wieso ist es jedesmal anders?

CORINNA: Du gehst nach der Schule direkt nach Hause.

An einer Kreuzung steht ein 15jähriger SCHÜLERLOTSE und sammelt umständlich die letzten Schäfchen ein.

NORA: Und über Baldur waren die Tauben –

Corinna nimmt dem Schülerlotsen die Kelle ab und stoppt den Verkehr. Hinter ihr trotten die Kinder über die Straße.

SCHÜLERLOTSE: He ... he ... was ... das ist meine ...

NORA: – und eine hat ihn –

CORINNA: NORA! Eine gute Geschichte ist jedesmal anders. Deswegen liest man sie ja auch immer wieder. Aber vielleicht liest du sie einfach zu oft und deshalb –

Nora sieht, dass andere Schüler kommen, darunter VICKY (allein) und MAJA. Einige steigen aus Autos. Sie werden von ihren ELTERN verabschiedet, unter denen auch einige VÄTER sind.

NORA: (hastig) Also dann ...

Läuft schnell los.

CORINNA: Nora!

Nora bleibt stehen, seufzt, kommt zurück.

Corinna geht in die Hocke.

CORINNA: He ...

Sie richtet Noras Haare, dann küsst sie sie. Nora ist die Nähe zu ihrer Mutter, so öffentlich, nicht angenehm.

Die Schüler gehen an ihnen vorbei, darunter Vicky und Maja. Maja macht eine Rührbewegung. Einige Kinder kichern. Vicky wirft Nora einen höhnischen Blick zu. Als Corinna aufsieht, lächelt sie betont freundlich, während sie weitergeht.

> CORINNA: Das war Vicky, oder? Wieso lädst du sie nicht mal ein? Sie ist doch nett.
>
> NORA: Mir ist wirklich nicht gut. Kann ich nicht –
>
> CORINNA: Klar.
>
> NORA: Wirklich?
>
> CORINNA: Sobald ich weiß, was Dimitualitis ist.

Die beiden trennen sich. Nora nickt, dann trottet sie hinter den anderen her.

Corinna dreht sich nicht um wie die anderen Eltern, sondern geht auf einen Nebeneingang der Schule zu.

> SCHÜLERLOTSE: He ... he ... kann ich vielleicht meine ...

Jetzt entdeckt Corinna, dass sie noch immer seine Kelle in der Hand hält.

21   SCHULGANG – I/T   21

Nora läuft den Schulgang entlang.

> VICKY: He, Gernegroß ...

Andere Kinder lachen.

Nora senkt den Kopf. Sie ist kleiner als alle anderen.

> VICKY: Und da kam ein Riese, und er war der beste Freund von Nora und der EINZIGE ...
>
> MAJA: Und die Fee hatte eine Glaskugel, da standen alle Zensuren drin.

Nora schweigt, kämpft gegen die Tränen an und läuft schnell weiter, während sie so tut, als habe sie nichts gehört.

> VICKY: Was ist heute Nacht passiert? Hat dich der Prinz geküsst?

Die Kinder gehen in die Klasse.

> STIMME BALDUR: Was sollte das?

22   MÄRCHEN/WEG – A/T   22

Prinz Heinrich auf seinem Schimmel und Baldur auf seinem Esel reiten auf den Horizont zu. Baldur hat Schwierigkeiten, seinen Esel auf Kurs zu halten.

PRINZ HEINRICH: Was? (Er weiß genau, was Baldur meint.)

BALDUR: Schloss, Sonntag, Hochzeit?

PRINZ HEINRICH: Ist dir eigentlich klar, dass ich immer denselben Satz sage: HOLEN WIR UNS UNSERE PRINZESSIN!

BALDUR: Was denn sonst?! Du kannst nicht einfach deinen Text –

PRINZ HEINRICH: Ich hab nur etwas – Abwechslung –

BALDUR: ABWECHSLUNG?! Ehernes Märchengesetz: TEXTTREUE. Keine Improvisationen, keine Stehgreifnummern, keine Gags, um sich beim Publikum anzubiedern, keine künstlerische Schlamperei. Du weißt doch, was passiert, wenn wir keine gute Arbeit leisten. *Abwechslung* ... (zu seinem Esel) He!

Sie erreichen den „Horizont" und reiten einfach „hindurch".

CORINNAS STIMME: Müllmänner sind Riesen, irgendwelche Zwerge leben unter ihrem Bett –

23 UMKLEIDERAUM – I/T 23

Corinna zieht sich mit ihrer Kollegin (MARIE, Ende 30) um: Arbeitshosen, Schuhe, Kittel ...

CORINNA: ... und wenn sie Licht braucht, ruft sie einen Drachen. Erst habe ich ihren Va-

MARIE: (scharf) SHTTT! Sein Name wird nicht genannt.

CORINNA: Tschuldige. Und jetzt muss ich mit ihr wahrscheinlich zum Kinderpsychologen.

MARIE: Quatsch. Sie hat einfach nur viel Fantasie.

CORINNA: Sie lebt in einer kompletten Fantasie*welt*.

MARIE: Wer will schon in der Realität ankommen?

Sie laufen auf eine Tür zu, während sie sich Hauben aufsetzen.

CORINNA: Wieso kann ausgerechnet meine Tochter nicht einfach ein ganz normales Mädchen sein?

MARIE: So wie *wir*?

Sie stößt die Tür auf zur –

24 SCHULKÜCHE – I/T 24

Corinna und Marie kommen in die große Schulküche herein.

Herr über die dampfenden Töpfe und Pfannen ist OTTO, ein Mann undefinierbaren Alters, den zwei Dinge auszeichnen: er ist unglaublich fett, und er spricht nie. Hinter ihm steht in einer Ecke ein kleiner Fernseher, der den ganzen Tag läuft.

CORINNA: Morgen, Otto.

Während sie sich an die Arbeit machen:

MARIE: Wieso sagst du das jeden Morgen?

CORINNA: Höflichkeit?

MARIE: Ja, aber wir arbeiten seit fünf Jahren hier, und er hat dir noch nie geantwortet.

CORINNA: Man hofft immer auf's erste Mal.

MARIE: He, Otto, wie war das Wochenende?

Otto grunzt nur missbilligend.

CORINNA: Vielleicht spart er ja nur Kraft.

MARIE: Wofür?

CORINNA: Einen Heiratsantrag. Immerhin bin ich noch zu haben. (laut) Und ich kann WARTEN.

MARIE: Ich sage dir, eines Tages wird Otto einfach tot umfallen und in einem der Kessel verschwinden.

CORINNA: Hoffentlich in keinem mit vegetarischem Essen.

25 KLASSENRAUM – I/T   25

Die Kinder haben Platz genommen, vorne steht NORAS KLASSENLEHRERIN. Nur Nora sitzt allein an ihrem Tisch.

NORAS KLASSENLEHRERIN: Unser Thema lautet heute wieder „Mein Vater, meine Mutter". Und heute hat Vicky ihren Vater mitgebracht. Vicky ...

Vicky nickt stolz.

NORAS KLASSENLEHRERIN: Vicky? Wo – ist er denn?

VICKY: Könnten Sie das Fenster bitte aufmachen? Es ist heiß.

Die Klassenlehrerin tut es mechanisch.

NORAS KLASSENLEHRERIN: Du hattest doch gesagt, dass heute dein –

Draußen vor dem Fenster fällt ein Seil herunter, und daran lässt sich ein Mann herab.

Ein FEUERWEHRMANN.

Er schwingt unter dem begeisterten Applaus der Kinder in die Klasse.

NORAS KLASSENLEHRERIN: Oh ...

VICKYS VATER: Hallo, ich bin Vickys Vater, ich bin Feuerwehrmann, und ich werde euch heute erzählen, was Feuerwehrmänner alles so tun müssen.

Vicky strahlt. Nora wirft ihr einen ehrfürchtigen Blick zu.

SCHNITT AUF

26 SCHULKÜCHE – I/T   26

Einen Wasserschwall.

Otto bei der Arbeit an den Pfannen und Kesseln.

Corinna und Marie beim Waschen, Putzen, Schnippeln …

> MARIE: Wir hatten's uns richtig schön gemacht. Ich hatte sogar 'ne Flasche Massageöl gekauft. „Nächte des Orients".

FRED kommt herein. Er ist Anfang 50 und Leiter der Küche.

> FRED: Also, Essen 1: Königsberger Klopse mit Kartoffelbrei und einem Salat.

> MARIE: Erst hat seine Mutter angerufen, „kümmerstdudich auchgenugummeinenkostbarenSohnersahinletzterZeitsodünnaus" …

> FRED: Essen 2: Tagliatelle mit Basilikumsoße und einer Quarkspeise mit Früchten. Aber statt der Erdbeeren nehmen wir Heidelbeeren.

> MARIE: … dann hat Felix schlecht geträumt, und als endlich alles so weit war – waren wir zu müde. Happy 10. Hochzeitstag. Irgendwann wird Romantik auf der Liste der ausgestorbenen Arten stehen.

> FRED: He, ihr Süßen, wenn ihr nicht bald euren Hintern bewegt, steht ihr auf der Liste für *ausgestorbene Küchenhilfen*. Ich bezahl euch nicht fürs Quatschen.

> CORINNA: Fürs Arbeiten aber auch nicht.

> FRED: Ich warne euch.

> MARIE/CORINNA: Gerade jetzt schwimmen 5.000 Küchenhilfen durch die Meerenge von Gibraltar.

> FRED: Wäre eine von euch eventuell *geneigt*, mit anzufassen?

Corinna wischt sich die Hände ab.

> CORINNA: Mach ich.

27 KLASSENRAUM – I/T   27

Der Feuerwehrmann beendet seine Demonstration.

> VICKYS VATER: So, und jetzt wisst ihr alles, was ein Feuerwehrmann können muss.

Er lächelt Vicky zu. Die lächelt stolz zurück.

Alle Kinder klatschen.

> NORAS KLASSENLEHRERIN: Das war großartig. Vielen Dank.

> VICKYS VATER: Also dann, Kinder …

Er packt das Seil und schwingt sich aus dem Fenster.

Die Kinder rennen zum Fenster. Unten lädt Corinna gerade mit Fred einen Lieferwagen aus.

Nora sieht die Blicke von Vicky und Maja, leidet ...

28 HINTER DER SCHULE – A/T   28

Während Corinna und Fred Lebensmittel ausladen:

> CORINNA: Der Wasserhahn in der Küche ist schon wieder kaputt.

Sie greift sich mehrere Kartons.

> FRED: (in Panik) Vorsicht. Das sind ... Lass mich das lieber ...

> CORINNA: Ich hab versucht, ihn zu reparieren, aber ... Und ein Klempner kostet ein Vermögen.

> FRED: Nicht, das sind ...

Zu spät. Corinna lässt sie beinah fallen, hat sie dann aber doch im letzten Moment und trägt sie triumphierend davon.

29 KLASSENRAUM – I/T   29

Die Kinder gehen wieder auf ihre Plätze.

> NORAS KLASSENLEHRERIN: Gut. Wir hatten einen Feuerwehrmann, eine Zahnärztin, Tims Mutter hat uns gezeigt, wie man tolle Fotos macht, und Jastrams Vater hat einen Computer aufgeschraubt. Und als letzte ...

Ihr Blick streift durch die Klasse, bleibt bei Nora, allein hinter ihrem Tisch, hängen. Die hört nicht zu.

> NORAS KLASSENLEHRERIN: Kommt morgen Noras Mutter.

> NORA: (fährt auf) NEIN! Meine Mutter kann morgen nicht.

> MAJA: (halblaut) Da muss sie Kartoffel schälen.

Gelächter. Nora hat es gehört, versucht, stark zu bleiben.

> NORAS KLASSENLEHRERIN: Ruhe! Nora? Nora?!

> NORA: (kaum hörbar) Wirklich, sie –

> NORAS KLASSENLEHRERIN: – freut sich. Ich hab vorhin mit ihr geredet.

> VICKY: Ja, ich möchte mal sehen, wie man Teller abwäscht, wenn der Geschirrspüler kaputt ist.

Nora schluckt.

30 MÄRCHENREICH/GARDEROBE – I/T   30

Eine Art Garderobe, an der eine DURCHSICHTIGE MÄRCHENFIGUR sitzt. Alle Farben sind bereits verschwunden, und auch die Konturen sind schon teilweise unscharf. Requisiten, Pferde etc. werden hier ab- und ausgegeben.

Prinz Heinrich und Baldur steigen ab. Sie führen den Schimmel und den Esel mit sich. Das Folgende im Laufen:

>PRINZ HEINRICH: Hast du denn nie Sehnsucht?
>
>BALDUR: Sehnsucht? Wonach?
>
>BALDURS STIMME: Abenteuer?
>
>BALDUR: Wir erleben doch jeden Tag Abenteuer, ziehen in die weite Welt und –

Dabei stellen Baldur und Prinz Heinrich die Tiere in eine Box.

>PRINZ HEINRICH: Ich meine *richtige* Abenteuer. Feuer, das HEISS ist, Qualm, der dir in den Augen BRENNT. Wasser, das EISKALT ist.

Unterdessen geben Prinz Heinrich und Baldur bei der durchsichtigen Figur ihre Schwerter und Sachen ab.

>BALDUR: Häng sie nicht wieder auf den falschen Haken. Ich will nicht wieder mit der Kappe von Rotkäppchen rumrennen wie beim letzten Mal.
>
>PRINZ HEINRICH: Leben und Tod. RISIKO.
>
>BALDUR: Risiko? Du meinst das Unbekannte? Das Unentdeckte, das furchterregendste Rätsel, der endlose Horizont, Anspannung aller Sinne, das Weiße im Auge des Gegners, die letzten Wahrheiten, der Moment der Gewissheit, die Magie der Ewigkeit?
>
>PRINZ HEINRICH: (zunehmend begeistert) JA.
>
>BALDUR: NEIN! Risiko ist eines der am meisten überschätzten Wörter.

31   MÄRCHENREICH/GARDEROBE – I/T   31

Baldur und Prinz Heinrich wenden sich von der Garderobe ab, öffnen eine Tür und stehen in –

32   MÄRCHENREICH/SAAL – I/T   32

Ihrem Reich. Groß. Verwinkelt. Mehrere Ebenen übereinander, Nischen, Säulen ... Patina von all den Jahrhunderten. Eine Mischung aus Breughel und Bosch. Das hier ist das Reich der klassischen Märchen. Dutzende. Eine eigene Welt. Ein Gewimmel. Man kann sich gar nicht lange genug daran satt sehen. Es ist ein Kommen und Gehen, neue Figuren treten hinzu, andere werden zu ihren Auftritten gerufen. Alle Märchenfiguren sind „aus Fleisch und Blut", nur ihre Farben sind etwas kräftiger und reiner als im normalen Leben. Doch unter ihnen gibt es mehrere Figuren, die unterschiedlich durchsichtig sind.

>BALDUR: Ich brauch was zu trinken.

Mehrere Redner sind im Raum verteilt und agitieren. Die Stimmung ist angespannt.

    1. RÄUBER: Ich sage euch, die Zeit ist reif. Bevor es zu spät ist, SOLLTEN WIR ALLE GEHEN.

Ihm gegenüber das Tapfere Schneiderlein.

    BALDUR: Nicht schon wieder.

    TAPFERE SCHNEIDERLEIN: Und ich sage euch: Hört nicht auf sie! Denn es sind falsche Propheten, und sie sprechen mit falscher Zunge. ER hat uns hierhergesetzt, weil unsere Bestimmung ist –

    1. RÄUBER: Zu leben. (Zeigt auf einige der durchsichtigen Figuren) Denn das blüht uns allen, wenn wir nicht mehr gelesen werden. Wir VERSCHWINDEN.

Aschenputtel, Rotkäppchen und Dornröschen kommen vorbei.

    DORNRÖSCHEN: Eine falsche Entscheidung, die falsche Rolle, und peng, deine Karriere ist zu Ende, bevor sie überhaupt angefangen hat.

    ROTKÄPPCHEN: Ich werd immer gelesen werden. (Auf den Blick der beiden anderen hin.) Wir.

    1. RÄUBER: Hier, unterschreibt!

    TAPFERE SCHNEIDERLEIN: Nein, bei mir.

Prinz Heinrich nimmt vom 1. Räuber einen Stift. Baldur reißt ihn ihm aus der Hand.

    PRINZ HEINRICH: Was soll das?

    BALDUR: Du kannst nicht schreiben.

    1. RÄUBER: Ein Kreuz hätte vollkommen …

Jetzt sehen wir, dass auf der Liste eine Menge Kreuze stehen.

    PRINZ HEINRICH: Willst du nicht wissen, was da oben ist?

    BALDUR: Was sollte da sein, was hier nicht –

Die kleine Meerjungfrau kommt vorbei. Eine Spur von Wasser und Schuppen hinter sich herziehend.

    PRINZ HEINRICH: Regen. Hier haben wir nur Sonnenschein. Willst du nicht spüren, was Regen ist?

    BALDUR: Regen? Der bringt diese – diese *Dinger*. Du wirst nass und – du merkst es nicht mal, und dann wandern sie in deinem Körper herum, sind überall, werden mehr und mehr und mehr und dann – BAMM, fällst du um.

    PRINZ HEINRICH: Was ist so furchtbar am Tod? Nur weil wir ihn nicht kennen, ist er noch lange nicht schlecht. Vielleicht ist er etwas sehr Schönes.

    BALDUR: Oh Gott … (Befühlt seine Stirn.)

Der Bärenhäuter, der sich nicht waschen, kämmen und Bart, Haare und Nägel schneiden lassen darf, kommt herein.

>ALLE: Puhhhhhh ...

Baldur und Prinz Heinrich auf dem Weg zum Tresen. Baldur zeigt Prinz Heinrich seine Zunge.

>PRINZ HEINRICH: Was soll das?

>BALDUR: Ist sie belegt? Sie sieht irgendwie komisch aus. Denkst du, ich krieg Fieber?

>PRINZ HEINRICH: Wie heißt das Wort?

>BALDUR: Scheiß drauf?

>PRINZ HEINRICH: Du sollst – (Resigniert) Nicht das, das andere. Hypnochonder?

Baldur und Prinz Heinrich laufen an HÄNSEL und GRETEL vorbei. Hinter ihnen schlurft die HEXE her. Ihre Kleider sind überall angesengt.

>HEXE: Dilettanten.

Sie trennen sich. Hänsel und Gretel gehen zur Bar, die Hexe sucht sich einen stillen Platz.

>GRETEL: Aber wir mussten uns verteidigen. Ich habe dir dein Leben gerettet. Vor einer Hexe.

>HÄNSEL: Hexe. Weil sie rote Haare hat? Und alt ist, kurzsichtig und schwach, keinen Mann hat und nicht im Dorf wohnt?

>GRETEL: Pogromstimmung gegen alte Leute.

>HÄNSEL: Und wir sollen *Vorbilder* sein?

Baldur und Prinz Heinrich erreichen die Bar, an der bereits –

Die hünenhafte Wache dem ALTEN hinter dem Tresen ihr Herz ausschüttet.

>HÜNENHAFTE WACHE: 200 Jahre und kein *einziger* Dialogsatz. Beim letzten Mal hab ich mich geräuspert. Gott, die Blicke.

Der Tresen wächst Baldur und Prinz Heinrich entgegen, so wie er sofort wieder einschrumpft, sobald ein Gast weggeht.

Unter den Flaschen auf dem Regal ist auch eine mit dem GEIST IN DER FLASCHE.

>FLASCHENGEIST: Lassmichraus! Lassmichraus! Lassmichraus!

>ALTER: Halt die Klappe, sonst stell ich dich in den Keller.

>BALDUR: Wie immer.

Er zieht seine Jacke aus und wirft sie auf einen Baum, dessen Äste als Kleiderhaken dienen.

>BAUM: Ich bin kein KLEIDERSTÄNDER. Das ist entwürdigend.

Baldur achtet nicht weiter auf ihn.

Ein fürchterliches Knarren erfüllt den Raum. Alle wirbeln herum.

Der RIESE hat den Raum betreten, lässt sich fallen. Der Boden wackelt, Staub rieselt aus dem Gebälk. Der Riese lässt seufzend den Kopf sinken und starrt traurig vor sich hin.

33 SPEISESAAL – I/T   33

Die Kinder holen sich ihr Essen, das Marie und Corinna austeilen. Nora steht in der Schlange. Hinter ihr Jastram.

JASTRAM: Hör nicht auf sie. Die sind doch nur blöd.

Maja und Vicky drängeln sich zwischen sie.

VICKY: Wer ist blöd, du Zwerg?

Nora erreicht die Ausgabe.

CORINNA: Na? Ein oder zwei?

Sie fährt sich über die Stirn, lässt eine Mehlspur zurück, die sie nicht bemerkt. Die Kinder werfen sich amüsierte Blicke zu, Nora ist peinlich berührt, will aber nichts sagen.

NORA: (leise) Eins.

Vicky tritt vor.

VICKY: Die zwei.

CORINNA: (während sie arbeitet) Du bist Vicky, oder?

VICKY: (ganz das wohlerzogene Mädchen) Ja, Frau Meerbaum.

CORINNA: Ich komme morgen in eure Klasse.

VICKY: Nora freut sich schon.

Sie legt ihren Arm um Nora.

CORINNA: Vielleicht hast du ja mal Lust, uns besuchen zu kommen.

Sie blickt Nora an, wartet auf eine Bestätigung.

VICKY: Das wäre *toll*.

CORINNA: Nora?

Nora stellt ihren Teller ab und stürzt davon.

CORINNA: NORA!

Sie will hinter ihr herlaufen, aber Vicky streckt ihr den Teller hin.

VICKY: Kann ich noch Tagliatelle haben?

Corinna seufzt und nickt. Vicky lächelt triumphierend.

34 TOILETTE – I/T   34

Nora sitzt auf einem Toilettendeckel, die Beine angezogen. Die Tränen laufen.

STIMME: Nora? Sie ist bestimmt hier. Nora?

Nora trocknet sich hastig die Tränen ab und hält die Luft an.

Drei Mädchen vor den Boxen.

>MAJA: Das ist ihr Rucksack.

Sie öffnet Noras Rucksack, findet das Märchenbuch.

Die Tür fliegt auf – darin Nora.

>NORA: Gib mir das Buch!

>VICKY: Wir wollten nur nachgucken, ob du hier deinen *Prinzen* versteckst. Wo ist er denn?

>NORA: GIB MIR DAS BUCH!

Sie versucht es wiederzuerlangen, aber die Mädchen werfen es sich wie einen Ball zu. Nora springt von einer zur anderen – immer eine Sekunde zu spät.

>VICKY: Weißt du, was du wirklich bist? Eine blöde Lügnerin. NIEMAND WILL DEINE FREUNDIN SEIN.

Sie wirft das Buch in ein Waschbecken. Die drei Mädchen gehen lachend hinaus. Doch vorher dreht Maja noch den Wasserhahn auf. Nora bleibt allein zurück.

Sie holt das Buch heraus, das im Waschbecken schwimmt.

35 GANG – I/T   35

Nora geht den Gang entlang, das tropfende Märchenbuch unter dem Arm.

> VICKY: Grüß die Zwerge und das sprechende Einhorn. Vielleicht kann ich sie ja mal treffen.
>
> MAJA: Bis morgen mit deiner *tollen Mutter*, Märchenerzählerin.
>
> JASTRAM: Lasst sie in Ruhe.

Nora reagiert nicht, geht weiter.

> VICKY: Oh, ein mutiger Prinz ...

Sie schubsen Jastram gegen die Wand.

Nora drückt das Märchenbuch an sich.

Groß: Es ist vollkommen verzogen.

36 MÄRCHENREICH/SAAL – I/T   36

Prinz Heinrich und Baldur sitzen am Tresen.

Der Alte gießt gerade eine Weinflasche in ein Glas. Ein WINZIGES Glas. Und doch findet die gesamte Flasche Platz darin und dann noch eine zweite.

Er macht eine Kopfbewegung zu einem Wischtuch, das sofort von selbst über den Tresen wischt.

> ALTER: Wie ist's gelaufen?
>
> BALDUR: Im Mittelteil war sie zu langsam.
>
> ALTER: Der Mittelteil ist immer das Problem.

Mehrere Frauen werfen im Vorbeigehen Prinz Heinrich begehrliche Blicke zu.

> ROTKÄPPCHEN: Wie küsst er? Mit Zunge?
>
> ASCHENPUTTEL: Du bist zu jung dafür.
>
> ROTKÄPPCHEN: Zu *jung*? Ich bin 200 Jahre alt.
>
> PRINZ HEINRICH: Willst du nicht EINMAL eine ECHTE Frau kennenlernen?
>
> BALDUR: Ich (schluckt betrübt) – werde nie eine Frau kennenlernen.
>
> PRINZ HEINRICH: *Eben.*

Die Bremer Stadtmusikanten kommen herein. Sie sind mitten in einem Streit.

HAHN: Dann ist eben jetzt jeder mal unten und mal oben. Ich kann einen Plan machen. Montag bist du unten und –

Sie laufen an den Räubern vorbei. Der Frosch taucht bei ihnen auf.

FROSCH: Kommt schon, werft mich an die Wand.

Der 1. Räuber fängt mit einer blitzschnellen Bewegung eine Fliege.

FROSCH: NICHT!

Der Räuber wirft ihm die Fliege zu. Reflexartig schnellt die Zunge des Frosches heraus, und er verschluckt die Fliege. Er hustet und würgt.

FROSCH: Uahhhhhh ... Ich ha-ss-e Fliegen.

1. RÄUBER: Du bist ein Frosch.

FROSCH: Bin ich nicht! Werft mich an die Wand. Nur einmal.

Der Alte lässt das Weinglas über den Tresen zur hünenhaften Wache schlittern, während dabei das Wischtuch wie beim Curling vor dem Glas herwischt, dann hält er zwei Bierhumpen unter die Hähne, die Tiermäuler sind. Sie holen tief Luft und „übergeben" sich dann in die Humpen.

Die Frauenrunde hat an einem Tisch Platz genommen. Auf dem Tisch liegt Besteck ineinandergeknäult – wie ein Haufen Mikado. DAS BESTECK HAT GESICHTER.

Schneewittchen betritt gerade den Saal. Wie eine Göttin, die sich ihres Wertes bewusst ist und weiß, dass ihr alle Blicke gelten. Ihre sieben Zwerge folgen ihr.

Die Frauen blicken Schneewittchen nach.

ASCHENPUTTEL: Cellulite.

ALLE DREI FRAUEN: Definitiv.

ROTKÄPPCHEN: (zu dem Besteck) He!

In den Haufen Messer, Gabeln und Löffel kommt Bewegung. Sie sortieren sich.

PRINZ HEINRICH: Hast du dich nie gefragt, was vor uns war? Warum sind wir hier? Wer bin ich? Wohin gehe ich? Woher kommen wir?

BALDUR: (angeekelt) Ah, die großen Fragen ...

Sie erhalten ihre Humpen.

PRINZ HEINRICH: Genau, wir sind nie gefragt worden.

BALDUR: Von wem?

KRACH – RAPUNZEL ist über ihre langen Haare gestolpert und der Länge nach hingeknallt.

| 37 | **WOHNUNG – I/T** | 37 |

Die Wohnungstür geht. Nora kommt herein. Ein Häufchen Elend. Sie wirft ihren Rucksack in die Ecke, inspiziert das alte Märchenbuch. Es ist durch das Wasser völlig verzogen.

| 38 | **MÄRCHENREICH/SAAL – I/T** | 38 |

Rapunzel, die sich verblüfft durch die Haare fährt. Sie bleiben zwischen ihren Fingern hängen.

RAPUNZEL: Was ...

Prinz Heinrich und Baldur am Tresen achten nicht darauf.

PRINZ HEINRICH: Wir hätten Abenteuer haben können. Frauen.

BALDUR: Aber du bist der Prinz. Du kannst jede hier haben.

PRINZ HEINRICH: Das ist ja das Problem. Ich kann jede Frau haben.

3. RÄUBER: Und jeden Mann. (Bemerkt die Blicke) Äh ... Und jede Frau.

PRINZ HEINRICH: Willst du nicht einmal eine ECHTE Frau kennenlernen?

BALDUR: Wen?

PRINZ HEINRICH: Egal ... (sucht) Corinna.

BALDUR: Wozu? Ich bin Knappe. Knappen bekommen keine Mädchen.

PRINZ HEINRICH: Aber willst du nicht wenigstens wissen, wie sie aussieht?

Baldur schluckt.

PRINZ HEINRICH: Ha! SIEHST DU!

SCHLEMIHL dreht sich um die Achse, um seinen nicht existierenden Schatten zu sehen.

Zwei Stühle weiter am Tresen, die durchsichtige Figur vor der hünenhaften Wache.

DURCHSICHTIGE MÄRCHENFIGUR: Wie stellst du es an, dass du gelesen wirst?

HÜNENHAFTE WACHE: (würdevoll) Das ist eine Frage der Technik. Früher dachte ich, ich bin nur eine uninteressante Wache, an der der Prinz vorbeireitet. Aber dann hab ich mich gefragt, worum geht es in der Geschichte TATSÄCHLICH?

DURCHSICHTIGE MÄRCHENFIGUR: Aschenputtel und Prinz Hein-

HÜNENHAFTE WACHE: Siehst du? Falsch!

DURCHSICHTIGE MÄRCHENFIGUR: Nicht?

HÜNENHAFTE WACHE: Verstehst du, da ist dieser Wachposten.

PRINZ HEINRICH: Es muss einen Moment gegeben haben, am Anfang, wo wir hätten sagen können – NEIN. Irgendwie haben wir ihn verpasst.

BALDUR: Ich würde nicht drüber nachdenken. Du wirst nur depressiv.

Der Schlemihl taucht neben Prinz Heinrich und Baldur auf.

SCHLEMIHL: Würdest du mir deinen Schatten leihen. Oder verkaufen?

BALDUR: (wütend) Frag den Minustauscher.

Deutet auf HANS IM GLÜCK. Alle lachen höhnisch.

PRINZ HEINRICH: Ich hätte nur so gern meinen Vater kennengelernt.

BALDUR: Wieso glaubst du, dass du überhaupt existierst? Du –

Baldur friert ein. Prinz Heinrich folgt seinem Blick zu –

Rapunzel, die sich über ihren Kopf streicht. Er ist mittlerweile völlig kahl.

RAPUNZEL: Meine ganzen ...

Gretel läuft mit Rapunzels Haaren vorbei.

RAPUNZEL: He, was machst du mit meinen ...

Der Wolf blickt an sich herunter. An seinem Hinterteil prangt ein niedlicher Schwanz wie bei einem Pudel.

BALDUR: Oh mein ...

39   HINTER DER SCHULE – A/T   39

Corinna trägt Essensabfälle zu einer der Tonnen im Hinterhof und kippt sie hinein.

Sie massiert sich den Nacken, lässt den Kopf kreisen und blickt in den Himmel. Ihre Tochter geht ihr nicht aus dem Kopf.

Ein Auto hält auf dem Parkplatz, hupt. Ein 40jähriger Mann öffnet das Fenster, es ist HEINZ, Marie's Mann.

HEINZ: He, Corinna. Los, beeil dich! Wir brennen durch.

Marie kommt heraus. Sie hat sich umgezogen.

MARIE: Hast du deine Zahnbürste dabei und deine Tabletten?

HEINZ: Kauf ich am Flughafen.

MARIE: Gut. Dann kann ich mir wenigstens das Kassler heute Abend sparen.

HEINZ: Dann besser nächste Woche.

CORINNA: Ich werd auf dich warten, mein Ritter.

MARIE: Schlampe.

CORINNA: Egoistin.

Sie grinsen.

Marie geht zu ihrem Mann, küsst ihn. Corinna sieht ihnen dabei zu, seufzt.

Fred taucht neben ihr nauf.

FRED: Du hast recht, ein Klempner kostet ein Vermögen.

40   WOHNZIMMER – I/ABEND   40

Der Fernseher läuft, eine wirklich alte Kiste, die die Farben zu grell wiedergibt. Es ist offensichtlich: Corinna hat nicht viel Geld. Eine Kindersendung. Ein PANTOMIME, das Gesicht lustig bemalt, stellt ein Märchen dar. Die Kinder in der Sendung raten durcheinander: Schneewittchen, Vogel Greif ...

Nora sitzt davor, die Knie an die Brust gezogen. Neben ihr liegen ein Fön und das alte Märchenbuch, das jetzt wieder trocken, aber völlig verzogen ist.

An einer Wand hängt ein Foto, auf dem Corinna (sieben Jahre jünger) die eineinhalbjährige Nora an der Hand hält. Die zweite Hand von Nora ist durch den Rand des Fotos abgeschnitten.

Die Wohnungstür geht im OFF. Corinna ist gekommen.

CORINNAS STIMME: NORA!

NORA: Das ist Frau Holle.

Corinna kommt herein.

CORINNA: Mach das aus. Hörst du?! MACH DAS AUS!

NORA: Aber das ist der Märchenmann. FRAU HOLLE!

CORINNA: Ich rede mit dir!

Corinna schaltet den Fernseher aus.

CORINNA: Du bist zu alt dafür.

NORA: MAMA!

CORINNA: Wir müssen reden. Was war das bei der Essensausgabe?

NORA: (trotzig aus schlechtem Gewissen) Ich will das SEHEN.

CORINNA: Also?

Nora läuft mit dem Märchenbuch aus dem Zimmer.

CORINNA: Du bleibst hier! NORA!

41 NORAS ZIMMER – I/A   41

Nora hat sich wieder in ihr Versteck, den Schrank, zurückgezogen.

Sie hat Schwierigkeiten, das Märchenbuch zu öffnen, schafft es endlich. Sie streicht die verknitterten, zusammengeklebten Seiten glatt, zieht sie vorsichtig auseinander. Buchstaben verrutschen, eine Zeichnung hat sich abgelöst und klebt mit der Rückseite nach oben auf der gegenüberliegenden Seite. Die Zeichnung ist von dieser Rückseite aus durchsichtig, und Nora
BLICKT VON OBEN DIREKT AUF DIE MÄRCHENFIGUREN.

42 MÄRCHENREICH – I/T   42

Eine Krisensitzung. Es haben sich 2 Fraktionen gebildet. Alle schreien durcheinander.

Während der Szene sieht Nora zu.

    1. RÄUBER: Seht ihr endlich?! (Er zeigt auf die deformierten Märchenfiguren.) Es fängt schon an.

    GRETEL: Das oder das. (Zeigt auf die durchsichtigen Märchenfiguren.) Das ist unsere Zukunft.

    1. ZWERG: Wenn wir eine hätten.

    PRINZ HEINRICH: (vorwurfsvoll) Siehst du!

    HÄNSEL: Wir sollten alle gehen.

    BALDUR: Niemand geht!

    ROTKÄPPCHEN: Wir werden immer erzählt werden.

    1. ZWERG: Ach ja? Wieso bist du da so sicher? Wisst ihr noch, wie es früher war? Als wir angefangen haben?

    VERSCHIEDENE STIMMEN: Ja. Ja …

Prinz Heinrich holt Luft.

    BALDUR: Halt die Klappe! Du hörst auf einen –

    1. ZWERG: Sag's nicht.

    BALDUR: Auf einen –

    1. ZWERG: Kleinwüchsigen.

Nora hält immer noch die Luft an.

    HEXE: Männer und Frauen haben uns abends am Feuer erzählt. FAMILIEN …

    1. ZWERG: Damals gab es 300 von uns. Und jetzt? Kennt jemand noch „Der fette Kohlkopf" oder „Der kluge Storch"?

    HEXE: Jeder wollte uns hören.

    GRETEL: Jetzt sind es nur noch Kinder. Fünfjährige. Wenn überhaupt. Wie lang wird es uns noch geben? 30 Jahre? 20?

BÄRENHÄUTER: Wir können eh nichts machen. Wir sind von der Gunst des Publikums abhängig.

SCHNEEWITTCHEN: *Gunst des Publikums.* Pfff – KÖNNEN!

HÄNSEL: Ich sage, wir müssen hier raus, bevor's zu spät ist.

DÄUMLING: Und wenn wir was ändern? Die Sache – aufpeppen.

RAPUNZEL: *Aufpeppen?!* Aufpeppen. Qualität wird sich immer durchsetzen.

GRETEL: Qualität?! Was du machst, ist doch nur Schmiere. *Glatzkopf.*

RAPUNZEL: Ach ja?! Das sagt ausgerechnet die *Diebin* meiner –

HEXE: Wir brauchen frisches Blut, das Schwung in den Laden bringt.

2. ZWERG: *Frisches Blut?* Woher denn?

TAPFERES SCHNEIDERLEIN: Ich hasse Blut.

Nora kann sich nicht mehr zurückhalten:

NORA: Krass!

Das haben alle Märchenfiguren gehört, und auch wenn sie nicht genau wissen, woher dieses „Krass" kam, frieren alle ein und lauschen.

PRINZ HEINRICH: Hast du das gehört? Wer war das?

1. ZWERG: Niemand von uns.

Nora hält die Luft an. Sie klappt das Buch vorsichtig zu.

43   KÜCHE – I/ABEND   43

Corinna in der Küche. Sie bereitet das Abendbrot vor.

Nora kommt mit dem Märchenbuch hereingerannt.

CORINNA: Wurde auch Zeit, Prinzessin. Also, ich höre.

NORA: Shttt ... Nicht so laut.

CORINNA: Nora!

NORA: Aber ich muss dir was –

CORINNA: Oh ja. Das musst du. Und du wirst dich da nicht rausreden.

NORA: Ich hatte recht.

CORINNA: Nein, hattest du nicht. Also, was sollte das vorhin mit Vicky bei der Essensaus-?

NORA: Ich kann sie sehen. Sie sprechen. Und Baldur hat gesagt –

CORINNA: Lass das! Deine Lehrerin hat mir gesagt, du würdest –

NORA: Ich kann's dir zeigen. Wirklich.

Es war einmal

CORINNA: NICHT JETZT! Du wirst mit mir jetzt –

NORA: BITTE! Nur EINE MINUTE.

Sie hält ihrer Mutter das Märchenbuch hin. Corinna entdeckt, dass es verbogen ist.

CORINNA: Was ist damit –

NORA: Ist mir – runtergefallen. (kläglich) BITTE!

Corinna schlägt desinteressiert das Buch auf. Sie entdeckt –

NICHTS.

Nora blickt sie erwartungsvoll an. Corinna beginnt zu lesen.

CORINNA: Prinz Heinrich sprang auf seinen Schimmel und Baldur auf seinen Esel, und sie ritten gemeinsam über die Schlossbrücke vorbei an der hünenhaften Schlosswache ...

Und während ihre Stimme allmählich leiser wird –

SCHNITT AUF

44 SCHLOSSBRÜCKE – A/T   44

> PRINZ HEINRICH: (matt) Holen wir uns unsere ... (seufzt, kaum hörbar) Prinzessin!

Er nimmt Anlauf und springt ab und –

LANDET BEREITS NACH EIN PAAR SCHRITTEN WIEDER.

Er lässt den Kopf hängen und schlurft ohne großen heldischen Elan auf seinen Schimmel zu.

Baldur dagegen ist mittlerweile auf seinen dickbäuchigen Esel geklettert, der –

Schlappohren wie ein Bernhardiner hat.

45 HOLZBRÜCKE – A/T   45

Baldur kommt mit seinem Esel um die Kurve geritten, will wie immer über die Holzbrücke –

Doch der Esel bleibt abrupt stehen und –

Baldur segelt vollkommen überrascht in hohem Bogen über seinen Kopf.

Er hängt am Zügel und blickt nach unten, wo der reißende Fluß schäumt, aber –

KEINE BRÜCKE IST.

> BALDUR: Was zum ...

Sein Blick folgt dem Fluss. Zehn Meter entfernt steht eine neue, schiefe Brücke. Wie aus einem Dalí-Gemälde.

46 KÜCHE – I/ABEND   46

Corinna blickt Nora an.

> CORINNA: Es ist – etwas anders, als ich es in Erinnerung hatte. Aber –
>
> NORA: Du musst es umblättern.

Corinna blättert um.

> CORINNA: Und Prinz Heinrich nahm Aschenputtel in die Arme und küsste es.

47 MÄRCHENSCHLOSS – A/T   47

Prinz Heinrich und Aschenputtel küssen sich im Schlosshof. Prinz Heinrich ist irritiert, denn Aschenputtels Augen, die ihn ansehen, sind –

AUF EINER SEITE DES GESICHTES. Wie in einem Picassobild.

> STIMME NORA: Siehst du es?
>
> STIMME CORINNA: Was soll ich sehen?

Die Figuren frieren ein.

SCHNITT AUF

48 KÜCHE – I/ABEND   **48**

Nora blickt in das Buch.

    NORA: Ich hab sie reden gehört. Du musst mir glauben.

49 MÄRCHENSCHLOSS – A/T   **49**

Die Märchenfiguren. Eingefroren. Prinz Heinrich und Aschenputtel seufzen und küssen sich immer noch.

    NORAS STIMME: Es war anders. Ich hab sie gesehen ...

Baldur verlagert das Gewicht auf das andere Bein.

Einige Figuren nutzen die Gelegenheit, um ihre Positionen zu korrigieren und sich im wahrsten Sinne des Wortes in ein besseres Licht zu bringen. Eifersüchtig beobachten sie, wie auch die Konkurrenten Vorteile zu erringen suchen.

Die hünenhafte Schlosswache sieht endlich seine große Chance gekommen: Sie nimmt ihren ganzen Mut zusammen, holt tief Luft und – stellt das rechte Bein einen Zentimeter vor.

    HÜNENHAFTE WACHE: (fast unhörbar, triumphierend) Ja.

    STIMME CORINNA: Okay, das war's.

Die Märchenfiguren entspannen sich, steigen aus ihren Rollen aus. Aschenputtel massiert sich die Lippen, die so geschwollen sind, als wären sie aufgespritzt. Sie schüttelt mit dem Kopf. Die Augen wandern wieder an die richtigen Stellen.

50 KÜCHE – I/ABEND   **50**

Corinna schlägt das Buch zu.

    NORA: (verzweifelt) Sie haben sich unterhalten. Und Baldur hat gesagt: Niemand geht. Wirklich.

    CORINNA: Schluss! Aus! ES REICHT! Wieso hast du deiner Lehrerin gesagt, ich hätte keine Zeit?

    NORA: Weil du in der Küche arbeiten musst.

    CORINNA: Eine Stunde. Fred wird nichts dagegen haben. Sobald die Kartoffeln fertig –

    NORA: Wolltest du – immer in einer Küche arbeiten?

    CORINNA: Was hat das mit ...? Oh ...

Sie versteht endlich, und es tut weh. Nora schluckt ertappt.

    CORINNA: Man kann sich nicht alles aussuchen im Leben. Auch nicht seine Mutter. Und deine bin nun mal ICH.

NORA: (bittend) Wenn ich meinen Vater –

CORINNA: Du weißt, wir reden nicht über ihn.

NORA: Wieso nicht?

CORINNA: Weil ich es nicht möchte.

NORA: Warum nicht?

CORINNA: Weil das Unglück bringt.

NORA: Wem?

CORINNA: Dir.

NORA: Mir? Warum?

CORINNA: Weil – DARUM!

NORA: Wo wohnt er?

CORINNA: Nirgendwo.

NORA: Wo ist das?

CORINNA: HÖR AUF ZU FRAGEN.

NORA: Warum?

CORINNA: Weil es besser für dich ist.

NORA: Wieso?

CORINNA: NORA!

NORA: Guckt er so? (schielt) Hat er einen Buckel? Oder nur einen Arm? Ist mir egal.

Einen Moment lang will Corinna die Wahrheit sagen, aber dann entscheidet sie sich anders.

CORINNA: Dein Vater ist weit weg. ÜBER ALLE BERGE.

NORA: (wütend) Ja, DEINETWEGEN. Weil er toll ist. Über ihn würden nicht alle lachen.

Sie verstummt erschrocken.

CORINNA: Tun sie das? (Schluckt. Dann) Na und?! Wen interessiert das?

Sie sieht die Antwort in Noras Augen, kämpft gegen die Enttäuschung an. Bitter:

CORINNA: Wie du meinst. Wenn du nicht möchtest, dass ich komme, überleg ich es mir. Zufrieden?

Sie sehen sich an. Beide sind erschöpft und ernüchtert. Nora sieht schuldbewusst aus, öffnet den Mund, vielleicht, um etwas Versöhnliches zu sagen, als es an der Wohnungstür klingelt.

CORINNA: Das ist Fred.

51   WOHNUNG CORINNA – I/ABEND   51

Corinna öffnet die Tür. Davor Fred. Er hält eine Weinflasche hoch.

> FRED: Notdienst.

Er sieht, dass sie aufgewühlt ist.

> FRED: Alles in Ordnung?
>
> CORINNA: Was? (lügt) Ja. Klar. (holt tief Luft) Wie lange kannst du –?
>
> FRED: Zwei Stunden.

Er beugt sich vor und – KÜSST SIE.

> FRED: Aber erst den Wasserhahn.

52   KÜCHE – I/ABEND   52

Fred kommt herein.

> CORINNA: Wollen wir nicht lieber ...
>
> FRED: Dauert nur zwei Minuten.

Er holt eine Rohrzange heraus. Setzt sie an und –

> FRED: Hast du das Wasser abgedre-

PFFFFTTTTT.

Eine Wasserfontäne schießt an die Decke.

> FRED: Mist.

Corinna steht einen Moment wie erstarrt, weiß nicht, ob sie lachen oder schreien soll, während Fred blind gegen den Wasserstrahl ankämpft.

Endlich springt sie ihm zur Seite. Beide beginnen gemeinsam, gegen den Wasserstrahl anzukämpfen.

Es dauert, bis sie es geschafft haben. Sie sind vollkommen durchnässt.

Sie lassen sich erschöpft auf den Boden fallen.

53   NORAS ZIMMER – I/N   53

Nora hat das Märchenbuch wieder geöffnet und zieht die Seiten vorsichtig auseinander. Sie schaltet ihre Taschenlampe an, richtet den Strahl ins Buch.

54   MÄRCHENWELT – I/T   54

Jetzt sehen wir, dass immer mehr Deformationen im Märchenreich eingetreten sind:

Nicht nur, dass Rapunzel kahlköpfig ist und ihre Haare jetzt Gretel trägt, und der Wolf einen Pudelschwanz hat –

Einer der Zwerge klebt an der Schulter des Riesen, und Rotkäppchen trägt statt ihrer Kappe einen Hut.

> 1. ZWERG: Lass mich runter. (Zerrt an sich.)
>
> GRETEL: Also was haben wir schon zu verlieren?!
>
> BALDUR: Was haben wir schon zu verlieren?! *Was haben wir schon zu verlieren?!* ALLES. Wenn man nicht rechtzeitig zurückkommt, verschwindet man – dort wie hier. Für immer.
>
> PRINZ HEINRICH: Woher willst du das wissen?
>
> EINIGE: (unisono) Egbert.
>
> BALDUR: Egbert! Der schielende Scharfrichter aus „Schneewittchen".
>
> SCHNEEWITTCHEN: Niemand hat ihn vermisst. Er war nur eine Nebenfigur.

Die anderen Frauen lachen höhnisch. Aschenputtel schüttelt mit dem Kopf. Die Augen wandern wieder an die richtigen Stellen.

> HÜNENHAFTE WACHE: *Nebenfigur!* Wie ich das Wort hasse.

Nora schaut mit angehaltenem Atem zu.

> ROTKÄPPCHEN: Weswegen hieß es dann früher „Der schielende Scharfrichter und die sieben Zwerge"?
>
> NORA: (ganz leise) Cool ...

Einige Märchenfiguren zucken zusammen, aber dann geht der Streit weiter:

> SCHNEEWITTCHEN: Ach, und was war mit den beiden singenden Riesen bei dir? Oder Rapunzel mit diesem lächerlichen sprechenden Hund, der ihr die Show gestohlen hat.
>
> RAPUNZEL: Puhhh ...
>
> BALDUR: Sie sind tot.
>
> 1. RÄUBER: Wieso bist du da so sicher?
>
> PRINZ HEINRICH: Und wenn schon?! Vielleicht hatten sie wenigstens ein Leben voller Abenteuer.
>
> BALDUR: Kennst du den Satz: Wir werden alle verrückt geboren, einige bleiben es?

55   KÜCHE – I/N   55

Corinna und Fred. Sie haben ihre Sachen zum Trocknen aufgehängt, sitzen unter einer Decke auf dem Boden und sind dabei, die Weinflasche auszutrinken. Stumm. Corinna lehnt ihren Kopf an seine Schulter.

> CORINNA: Verrat mir eins: Was ist so wichtig an euch?
>
> FRED: An *uns*?

CORINNA: Wieso brauchen Kinder Väter? *Väter* ... Dabei wäre ich schon froh, wenn Nora eine Mutter hätte, auf die sie stolz ist. Vielleicht hat sie ja recht. Ich bin nur eine Küchenhilfe, die sich nicht mal einen anständigen Klempner leisten kann. (Bemerkt Freds Reaktion.) Tschuldigung.

FRED: Nora ... (will lügen, dann) wird auf dich stolz sein. Irgendwann.

CORINNA: Ja, und bis dahin lebt sie in einer Fantasiewelt, weil sie die ihrer Mutter nicht aushält.

Nimmt einen Schluck.

56   NORAS ZIMMER – I/N   56

Nora in ihrem Bett. Das Märchenbuch, die Taschenlampe.

57   MÄRCHENWELT – I/T   57

Der Strahl von Noras Taschenlampe wandert durch den Märchensaal. Die meisten Märchenfiguren achten nicht darauf. Baldur schon.

BALDUR: Was ...?

1. RÄUBER: Ich sag euch, das Problem ist, dass die Umverteilung des Besitzstandes ein Weg wäre, das Gerechtigkeitsdefizit auszugleichen.

FROSCH: Kommt schon! Werft mich an die Wand.

2. RÄUBER: Stattdessen werden wir zur Kriminalisierung des Aufstandes der Unterdrückten gegen die Besitzenden benutzt.

FROSCH: Werft mich an die Wand.

Der 1. Räuber packt ihn und pustet ihn auf.

FROSCH: Niiiiiiiiicht ... (Er wird unverständlich.)

Der Forsch, prall wie ein Luftballon, steigt in die Höhe und fliegt davon.

RÄUBER: Guten Flug.

Der Frosch segelt an Prinz Heinrich und Baldur vorbei.

FROSCH: (zu sich) Komm schon, gut, ja, ja, ja ...

Doch er knallt nicht gegen eine Wand, sondern bleibt unter der Decke hängen.

BALDUR: Großer Gott.

58   WOHNUNGSTÜR – I/N   58

Fred vor Corinna an der Tür. Sie fährt ihm durch die feuchten Haare.

CORINNA: Nett, dass du gekommen bist.

FRED: Nett, aber verheiratet.

CORINNA: *Doppelt* nett.

FRED: Ich werde sagen, ich bin in den Regen gekommen.

CORINNA: Gute Idee. Wenn es regnen würde.

Sie gibt ihm einen Abschiedskuss.

CORINNA: Sag deiner Frau, du hast in der Autowäsche vergessen, das Fenster zu schließen.

Sie schließt die Tür hinter ihm. Ihr Gesicht verdüstert sich.

59 NORAS ZIMMER – I/N 59

Corinna blickt vorsichtig hinein.

CORINNA: Schläfst du schon?

Nora hat die Augen geschlossen, antwortet nicht. Corinna blickt wehmütig auf ihre Tochter hinunter, seufzt und zieht ihre Decke glatt, bevor sie leise wieder hinausgeht.

CORINNA: Träum süß.

Kaum hat sie die Tür geschlossen, als Nora die Taschenlampe anknipst.

60 CORINNAS ZIMMER – A/N 60

Corinna sitzt mit dem Rest Wein auf dem Fensterbrett ihres Zimmers.

Sie blickt auf das Haus gegenüber. Einige Fenster sind erleuchtet:

In einem sitzt eine ALTE FRAU allein am Küchentisch und isst.

In einem anderen sieht man eine JUNGE FRAU Ballettfiguren üben.

Wieder in einem anderen sitzt ein EHEPAAR stumm vor dem Fernseher.

61 MARIES SCHLAFZIMMER – I/N 61

Dunkelheit. Telefonklingeln.

Eine Nachttischlampe wird angeschaltet. Marie tastet schlaftrunken nach dem Telefon, blickt auf das Display, nimmt ab. Heinz grunzt missbilligend.

Am anderen Ende ist Corinna.

Gespräch im Wechselschnitt

CORINNA: SIE SCHÄMT SICH FÜR MICH.

MARIA: Wer?

CORINNA: Nora! Sie haut von der Schule ab, sie lügt von morgens bis abends mit ihren Geschichten, und jetzt schämt sie sich auch noch für MICH. Nach allem, was ich für uns getan habe.

MARIA: Weiß sie denn davon?

CORINNA: Wovon?

MARIA: Nun, dass du dein Studium abgebrochen hast?

CORINNA: Nein.

MARIA: Dass du es tun musstest, weil du allein warst und Nora als Baby so oft krank war?

CORINNA: Nein.

MARIA: Wer ihr Vater ist?

CORINNA: NATÜRLICH NICHT.

MARIA: Du hast recht: sie ist *undankbar*. (Pause) Wieso hast du ihr das alles immer noch nicht erzählt?

CORINNA: Weil ... (sucht) er ... (sucht, findet keine gute Antwort) Du weißt doch, was passiert ist. Er hat mich im Stich gelassen für diesen dämlichen –

MARIE: Und seit der Zeit belügst du Nora?

CORINNA: Gut, toll, du meinst also auch, ich bin eine schlechte Mutter?!

MARIA: Hör zu, du bist eine GUTE Mutter. Du kannst Nora nur nicht immer beschützen.

HEINZ: Du solltest Therapiestunden geben.

Marie versetzt ihm einen spielerischen Hieb, damit er still ist.

CORINNA: Du denkst, deshalb nehme ich mir einen Verheirateten.

MARIE: Kein Risiko. (Corinna schweigt ertappt.) Sag es ihr. Erzähl ihr alles und warte ab, ob sie sich dann immer noch schämt für dich.

CORINNA: Ja, vielleicht tue ich das. Danke, dass du da bist.

MARIE: Schon gut ... Wir sehen uns morgen.

Sie legt auf.

HEINZ: 50 Euro die Stunde. Du würdest ein Vermögen verdienen.

MARIE: Halt die Klappe.

Marie löscht das Licht.

MARIE: Corinna sagt, einen Verheirateten zu haben schützt vor Enttäuschungen.

HEINZ: Dann sollten wir heiraten.

MARIE: Wir sind verheiratet.

Heinz denkt nach, dann:

HEINZ: Stimmt. Das vergesse ich immer.

Er drückt sich an sie.

> HEINZ: Was hast du eigentlich gegen Küchenhilfen? Ihr riecht unheimlich gut.

SCHNITT AUF

Corinna, die das Telefon ausschaltet. Sie starrt unglücklich aus dem Fenster.

| 62 | **NORAS ZIMMER – I/N** | 62 |

Die Taschenlampe im dunklen Zimmer. Nora hat das Märchenbuch erneut aufgeschlagen und blickt auf die Märchenfiguren.

SCHNITT AUF

| 63 | **MÄRCHENREICH – I/T** | 63 |

> HÄNSEL: Also, stimmen wir ab. Wer ist dafür, dass wir alle gehen?

Die Hälfte meldet sich. Die andere nicht.

> BALDUR: Hört endlich auf! Aufhören! WIR KÖNNEN NICHT GEHEN!
>
> ALLE: WIESO NICHT?!
>
> BALDUR: (triumphierend) WIR HABEN NIEMANDEN, DER DIE TÜR ÖFFNET.

Für einen Moment sind alle verblüfft, dann lassen die einen den Kopf hängen, die anderen seufzen erleichtert.

> NORA: Es gibt eine Tür?

Alle erstarren. Lange.

UND DANN BEGINNT DIE EINE HÄLFTE ZU JUBELN.

Der Frosch hat die ganze Diskussion über ihnen an der Decke mitgehört. Jetzt steckt er sich den Finger in den Mund, die Luft entströmt, seine Maße schrumpfen auf Normalgröße, und er fällt wie ein grüner Stein herunter.

> BALDUR: Heilige Scheiße.
>
> HÄNSEL: Es ist soweit. Es ist soweit. ENDLICH!
>
> NORA: Kann ich – zu euch kommen.

Alle verstummen erneut. Schlagartig.

> ASCHENPUTTEL: WAS? Zu UNS?!
>
> 1. RÄUBER: Warum willst du zu UNS kommen?
>
> NORA: Weil es – bei euch besser ist.
>
> GRETEL: *Besser*? BEI UNS? Bist du da sicher?

Einige lachen höhnisch.

NORA: BITTE! Ich will hier nicht bleiben.

ASCHENPUTTEL: Tu das lieber nicht, Schätzchen.

Sie schüttelt den Kopf. Die Augen wandern an die richtigen Stellen.

PRINZ HEINRICH: Was immer es ist – ich könnte dir helfen.

Noras Gesicht hellt sich auf.

NORA: Wirklich? Das würdest du tun?

PRINZ HEINRICH: Ich bin ein *Prinz*. EGAL wobei.

NORA: Sogar meinen Vater finden?

PRINZ HEINRICH: Du musst mich nur holen.

BALDUR: Was??? Halt die Klappe. (zu Nora) Hör nicht auf ihn! (zu Prinz Heinrich) Hast du nicht zugehört? Hier ist es viel bes-

PRINZ HEINRICH: (darüber) Es gibt ein Zauberwort.

NORA: Und welches?

Alle blicken sich an. Niemand hat eine Ahnung.

Nora kann nichts entdecken.

NORA: Hier ist nichts.

Baldur seufzt erleichtert.

Doch als Nora mit einem Finger zufällig die Zeichnung berührt, BEWEGT SIE SICH. Die Teile der Zeichnung lassen sich wie in einem Puzzle verschieben. Sie tut es. Plötzlich leuchtet auf der Seite ein Begriff golden auf: Orinda-Moraga.

NORA: Ich – ich hab's.

BALDUR: NEIN. NEIN. ES IST FALSCH. ES IST FALSCH. SAG ES NICHT. DAS – IST – KEINE – GUTE – GAR KEINE – GUTE –

PRINZ HEINRICH: Sag es.

NORA: Und du kommst und – wir finden meinen Vater? Wirklich?!

PRINZ HEINRICH: Versprochen. SAG ES!

Nora ist unsicher, kämpft mit sich. Unterdessen schreien alle durcheinander: Ja. Nein. Mach schon …

BALDUR: NICHT! TU ES NICHT. ES BRINGT UNGL-

NORA: ORINDA-MORAGA.

Für einen Moment passiert gar nichts. Aber dann setzt ein tiefes Grollen ein, ein Rumpeln und Rollen wie bei einem Erdbeben, und der Saal fängt zu leben an: Wände beben, die Decke wackelt, der Boden vibriert, Gegenstände erwachen knarrend und knirschend zum Leben, während der Jahrzehnte alte Staub aufwirbelt …

Eine Kerze fällt um und entzündet –

Eine unsichtbare Zündschnur, die an der Wand empor und dann kreuz und quer verläuft und sich wie bei einem Netz teilt, bis

Alle Flammen wieder an einem Punkt zusammenlaufen, der eine Feuerfontäne erzeugt, die –

Den Kronleuchter trifft, bei dem in rasendem Tempo ein geschliffenes Glasteilchen nach dem anderen herabfällt, das auf dem Boden zu Wassertropfen wird, bis ein –

Allerletztes übrig ist, das herabstürzt, und direkt auf –

Einen Tisch schlägt, darin verschwindet, um kurz darauf wie von einem Geysir wieder ausgespieen zu werden und –

Gegen eine Flasche auf dem Regal hinter dem Tresen prallt, die im Umfallen ihren Nachbarn anstößt und der seinen und der die nächste Flasche, sodass eine nach der anderen–

Umfällt.

Die letzte ist die mit dem GEIST IN DER FLASCHE.

    GEIST IN DER FLASCHE: Ja. Ja. Ja.

Und jetzt wird seine Flasche angestoßen, und sie wankt und wackelt und –

Bleibt stehen.

    GEIST IN DER FLASCHE: Neiiiin!

Und als alle anderen Flaschen liegen –

Schießen die Korken aus den Flaschenhälsen und fliegen wie eine Salve quer durch den Raum –

Wo sie eine Streitaxt, die an einer Wand hängt, treffen, die nach unten kippt und –

Von einem Helm die Feder kappt, die –

Jetzt sanft durch den Raum zu schweben beginnt.

Und die ganze Zeit stehen alle Märchenfiguren mit offenem Mund still da, während ihre Köpfe je nach Fortgang hin- und herschwenken und jede neue Wendung mit einem UUHHH begleiten.

    BALDUR: Das ist nicht gut, gar nicht gut ...

Alle folgen dem tänzelnden Flug der Feder, die hin und hergeweht wird, bis sie endlich –

Die am weitesten entfernte Wand berührt, in der sich –

Knarrend ein Tor öffnet, wo man nie ein Tor vermutet hätte.

    BEFÜRWORTER: JA!

Und augenblicklich setzt ein wildes Rennen und Stoßen ein. Zumindest von dem Teil, der weg will.

Auch Prinz Heinrich rennt los.

BALDUR: Nicht!

Die Figuren, die bleiben wollen, versuchen, den anderen den Weg zu blockieren oder sie zurückzuhalten.

BALDUR: (deutet auf den Riesen) Lauf! VERSPERR DAS TOR!

Der braucht einen Moment, dann versteht er, erhebt sich schwerfällig und läuft langsam los.

Unterdessen knallen Figuren ineinander, fallen zu Boden ... Es ist wie in einem Rugbyspiel.

Nur die sechs Zwerge haben bessere Chancen, sie flitzen zwischen und unter den anderen hindurch, den fallenden Körpern immer im letzten Moment ausweichend.

Der GESTIEFELTE KATER springt auf das EINHORN.

Und währenddessen beginnt das Tor, von Sekunde zu Sekunde zu schrumpfen.

GRETEL: Es geht zu. Es geht wieder zu. Haltet es auf.

Sie rennt los, stolpert über die ungewohnten Haare von Rapunzel, schlägt hin.

BALDUR: (meint Prinz Heinrich) Haltet ihn auf! HALTET IHN AUF!

Der Riese tritt mit großen Schritten über die kämpfenden Märchenfiguren. Nur: Er ist sehr, sehr langsam.

Jetzt erreichen die ersten Figuren das Tor: das Einhorn mit dem Gestiefelten Kater und die Zwerge (bis auf den 1. Zwerg, der an dem Riesen klebt). Und verschwinden.

1. ZWERG: Ich komme. Wartet auf mich. Beeil dich, dicker, dummer Riese. (zu Baldur) *Kleinwüchsiger?* Ha!

64 NORAS ZIMMER – I/N 64

Nora hat das alles unterdessen mit offenem Mund beobachtet.

Jetzt sieht sie, dass die Zeichnungen mit den Zwergen (bis auf einen), dem Gestiefelten Kater und dem Einhorn im Märchenbuch erst die Farben, dann ihre Umrisse verlieren, und dann sind sie ganz weg. Auf allen Seiten.

Und kurz darauf schweben Blätter aus dem Buch, gleiten durch die Luft und bleiben auf dem Boden liegen. Die sechs Zwerge, der Gestiefelte Kater und das Einhorn. Vollkommen flach.

Nora starrt mit angehaltenem Atem auf sie.

Plötzlich beginnen sie zu niesen, und mit jedem Luftholen werden sie größer und praller, bis sie vollkommen dreidimensional sind. Sie haben zusammen kaum Platz in dem kleinen Zimmer.

2. ZWERG: Kommt schon, nichts wie weg.

NORA: Aber …

Doch die Märchenfiguren wenden sich bereits zur Tür. Der 2. Zwerg steckt noch mal den Kopf hinein:

2. ZWERG: Wie heißt das Land, wo Männer Röcke tragen?

NORA: Schottland? Wo ist Prinz Hein-

Doch der Zwerg ist schon weg.

65 CORINNAS ZIMMER – A/N 65

Corinna sitzt immer noch auf dem Fensterbrett ihres Zimmers. Sie nimmt einen letzten Schluck.

Im Haus gegenüber: das Fenster der alten Frau ist dunkel. Die junge Frau lässt gerade einen Mann herein, sie umarmen sich. Das Ehepaar liegt stumm im Bett, jeder mit dem Rücken zum anderen. Der Mann schaltet das Licht aus.

Gegenüber auf dem Dachfirst läuft ein Kater. Für einen Moment glaubt sie, dass es sich um eine Halluzination handelt, denn –

Der Kater läuft auf zwei Beinen und trägt einen Hut.

Sie hört Hufgeklapper. Unten, auf der menschenleeren Straße galoppiert ein merkwürdig aussehendes Pferd mit sechs kleinen Reitern davon.

66 WOHNZIMMER – I/N 66

Nora kommt ins Wohnzimmer gestürzt. Sie nimmt das Foto von sich und Corinna von der Wand.

67 FLUR – I/N 67

Nora schleicht am Zimmer ihrer Mutter vorbei zurück.

68 CORINNAS ZIMMER – A/N 68

Corinna hat etwas gehört. Springt vom Fensterbrett.

CORINNA: Nora?

ZURÜCK ZU

69 MÄRCHENREICH – I/T 69

Prinz Heinrich. Er erreicht gerade das Tor, wendet sich noch einmal zu Baldur um, grüßt und dann –

Ist er weg.

BALDUR: Nein. NEEIIIN!

Jetzt hat auch der Riese das Tor erreicht, das weiter langsam zugeht. Der Zwerg zerrt an ihm.

1. ZWERG: Lass mich runter ... Schnell. NEIN!

Das Tor hat sich geschlossen.

1. ZWERG: DUMMER RIESE!

BALDUR: Er hat's getan. ER HAT'S GETAN!

70   NORAS ZIMMER – I/N   **70**

Nora springt in ihr Bett. Sie öffnet die Rückwand des Fotos.

Unterdessen verliert jetzt auch Prinz Heinrichs Zeichnung im Märchenbuch erst die Farben, dann die Umrisse.

Doch jetzt hört sie Schritte. Sie schaltet die Taschenlampe aus und schiebt das Foto hastig unter die Bettdecke.

Und dann schwebt Prinz Heinrich als ein Blatt Papier aus dem Buch, gleitet durch die Luft und bleibt auf dem Boden liegen.

Prinz Heinrich holt Luft, als –

Genau in diesem Moment Corinna hereinkommt.

Nora gibt dem Blatt einen blitzschnellen Tritt, es segelt in die Spielzeugecke.

CORINNA: Weißt du eigentlich, wie spät es ist?

NORA: Ich – kann nicht schlafen.

CORINNA: (sarkastisch) Lass mich raten, der Drache und der Prinz haben ...

Hinter ihr wird Prinz Heinrich mit jedem Atemzug größer und plastischer. Einen Moment lang glaubt man, dass Nora auf ihn deuten wird, aber dann schüttelt sie mit dem Kopf. Corinna hält das für ein Nein, aber Prinz Heinrich versteht, dass er damit gemeint ist. Er hält die Luft an.

CORINNA: Ich weiß. (seufzt) Meine Großmutter hat immer gesagt, man soll nie ins Bett gehen, wenn man sich gestritten hat. Wollen wir reden?

Nora schweigt. Corinna nimmt es für Trotz.

CORINNA: Verstehe.

Prinz Heinrich schafft es nicht länger, die Luft anzuhalten.

PRINZ HEINRICH: Hubbbbb. (Sofort wächst er ein Stück.)

NORA: (gleichzeitig) Kann ich jetzt schlafen?!

Mittlerweile ist Prinz Heinrich hinter Corinna zu halber Größe angewachsen.

CORINNA: Ja. Soll ich die Tür offenlassen.

Nora schüttelt mit dem Kopf.

CORINNA: Dann schlaf jetzt.

Corinna will Noras Bettdecke richten, aber Nora hält sie fest. Corinna seufzt, erhebt sich, dreht sich so zur Tür, dass Prinz Heinrich nicht in ihr Blickfeld gerät. Sie zieht die Tür hinter sich zu.

Nora schaltet ihre Taschenlampe wieder an.

Prinz Heinrich erhebt sich, jetzt in voller Größe, blickt erstaunt auf seine Hände und Arme, tastet sein Gesicht ab.

>PRINZ HEINRICH: JAAA!
>
>NORA: Du bist wirklich ...

Sie berührt ganz vorsichtig Prinz Heinrichs Mantel. Er ist echt. Doch Prinz Heinrich hört nicht zu, sondern blickt aus dem Fenster: die nächtliche Skyline, Lichter, Sirenen ...

>PRINZ HEINRICH: Heiliger ...

Er öffnet das Fenster.

>NORA: Was ... was tust du?

Er dreht sich nach ihr um.

>PRINZ HEINRICH: Worauf ich 298 Jahre gewartet habe. Abenteuer erleben. Richtige Abenteuer.
>
>NORA: Aber du wolltest mir helfen.
>
>PRINZ HEINRICH: Na ja ...
>
>NORA: Du hast es versprochen.

Prinz Heinrich sieht, dass sie den Tränen nahe ist, seufzt.

>PRINZ HEINRICH: Also gut.

Sie holt das gerahmte Foto von sich und Corinna unter der Bettdecke hervor. Zieht es unter dem Glas hervor. Es ist neben Nora geknickt. Sie faltet es auf, und jetzt sieht man, dass auf dem verdeckten Teil ein Mann steht, der die andere Hand von Nora hält. Der Mann trägt einen lustigen Hut.

>PRINZ HEINRICH: Das ist dein Vater?
>
>NORA: Ja. Ich glaube.
>
>PRINZ HEINRICH: Glaubst du?
>
>NORA: Meine Mutter sagt, dass er weit weg ist und mich nicht mag. Aber sie lügt.
>
>PRINZ HEINRICH: Sie lügt?

Nora deutet auf das Märchenbuch und die Spielsachen.

>NORA: Das da ist von ihm. Ich hab einmal gesehen, dass ein Paket angekommen ist. Sie hat die Adresse heimlich abgemacht.
>
>PRINZ HEINRICH: Oh ... Gut. Dann haben wir keine Zeit zu verlieren.

71 MÄRCHENREICH – I/T **71**

Baldur sitzt abseits. Den Kopf in den Händen.

Die Frauen spielen mit dem Besteck Mikado.

Die durchsichtige Märchenfigur taucht neben Baldur auf.

> DURCHSICHTIGE MÄRCHENFIGUR Kann ich mich zu dir setzen?
>
> BALDUR: Was? (In Panik) Wie kommst du ... Nein!

Doch die durchsichtige Märchenfigur hat es schon getan.

> DURCHSICHTIGE MÄRCHENFIGUR: Verstehst du, was an uns so wertvoll sein soll? Verdrängter Elektrakomplex, Stiefmutter mit sadistischer Triebkomponente –
>
> BALDUR: Ist schon was zu ...
>
> DURCHSICHTIGE MÄRCHENFIGUR: Sexualneid, pathologische Libido, zerebrale Lähmung, Exhibitionismus, Fetischneurose, Minderwertigkeitskomplex –
>
> BALDUR: Oh mein Gott. (Er streckt seine Hände aus.)
>
> DURCHSICHTIGE MÄRCHENFIGUR: Vortäuschung totenähnlicher Starre als Anreiz zur Nekrophilie –
>
> BALDUR: Es fängt an.

Er springt auf.

Im Hintergrund wird Schneewittchen zum Auftritt gerufen.

> SCHNEEWITTCHEN: (läuft an Aschenputtel vorbei, höhnisch) Ha!

Aschenputtel zieht eine Grimasse. Sie klemmt einen Faden von Schneewittchens Gewand fest. Mit jedem Schritt wickelt sich der Faden ab, ohne dass sie es merkt.

Baldur taucht neben ihr auf. Im Gehen.

> BALDUR: Findest du, dass ich irgendwie durch... (Ist abgelenkt, da Schneewittchen immer weniger anhat.) ...sichtig bin?

Schneewittchen, mittlerweile nackt schreitet davon.

Der 1. Zwerg, der auf der Schulter des Riesen klebt.

> 1. ZWERG: Warte ... Nimm mich – (zum Riesen) Lass mich runter. Ich muss auftreten.
>
> RAPUNZEL: Cellulitis. Sag ich doch.
>
> ROTKÄPPCHEN: Jedesmal, wenn ich ihn treffe – (Deutet auf den Wolf.) – weiß ich nicht, wer er ist. Hallo? Ich meine, sieh ihn dir an. Das ergibt doch überhaupt keinen Sinn.

Rapunzel schiebt einen Löffel unter eine Gabel und schnippst sie in die Höhe.

SCHNITT AUF

Die Gabel, die wie ein Knochen in die Luft fliegt. Slowmotion. Wie im berühmtesten Jump-cut der Filmgeschichte. Das Gesicht der Gabel wird wie unter dem enormen Druck von Mach-3 teigig und breit.

> GABEL: (erregt) Jaaaaahhhh ...

Sie knallt gegen die Decke, und abwärts geht es, mit den Zinken nach unten.

Baldur hört ein Surren, blickt entsetzt nach oben, wo die Gabel wie ein Fallbeil mit Zinken auf ihn zugerast kommt, bis im letzten Moment –

Eine Hand ins Bild schießt und sie fängt.

Der Bärenhäuter kratzt sich mit der Gabel die Kopfhaut.

> GABEL: Lass das! Uähhhh ... Das ist widerlich.

> DORNRÖSCHEN: 100 Jahre rumliegen für einen Mann. Egal, wer er ist.

Baldur taucht neben den Frauen auf.

> BALDUR: Findet ihr – (Sie achten nicht auf ihn.) Findet ihr mich ...

> ASCHENPUTTEL: Ich bin so froh, wenn wir nicht mehr diese sexistischen Rollenklischees verkörpern müssen. WAS?

> BALDUR: Findet ihr, dass ich schon farbloser bin?

> ASCHENPUTTEL: Du warst immer schon farblos. (Wendet sich wieder den Frauen zu.)

> PECHMARIE: Du hast gut reden, seit 200 Jahren will niemand mich umarmen.

> BALDUR: Oh Gott ... ich brauche die Ampullen.

> CORINNAS STIMME: Aufstehen!

SCHNITT AUF

72 NORAS ZIMMER – I/FRÜH AM MORGEN 72

Corinna, die in Noras Zimmer stürmt.

> CORINNA: Wir müssen uns beeilen. Ich hab verschlafen. Mach jetzt ... Und komm jetzt da raus. Wie oft soll ich es noch sagen – das ist ein SCHRANK –

Sie reißt die Schranktür auf. Darin ist –

Niemand.

> CORINNA: Und kein –

Sie dreht sich um und starrt auf das Bett, in dem niemand liegt.

> CORINNA: Nora? (Mit ungutem Gefühl.) NORA?

Sie läuft aus dem Zimmer.

73   STRASSE – A/FRÜH AM MORGEN   73

Prinz Heinrich und Nora laufen eine Straße entlang. Immer geradeaus.

Autos, Reklame ... Prinz Heinrich sieht sich begeistert um, atmet die Abgase tief ein, als seien sie Parfüm.

Während Nora neben ihm her läuft, begeistert darüber, dass er so sicher den Weg kennt, redet sie aufgeregt auf ihn ein, doch Prinz Heinrich ist viel zu sehr mit den neuen aufregenden Bildern beschäftigt.

    NORA: Er sieht aus wie du, findest du nicht auch?

    PRINZ HEINRICH: Wer?

    NORA: Mein Vater. Meinst du, dass ich bei ihm wohnen kann?

    PRINZ HEINRICH: Bestimmt.

Sie kommen an einem Kino vorbei: „Schneewittchen und die sieben Zwerge" verkündet der Titel.

    NORA: Weißt du, warum ich Aschenputtel mag?

Ein Shopper knattert an ihnen vorbei.

    PRINZ HEINRICH: Nein. (Blickt dem Shopper nach.)

    NORA: Niemand hält zu ihr. Aber am Ende heiratest du sie.

    PRINZ HEINRICH: Sie ist eine Zicke.

Plötzlich sieht sich Prinz Heinrich auf einer riesigen Videowand, die die Straßenszene wiedergibt. Er prallt zurück.

    PRINZ HEINRICH Er sieht genauso aus wie ich.

    NORA: Nein. DAS BIST DU.

Prinz Heinrich will nachfragen, wird aber abgelenkt. Er hält die Nase in den Wind, schnuppert.

    PRINZ HEINRICH: Was ist das?

    NORA: Pizza. Aber erst finden wir meinen –

Doch Prinz Heinrich ist schon wieder abgelenkt. – von einer jungen Frau, dünnes Top, bauchfrei ...

    PRINZ HEINRICH: Oh mein ...

Er reißt sich die Jacke vom Leib, legt es der Frau um die Schulter.

    1. FRAU: Was ...

    PRINZ HEINRICH: Ihr habt nichts anzuziehen.

Eine 2. Frau läuft vorbei. Noch weniger bekleidet.

    PRINZ HEINRICH: Oh ...

Er reißt der 1. Frau die Jacke weg, gibt sie der 2. Frau.

    1. FRAU: He, er hat sie mir gegeben.

Die beiden Frauen geraten sich in die Haare.
Irgendwo sind Sirenen zu hören.
NORA: (nervös) Komm jetzt.
Sie zieht ihn mit sich.
PRINZ HEINRICH: Was ist das?
NORA: Polizei oder Feuerwehr. Du –
PRINZ HEINRICH: Feuerwehr? (erregt) FEUERWEHR!
NORA: Wir müssen uns beeilen.
PRINZ HEINRICH: Aber – ?
NORA: Du hast versprochen, meinen Vater zu suchen.

74 WOHNUNG – I / FRÜH AM MORGEN   74

Corinna reißt die einzelnen Türen auf.
CORINNA: (immer panischer) Nora? Nora? NORA?!

75 STRASSE – A / FRÜH AM MORGEN   75

Prinz Heinrich und Nora laufen eine andere Straße entlang.
NORA: Wieso hat Baldur keine Freundin?
PRINZ HEINRICH: Baldur ist ein Knappe.
NORA: Er wird nie heiraten?
PRINZ HEINRICH: Nein.
Prinz Heinrich und Nora laufen eine andere Straße entlang. Über ihnen das Gurren von Tauben.
NORA: Sein ganzes Leben nicht?
PRINZ HEINRICH: Nein.
NORA: Er wird immer allein bleiben?
PRINZ HEINRICH: Ja. Ist es noch weit?

76 VOR CORINNAS HAUS – A / FRÜH AM MORGEN   76

Corinna kommt aus dem Haus gerannt, sieht sich nervös nach Nora um, entdeckt sie nicht, läuft los.

77 SACKGASSE – A / FRÜH AM MORGEN   77

Prinz Heinrich und Nora laufen wieder eine andere Straße entlang. Sie sind allein. Es ist eine Sackgasse. Sie hören wieder das Gurren. Nora ist sichtlich müde, schleppt sich mit letzter Kraft neben Prinz Heinrich her.
NORA: Wie lange laufen wir noch?

Prinz Heinrich bleibt am Ende der Sackgasse stehen.

> NORA: Hier? Hier wohnt mein Vater?

Sieht sich erwartungsvoll und zugleich enttäuscht um.

> NORA: Wo?

Prinz Heinrich starrt vor sich hin.

> PRINZ HEINRICH: Wenn ich losgeritten bin, bin ich losgeritten, und am Ende des Weges war das Haus von Aschenputtel.

Nora braucht einen Moment, dann kommt ihr ein schrecklicher Gedanke.

> NORA: Du ... du weißt gar nicht, wo er wohnt?
>
> PRINZ HEINRICH: Am Ende war das Haus von Aschenputtel. IMMER.
>
> NORA: Oh nein ...
>
> NORA: Das heißt, du hast keine Ahnung.

Nora lässt resigniert den Kopf hängen.

> NORA: Wie wollen wir ihn jetzt finden?

Gurren. Prinz Heinrich blickt nach oben. Auf einem Ast über ihnen sitzen zehn Tauben.

> PRINZ HEINRICH: Gar nicht.
>
> NORA: GAR NICHT?! (wütend) Aber du hast versprochen ...

Sie dreht sich um und geht.

> PRINZ HEINRICH: Aber wir wissen nicht, wohin.

Prinz Heinrich blickt zu den zehn Tauben hoch. Sie gurren. Prinz Heinrich nickt.

78 STRASSE – A/T

Corinna auf der Suche nach Nora, PASSANTEN ansprechend.

> CORINNA: Haben Sie ein kleines Mädchen gesehen? So groß ... Haben Sie vielleicht ein Mädchen gesehen? Acht Jahre? Haben Sie ein Mädchen gesehen? Es hat braune Augen und ...

Ihre Verzweiflung nimmt zu und ihre Panik.

79 STRASSE – A/T

Prinz Heinrich und Nora kommen aus der Sackgasse auf eine große Straße.

Sie laufen auf den Eingang einer U-Bahn zu, vor der ein bettelnder PUNKER steht, der ihnen einen Plastikbecher, in dem etwas Geld klimpert, hinstreckt. Prinz Heinrich nimmt den Becher im Vorbeigehen.

> PUNK: He ... HE! Das ist mein ...

80   U-BAHNSTATION – I/T   80

Prinz Heinrich und Nora kommen herunter. Eine U-Bahn steht zur Abfahrt bereit. Sie springen im letzten Moment hinein, bevor sich die Türen schließen und die Bahn losschießt.

81   U-BAHN – I/T   81

Prinz Heinrich und Nora sitzen in einer Ecke. Erschöpft und deprimiert. Jeder aus einem anderen Grund.

    PRINZ HEINRICH: Ich dachte, ich kann dir helfen.

Nora schweigt.

    PRINZ HEINRICH: Vielleicht solltest du einfach zurückgehen.

Nora schweigt weiter.

    PRINZ HEINRICH: Deine Mutter wird sicher traurig sein, wenn sie aufwacht und du nicht da bist.

    NORA: (zuckt mit den Schultern) Du willst mich doch bloß loswerden.

Sie hält den Kopf gesenkt. Ihr Blick fällt auf Prinz Heinrichs Hand. Der kleine Finger ist länger als die anderen.

Prinz Heinrich seufzt.

    PRINZ HEINRICH: Tut mir leid.

82   MÄRCHENREICH – I/T   82

Baldur taucht neben den Bremer Stadtmusikanten auf. Die Pyramide ist auf den Kopf gestellt: Unten der Hahn, oben der Esel, der gerade auf den Hund klettert.

    ESEL: Zufrieden?

Die Pyramide schwankt bedrohlich.

    BALDUR: Wisst ihr, wo die Ampullen sind?

    HAHN: (gepresst) Das ist jetzt nicht der günstigste ...

Die Pyramide schwankt immer bedrohlicher. Baldur weicht hastig zurück.

Die hünenhafte Wache steht vor dem Spiegel aus „Schneewittchen" und übt.

    HÜNENHAFTE WACHE: Geh mir aus dem Weg. Was? Wer ich bin? Du willst wissen, wer ich bin? Ich bin der neue –

    SPIEGEL: Hör auf mit dem Quatsch. (Lacht.)

    HÜNENHAFTE WACHE: – Prinz. Hier kommt der neue Prinz.

    SPIEGEL: Du bist wirklich ... (Vibriert vor Lachen.)

    HÜNENHAFTE WACHE: Was? Was war das? Redest du mit mir? Redest du mit mir? Ach ja? Du redest mit mir?

Baldur taucht neben ihm auf.

>BALDUR: Kann ich dich einen Moment –

>HÜNENHAFTE WACHE: Du redest mit dem neuen – (Lässt ein Messer aus dem Ärmel springen, doch er ist nicht schnell genug, es zu fangen, das Messer knallt in den Spiegel, der zersplittert. Sein Bild 100fach gespiegelt)

>BALDUR: Tut mir leid. Weißt du, wo die Ampullen

>HÜNENHAFTE WACHE: Oh Gott, ich bin schizophren.

Die einzelnen Teile fallen aus dem Rahmen, es bleibt nur ein Stück übrig. Die hünenhafte Wache seufzt erleichtert.

Baldur läuft weiter.

Die versprengten Glasstücke auf dem Boden werden flüssig und fließen ineinander.

>SPIEGELSCHERBE: Du hast mich umgebracht.

Die hünenhafte Wache sieht sich verstohlen um und rennt dann weg.

Das flüssige Glas fließt wie ein sich schlängelnder Aal davon.

>SPIEGELSCHERBE: Bleibt hier! Kommt zurück. Oh …

WAMM – die Bremer Stadtmusikanten sind zusammengebrochen.

Baldur läuft an dem Riesen vorbei, auf dessen Schulter der 1. Zwerg hängt.

>1. ZWERG: Ich weiß, wo sie sind.

>BALDUR: Wo? (Bleibt stehen.)

>1. ZWERG: Hol mich erst hier runter.

>BALDUR: Sag es!

>1. ZWERG: Sie sind … Hol mich hier runter.

>BALDUR: Du weißt es gar nicht.

Er rennt weiter.

>1. ZWERG: (schreit) Sie sind alle. Weg. Es gibt keine mehr.

Baldur taucht vor dem Tapferen Schneiderlein auf.

>BALDUR: Weißt du, wo die -?

>TAPFERES SCHNEIDERLEIN: Kannst du mir vielleicht aus dem Weg gehen?

>BALDUR: Ich will nur wissen -?

>TAPFERES SCHNEIDERLEIN: Was war das? WAS WAR DAS?!

Deutet auf seinen Gürtel: sieben auf einen Streich.

>TAPFERES SCHNEIDERLEIN: Kannst du das lesen?

>BALDUR: Ja?

TAPFERES SCHNEIDERLEIN: (deprimiert) Ich nicht. Ich bin Analphabet.

83 U-BAHN – I/T   83

Nora wacht auf. Sie blickt sich um, braucht einen Moment, um zu begreifen, wo sie ist. Dann erinnert sie sich und entdeckt, dass der ganze Waggon leer ist. Endstation. Auch Prinz Heinrich ist verschwunden. Sie weiß instinktiv, dass er sie im Stich gelassen hat.

NORA: Prinz Heinrich!

Nora läuft zur Tür.

84 STRASSE – A/T   84

Corinna entdeckt ein Mädchen. Noras Statur, ähnliche Kleidung.

CORINNA: (erleichtert) Nora!

Das Mädchen dreht sich um. Es ist nicht Nora.

85 STRASSE/VOR FERNSEHLADEN – A/T   85

Sehr früh am Morgen. Nora läuft eine morgendliche Straße entlang. Sie ist müde, hungrig und vor allem – DEPRIMIERT. Prinz Heinrich hat sie belogen und auch noch im Stich gelassen.

Sie bleibt an einer Kreuzung stehen, weiß nicht, ob nach links oder rechts. Ein SCHÜLER kommt vorbei.

NORA: Weißt du, wo die 3. Grundschule ist?

Der Schüler schüttelt mit dem Kopf, ohne stehenzubleiben. Nora seufzt deprimiert, will weitergehen, als ihr Blick das Fernsehgeschäft hinter ihr streift. Alle Fernseher laufen. Nora friert ein. Im Fernsehen ist ein verwackeltes Foto des Einhorns mit den sechs Zwergen zu sehen.

NORA: Oh nein.

86 FERNSEHLADEN – I/T   86

SPRECHER: scheint es letzte Nacht eine Reihe von eigenartigen Beobachtungen gegeben zu haben.

SCHNITT AUF EINEN PASSANTEN, DER IN DIE KAMERA SPRICHT.

MANN: Sie waren wirklich sehr klein. Sechs auf einem Pferd. Und das Pferd hatte ein Horn.

FRAU: Wer zieht schon einem Kater Stiefel an und setzt ihm einen Hut auf, das ist doch ...

SPRECHER: Vermutungen, es könnte sich dabei um einen Werbegag einer amerikanischen Filmfirma handeln, konnten bis jetzt nicht –

87   STRASSE/VOR FERNSEHLADEN – A/T   87

Nora kann zwar nicht hören, was gesagt wird, es sich aber denken. Sie lässt den Kopf hängen und schlurft weiter.

88   MÄRCHENREICH – I/T   88

Baldur rennt durch die Märchenwelt. Er hält erschöpft inne, blickt auf seinen kleinen Finger: die Kuppe ist tatsächlich durchsichtig.

    BALDUR: Oh mein …

Er rennt weiter.

    BÄRENHÄUTER: Mach schon.

Er hält eine Schere in der Hand, die er so fest es geht presst.

    BÄRENHÄUTER: Wie nennt man die Schamhaare eines Zwergs?

Die Klingen der Schere zittern – aber bleiben zusammen.

    BÄRENHÄUTER: Zwerchfell.

Die Klingen der Schere zittern mehr. Die Qual, ernst zu bleiben, ist kaum noch auszuhalten.

Baldur taucht neben ihm auf. Er keucht erschöpft.

    BÄRENHÄUTER: Kannst du das halten?

Er deutet auf die Spiegelscherbe. Baldur nimmt sie.

    SCHERBE: Setz mich wieder ein.

    BALDUR: Weißt du, wo die Ampullen sind?

    BÄRENHÄUTER: Welche Ampullen?

    BALDUR: DIE AMPULLEN. INTERESSIERT DAS HIER IRGEND JEMANDEN?!

    BÄRENHÄUTER: Keine Ahnung. Frag den Wolf.

Baldur wirft ihm die Scherbe zu und rennt weiter.

    SCHERBE: Setz mich wieder ein, du Idiot!

    BÄRENHÄUTER: Kommen zwei Zwerge in eine Bar. Sagt der eine: Zwei Halbe. Sagt die Barfrau: Das sehe ich. Aber was wollt ihr trinken?

Die Schere hält die Luft an, aber dann – explodiert sie vor Lachen.

SCHNAPP. Der Bärenhäuter hat sich ein Stück Bart abgeschnitten.

    BÄRENHÄUTER: (wohlig) Ahhhhhh …

    SCHERE: Uhhhhhh …

Der Wolf mit dem Pudelschwanz steht vor dem Rest des Spiegels, betrachtet seine Nähte, die sich über den Bauch ziehen.

Baldur taucht neben ihm auf.

BALDUR: Weißt du, wo die Ampullen sind?

WOLF: Frag Rumpelstilzchen. Findest du, dass es sehr auffällt?

Baldur rennt weiter. Er taucht neben RUMPELSTILZCHEN auf, das an der Bar sitzt. Blaue Stunde.

Rumpelstilzchen legt seinen Arm um Baldurs Schulter.

RUMPELSTILZCHEN: Ich verstehe einfach meine Figur nicht.

BALDUR: Ich verstehe. Die Frage ist nur –

RUMPELSTILZCHEN: GENAU. Was *will* ich? Was ist mein *Problem*?

BALDUR: (hoffnungsvoll) Dass du weißt, wo die Ampullen sind?

Der Geist in der letzten Flasche auf dem Regal wird aufmerksam.

FLASCHENGEIST: Ich weiß es. Ich weiß es. Ich weiß es.

RUMPELSTILZCHEN: Ich meine, wenn wir uns die Geschichte ansehen, dann ist sie eindeutig meine. Ich rette das Kind, ich spinne das Stroh … Ich stehe IM TITEL.

BALDUR: Schon klar. (zuversichtlich) Die Ampullen?

RUMPELSTILZCHEN: Frag sie da. Und wer hat die meisten Szenen?! Miss Unbegabt.

FLASCHENGEIST: Ich zeig sie dir. Du musst mich nur rauslas… (resigniert) Ahhh …

Baldur macht sich frei und rennt zurück, vorbei am Bärenhäuter, bartlos mittlerweile, der die Scherbe des Spiegels in der Hand hält und an seiner Frisur arbeitet.

Baldur taucht neben dem MÄDCHEN aus den „Zertanzten Schuhen" auf.

BALDUR: Du weißt sicher auch nicht, wo die verdammten Ampullen sind?

MÄDCHEN: Klar, weiß ich das.

Baldur wollte schon weiterrennen, friert ein.

Das Mädchen aus den „Zertanzten Schuhen" öffnet den Schrank, um die zertanzten Schuhe hineinzuwerfen und – wird unter einem Schuhberg begraben. Baldur wühlt ein Loch in den Schuhberg und beugt sich zu ihrem Gesicht hinunter:

BALDUR: WER HAT SIE?

89   STRASSE/VOR BUCHLADEN – A/T   89

Nora schleppt sich an einem Buchladen vorbei, über deren Tür eine Taube sitzt. Sie stutzt.

Im Schaufenster ein Stapel Märchenbücher. Auf der Umschlagszeichnung ist zwar Aschenputtel zu sehen, aber der Platz neben ihr – dort, wo eigentlich Prinz Heinrich war – ist leer.

Nora betritt den Buchladen.

90 BUCHLADEN – I/T 90

Sie geht zu dem Stapel Märchenbücher, nimmt ein Buch herunter. Auf allen Zeichnungen fehlt Prinz Heinrich. Einige Seiten lösen sich bereits aus der Heftung.

> STIMME: Aber wo ist Prinz Heinrich?

Nora wendet sich nach der Stimme um. Eine MUTTER mit ihrem 6jährigen SOHN. Er hält das Märchenbuch in der Hand. Die Seiten lösen sich aus der Heftung und segeln zu Boden.

> MUTTER: Das ist wirklich komisch.
>
> JUNGE: Es ist falsch. Es war früher – ganz anders.

Die Mutter nimmt ein weiteres Märchenbuch in die Hand – das gleiche Problem: Und die Seiten lösen sich aus der Heftung.

Der Sohn beginnt zu weinen. Die Mutter schlägt das Buch verärgert zu.

> MUTTER: Weißt du was? Wir kaufen uns einfach ein ganz anderes Buch. Nicht so was Altes.

Sie zieht ihn mit sich.

Groß: Nora. ERSTARRT. Zum ersten Mal begreift sie, was sie getan hat.

> NORA: Das war ICH.

91 VOR CORINNAS HAUS – A/T 91

Corinna kommt erschöpft und allein zurück. Sie hat ihr Handy am Ohr.

> CORINNA: Wenn ihr was passiert ist ...

92 FREDS WOHNUNG – I/T 92

Fred am Telefon. Im Hintergrund sieht man seine FRAU mit zwei KINDERN bei der Morgenroutine. Er fühlt sich nicht ganz wohl.

GESPRÄCH IM WECHSELSCHNITT

> FRED: Ganz ruhig. Du wirst sie schon finden.
>
> CORINNA: Aber ich hab überall ...
>
> FRED: Vielleicht ist sie schon in die Schule –
>
> CORINNA: Da ist sie nicht. Ich hab angerufen. Wenn ihr etwas passiert ist ...

FRED: Kinder machen Dummheiten. Wahrscheinlich hat sie ein schlechtes Gewissen und ist längst schon wieder zu Hause.

Seine Frau wirft ihm einen fragenden Blick zu, Fred macht eine Geste à la *nicht so wichtig*.

93 CORINNAS WOHNUNG – I/T 93

Die Wohnungstür fliegt auf, und Corinna kommt hereingestürzt.

CORINNA: Nora? Nora? NORA? Oh Gott, sie ist nicht da, Fred. Kannst du kommen?

Fred blickt sich vorsichtig nach seiner Frau um.

FRED: Das ist jetzt nicht so ... Denk nach, ist irgendwas passiert?

CORINNA: Wir haben uns gestritten. Nein, ICH habe mit ihr gestritten. Sie ist ein kleines 8jähriges Mädchen, das keine Freunde hat, sich für seine Mutter schämt, sich nach seinem Vater sehnt und was tue ich?

94 NORAS ZIMMER – I/T 94

Sie kommt erneut in Noras Zimmer.

CORINNA: Ich belüge sie und dann, wenn sie die Wahrheit wissen will, belüge ich sie wieder. Es ist alles nur meine Schuld. Oh mein ...

Ihr Blick bleibt auf einem Zettel hängen, den sie in ihrer Panik bis jetzt gar nicht bemerkt hatte. Sie nimmt ihn zur Hand.

FRED: Was ...?

CORINNA: Ich muss die Polizei benachrichtigen.

ZEITSPRUNG AUF

Corinna, in der einen Hand den Hörer, in der anderen den Zettel.

CORINNA: Nein. Sie ist ... Ich weiß nicht, wie lange sie weg ist. Sie hat einen Zettel ... (liest) *Bin mit Prinz Heinrich weg*. Ja, Prinz Heinrich. Ich kenne keinen Prinz – Gut, beeilen Sie sich!

Sie legt den Hörer auf. Alle Kraft verlässt sie, sie kann nicht mehr. Sie rutscht auf den Boden.

95 KNUSPERHÄUSCHEN – A/T 95

Die Hexe mit Gretel vor dem Backofen. Showdown.

HEXE: Heda, Gretel. Sei flink und trag Wasser her.

GRETEL: Bitte, liebe Hexe ...

Baldur läuft an Hänsel vorbei, der gelangweilt in einem Stall hockt. Als er Baldur sieht, fährt er in die Höhe.

HÄNSEL: Was zum –

Doch Baldur läuft schon weiter.

HEXE: Hänsel mag fett sein oder mager, ich will ihn schlachten und kochen. Aber erst wollen wir –

Baldur hat hinter einer Ecke des Knusperhäuschens Position bezogen.

BALDUR: Pssstt ...

Die Hexe und Gretel bemerken ihn irritiert.

HEXE: Ähh ... backen. (sehr laut jetzt) Ich hab den Backofen schon geheizt und den Teig geknetet und –

BALDUR: PSSSTT ...

Er macht ihr Zeichen.

HEXE: (immer lauter und schneller) Wir sind HÄNSEL UND GRETEL UND DIE HEXE UND HABEN VIEL ZU TUN. Also kriech hinein und sieh zu, ob recht eingeheizt ist, damit wir das Brot hineinschieben können.

GRETEL: (ebenso laut) GUT. ICH WEISS NUR NICHT, WIE ICH'S MACHEN SOLL.

BALDUR: Kann ich mit dir ...

HEXE: Dumme Gans, der Ofen ist groß genug. Siehst du, ich könnte selbst hinein.

Die Hexe springt in den Ofen. Baldur macht eine Klappe auf. Genau dahinter der Kopf der Hexe.

HEXE: Aaahhh ... (leise zu Baldur) WAS IST? Aaahhh, ist das heiß.

BALDUR: Ich brauche die VERDAMMTEN AMPULLEN.

HEXE: (steigt aus der Rolle aus) So kann ich nicht arbeiten.

96 NORAS ZIMMER – I/T

Corinna starrt vor sich hin, doch dann hört sie etwas. Sehr leise. Eine Art Surren, Piepsen. Sie sieht sich überrascht um, und dann bleibt ihr Blick auf dem aufgeschlagenen Buch auf Noras Bett hängen. Genau davon kommen die Geräusche. Sie steht auf, geht zum Bett, blickt auf das Buch hinunter direkt –

In die Märchenwelt.

97 MÄRCHENREICH – I/T

Baldur steht neben der Hexe, die eine Schatulle durchsucht. Darin Dutzende Glasampullen. Einige sind zerschlagen. Sie nimmt zwei intakte heraus, hält sie ins Licht, schüttelt sie, öffnet sie, kippt sie um. Schwarzer Staub rieselt heraus. Die Hexe wühlt in der Schatulle.

HEXE: Ich sag doch, sie sind alle ... Nein ... Nein ... Nein ...

BALDUR: Ich muss ihn zurückholen. Sonst STERBE ICH.

Corinna sieht mit offenem Mund zu. Sprachlos.

Der mittlerweile wie aus dem Ei gepellte Bärenhäuter sitzt als Hahn im Korb zwischen den Frauen.

Das tapfere Schneiderlein hockt in einer Ecke. Eine riesige Fliege umschwirrt es.

TAPFERES SCHNEIDERLEIN: Lass das! Verschwinde. Ich warne dich!

Der Frosch hüpft vorbei, eine Wasserspur hinter sich herziehend. Der 1. Räuber rutscht darauf aus und knallt in das tapfere Schneiderlein, das –

Reflexartig nach der Fliege schlägt und sie erwischt.

Das tapfere Schneiderlein hebt schockiert die Klatsche hoch: darunter die zermatschte Fliege – Surrealismus im Märchenland.

TAPFERES SCHNEIDERLEIN: Uahhhhhhhh ... Ich kann kein Blut sehen.

Das abstrakte Gemälde wird wieder gegenständlich, die verschiedenfarbigen Teile der Fliege fließen quecksilberartig ineinander wie in „Terminator 2". Die Fliege entsteht wieder, startet zu einem Flug. Doch sie ist nicht ganz korrekt wiederhergestellt, sie hat Flugprobleme, trudelt durch die Luft, zerplatzt an der Stirn des Bärenhäuters und läuft herab.

FRAUEN: Ääääääähhh ...

Stehen auf und lassen den besudelten Bärenhäuter zurück.

BALDUR: Heiliger ...

Corinna in Noras Zimmer blickt immer noch fassungslos darauf.

CORINNA: Das ist ... Das kann nicht ...

Alle Märchenfiguren frieren ein. Blicken nach oben zu ihr.

CORINNA: (zu sich) Sie hatte recht. Nora hatte recht. Oh Gott, und ich hab sie immer nur ...

Ihr wird das ganze Ausmaß ihrer Schuld bewusst.

ALTER (VOM TRESEN): Ist er da?

CORINNA: (kommt zu sich) *Ist er da?* Wer?

MÄRCHENFIGUREN: Prinz Heinrich.

CORINNA: PRINZ HEINRICH?

BALDUR: Sie hat ihn geholt. Nora hat Prinz Heinrich geholt.

CORINNA: Was ...? Prinz –

Sie blickt auf Noras Zettel.

CORINNA: Oh mein –

HEXE: Hier.

Sie hebt triumphierend zwei Ampullen hoch. Sie haben einen langen dünnen Hals und einen dicken, bauchigen Körper mit einer pechschwarzen Flüssigkeit darin. Sie schüttelt sie, und die Flüssigkeit wird vollkommen klar.

HEXE: Die beiden letzten.

Viele Märchenfiguren sehen Baldur auffordernd an. Der weiß, was sie wollen. Der Alte stößt ihn an.

BALDUR: Ich (schluckt) komme und finde sie.

CORINNA: WAS? KOMME?

ALTER: Seht Ihr das Wort?

CORINNA: Wort? (mehr mechanisch) Orinda-Moraga? WAS TUT ER MIT MEINER TOCHTER?

Das Tor öffnet sich wieder.

Der Alte drückt Baldur die beiden Ampullen in die Hand.

>ALTER: Wenn du sie verlierst, kommt ihr nie wieder zurück.
>
>BALDUR: Oh ... Und die anderen?
>
>ALTER: Du kennst die Regel.
>
>BALDUR: Prinzen zuerst.
>
>ALTER: Hol ihn zurück. Oder wir alle gehen unter. Und denk daran, um Mitternacht müsst ihr zurück sein.

98   NORAS ZIMMER – I/T   98

Corinna kann immer noch nicht glauben, was sie sieht.

>CORINNA: Was soll ...?

Es klingelt an der Tür. Corinnas Miene hellt sich auf. Sie stürzt los.

99   WOHNUNGSTÜR – I/T   99

Corinna reißt die Tür auf. Ihr hoffnungsvolles Lächeln erstirbt. Vor ihr steht nicht Nora, sondern zwei POLIZISTEN.

100   NORAS ZIMMER – I/T   100

Corinna kommt mit den beiden Polizisten herein.

>1. POLIZIST: Sie wissen also nicht genau, seit wann sie weg ist?
>
>CORINNA: Nein.

101   MÄRCHENWELT – I/T   101

Baldur will den Gang in das Tor antreten, aber der Alte hält ihn zurück.

102   NORAS ZIMMER – I/T   102

>2. POLIZIST: Aber Sie nehmen an, sie ist mit einem Herrn Heinrich weg, der –
>
>1. POLIZIST: Adlig ist?
>
>2. POLIZIST: Können Sie uns sagen, wie ihre Tochter diesen Herrn Heinrich kennengelernt hat?

Corinna deutet mit den Augen auf das Märchenbuch. Die beiden Polizisten folgen ihrem Blick, verstehen nichts.

>1. POLIZIST: *Da?*

Sie treten vor das aufgeschlagene Märchenbuch, blicken hinein.

103 MÄRCHENWELT – I/T 103

Alle Märchenfiguren sind wie eingefroren. Nur die hünenhafte Wache macht Anstalten, den Fuß vorzusetzen, aber sie fängt einen warnenden Blick der anderen auf und lässt es.

Unterdessen geht das Tor immer weiter zu.

104 NORAS ZIMMER – I/T 104

CORINNA: Eben haben sie sich noch mit mir unterhalten.

Die Polizisten werfen sich einen beredten Blick zu und wenden sich wieder Corinna zu.

1. POLIZIST: *Unterhalten?*

2. POLIZIST: Und Prinz Heinrich ist *dort drin?*

CORINNA: Ja. Nein. Er WAR dort drin. Sehen Sie?

Sie deutet auf das Cover – wo nur Aschenputtel zu sehen ist.

CORINNA: Jetzt ist er mit meiner Tochter – irgendwohin.

1. POLIZIST: Der Prinz aus Aschenputtel.

CORINNA: Ich meine, ich weiß, es hört sich vielleicht – ich hab ihr auch nie geglaubt, wenn sie das erzählt hat.

1. POLIZIST: Nun, das ist vielleicht *normal?*

CORINNA: Aber verstehen Sie, eine Mutter, die ihrer Tochter nicht vertraut –

1. POLIZIST: Und wo ist er jetzt, *Ihrer Meinung nach* – der Prinz aus Aschenputtel?

CORINNA: Keine Ahnung.

2. POLIZIST: Könnten wir vielleicht Ihren Mann – ?

Der 1. Polizist tritt wie nebenbei dicht an sie heran.

CORINNA: Ich hab keinen Mann! Das heißt, er – Was – (versteht) Sie denken, ich hab getrunken?

1. POLIZIST: Hätten Sie etwas dagegen, mit uns mitzukommen?

Corinna begreift, dass die Situation eine völlig falsche Richtung nimmt.

CORINNA: Mitkommen?

105 MÄRCHENWELT – I/T 105

Das Tor ist schon fast zu. Der Alte kann nicht mehr warten. Im letzten Moment gibt er Baldur einen Stoß. Der verschwindet in dem Tor, bevor es endgültig zufällt.

106 NORAS ZIMMER – I/T   **106**

Hier hat sich gerade ein 180-Grad-Wechsel vollzogen.

> CORINNA: Sie haben recht. Vielleicht ist sie ja schon in die Schule gegangen. Manchmal tut sie das, wenn sie –

Sie sieht hinter den Polizisten Baldur wie die anderen als Zeichnung aus dem Buch schweben und auf dem Boden landen.

> CORINNA: (laut jetzt) Ja, ich glaube, ich erinnere mich jetzt, dass sie mir gestern gesagt hat, sie trifft sich mit ihrer Freundin Vicky für ein Projekt. Ich hatte einen Notfall, der Wasserhahn in der Küche … Die Aufregung. Ich hab wohl nicht richtig zugehört.

Baldur holt tief Luft und –

Corinna tritt mit Wucht auf das Blatt. Die beiden Polizisten fahren zusammen.

> CORINNA: Ich arbeite in der Schulküche. Ich mach mich gleich auf den Weg. Tut mir leid für den – wie heißt es bei Ihnen? Falschen Alarm?

Die Polizisten sehen sich an, zögern, blicken auf das Blatt Papier, auf dem Corinna steht, und drehen sich endlich um.

Sie warten, dass Corinna sie zur Tür begleitet, aber die rührt sich nicht von der Stelle, sondern setzt ihr vertrauenswürdigstes Lächeln auf.

> CORINNA: Nach rechts. Und immer geradeaus.

Kaum sind die Polizisten weg, als sie vom Blatt heruntergeht.

Baldur hustet, wächst, erhebt sich. Er hat einen Schuhabdruck auf der Stirn. In der Faust hält er die beiden Ampullen.

> CORINNA: Also, wo ist dein *Prinz Heinrich?*

Baldur starrt sie verzaubert an. DAMIT hatte er nicht gerechnet.

> CORINNA: MIT MEINER TOCHTER?

Ist es der Zorn auf einen *Verantwortlichen*, oder will sie ihn nur *aufwecken?* Jedenfalls holt Corinna aus und –

Knallt Baldur eine.

Die beiden Ampullen fliegen durchs Zimmer.

Etwa so hatte er sich die echte Welt vorgestellt.

107 STRASSE / PIZZASTAND – A/T   **107**

Nora schleppt sich die Straße entlang. Sie blickt irritiert nach oben, wo eine Taube über ihr fliegt. Wie ein Schutzengel.

Nora blickt sich um, hat keine Ahnung, wo sie ist, lässt sich erschöpft auf eine Bank fallen.

> STIMME: Nora!

Sie dreht sich um. Hinter ihr ist ein Pizzastand.

Ein BEIL. WAMM, WAMM, WAMM.

Stücke werden aus einer Pizza geschlagen. Von einem Mann der schielt.

> NORA: Woher – kennst du mich? Bist du mein Vater?
>
> EGBERT: Nein. Hast du Hunger?

Er hält ihr das Stück Pizza hin.

> NORA: Ich hab kein Geld.
>
> EGBERT: Hier.

Sie beißt gierig hinein.

> NORA: Weißt du, wie ich nach Hause komme?
>
> EGBERT: Das kannst du nicht.

Sie blickt ihn verständnislos an. Er lächelt.

> EGBERT: Du bist das also. Du hast Prinz Heinrich geholt.
>
> NORA: Woher – ?

Und jetzt sieht Nora, dass der kleiner Finger länger als der Ringfinger ist.

> NORA: Du bist ein –
>
> EGBERT: Egbert. Der schielende Scharfrichter aus Schneewittchen. Früher. Jetzt Pizzamann mit Silberblick. Klingt sexier.
>
> NORA: Er ist weg. Prinz Heinrich.
>
> EGBERT: Ich weiß.
>
> NORA: Es ist meine Schuld. Ich hab alles kaputt gemacht.
>
> EGBERT: Deshalb kannst du auch noch nicht nach Hause.

Unterdessen kommen mehrere Tauben angeflogen.

> EGBERT: Habt ihr alle zusammengeholt?

Die Tauben gurren.

> EGBERT: Gut. (Er pfeift.)

Ein Hund kommt um eine Ecke gerannt. Eine Promenadenmischung. Sie bleibt vor ihnen stehen, sieht sie erwartungsvoll an.

> EGBERT: Das ist Nora. Bring sie zu den anderen.
>
> NORA: Was –
>
> EGBERT: Er wird dir helfen.
>
> SPRECHENDER HUND: Geht klar.

Nora starrt ihn erstaunt an.

> SPRECHENDER HUND: Was ist? Noch nie einen sprechenden Hund gesehen?

Er läuft los.

    SPRECHENDER HUND: Komm jetzt.

Nora sieht Egbert an. Der nickt aufmunternd.

108 NORAS ZIMMER – I/T 108

Baldur und Corinna kriechen über den Boden und suchen die Ampullen. Baldur entdeckt unter dem Bett die Ampullen. Er greift hastig danach, stößt sich den Kopf, schreit auf. Dadurch ist Corinna schneller. Sie schnappt sie ihm vor der Nase weg.

    CORINNA: Warte! (Sie zieht die Ampullen weg.) Es – tut mir leid. Bitte, geh nicht zurück.

Baldur zögert.

    CORINNA: Wenn meine Tochter bei diesem Prinz Heinrich ist, dann musst du mir helfen, ihn zu finden.

Baldur blickt auf die beiden Ampullen in ihrer Hand. Sie schließt die Finger darum zu einer Faust. Er versteht.

    CORINNA: Ich verspreche dir – dann kannst du ihn nehmen und mit ihm zurückgehen. Aber erst musst du mir helfen, sie zu finden. BITTE!

    BALDUR: Sie suchen Noras Vater.

    CORINNA: Oh mein ...

109 VOR EINER LITFASSSÄULE – A/T 109

Der sprechende Hund steht mit Nora vor einer Litfaßsäule. Uralt. Im wahrsten Sinne aus einer anderen Zeit.

    NORA: Was ist das?

    SPRECHENDER HUND: Geh rein.

    NORA: Rein?

Jetzt sieht sie, dass sich da tatsächlich, versteckt unter einer dicken Schicht alter Plakate, die Umrisse einer Tür abzeichnen. Vorsichtig öffnet Nora sie.

110 LITFASSSÄULE – I/T 110

Nora betritt die Litfaßsäule, die innen überraschend groß ist. Sie ist vollkommen dunkel. Erst nach einer Weile entdeckt sie eine rostige Wendeltreppe, die steil in die Tiefe führt.

Nora fasst sich ein Herz und steigt ins Dunkel hinab.

Immer tiefer.

Jetzt hört sie ein Sirren, aus dem Gemurmel wird und dann Stimmen ...

111 KATAKOMBE – I/T 111

Eine Art Katakombe. Es ist halbdunkel und feucht. Wasser rinnt an den alten Ziegelmauern herab, auf denen Moos wächst. Kerzen flackern. In ihrem schwachen Licht sind etwa ein Dutzend Leute zusammen. Die meisten sind sofort als „konvertierte" Märchenfiguren zu erkennen, so auch die Singenden Riesen, die als Müllfahrer arbeiten. Aber es gibt auch zwei, drei Prominente, die offensichtlich irgendwann aus der Märchenwelt geflohen sind: Einer von ihnen ist Westerwelle, der schon am Anfang auf dem 1. Plakat zu sehen war. Vor ihnen, wie vor einem Tribunal, steht –

Prinz Heinrich. Seine Ohren sind durchsichtig.

    PRINZ HEINRICH: Und ich sage immer nur: Holen wir uns die Prinzessin. Seit 298 Jahren. Rapunzel hat keine Haare mehr, und der Esel sieht aus wie ein Hund. Ich konnte gerade noch raus.

Alle schreien durcheinander.

    1. KONVERTIT: Es reicht. Wir müssen sie holen. Alle! Bevor es zu spät ist.

Nora steht an eine Wand gepresst und lauscht.

    2. KONVERTIT: Wozu?! Es war hart genug für uns.

Eine Hand packt Nora.

    3. KONVERTIT: Ja, sie bringen uns hier nur in Gefahr.

Nora wird von zwei Konvertiten in das Rund geführt. Die anderen prallen zurück. Die Prominenten decken ihre Gesichter ab.

    1. KONVERTIT: Wie ist sie hier reingekommen?

    4. KONVERTIT: Sie hat sich reingeschlichen.

    PRINZ HEINRICH: Nora?!

    NORA: BETRÜGER!

Alle sehen ihn fragend an.

    PRINZ HEINRICH: Ich hab keine Ahnung, wer –

    NORA: Und LÜGNER!

    PRINZ HEINRICH: Sie war es, die mich geholt hat.

    NORA: Er hat mir versprochen, dass er meinen Vater findet. Und dann bist du einfach abgehauen.

    PRINZ HEINRICH: Ja, aber sie weiß nicht mal, wo er wohnt. Und es gibt viel mehr Straßen als bei uns.

    3. KONVERTIT: Was tun wir jetzt mit ihr?

    1. KONVERTIT: Wenn es so schlimm steht, dann muss sie auch alle anderen holen.

Nora reißt sich los. Tritt in den Kreis. Ein kleines Mädchen umringt von – nicht ganz normalen – Erwachsenen. Sie holt tief Luft und nimmt ihren ganzen Mut zusammen.

NORA: NEIN! Das werde ich nicht. (Deutet auf Prinz Heinrich) ER MUSS ZURÜCK!

PRINZ HEINRICH: Aber ich will nicht zurück.

2. KONVERTIT: Er KANN nicht zurück.

NORA: Dann werden sie alle sterben. Und es ist meine Schuld.

Die Konvertiten schweigen betroffen.

2. KONVERTIT: Er kann nicht zurück, weil er keinen Rückführungstrank hat.

Jetzt endlich versteht Nora.

NORA: Aber ... Was –

ALLE: Er stirbt.

NORA: Er – (Hält die Luft an) stirbt? Er auch?

3. KONVERTIT: Nur wenn er bis Mitternacht jemandem den größten Wunsch erfüllt, kann er bleiben.

Nora ist den Tränen nahe. Sie blickt Prinz Heinrich an.

NORA: (kaum hörbar) Tut mir leid.

Alle Konvertiten schweigen ergriffen. Dann:

1. KONVERTIT: Ihren Vater? Du hast es versprochen?

Nora nickt unglücklich, hält ihnen das Foto hin.

Der 1. Konvertit wirft den Riesen einen Blick zu.

112 CORINNAS WOHNUNG – I/T 112

Corinna und Baldur stehen an der Tür. Sie blickt ihn prüfend an, von unten nach oben.

CORINNA: Warte ... Du – du siehst aus wie eine Märchenfigur. (Baldur sieht sie an. Was denn sonst?) So kannst du nicht ... Wenigstens die Haare ...

Sie rennt davon. Baldur steht unbehaglich da. Er hört wie Corinna irgendwo einen Schrank aufreißt, Schubladen aufzieht ... Er erwartet das Schlimmste. Endlich taucht Corinna wieder auf. Mit einem lustigen Hut. Es ist genau der Hut, den Noras Vater auf dem Foto getragen hat. Corinna will ihn Baldur aufsetzen, aber der weicht zurück.

CORINNA: Keine Sorge.

Endlich lässt er es zu. Sie stehen sehr dicht voreinander. Corinna schluckt. Für einen Moment ist da die Erinnerung. Dann nickt sie.

CORINNA: So könnte es gehen. (Sie sieht Baldurs Angst.) Du musst keine Angst haben. (Sie hebt einen Schlüssel.) Wir fahren.

113 MÜLLWAGEN/STRASSE – I/A/T 113

Nora und Prinz Heinrich in der Kabine des Müllwagens. Sie brausen durch die Stadt.

>   RIESEN: (im Hiphop-Stil) Jo. Ruckedizu. Deinen Vater suchst du? Wir fahren rum und sehen uns um auf den Straßen dieser Stadt und Bumm.
>
>   NORA: Und *Bumm*?

Feuerwehren rasen an ihnen vorbei. Prinz Heinrich sieht ihnen aufgeregt nach.

114 VOR CORINNAS HAUS – A/T 114

Corinna und Baldur kommen heraus. Baldur trägt das Märchenbuch. Corinna läuft auf ein Auto zu. Eine wahre Rostlaube.

Baldur bleibt wie angewurzelt stehen. Er ist sichtlich in Panik. Er atmet ein, würgt.

>   CORINNA: Was ist?

Baldur blickt beunruhigt zum Himmel: keine Wolken.

>   BALDUR: Wird es regnen?
>
>   CORINNA: Regnen? Warum?
>
>   BALDUR: Da sind diese kleinen Dinger drin, die –
>
>   CORINNA: Siehst du Wolken?

Sie springt in den Wagen, stößt die Beifahrertür auf.

>   CORINNA: Komm jetzt!
>
>   BALDUR: Ich riskiere mein Leben –

Während er spricht, tänzelt er wie Jack Nicholson in „As Good as It Gets" – doch jetzt sieht man, dass er nicht den Ritzen zwischen den Steinplatten, sondern Abfall und Hundekot ausweicht. Ein Mann in HÖCHSTER LEBENSGEFAHR.

>   BALDUR: – für diesen eitlen, selbstmörderischen Idioten, der ja so *mutig und klug und edel* ist und WENIGER SYNAPSEN HAT ALS EINE NACKTSCHNECKE.

115 CORINNAS AUTO – I/T 115

Baldur erreicht das Auto, steigt vorsichtig wie ein zum Tode Geweihter ein.

>   BALDUR: Was ist d...?
>
>   CORINNA: Das ist ein – Vergiss es.

Sie betätigt den Anlasser. Nichts.

>   CORINNA: Verdammt.

Weitere Versuche. Nichts.

Sie starrt niedergeschlagen vor sich hin, dann fällt ihr Blick auf Baldur. Ihr kommt eine Idee.

CORINNA: Kannst du vielleicht deinen Finger ...?

Baldur versteht nicht und starrt weiter wie paralysiert geradeaus.

Sie nimmt seinen linken Zeigefinger, dreht ihn so, dass er auf den Anlasser zeigt. Baldur wagt nicht, den Kopf zu drehen.

Corinna betätigt erneut den Anlasser. Wieder nichts.

CORINNA: Verdammt. Einmal. EINMAL kann doch was funktionieren.

Plötzlich springt der Motor an. Corinna blickt Baldur an, nicht wissend, ob er die Ursache für das Wunder ist.

Wie auch immer: Sie legt den Gang ein, das Getriebe knirscht, doch dann holpert der Wagen los.

CORINNA: Tschuldigung. Ich fahre selten.

Baldur wird in den Sitz gedrückt. Er zieht vorsichtig den Zeigefinger ein.

116 STUDIO – A/T   116

Der Müllwagen hält vor dem Hintereingang eines Gebäudes. Neben einer Stahltür jede Menge Müllcontainer.

NORA: Da drin?

RIESEN: (im Hiphop-Stil) Jo, come on, du musst es versuchen. Ich sag, schwing deinen Hintern und zieh es durch. Mach dein Ding und – (Seufzen, normal) Ja.

Nora und Prinz Heinrich steigen aus.

RIESEN: Viel Glück, Bruder. (Klatschen Prinz Heinrich mit der Faust ab.)

Die beiden laufen auf die Stahltür zu, öffnen sie und stehen –

117 FERNSEHSTUDIO – I/T   117

In einem Fernsehstudio.

Sie streunen fasziniert durch die Kulissen. Vorbei an Kameras. Falschen Wänden. Pappmaché. Ständern mit Perücken, Kostümen ... Darunter ein altmodischer FEUERWEHRHELM.

In einem Studio steht ein FEUERSCHLUCKER auf der Bühne und speit Fontänen.

TECHNIKER arbeiten, MITARBEITER laufen hektisch an Prinz Heinrich und Nora vorbei, ohne auf sie zu achten und ohne Noras Vater auf dem Foto ähnlich zu sehen.

Plötzlich schnappt Nora nach Luft.

> NORA: Das ist er!
>
> PRINZ HEINRICH: Dein Vater?
>
> NORA: Nein. Der Märchenmann!

Tatsächlich, in einem anderen Studio steht der Märchenmann auf der Bühne und macht sein Programm. Nora rührt sich nicht von der Stelle. Sie hat ihren Auftrag vergessen. Jetzt ist es Prinz Heinrich, der keine Zeit zu verlieren hat.

> PRINZ HEINRICH: Und? Nora?!

Nora kommt zu sich, sieht sich um.

> NORA: Hier ist er nicht.
>
> PRINZ HEINRICH: Komm jetzt!

Unterdessen geht der Märchenmann ab.

> REGIEASSISTENTIN: Danke. Das war's für heute. Morgen wieder um dieselbe Zeit.

Die REGIEASSISTENTIN tritt neben sie.

> REGIEASSISTENTIN: (zu Prinz Heinrich) Da sind Sie ja endlich. Ihr Auftritt ist in fünf Minuten. Wenigstens sind Sie schon im Kostüm.
>
> PRINZ HEINRICH: Kostüm?

Die Regieassistentin blickt irritiert auf seine durchsichtigen Ohren.

> REGIEASSISTENTIN: Wie machen Sie das?
>
> PRINZ HEINRICH: Was?
>
> REGIEASSISTENTIN: (wendet sich Nora zu) Und du? Was willst du denn hier? Hier hinten ist für Zuschauer kein Platz. Du musst gehen.

Nora will es tun, als Prinz Heinrich sich einmischt.

> PRINZ HEINRICH: Sie sucht ihren Vater.
>
> REGIEASSISTENTIN: Deinen Vater?

Nora nickt und hält ihr das Foto hin.

> NORA: Aber er ist hier nicht.
>
> REGIEASSISTENTIN: (blickt auf das Foto) Er hat eine Tochter? Sieh mal an.
>
> NORA: Sie kennen ihn?
>
> REGIEASSISTENTIN: Oh ja. Das Zimmer am Ende des Ganges. Kommen Sie. (Führt Prinz Heinrich mit sich.) Ich bring Sie auf die Bühne.

118 CORINNAS AUTO/STRASSEN – I/A/T   118

An Baldurs Fenster fliegen für ihn unbekannte, beängstigende Bilder wie in einem Kino vorbei. Er sitzt schreckstarr da, ohne etwas zu berühren. Er blickt auf seine Finger, die immer durchsichtiger werden.

Corinna hat das Handy am Ohr.

> CORINNA: Wenn du das abhörst, ruf zurück. Nora ist auf dem Weg zu dir.

Sie schaltet das Handy aus.

Sie bemerkt Baldurs Zustand.

> CORINNA: Da drin ...

Sie deutet auf das Handschuhfach. Als Baldur keine Anstalten macht, greift sie hinein und holt eine schwarze Sonnenbrille heraus.

> CORINNA: Aufsetzen!

Baldur tut es vorsichtig und entspannt sich seufzend. Mit dem Hut und der Sonnenbrille sieht er ziemlich schräg aus: eine Art Bluesbrother, der bis zum Hals in einen Eimer mit Farbe gefallen ist. Corinna hat seine Nöte registriert, und sie sind ihr nicht egal.

> CORINNA: Das ist sehr mutig von dir.
>
> BALDUR: Ich bin ein Knappe. Knappen sind nicht mutig. Prinzen sind mutig.
>
> CORINNA: Ja, aber du wolltest nicht kommen, oder?
>
> BALDUR: Nein.
>
> CORINNA: Hast du eine Frau?
>
> BALDUR: Ich bin Baldur, der Knappe.
>
> CORINNA: Eine Freundin?
>
> BALDUR: Knappen bekommen –
>
> CORINNA: – keine Mädchen. Die bekommen nur die Prinzen. Verstehe. Ja. Manche sind ein Leben lang Verlierer.
>
> BALDUR: Sie sind kein Verlierer. Sie haben Nora.
>
> CORINNA: Die vor mir wegläuft zu ihrem *Vater*.
>
> BALDUR: Wieso haben Sie keinen Mann?

Corinna schweigt, dann bricht es aus ihr heraus:

> CORINNA: Entweder sind sie verheiratet und kurz davor, sich zu trennen, aber noch nicht gleich, oder sie wollen ihre Freiheit, nur noch ein bisschen, so zwei bis fünf Jahre, oder sie wollen Kinder, aber nicht jetzt, vielleicht morgen oder noch besser übermorgen, oder sie sind EIN PUPPENSPIELER, der nie zu Hause ist und sich um seine Tochter kümmert, weil er beim größten Pantomimen der Welt lernen will.

Baldur blickt sie an. Sie bemerkt den Blick. Sanfter:

    CORINNA: In deiner Welt gibt es vielleicht Wunder. In meiner gibt es nur abgebrochene Fingernägel.

119 GANG – I/T 119

Nora läuft allein mit klopfendem Herzen den Gang hinunter. Sie bleibt vor einer Tür stehen, holt tief Luft und klopft leise.

    STIMME: Ja?

120 GARDEROBE – I/T 120

Nora kommt zögernd herein. Ein Mann sitzt mit dem Rücken zu ihr vor einem Schminktisch. An den Wänden Plakate.

    STIMME: Wenn du ein Autogramm haben willst, Clara hat welche.

Nora antwortet nicht.

Der Mann dreht sich um. Es ist der Märchenmann, der sich gerade abschminken wollte. Sie starrt ihn verzückt an, bemerkt deshalb gar nicht, dass sich sein Gesichtsausdruck verändert.

    NORA: Ich suche meinen Vater. (Sie streckt ihm das Foto hin.) Weißt du, wo er ist?

    NORAS VATER (MÄRCHENMANN): Nora?

    NORA: Du – kennst meinen Namen?

Der Märchenmann hebt den Wattebausch und fängt an, sich die Schminke abzuwischen und darunter kommt –

Der Mann auf dem Foto zum Vorschein. Nora prallt zurück.

    NORA: Du bist der Märchenmann?

    NORAS VATER (MÄRCHENMANN): Ja.

    NORA: Und du bist mein ...

    NORAS VATER (MÄRCHENMANN): Ja. Das bin ich.

Sie sehen sich an, schweigen.

    NORAS VATER (MÄRCHENMANN): Deine Mutter weiß nicht, dass du hier bist? (Nora schüttelt den Kopf. Er seufzt.) Mach die Tür zu. (Sie tut es.) Setz dich.

Nora setzt sich auf einen Stuhl in der äußersten Ecke. Sie blicken sich an. Stumm.

    NORAS VATER (MÄRCHENMANN): Du bist gewachsen, seitdem ich dich das letzte Mal gesehen habe. Und du hast kürzere Haare.

    NORA: Ja, Mama hat sie selbst – (Stutzt.) Wann hast du mich denn gesehen?

NORAS VATER (MÄRCHENMANN): Am 5. Mai.

NORA: Das ist mein Geburtstag.

NORAS VATER (MÄRCHENMANN): Du warst in diesem Café, und du hast dein Lieblingseis gegessen ...

NORA: (immer seliger) Du kennst mein Lieblings-

NORAS VATER (MÄRCHENMANN): Erdbeereis. Mit ganz vielen Smarties oben drauf und brennenden Wunderkerzen. Warum hattest du keine Freundinnen dabei?

NORA: Ich hab keine.

NORAS VATER (MÄRCHENMANN): Verstehe.

NORA: Warum bist du nicht gekommen?

NORAS VATER (MÄRCHENMANN): Weil Corinna es nicht wollte.

NORA: Sie ist gemein. So gemein. Ich hasse sie.

NORAS VATER (MÄRCHENMANN): (darüber) Nein. Nora ... NORA! (Sie verstummt.) Sie wollte es nicht, weil ich weggegangen bin. Als du noch ganz klein warst.

NORA: Weil sie gemein zu dir war?!

NORAS VATER (MÄRCHENMANN): Nein. (lächelt) Sicher nicht.

NORA: Warum hast du das dann getan?

NORAS VATER (MÄRCHENMANN): Ich war nicht immer der Märchenmann. Weißt du, wie es ist, wenn man etwas tun muss? Auch wenn man weiß, dass man jemandem damit weh tut?

NORA: Und wenn man sich entschuldigt?

NORAS VATER (MÄRCHENMANN): Manchmal reicht das nicht. Manchmal müssen sich Eltern trennen, obwohl sie sich einmal lieb gehabt hatten.

NORA: Ich weiß. Ich bin schon acht.

Nora kämpft gegen die Tränen an.

NORAS VATER (MÄRCHENMANN): Komm her.

Sie tut es. Zögernd. Die letzten beiden Schritte stürzt sie sich dann in seine Arme.

121 FERNSEHSTUDIO/GANG – I/T   121

Corinna rennt den Gang entlang, gefolgt von Baldur, der das Märchenbuch dabei hat und immer noch die Sonnenbrille trägt. Die Regieassistentin tritt ihnen in den Weg.

CORINNA: Wo ist sie? Ein kleines Mädchen?

REGIEASSISTENTIN: Das Zimmer am Ende des Ganges.

Corinna läuft an ihr vorbei.

Die Regieassistentin mustert Baldur von unten nach oben.

> BALDUR: Ein Mann, etwa so ... mit einer ...

122 STUDIO – I/T 122

Groß: Prinz Heinrich.

Jetzt fährt die Kamera zurück, und wir sehen –

Dass er auf einer großen Holzscheibe angeschnallt ist. Die Arme zu beiden Seiten ausgestreckt, die Beine gespreizt.

Zehn Meter entfernt steht der Feuerschlucker mit einem Dutzend Messern, die brennen.

Baldur taucht in den Kulissen auf, entdeckt seinen alten Partner in neuer Funktion.

> BALDUR: Heiliger ...

Und dann beginnt der Feuerschlucker, auf Prinz Heinrich die brennenden Messer zu werfen, die jeweils dicht neben ihm einschlagen.

> PRINZ HEINRICH: (bei jedem Wurf) Oh ... oh ...

Da er das Prinzip nicht versteht, versucht er, den Messern auszuweichen, was natürlich nicht geht, da er angeschnallt ist. Doch durch seine Körperbewegungen gerät die Scheibe in Schwingungen und –

Beginnt sich zu drehen.

> FEUERSCHLUCKER: Genial.

123 GARDEROBE – I/T 123

Nora und ihr Vater.

> NORA: Kommst du jetzt zurück?
>
> NORAS VATER (MÄRCHENMANN): Das wird nicht gehen.
>
> NORA: Weil Mama –
>
> NORAS VATER (MÄRCHENMANN): Weil ich eine Frau habe.
>
> NORA: Und auch eine Tochter?
>
> NORAS VATER (MÄRCHENMANN): Noch nicht.
>
> NORA: Dann kann ich bei dir wohnen?
>
> NORAS VATER (MÄRCHENMANN): Und was ist dann mit Corinna?

Nora zuckt trotzig mit den Schultern.

> NORAS VATER (MÄRCHENMANN): Glaub mir, deine Mutter hat alles für dich getan. Mehr als du je ahnen wirst.
>
> NORA: Kannst du wenigstens in meine Klasse kommen?

NORAS VATER (MÄRCHENMANN): In deine Klasse?

NORA: Alle Eltern sind in meine Klasse gekommen und haben erzählt, was sie tun.

NORAS VATER (MÄRCHENMANN): Und Corinna war schon da?

Nora schüttelt mit dem Kopf.

NORAS VATER (MÄRCHENMANN): Du möchtest nicht, dass sie kommt?

Nora schüttelt erneut mit dem Kopf.

Die Tür fliegt auf. Darin Corinna. Sie starrt auf die beiden, die sich umarmen. Dann springt sie vor und reißt Nora weg.

CORINNA: Was tust du da? Lass sie in Ruhe.

NORAS VATER (MÄRCHENMANN): Corinna.

CORINNA: (zu Nora) Warte draußen!

NORA: Nein! Es ist nicht seine Schuld.

CORINNA: Was hast du ihr erzählt?!

Corinna ist den Tränen nahe.

NORA: Es tut ihm leid.

CORINNA: Es tut ihm *leid*?

NORAS VATER (MÄRCHENMANN): Komm schon, du kannst nicht dein Leben lang wütend sein. Wie lange willst du sie noch dafür bestrafen, dass wir einen Fehler gemacht haben?!

CORINNA: Du!

Noras Vater seufzt resigniert.

NORAS VATER (MÄRCHENMANN): Ich.

CORINNA: Ja, du. Haut einfach ab. Und lässt uns allein.

Während des Streits steht Nora in der Mitte zwischen beiden, die auf sie gar nicht mehr achten. Sie ist den Tränen nahe.

NORA: AUFHÖREN! HÖRT ENDLICH AUF!

Doch sie hören gar nicht auf sie. Nora hält sich die Ohren zu.

NORAS VATER (MÄRCHENMANN): Ich hab geschrieben.

CORINNA: DREI Mal in ZWEI Jahren. *Postkarten*. Das war alles.

NORAS VATER (MÄRCHENMANN): Ich weiß, ich –

CORINNA: Denkst du, wir hätten dich nicht gebraucht? Ich war allein, ich musste mir einen Job suchen. KÜCHENHILFE. Und du, du, du warst da irgendwo in –

WAMM. Die Tür ist zugefallen.

Corinna und Noras Vater entdecken, dass Nora weg ist. Das lässt sie zu sich kommen.

124 STUDIO – I/T 124

Prinz Heinrich auf der Scheibe. Sie dreht sich immer schneller und schneller, springt aus der Halterung und rollt mit Prinz Heinrich, umrahmt von den brennenden Messern, davon.

Das Team steht einen Moment ratlos da. Nur der Feuerschlucker findet, dass seine Show einen ungeahnten Höhepunkt hat.

    FEUERSCHLUCKER: Genial.

Unterdessen rollt Prinz Heinrich mit der Scheibe durch die Kulissen und –

Setzt sie in Flammen.

    BALDUR: Oh ...

125 GARDEROBE – I/T 125

    NORAS VATER (MÄRCHENMANN): Du willst mich bestrafen, aber eigentlich bestrafst du unsere Tochter.

Corinna holt Luft, um etwas zu erwidern. Dann zögert sie. Sie weiß, dass er recht hat.

    NORAS VATER (MÄRCHENMANN): Tu ihr das nicht weiter an. Sie ist ein tolles Mädchen.

    CORINNA: Ja, das ist sie.

    NORAS VATER (MÄRCHENMANN): Und du bist eine großartige Mutter.

    CORINNA: Bin ich nicht.

    NORAS VATER (MÄRCHENMANN): Doch, das bist du.

Corinna holt tief Luft und dann strömt sie aus ihr heraus und mit ihr all der Zorn der letzten Jahre.

    CORINNA: Als sie ein Baby war, sie war so zart und winzig, und sie war oft krank. Ich dachte, wenn ich sage, dass du weg bist –

    NORAS VATER (MÄRCHENMANN): Beschützt du sie. Ich weiß. Glaub mir, wenn ich die Zeit zurückdrehen könnte ...

    CORINNA: Aber es geht nicht. Was ist das?

Rauch dringt unter der Tür hindurch.

Sie reißen die Tür auf. Der Gang vor ihnen ist voller Qualm.

126 STUDIO – I/T 126

Corinna und der Märchenmann kommen aus dem Qualm gelaufen. Die Kulissen brennen. Menschen rennen kopflos durcheinander. Das Studio wird gerade evakuiert.

    FEUERSCHLUCKER: Genial.

CORINNA/NORAS VATER: Nora? Nora?

Sie suchen sie überall.

CORINNA: Wo ist sie? Haben Sie meine Tochter ... sie ist so groß?

REGIEASSISTENTIN: Sie müssen raus hier.

CORINNA: Aber sie muss noch da drin sein.

Sie deutet auf den Gang, der voller Qualm ist.

REGIEASSISTENTIN: SOFORT!

Prinz Heinrich und Baldur tauchen auf. Prinz Heinrich trägt den altmodischen Feuerwehrhelm aus der Requisite. Er blickt sich mit leuchtenden Augen um.

PRINZ HEINRICH: Jaaaa!

Er rennt in den Gang, verschwindet im Qualm.

127 GANG – I/T

PRINZ HEINRICH: Darauf habe ich zweihundertachtundneunzig Jahre gewartet.

Doch statt den Gang entlangzulaufen wie ein normaler Feuerwehrmann, will er sich wie in seinem Märchen verhalten: Er nimmt Anlauf, um eine Reihe exzentrischer Flickflacks zu starten, aber schon nach dem ersten Überschlag entdeckt er, dass hier Gesetze der Schwerkraft gelten. Und – ES TUT WEH.

PRINZ HEINRICH: Ah ... oh ... aaahhh ...

Er landet hart. Hustet.

128 STUDIO – I/T

Corinna, Noras Vater und Baldur warten mit angehaltenem Atem.

Jetzt teilt sich der Rauch, und Prinz Heinrich erscheint. ALLEIN.

CORINNA: Oh mein ...

REGIEASSISTENTIN: KOMMEN SIE JETZT!

NORAS VATER (MÄRCHENMANN): Sie wird draußen sein, bei den anderen.

Sie laufen hinaus. Baldur ist mit Prinz Heinrich zurückgeblieben.

BALDUR: Hast du überall nachgesehen?

Sieht die Antwort, kämpft mit sich. Das hier widerspricht allem, was er je gedacht und gefühlt hat. Er drückt Prinz Heinrich das Märchenbuch in die Hand. Dann holt er tief Luft und –

RENNT LOS.

129 GANG – I/T

Baldur arbeitet sich den Gang entlang. Keine Nora. Er will schon umdrehen, als ihm ganz am Ende ein Schrank auffällt. Er zögert, doch dann entdeckt er etwas, was er nicht an sich kennt: MUT.

Baldur reißt die Tür auf. Darin eine völlig verängstigte Nora.

130 VOR DEM STUDIO – A/N

Chaos. Fernsehleute, die herausgerannt kommen, rußverschmiert, mit angesengten Haaren und Kleidern, nach Luft schnappend. FEUERWEHRLEUTE bei der Arbeit. Unter ihnen ist Vickys Vater.

Der Punker mischt sich unter die Zuschauer.

Corinna und Noras Vater suchen immer noch fieberhaft nach ihrer Tochter. Jetzt wird Corinna aufmerksam, denn –

Baldur kommt mit Nora im Arm herausgerannt. Hinter ihnen Prinz Heinrich.

Corinna stürzt ihnen entgegen, reißt Nora an sich.

CORINNA: Oh mein Gott ...

Doch diesmal sind es keine Vorwürfe. Sie umarmt und küsst Nora immer wieder. Tränen der Verzweiflung und Erleichterung. Während um sie herum Fernsehleute vorbeirennen, Feuerwehrmänner ihre Arbeit machen, Kommandos brüllen ...

CORINNA: Wir wollten dir keine Angst machen. Wenn dir was passiert wäre, ich wäre niemals wieder ... Hörst du?!

NORA: Tut mir leid.

CORINNA: Mir – auch.

Baldur beobachtet Corinna und Nora. Der Moment des Verzeihens. Für beide. Etwas geht mit ihm vor sich.

VICKYS VATER: Zwei Mann da rüber. (Rennt weiter.)

REGIEASSISTENTIN: Paul! Wir brauchen dich hier ...

CORINNA: Möchtest du ihn Sonntag besuchen?

REGEIASSISTENTIN: PAUL!

Sie deutet auf einige Fernsehleute, die auf dem Boden liegen und Hilfe brauchen.

NORAS VATER (MÄRCHENMANN): Ich komme! (hastig, zu Nora) Du könntest in meine Sendung kommen.

NORA: WIRKLICH? Das würdest du tun?

Nora umarmt ihn.

NORAS VATER (MÄRCHENMANN): Ich muss zu den anderen ...

Corinna und er nicken sich zu, vorsichtig, aber nicht feindselig.

NORAS VATER (MÄRCHENMANN): Bis Sonntag.

Er küsst Nora, dann läuft er los.

NORA: Ich hab einen Vater.

Baldur und Prinz Heinrich stehen ein Stück entfernt. Baldur beobachtet Corinna und Nora.

PRINZ HEINRICH: ICH WILL ZURÜCK! JETZT!

SCHNITT AUF DEN

PUNKER: Den kenn ich doch.

Jetzt kommen Corinna und Nora auf Baldur zugerannt.

CORINNA: Danke. Nora sagt, ihr müsst euch beeilen.

Sie greift in die Tasche und holt die beiden Ampullen mit dem Rückführungstrank hervor. Baldur zögert, dann nimmt er sie.

BALDUR: Wie spät ist es?

CORINNA: Kurz vor halb zwölf.

BALDUR: Dann haben wir nicht mehr viel Zeit.

Er öffnet das Märchenbuch.

    STIMME TAPFERES SCHNEIDERLEIN: Nein. NICHT!

131 MÄRCHENREICH – I/T   131

Sehr groß: Das Gesicht des Tapferen Schneiderleins. In Panik.

Jetzt sieht man, dass es sich nicht in senkrechter, sondern waagerechter Position befindet. Unter dem Arm der drei Räuber.

    TAPFERES SCHNEIDERLEIN: Das ist so was von erniedrigend!

Doch die Räuber rennen schon, ihn als Rammbock benutzend, los und – durchbrechen die Wand.

    1. RÄUBER: Wir haben's geschafft. Wir sind fr-

Erstarrt. Er ist in einem Nachbarreich. Darin die modernen Märchenfiguren. Lewis Carrol, Walt Disney, Harry Potter ...

    MODERNE MÄRCHENFIGUR: Raus!

Die Räuber lassen den Kopf sinken und schlurfen zurück.

    MODERNE MÄRCHENFIGUR: Man glaubt's nicht.

    2. MODERNE MÄRCHENFIGUR: Versuchens mit allen Mitteln. OPFER!

Alle lachen.

    TAPFERES SCHNEIDERLEIN: Dafür habt ihr nur *vier* Finger.

Einige der modernen Märchenfiguren blicken überrascht auf ihre Hände.

    MODERNE MÄRCHENFIGUR: Ich bin – behindert.

    BALDUR: Ich hab ihn gefunden.

Alle halten inne, heben den Kopf.

    ALTER: Wie spät ist es?

    BALDUR: Gleich Mitternacht.

    ALTER: Ihr müsst euch beeilen.

    BALDUR: Ich schicke ihn euch.

Allgemeine Erleichterung.

    BALDUR: Ihr dürft nicht aufgeben. Ihr müsst weitermachen. WIE auch immer.

    HÜNENHAFTE WACHE: Und mit WEM.

    BALDUR: Also dann ... (Blickt Prinz Heinrich an.) Das erste Gebot. PRINZEN ZUERST.

Prinz Heinrich nickt, als trage er eine schwere Last.

    PRINZ HEINRICH Du hast recht.

BALDUR: Ich komme gleich nach.

Er gibt Prinz Heinrich die Ampulle. Sie umarmen sich. Prinz Heinrich wendet sich Nora zu.

PRINZ HEINRICH: Tut mir leid, kleine Prinzessin.

Dann stürzt er den Rückführungstrank hinunter.
Und jetzt passiert das Gegenteil. Er schrumpft, wird zweidimensional und verschwindet in dem Märchenbuch.
Der Punker hat alles aus der Entfernung beobachtet. Er blickt auf seinen Joint, dann zu Prinz Heinrich, der jetzt endgültig verschwunden ist.

PUNK: Cool …

NORA: Und – was – was passiert jetzt mit dir? Gehst du nicht mit?

Baldur blickt auf seine Hand, die vollkommen durchsichtig ist. Darin die zweite Ampulle.

NORA: Er wird sterben.

Sie blickt auf die Uhr. Keine Minute mehr bis Mitternacht.

BALDUR: Nicht, wenn ich jemandem seinen größten Wunsch erfülle.

Er tritt vor, küsst Corinna kurz, tritt hastig wieder zurück. Nichts. Corinna ist so verblüfft, dass sie einen Moment lang nicht mal wütend sein kann.

Die letzten zehn Sekunden.

BALDUR: (sich Mut machend) Ich – kann das besser.

Er holt tief Luft, küsst sie erneut, und plötzlich wird es –

DER KUSS.

Und während sie sich küssen, fällt endlich der Regen.

Baldur löst sich von Corinna.

Er blickt auf die Regentropfen, die seinen Arm treffen und seine Hand, in die das Leben zurückkehrt. Es tut nicht weh – im Gegenteil, es gefällt ihm.

BALDUR: DAS – ist Regen.

Während das Wasser an Baldur herabrinnt, und zu seinen Füßen sich ein kleiner See bildet –

AUS FARBE.

Er schnippst die zweite Ampulle mit dem Rückführungstrank unbemerkt weg. Fast. Nur einer hat es bemerkt.

Groß: Der Punker.

ABBLENDE

AUFBLENDE AUF

132 KLASSENZIMMER – I/T

Nora in der Bank. Wie immer allein.

> KLASSENLEHRERIN: Und – Nora?

Nora schweigt. Vicky und Maja blicken sich triumphierend an.

Die Tür geht auf, und Corinna erscheint. Sie trägt eine Tasche.

> CORINNA: Hallo. Ich bin Noras Mutter, und ich bin Küchenhilfe.

Vicky und Maja grinsen höhnisch. Währenddessen holt Corinna aus der Tasche Teller und Gläser hervor.

> CORINNA: Wer von euch weiß, wer den Weltrekord im Tellerbalancieren hält? Die einen denken, es war Giovanni Borese 1644 in Pisa, aber im letzten Moment setzte sich ein Schmetterling auf den Rand des allerletzten Tellers, und er fiel herunter, sodass andere wiederum glauben, dass 108 Jahre später in dem kleinen katalanischen Dorf Figueres ein Mädchen, dessen Namen niemand je...

Und während sie weiter redet, blendet der Ton aus. Corinna beginnt Teller auf ihren Arm zu stellen, fünf, sechs, sieben ... Und auf die Teller Gläser. Die Augen der Kinder werden immer größer. Und egal, was Corinna dabei erzählt, es muss witzig sein, denn die Klasse lacht. Sogar Maja. Erst ein strafender Blick von Vicky lässt sie schuldbewusst verstummen. Doch auf Noras Gesicht taucht ein glückliches Lächeln auf.

133 SCHULHOF – A/T

Nora sitzt auf einer Bank. Neben sich einige Kinder aus ihrer Klasse. Nora macht eine Pantomime, und alle sehen fasziniert zu.

Vicky und Maja stehen abseits.

134 SCHULKÜCHE – I/T

Otto arbeitet am Herd. Und jetzt passiert ein Wunder.

> OTTO: Tiefer!

SCHNITT AUF

Ein Spülbecken. Und jetzt sehen wir, wer davor steht – Baldur.

Er starrt auf das schmutzige Wasser, dann überwindet er sich und taucht vorsichtig einen Teller hinein.

135 HINTER DER SCHULKÜCHE – A/T

Nora sitzt neben Baldur. Er schlägt das Märchenbuch auf, dessen Buchdeckel nicht mehr verzogen, sondern wieder gerade ist.

> BALDUR: Und dann zügelte der Prinz sein Pferd ...

Corinna lehnt in der Tür und sieht den beiden lächelnd zu. Fred tritt neben sie.

> FRED: Hier, für den Klempner ... (Er will Corinna Geld zustecken.)
>
> CORINNA: Schon gut, Fred. (Sie nimmt es nicht.)
>
> FRED: Wie sieht's heute Abend ...

Baldur schaut kurz auf, und sein Blick trifft sich mit dem Corinnas.

> CORINNA: Grüß Dora von mir.

Sie küsst ihn auf die Wange. Er versteht. Zieht sich zurück. Bekümmert und – auch ein wenig erleichtert.

Baldur wendet sich wieder dem Buch zu.

> BALDUR: ... zügelte der Prinz am Schlosstor sein Pferd, während der neue Knappe die neue Prinzessin in den Armen hielt ...

SCHNITT AUF

136 SCHLOSSHOF – A/T   136

Die hünenhafte Schlosswache, die seit 200 Jahren unter ihrer Bedeutungslosigkeit litt und endlich die Chance hat, die erste Nebenfigur in der Geschichte des Märchens zu werden, die zu einer Hauptfigur wird –

Die Kamera fährt zurück –

Ist immer noch die Schlosswache.

> STIMME BALDURS: Und sie küsste.

Und jetzt sehen wir Prinz Heinrich, den alten Hauptdarsteller, auf den – niemand achtet, denn der neue Knappe ist kein anderer als der – Punk.

Er sitzt auf Baldurs Esel, während er die Prinzessin hochhebt und küsst – es ist das durchsichtige Mädchen, das wieder Farbe bekommen hat.

> HÜNENHAFTE WACHE: Äh ...

Der Punk wirft ihm einen scharfen Blick zu. Die hünenhafte Wache schließt hastig den Mund.

> STIMME BALDURS: Und alle waren glücklich und zufrieden ...
>
> STIMME NORAS: bis ans Ende ihrer Tage.

Der Punk lässt das nicht mehr durchsichtige Mädchen los. Es fällt wie ein Stein nach unten, wo es die hünenhafte Wache im letzten Augenblick auffängt. Eine Staubwolke steigt auf.

> PUNK: (zum nicht mehr durchsichtigen Mädchen) Du bist immer noch zu blass. Wie oft soll ich dir noch sagen: das heisst

nicht: Wie geht es Eurer Hoheit? Sondern: Was geht ab, Baby? So wird das nie was. Wie sollen wir das Ding quotenmäßig hochbringen?!

Der Punk wendet sich nach dem beschäftigungslosen Prinz Heinrich um, der ziemlich dick geworden ist und den das alles nicht besonders zu interessieren scheint. Und jetzt verstehen wir auch, warum: er isst mit großer Leidenschaft eine Pizza.

>PUNK: Gib mir Fünf.

Sie klatschen sich ab.

>PUNK: (zu Prinz Heinrich) Was meinst du, wer als erster am Horizont ist?
>
>PRINZ HEINRICH: Ich weiß nicht ... Das ist ziemlich gefähr-
>
>PUNK: Komm schon, du musst abnehmen. Wie oft soll ich dir noch sagen: Pizza hat eine TRILLION KALORIEN.
>
>SCHIMMEL: (zwischen den Lippen) Heilige Scheiße.

Der Schimmel galoppiert mit Prinz Heinrich los, die Serpentine hinab.

>STIMME: Da oben ist noch ein Fleck.

Jetzt sehen wir das ursprüngliche Aschenputtel. Die Augen sind wieder an den richtigen Stellen, während sie ihre beiden Stiefschwestern beaufsichtigt, die die Fenster des Schlosses putzen.

>ASCHENPUTTEL: Ja, da.

Der Punk sieht sich begeistert um. Zu sich:

>PUNK: Wau. Was für'n geiler Trip. Hoffentlich hört er nie wieder auf. Heja ...
>
>ESEL: Oh Mann ...

Der Esel trabt hinterher.

Zurück bleibt das nicht mehr durchsichtige Mädchen in den Armen der hünenhaften Wache.

Doch das ist ein anderes Märchen. Und wenn sie nicht gestorben sind ... Aber das werden sie ja nicht. Vielleicht. Hoffentlich.

>DER ABSPANN SETZT EIN UND LÄUFT UND LÄUFT UND WIRD – UNTERBROCHEN.

137 FERNSEHER – I/T 137

Werbung für ein Tierheim. Verschiedene Tiere werden kurz eingeblendet.

>STIMME: Wollen Sie sich oder Ihren Lieben nicht eine Freude machen und einem kleinen einsamen Haustier ein neues tierliebes Zuhause geben. Einem wuscheligen Hasen? Oder Ronny, dem kleinen Cockerspaniel? Oder diesem süßen Kater hier, den wir alle so liebgewonnen haben?

Der gestiefelte Kater wird am Nacken ins Bild gehalten – ohne Stiefel und Hut und Degen, aber er ist es definitiv. Er mauzt und schlägt um sich.

> GESTIEFELTER KATER (Untertitel): Verdammt. Holt mich hier raus. Und gebt mir endlich was zum Anziehen. Das geht mir so auf die Eier.

Stutzt, als ihm klar wird, dass ihm viele zusehen könnten, und er verschränkt hastig die Pfoten im Schritt.

> STIMME: Und übrigens, keine Sorge: Jedes Tier wird bei uns entflöht, geimpft und kastriert.

Der Gestiefelte Kater schluckt.

> GESTIEFELTER KATER (Untertitel): BEEILT EUCH!

DER ABSPANN WIRD FORTGESETZT

DER ABSPANN WIRD ERNEUT UNTERBROCHEN

138 ZIRKUS – I/T   **138**

Groß: das Gesicht eines Zwerges. Angespannt. Konzentriert.

Die Kamera fährt an ihm herunter, vorbei am Bauch, die Beine hinab, bis zu seinen Schuhen, die auf dem Kopf eines – zweiten Zwerges stehen.

Und immer weiter hinunter zum dritten, vierten, fünften und sechsten Zwerg, der –

Auf dem Rücken des Einhorns steht, das in einem Zirkuszelt im Kreis galoppiert.

    6. ZWERG: (zwischen den Zähnen) Ich schaff's nicht mehr lange.

Die Leiter aus Zwergen schwankt bedrohlich. Und dann WUPP – Verschwindet das Gesicht des obersten Zwerges aus dem Bild.

DER ABSPANN WIRD FORTGESETZT UND LÄUFT AUS UND JETZT –

Sehen wir das Einhorn immer noch im Kreis galoppieren, nur dass jetzt alle sechs Zwerge wie Wäschestücke an seinem Horn baumeln.

    2. ZWERG: (zwischen den Zähnen) Ich hab euch gesagt: Gehen wir lieber nach Schottland zum Zwergenwerfen.

Und jetzt ist der Film wirklich zu

ENDE

Der Preisträger

Stefan Kolditz: Bio-Filmografie

Stefan Kolditz

Stefan Kolditz wurde 1956 in Kleinmachnow geboren. Nach seinem Abitur studierte er von 1982 bis 1987 Theaterwissenschaften an der Humboldt-Universität zu Berlin mit anschließener Aspirantur von 1987 bis 1990. Seit 1991 lebt er als freischaffender Autor in Berlin. Von 1994 bis 1997 war er an der Humboldt-Universität Dozent für Drehbuchschreiben. Seit 1998 hält er Gastseminare an der Filmhochschule Ludwigsburg, der Filmakademie Hamburg und der HFF Potsdam.

Seine Arbeiten wurden vielfach ausgezeichnet; u.a. mit dem deutschen Fernsehpreis (DRESDEN; 2006) und fünf Grimmepreisen (AN DIE GRENZE; 2008; darunter einer für das beste Drehbuch).

Drehbücher (Auswahl): ATKINS (Kinofilm; 1995). *Regie:* Helge Trimpert. *Produktion:* DEFA Studio für Spielfilme.
DIE ENTFERNUNG ZWISCHEN DIR, MIR UND IHR (Kinofilm; 1988). *Regie:* Michael Kann. *Produktion:* DEFA Studio für Spielfilme.
BURNING LIFE (Kinofilm; 1994). *Produktion:* Antaeus. *Regie:* Peter Welz.
MOBBING. DIE LIEBEN KOLLEGEN (Fernsehfilm; 1995). *Regie:* Bernd Boehlich. *Produktion:* Ufa für das ZDF.
SPRUNG INS GLÜCK / ALTE FREUNDE (1995). *Regie:* Andreas Dresen. *Produktion:* ORB.
GEFÄHRLICHE LUST (1998). *Regie:* Bodo Fürneisen. *Produktion:* Antaeus für Sat.1.
DIE MÖRDERIN (1999). *Regie:* Christian von Castelberg. *Produktion:* UFA für das ZDF.
SCHNEE IN DER NEUJAHRSNACHT (Kinofilm; 1999). *Regie:* Thorsten Schmidt. *Produktion:* Westdeutsche Universum.
DIE FRAU, DIE EINEN MÖRDER LIEBTE (Thriller; 2000). *Regie:* Olaf Kreinsen. *Produktion:* Mungofilm für das ZDF.
NULL UHR 12 (Kinofilm; 2001). *Regie:* Bernd Michael Lade. MD Produktion: Clasart Film.
SCHLEUDERTRAUMA (2002). *Regie:* Johannes Fabrick. *Produktion:* teamWorx für den SWR.
AM ENDE DER HOCHZEITSNACHT (2002). *Regie:* Olaf Kreinsen. *Produktion:* Network Movie für Sat.1.
EIN EINSAMES HAUS AM SEE (2004). *Regie:* Siggi Rothemund. *Produktion:* UFA für Sat.1.

DRESDEN (Zweiteiler; 2006). *Regie:* Roland Suso Richter. *Produktion:* teamWorx für das ZDF.
AN DIE GRENZE (2007). *Regie:* Urs Egger. *Produktion:* Colonia Media für das ZDF.
SCHATTEN DER GERECHTIGKEIT (2009). *Regie:* Hans-Günther Bücking. *Produktion:* Cinecentrum für Sat.1.
UNSERE MÜTTER, UNSERE VÄTER (Dreiteiler; 2011). *Regie:* Philipp Kadelbach. *Produktion:* teamWorx für das ZDF (Postproduktion).
Zahlreiche Folgen der Serien *Tatort* (DER SCHWARZE ENGEL; 1994, EIN EHRENWERTES HAUS; 1995 u.a.) und *Polizeiruf 110* (DER SOHN DER KOMMISSARIN; 1997, MÖRDERKIND; 1999 u.a.).
Diverse Theaterarbeiten als Dramaturg und in der Stückentwicklung; sein eigenes Stück *EVA Hitlers Geliebte* wurde 1996 am Berliner Ensemble uraufgeführt.

Laudatio der Jury

Das Drehbuch ES WAR EINMAL von Stefan Kolditz beginnt mit einer turbulent erzählten Version des Märchens vom Aschenputtel. Eine Frauenstimme stört, der Film gerät ins Stocken, die Schranktür wird geöffnet, Licht fällt auf die achtjährige Nora und reißt sie mitten aus dem Abenteuer.

Der Alltag ruft, und der ist für Nora meist so wenig erfreulich, dass sie jede Gelegenheit nutzt, um sich in die Welt ihres Märchenbuches zurückzuziehen.

Sie lebt allein bei ihrer Mutter, kennt ihren Vater nicht und ist beliebtes Spottobjekt in ihrer Klasse.

Aber auch innerhalb der Buchseiten geht es nicht so recht weiter. Die Figuren im Märchen sind auf Seite vier steckengeblieben. Hinter den Kulissen vertreiben sie sich die Zeit, indem sie um ihre Wirkung streiten und mit den Gestalten aus den anderen Märchen diskutieren, ob etwa Aschenputtel mit Räubern nicht wesentlich besser wäre.

Immer im selben Format gefangen zu sein ist langweilig, und so sehnt sich Prinz Heinrich genauso nach echtem Leben, wie sich Nora in die Märchenwelt träumt.

Das Drehbuch ES WAR EINMAL verbindet Fantasie mit Realität und zeigt auf einfache und doch sehr wirkungsvolle Weise, wie das befreite Denken und das Erfinden von neuen Wirklichkeiten das reale Leben verändern können.

In einer Zeit, in der die audiovisuellen Medien immer schrillere und oberflächlichere Impulse setzen, um die Massen anzulocken, beschreibt Stefan Kolditz mit einer erstaunlich spielerischen Leichtigkeit, welche große Kraft die menschliche Fantasie entfalten kann, wenn man ihr den

Raum dazu lässt. Seine Geschichte beschreibt die Grenzen der Formatierung und zeigt uns, wie viel Spaß es macht, sie zu sprengen.

Allein Noras Fantasie kann die Tür aus dem Märchen öffnen und die Figuren aus den Buchdeckeln in ihre und damit in unsere Welt holen.

Als Prinz Heinrich mit den anderen Märchenfiguren die Chance nutzt, auszubrechen und mitten im wirklichen Leben auftaucht, wird Noras Leben so heftig durcheinandergewirbelt, dass ihre Mutter sich fragt, warum ihre Tochter nicht einfach nur ein normales Mädchen sein kann.

Aber wie kann man sich in einer Welt wohlfühlen, in der einen das Träumen zum Außenseiter macht? Was bleibt da anderes, als sich mit den Märchenfiguren zu verbünden, um die Wirklichkeit zu retten?

ES WAR EINMAL zeigt, dass Filme mehr können als formatierte Unterhaltung.

Gute Filmerzählungen können Bedeutung schaffen, Teil unseres Denkens und Fühlens werden. Sie erweitern Horizonte, lassen uns staunen und können uns helfen, die Welt besser zu verstehen.

Wer sie in wiederholbare, immergleiche Formate steckt, reduziert sie zu bloßen reizauslösenden Spektakeln, zu reinen Impulsen, die schnell verblassen und keinen weiteren Sinn haben. Ihre Bedeutung verschwindet hinter dem medialen Gewitter derer, die nicht um die Herzen und den Verstand, sondern nur noch um die kurz aufflammende Aufmerksamkeit der Zuschauermassen buhlen.

Dabei wird alles, was Menschen erfinden, vorher geträumt, gedacht und in Sprache und Bildern veräußert. Jules Verne war auf dem Mond, lange bevor die erste Mondlandung gelang. Aufgabe des Erzählens war immer auch, das Undenkbare zu denken, zu beschreiben und damit dem Wissen der Menschheit hinzuzufügen.

Märchen spiegeln die Gesellschaft, indem sie von den Nöten und Träumen der Menschen erzählen und uns – zumindest in Gedanken – von den Grenzen des Status quo befreien.

Wir freunden uns mit unseren Helden an, sehen sie blindlings ihre Fehler machen und wünschen ihnen doch das Beste. Wir stehen ihre Abenteuer mit ihnen zusammen durch, gewinnen durch sie einen neuen Blick auf unsere Welt und kehren, um eine Erfahrung reicher, in sie zurück.

Stefan Kolditz' Drehbuch ES WAR EINMAL befreit die Märchen aus der verstaubten Ecke, erinnert uns an ihren Reichtum und verbindet sie mit einer modernen audiovisuellen Erzählung.

ES WAR EINMAL ist ein Plädoyer für die Fantasie, das Lesen und das fantastische Kino. Wie jeder gute Kinofilm ist die Geschichte überraschend und spannend aufgebaut und bietet neben vielen schillernden

Figuren eine zweite Ebene, an der auch die meisten Erwachsenen viel Spaß haben dürften.

Die Jury »Deutscher Drehbuchpreis« freut sich besonders, dass mit ES WAR EINMAL ein Kinderfilm ausgezeichnet wird, und wünscht Stefan Kolditz viel Erfolg für die Umsetzung seines Stoffes in einen erfolgreichen Kinofilm.

Peter Henning für die Jury »Deutscher Drehbuchpreis«

Die Nominierten

Heike Libnow

Heike Libnow, geboren in Rostock und 1980 übersiedelt nach Lübeck, studierte Theater-, Film- und Medienwissenschaften sowie Politikwissenschaften in Frankfurt/Main und Berlin. 2004 machte sie den Abschluss zum Magister Artium in Filmwissenschaften. Von 2006 bis 2009 war sie Produktionsassistentin, Script Consulter und Creative Producer bei IT WORKS! Medien Berlin. 2007 übernahm sie für die Deutsche Film- und Fernsehakademie Berlin die Produktionsleitung für Jan Speckenbachs Film GESTERN IN EDEN (THE OTHER DAY IN EDEN; 30min., 16mm; Uraufführung: Festival de Cannes 2008 / *cinéfondation*, diverse Festivalteilnahmen). Seit 2010 ist sie freie Autorin. Sie lebt in Berlin.

Heike Libnow

Ihr Drehbuch SANELLA (Arbeitstitel) wurde gefördert von der DEFA Stiftung, der Kulturellen Filmförderung Mecklenburg Vorpommern und der Filmförderung Hamburg Schleswig-Holstein / Filmwerkstatt Kiel.

Synopsis: SANELLA

Coming-of-age, Kinospielfilm.
Rostock, Anfang der 1980er Jahre. Hetty (74) und Lisbeth (67) klingeln an der Tür einer Neubauwohnung. »Die haben doch nen Schlüssel«, murmelt die 15-jährige Simone ihrer kleinen Schwester Birte (7) unwillig zu. Aber die Eltern der Mädchen sitzen wegen versuchter Republikflucht im Gefängnis, und so heißt die neue Familienkonstellation »Zwei Omas und zwei Mädchen«. Dazu gibt es keine Alternative. Die Omas ziehen ein.

Alle vier haben sich den neuen Umständen anzupassen, und irgendwie kehrt sogar eine Art Alltag ein, aber Simone hat für Anpassung nicht viel übrig. Simone verliebt sich in einen Algerier.

Er heißt Karim, ist 31 und lebt in Rostock-Dierkow in einer umzäunten Barackensiedlung für ausländische Vertragsarbeiter. Doreen (16), Simones beste Freundin, meint zwar, dass die Algerier nur die Mädchen flachlegen wollen, denn »so sind sie, die Kanaken, alles Schweine«, aber Simone findet ihn wunderschön. Simone und Karim treffen sich erst zufällig, dann immer häufiger auf einer Baubrache in der Nähe der Barackensiedlung. Simone will ihm gefallen, sie will keine kleine Schülerin mehr sein und erzählt ihm, sie sei 17 und heiße Sanella (wie die Lieblingsmargarine von Oma Hetty). Die rebellische 15-Jährige und der melancholische Hafenarbeiter werden ein Liebespaar.

Als Doreen alles ausplaudert, wird Simone sofort mit den Konsequenzen konfrontiert: Die Klassenkameraden tuscheln, die Direktorin droht mit Erziehungsheim und zetert:»Du kriegst hier noch deine Rente!«, und Oma Lisbeth fragt entsetzt, ob Simone denn »das gemeinsame Ziel«, die Familienzusammenführung im Westen, vergessen habe? Aber Simone hat längst ein anderes Ziel. Simone und Karim verbringen immer mehr Zeit miteinander, sie schlafen miteinander, sie sind unzertrennlich. Karim schlägt vor, dass sie heiraten und gemeinsam nach Algerien gehen, Simone sei doch fast 18 ... Simone haucht »Ja.«

Die Situation eskaliert zusehends: Die Omas zerstreiten sich, Oma Hetty zieht aus, und Karim wird in der Disco zusammengeschlagen. Als dann auch noch ein Telegramm der Eltern eintrifft, dass sie vom Westen freigekauft wurden und die Mädchen und die Omas so bald wie möglich nachkommen sollen, sieht Simone ihre Liebe bedroht. Der Traum vieler DDR-Bürger ist für sie der schlimmste Albtraum ...

Begründung der Jury

SANELLA von Heike Libnow erzählt von zwei Schwestern, deren Eltern nicht allzu lange vor der Wende als Republikflüchtlinge verhaftet wurden.

Die Großmütter nehmen sich der beiden an und versuchen, den Mädchen einen normalen Alltag zu geben. Die Fragen nach den Eltern beantworten sie vage.

Aus der Sicht der Mädchen vermischen sich normale Probleme der Heranwachsenden mit der politischen Realität, die sie zu Ausgegrenzten werden lässt, ohne dass sie wirklich verstehen, warum. Das Drehbuch ist ein beeindruckendes Debüt und besticht durch das Nebeneinander von Leichtigkeit und Drama.

Heide Schwochow

Heide Schwochow wurde am 5.6.1953 in Stralsund geboren und wuchs auf der Insel Rügen auf. Dort hat sie 1972 Abitur gemacht und studierte anschließend Pädagogik in Leipzig, machte dort ihr Diplom und entschied sich, den Beruf als Pädagogin nicht auszuüben. Es folgten Jahre des Ausprobierens: in Leipzig und Berlin als Kellnerin, Krippenerzieherin, Sozialarbeiterin bei geistig Behinderten.

Von 1982 bis 1984 studierte sie Schauspielregie an der Berliner Schauspielschule Ernst Busch. Es folgten eigene Regiearbeiten am Theater und in der Abteilung Kinderhörspiel beim Rundfunk der DDR. Nach einem Ausreiseantrag verschlug es sie nach Hannover, wo sie noch einmal studierte, 1993 machte sie ihren Abschluss als Diplom-Journalistin. Seitdem ist sie freie Autorin und Regisseurin vor allem für die Bereiche Hörspiel/Künstlerisches Feature in den unterschiedlichsten ARD-Anstalten.

Heide Schwochow

Als ihr Sohn Christian an der Filmakademie Baden-Württemberg studierte, begann sie sich stärker für Filme zu interessieren. Sie entwickelten gemeinsam seinen Diplomfilm NOVEMBERKIND. Er kam ins Kino, so ging es weiter, die nächste Geschichte und noch eine Geschichte ...

NOVEMBERKIND erhielt je einen Publikumspreis auf dem Filmfestival Max Ophüls Preis und dem Filmkunstfest Mecklenburg-Vorpommern, das Drehbuch war 2009 für den Deutschen Filmpreis nominiert.

Filme: VOM ALEXANDERPLATZ ZUM BRANDENBURGER TOR (Kurzfilm; 1991); *Produktion:* ZDF.
DER KLEINE FLÜGEL DES SCHMETTERLINGS (Das kleine Fernsehspiel; 1991); *Produktion:* ZDF.
MARTA UND DER FLIEGENDE GROSSVATER (Spielfilm für Kinder; 2006); *Drehbuch:* Heide Schwochow, Christian Schwochow. *Regie:* Christian Schwochow. Produktion: Filmakademie Baden-Württemberg / Filmemacher Filmproduktion.
NOVEMBERKIND (Kinofilm; 2007) *Drehbuch:* Heide Schwochow, Christian Schwochow. *Regie:* Christian Schwochow. Produktion: SWR / Sommerhaus Film / Filmemacher / Cineplus.
DIE UNSICHTBARE (Kinofilm; 2011) *Drehbuch:* Heide Schwochow, Christian Schwochow. *Regie:* Christian Schwochow. *Produktion:* Teamworx.

Synopsis: LAGERFEUER

Nach dem gleichnamigen Roman von Julia Franck.
Ort der Handlung: Das Notaufnahmelager Berlin Marienfelde.
Zeit der Handlung: August bis Ende Dezember 1978.

Vorgeschichte
Nelly Senff (30) hatte ihren Ausreiseantrag aus der DDR mit der Bitte um Familienzusammenführung gestellt. Sie gab den Westberliner Gerd Becker als ihren zukünftigen Ehemann an. Eine Scheinbeziehung. Nach der Ausreise muss sie ihm dafür 10.000 Mark zahlen.

Inhalt
Nelly hat ihren Ausreiseantrag bewilligt bekommen. Binnen 24 Stunden müssen sie und ihr Sohn Aleksej (8) die DDR verlassen. Ein Abschied, der sie mitten aus dem Alltag reißt. Nachdem sie letzte demütigende Kontrollen an der deutsch-deutschen Grenze über sich ergehen lassen muss, finden sie Zuflucht im Berliner Notaufnahmelager Marienfelde.

Anstelle der großen Freiheit wartet aber nur eine kleine umzäunte Welt des Lagers mit ihren eigenen Gesetzen auf sie. Nelly wird von den einzelnen Geheimdiensten in der sogenannten Alliierten Sichtungsstelle verhört. Anstatt zu kooperieren und Informationen über die DDR zu liefern, verweigert sie sich und verlängert damit ihren Lageraufenthalt. In den Verhören mit John Bird, einem Angehörigen des US-Geheimdienstes, wird sie auch zu Wassilij, dem Vater ihrer Kinder, befragt. Wassilij starb angeblich bei einem Autounfall während einer Dienstreise in Russland. Seine Leiche konnte jedoch nie identifiziert werden. Nelly sieht sich wieder mit Wassilijs Tod konfrontiert, mit dem sie eine leidenschaftliche Liebe verband. Sie wollte mit der Ausreise ihre Vergangenheit loswerden, jetzt wird sie wieder damit konfrontiert.

Jeder, der hier im Übergangslager strandet, hat eine Geschichte, die er mit sich bringt. Da ist die Polin Krystyna, deren Vater unbedingt nach Deutschland wollte und der jetzt unbedingt nach Polen zurück will. Da ist Hans, der direkt aus dem DDR-Gefängnis in den Westen freigekauft wurde und schon seit zwei Jahren im Übergangslager lebt. Sie sind weggegangen aus ihrer vertrauten Umgebung und können nicht ankommen in der neuen.

Heimatlose, die zwischen den Welten leben.

Aleksej lernt im Lager Jelena (10) kennen, das Mädchen aus Kasachstan. Sie spricht die Sprache seines Vaters Wassilij, sie fühlt sich wie er fremd in der Schule, wo sie beide als Lagerkinder verspottet werden. Jelena ist Heimat für Aleksej, bis sie mit ihrer Familie das Lager verlässt. Wieder Abschied. Wieder Verlust für Aleksej.

Nelly muss sich immer intensiver mit ihrem Leben, ihren Wünschen und den Bedürfnissen von Aleksej auseinandersetzen. Als Chemikerin findet sie keinen Job, die finanzielle Unterstützung ist gering. Aleksej leidet unter Verlustängsten und unter seiner Rolle als Außenseiter in der Schule. Nelly weiß, dass sie das Lager schnellstmöglich verlassen muss, aber sie schafft den Absprung nicht.

Der CIA-Mann John Bird sagt ihr, dass Wassilij vielleicht noch lebt. Nelly begibt sich auf die Suche und trifft am Ende immer nur auf Bird, der ihr seinen »Schutz« anbietet. Bird schürt ihre Ängste, um sich immer wieder ins Spiel zu bringen. Ihre Vertrauensperson ist Hans. Aber dann gibt es Gerüchte, dass Hans ein Spitzel der Staatssicherheit ist. Auch Bird warnt sie.

Wem soll sie glauben, wem kann sie glauben?

Nelly muss lernen, wieder Vertrauen zu fassen und ihre innere Freiheit zurückzugewinnen, um Schritt für Schritt den Weg nach draußen, in den Alltag antreten zu können.

Begründung der Jury

Die Romanadaption LAGERFEUER von Heide Schwochow, nach dem gleichnamigen Roman von Julia Franck, erzählt die schwierige Selbstfindung einer Frau, die ihre Zeit als DDR-Ausreisende so lange in einem Auffanglager verbringt, bis sie es endlich schafft, den Schritt in den Westen zu wagen.

Diese Schilderung einer Frau zwischen zwei Welten ist im Stil großer Kinofilme erzählt. Dem Drehbuch gelingt es, den Leser mit in die Situation zu ziehen und ihm Raum zur eigenen Einordnung zu geben. So werden die seelischen Wirrungen dieses großen Umbruchs deutscher Geschichte emotional greifbar.

Über die Autorinnen und Autoren

Monika Bauert, aufgewachsen in Wuppertal, arbeitete als Bühnen- und Kostümbildnerin an verschiedenen deutschen Stadttheatern für ca. 85 Stücke, bevorzugt Schauspiel. Sie begleitete ein deutschsprachiges Tourneetheater zwei Spielzeiten durch Südamerika. Als Kostümbildnerin für Film und Fernsehen arbeitete sie für Wolfgang Petersens Filme DAS BOOT und ENEMY MINE sowie u.a. für Sophia Loren, Leslie Caron, Jeanne Moreau, Ben Kingsley und John Voigt. Für das Szenenbild zeichnet sie neben vielen anderen Werken für folgende Filme verantwortlich: DER BEWEGTE MANN (1994), STILLE NACHT – EIN FEST DER LIEBE (1995), DAS SUPERWEIB (1996), KNOCKIN' ON HEAVEN'S DOOR (1997), KAI RABE GEGEN DIE VATIKANKILLER (1998), DIE EINSAMKEIT DER KROKODILE (2000), RENNSCHWEIN RUDI RÜSSEL 2 (2007) und LIEBE MAUER (2009). Sie ist Patin und Dozentin für Szenenbild an der IFS Köln sowie im Vorstand der Deutschen Filmakademie. Lebt in Berlin.

Keith Cunningham, geboren und aufgewachsen in den USA, studierte Film und Psychologie an der Northwestern University of Chicago. Er begann als Kameramann. Die Begegnungen mit Lehrern wie Joseph Campbell, Jean Houston, dem Philosophen Alan Watts und seinem späteren Partner Tom Schlesinger veränderten seine Laufbahn. Er arbeitete nun als Autor und Regisseur, aber vor allem als Consultant und Lehrer. Er unterrichtete Film am Columbia College in Chicago und war Gastdozent bei der Directors Guild of America, der Writers Guild of America, West und beim American Film Institute. Er beriet das italienische öffentlich-rechtliche Fernsehen RAI in Rom, die Bavaria und viele andere europäische Institutionen. Er unterrichtete in Marokko und im Nahen Osten; die in Marokko gedrehte Fernsehserie *L'Étranger*, bei der er als Co-Creator, Head Writer und Co-Produzent beteiligt war, feierte 2011 Premiere. Er ist Autor von Spielfilmen und Entwickler einer Sitcom für das Deutsche Fernsehen. Wenn Keith Cunningham nicht auf Reisen ist, lebt er in Castagneto Carducci, Italien.

André Georgi, 1965 in Kopenhagen geboren, lebt in Bielefeld. Nach einem ersten Leben als wissenschaftlicher Mitarbeiter für Philosophie arbeitet er heute als Drehbuchautor. Schreibt vor allem Krimis, u.a. für *Spurlos*, *Bella Block*, mehrere Folgen für *Marie Brand* und den *Tatort*. Arbeitet neuerdings auch im Genre Kinderfilm (Co-Autor von

LÖWENZAHN – DAS KINOABENTEUER; 2011) und Literaturverfilmungen (Ferdinand von Schirach und Siegfried Lenz) und ist immer wieder auch als Dozent für Dramaturgie tätig (an der Filmschule Berlin-Hamburg, der Filmakademie in Ludwigsburg, der HFF in München und der dffb Berlin). Sein Schwerpunkt als Dramaturg ist die Analyse von Figurenkonstellationen, ein Buch über eine entsprechende »relationale Dramaturgie« wird im Herbst 2012 im Verlag der Autoren erscheinen.

Thomas Knauf, geboren 1951 in Halle/Saale; Abitur, Schlosser, Theater-Requisiteur, Filmplakatmaler, Filmclubleiter, Regieassistent im DDR-Fernsehen. 1976–80 Studium der Filmwissenschaft in Babelsberg. 1983–84 Studium am Johannes-R.-Becher-Literaturinstitut Leipzig. 1981–90 festangestellter Szenarist der DEFA. Seit 1990 freier Autor, Regisseur, Journalist, lebt in Berlin. Drehbücher zu vielen Kino- und Fernsehfilmen, u.a. TREFFEN IN TRAVERS (1988), DIE ARCHITEKTEN (1990), DIE SPUR DES BERNSTEINZIMMERS (1992), BRENNENDES HERZ (1996), HEISSKALTE LIEBE (*Polizeiruf 110*-Episode; 1997), EIN MANN STEHT AUF (1999), EXIL (*Tatort*-Episode; 2001). Zahlreiche Dokumentarfilme, auch in eigener Regie, u.a. DER SCHINKEL VON BABELSBERG (1992), SHALOM ISRAEL (1995), NEPAL – LAND ZWISCHEN HIMMEL UND ERDE (1996), KURBAN SAID (2006), WIR WAREN SO FREI (2008). Erhielt u.a. 1988 den Max-Ophüls-Preis für VORSPIEL und 1990 den DDR-Kritikerpreis für TREFFEN IN TRAVERS.

Bernd Lange, geboren 1974 in Herrenberg, studierte 1998–2003 an der Filmakademie Baden-Württemberg in Ludwigsburg im Bereich Drehbuch und Szenischer Film. Sein während des Studiums realisierter Experimentalfilm MILITÄRISCHES SPERRGEBIET wurde auf dem Kurzfilmfest in Dresden ausgezeichnet, seine Abschlussarbeit WEICHEI (2002) erhielt eine »First Steps«-Nominierung und den »Prix Kieslowski 2002« für das beste Drehbuch. 2004 entstand das Drehbuch zu Hans-Christian Schmids Kinofilm REQUIEM (2006 im Berlinale-Wettbewerb; u.a. nominiert für den Deutschen Filmpreis in der Kategorie »Bestes Drehbuch«). Seitdem schrieb Lange weitere Kino- und Fernsehfilme, unter anderem das Drehbuch zu Schmids STURM (2009 im Berlinale-Wettbewerb; nominiert in der Kategorie »Bestes Drehbuch« beim Deutschen Filmpreis und des Preises der Deutschen Filmkritik, Preis der Autoren des Verlags der Autoren). Er unterrichtet Drehbuch an der Filmakademie Baden-Württemberg und der HFF München und ist als freier dramaturgischer Berater, u.a. für einzelne Projekte der ZeroOne Film, 23/5 Filmproduktion, UFA Cinema und Pandora Film tätig. Als Autor lebt und arbeitet er in Berlin.

Roman Mauer, Dr. phil., geboren 1974, wissenschaftlicher Mitarbeiter in der Abteilung Filmwissenschaft/Mediendramaturgie an der Johannes-Gutenberg-Universität Mainz, lehrte an der HFF München und der HFF »Konrad Wolf« Potsdam/Babelsberg. Studium der Filmwissenschaft, Literaturwissenschaft und Ethnologie in Mainz, freie Mitarbeit bei WDR und Arte. Publikationen: »Jim Jarmusch. Filme zum anderen Amerika« (Mainz 2006), »Clint Eastwood« (Hrsg., München 2007), »Wong Kar-Wai: Film-Poet im Hongkong-Kino« (Hrsg., München 2008), »Kino des Minimalismus« (Hrsg. mit Grob, Kiefer, Rauscher; Mainz 2009), »Das Meer im Film: Grenze, Spiegel, Übergang« (Hrsg., München 2010).

Gerhard Midding, geboren 1961. Studium der Theaterwissenschaft, Kunstgeschichte und Literaturwissenschaft. Texte u.a. für *Filmbulletin*, *Kölner Stadt-Anzeiger*, *Tagesanzeiger* und die *Berliner Zeitung*. Radiobeiträge für den SFB/rbb, Fernsehbeiträge für den WDR und 3sat. Mitarbeit an verschiedenen Filmbüchern, zuletzt »Luis Buñuel« (2008) und »David Cronenberg« (2011).

Anna Maria Praßler, geboren 1983 in Lauingen, studierte Filmwissenschaft, Theaterwissenschaft sowie Psychologie in Berlin, Los Angeles und Bologna. Nach ihrem Magisterabschluss mit einer Arbeit über die Narration und Ästhetik des neueren Hollywoodfilms schloss sie einen zweijährigen Aufbaustudiengang im Fach Drehbuch an der Filmakademie Baden-Württemberg an. In dieser Zeit entstand nach ihrem Buch der Film FÜR MIRIAM, der 2009 auf der Berlinale Premiere feierte. Neben Drehbüchern schreibt sie auch Prosa, so war sie 2011 mit einer Kurzgeschichte für den Ingeborg-Bachmann-Preis nominiert. Die Verfilmung ihres ersten Langfilmdrehbuchs SCHULD SIND IMMER DIE ANDEREN nimmt Anfang 2012 am Wettbewerb um den Max-Ophüls-Preis teil. Anna Maria Praßler lebt in Berlin.

Manuela Reichart, am Rhein geboren, an der Spree aufgewachsen. Arbeitete nach dem Studium viel im und fürs Fernsehen als Autorin von Beiträgen und als Moderatorin, u.a. für *Aspekte* im ZDF und elf Jahre lang für die Büchersendung des WDR. Sie hat Features gedreht zu Themen aus den Bereichen Literatur und Film, ist Literaturkritikerin für Printmedien, Hörfunk-Featureautorin für den WDR, den BR und den rbb, Moderatorin beim SWR, beim WDR und beim rbb sowie Herausgeberin und Autorin mehrerer Bücher. Sie schrieb diverse Beiträge in Filmpublikationen, unter anderem zur Nouvelle Vague und über Romy Schneider. Regisseurin des Dokumentarfilms THÄLMANN NIMMT DIR DEINEN BALL WEG (2008). Sie lebt in Berlin.

Michael Töteberg, geboren 1951 in Hamburg. Wurde 1978 zuerst Lektor, später dann Geschäftsführer beim Frankfurter Verlag der Autoren. Seit 1994 leitet er die Agentur für Medienrechte des Rowohlt Verlags. Veröffentlichungen u.a.: »Fritz Lang« (1985), »Fellini« (1989), »Filmstadt Hamburg« (1992; erw. 1997), »Rainer Werner Fassbinder« (2002), »Romy Schneider« (2009). Herausgeber u.a. von »Das Ufa-Buch« (1992, mit Hans-Michael Bock), »Metzler Film Lexikon« (1995, erw. 2005), »Fredy Bockbein trifft Mister Dynamit. Filme auf den zweiten Blick« (2007, mit Christoph Fuchs). Zahlreiche Editionen von Filmbüchern, u.a. von Rainer Werner Fassbinder und Tom Tykwer, zuletzt: Fatih Akin, »Im Clinch. Die Geschichte meiner Filme« (2011). Redakteur der Zeitschrift *Text + Kritik* und ständiger Mitarbeiter am »Kritischen Lexikon zur deutschsprachigen Gegenwartsliteratur« (KLG) sowie am Filmlexikon »CineGraph«. Lebt in Hamburg.

Jochen Brunow, geboren 1950 in Rendsburg, Studium der Germanistik und der Publizistik an der FU Berlin. Arbeit als Filmkritiker, Herausgeber der Zeitschrift *Filme*. Seit 1980 Drehbuchautor. Für das Kino u.a. BERLIN CHAMISSOPLATZ (1980) und SYSTEM OHNE SCHATTEN (1983; Buch und Produktionsleitung; R: Rudolf Thome). Fürs Fernsehen u.a. die ZDF-Krimireihe *Beckmann und Markowski*, Episoden für *Bella Block* (IM NAMEN DER EHRE [2002], KURSCHATTEN [2003]) und *Kommissarin Lucas* (SKIZZE EINER TOTEN [2006]) und die Fernsehfilme KLASSENTREFFEN (Sat.1; 2001), DER MANN UND DAS MÄDCHEN (DRS; 2004) und DER EINSTURZ (Sat.1; 2010). Auch Hörspiele und diverse Radiofeatures. Gründungs- und langjähriges Vorstandsmitglied des Verbands Deutscher Drehbuchautoren. 1997 *writer in residence* am Grinnell College, USA. Seit 2006 Leiter der Drehbuchakademie der dffb. Mitglied der Deutschen Filmakademie, Herausgeber von »Schreiben für den Film«. Lebt in Berlin.

Danksagung

Ein herzlicher Dank von Herausgeber und Verlag geht an: den BKM, die Referatsleiterin Film Ulrike Schauz, an Christine Goldhahn und Stefanie Hasler, die das Projekt immer wieder enthusiastisch und nachhaltig unterstützen; an den Vorstand der Carl-Mayer-Gesellschaft Dr. Jürgen Kasten und Hartmann Schmige; an Bernd Lange für seine Geduld und seinen Einsatz bei den Sessions für das Werkstattgespräch, an Monika Bauert für die Überlassung ihres Journals zum BOOT und die Hilfe bei der Illustrierung des Beitrags. Ein Dank auch an Stefan Kolditz für die Abdruckgenehmigung seines mit der »Goldenen Lola« ausgezeichneten Drehbuchs, an die Nominierten Heike Libnow und Heide Schwochow für die Überlassung der Synopsen ihrer Drehbücher, an Peter Henning für die Laudatio auf das Drehbuch, an Hauke Sturm für den unermüdlichen Einsatz bei der Illustration nicht nur des Drehbuches, an Torsten Radeck für den Support mittels Anzeigenschaltung, an Hans Helmut Prinzler für die Helene-Schwarz-Notiz, an Michael Töteberg und die Mitglieder des Redaktionellen Beirates für die inspirierende Begleitung des Projektes; an Alfred Holighaus für seine Unterstützung als Geschäftsführer der Deutschen Filmakademie und für die immer freundliche Kooperationsbereitschaft an Dr. Rainer Rother und Julia Riedel von der Deutschen Kinemathek – Museum für Film und Fernsehen.

Für das Lektorat danken wir wie immer Maurice Lahde, für weitere engagierte redaktionelle Mitarbeit Barbara Heitkämper sowie last not least Christian Albaum, Helen Bauerfeind, Maria Minewitsch und Katharina Rein fürs »Grabben«, die Fotorecherchen, das »Layoutchecken« und das Erstellen der Marginalien.

Fotonachweis

Seite 14: 23/5 Filmproduktion. 15: Bernd Lange / Sibylle Baier. 16, 17: Oberon Film / Sibylle Baier. 19: Archiv des Verlages (AdV). 23: 23/5 Filmproduktion, Zentropa, IDTV. 24, 27: 23/5 Filmproduktion. 28: ARD Degeto Film / SWR / WDR / Zero One Film / deutschfilm GmbH. 29: Neue Road Movies. 30: Bernd Lange / Sibylle Baier. 31: Oberon Film / Sibylle Baier. 35: ARD / Jacqueline Krause-Burberg. 36: Network Movie. 38: ARD / Jacqueline Krause-Burberg. 39: Network Movie. 40, 41: 23/5 Filmproduktion. 42: 23/5 Filmproduktion, Zentropa, IDTV. 49: AdV. 51: AdV. 53, 55: Internet. 57: AdV. 63, 66: Internet. 67: AdV. 72–75: Internet. 76: Deutsche Kinemathek – Museum für Film und Fernsehen. 77: Ingeborg-Bachmann-Wettbewerb, Klagenfurt. 103: AdV, 104: Reclam Verlag. 105, 107: AdV. 109: Suhrkamp Verlag. 111: Deutsche Kinemathek – Museum für Film und Fernsehen. 112: Psychosozial-Verlag. 113, 117: AdV. 118: Werner Herzog Filmproduktion. 119: UVK. 122: Klett-Cotta. 125, 126, 129: AdV. 164: DAS BOOT-Screenshot. 165: Goldmann Verlag. 167: Monika Bauert. 169: Götz Weidner. 172: Internet. 174: Deutsche Kinemathek – Museum für Film und Fernsehen. 175: DAS BOOT-Screenshot. 178: Monika Bauert. 183, 187, 193: DAS BOOT-Screenshot. 194: Internet. 195 oben: AdV, Mitte: Deutsche Kinemathek – Museum für Film und Fernsehen, unten: Internet. 198, 203, 204, 207–211, 213–215: AdV. 217, 218: Internet. 219, 220: AdV. 222: Internet. 225: AdV. 227: Internet. 230: AdV. 231: Rowohlt Verlag. 234: Internet. 235: Rowohlt Verlag. 236: Hagen Keller / ostlicht. 237: S. Fischer Verlag. 241: Harper Collins. 243: Steidl Verlag. 336: Stefan Kolditz / Wilma Roth. 339: Heike Libnow. 341: Heide Schwochow.

Thomas Knauf: Fotos/Collagen auf den Seiten 134 und 161.

Hauke Sturm: Grafiken auf den Seiten 12/13, 46/47, 131, 145, 148, 157, 162/163, 196/197, 228/229, 244/245 sowie alle Grafiken im Text von Keith Cunningham und im Drehbuch.

Nicht in allen Fällen konnten wir die Rechteinhaber ermitteln. Berechtigte Ansprüche werden im Rahmen der üblichen Honorarsätze abgegolten.

VeDRA Y

Verband deutscher Film- und
Fernsehdramaturgen e.V.

Netzwerk für Stoffentwickler

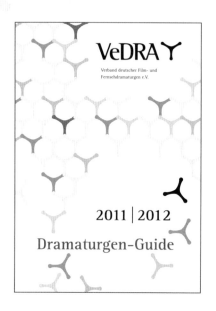

PRODUZENTEN, AUTOREN und REDAKTEURE finden bei VeDRA schnell und einfach dramaturgische Berater, die zu ihrem aktuellen Projekt passen.
Im Dramaturgen-Guide präsentieren alle Mitglieder ihre jeweiligen Arbeitsschwerpunkte, methodischen Ansätze, Genre- und Formatpräferenzen.

www.dramaturgenverband.org

Ich erzähle dir einen Film.

R. D. Brinkmann

Film und Literatur: Rowohlt
www.rowohlt-medien.de

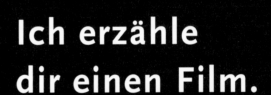

GROSSE REGISSEURE IN DER NAHAUFNAHME!

ARTHAUS CLOSE-UP

**Ab 5. Januar neu im Handel!
Mathieu Kassovitz**

Mathieu Kassovitz ist einer der bedeutendsten Schauspieler und Regisseure des zeitgenössischen französischen Kinos. Die Arthaus Close-Up Edition zeichnet die Anfänge des Allround-Talents nach und enthält seine ersten drei Kinofilme, darunter die zwei DVD-Premieren: „Lola liebt's schwarzweiß" und „Assassin(s)", sowie seine ersten drei Kurzfilme als Bonusmaterial.